工业和信息化部“十二五”规划教材
高等学校规划教材

密码学与信息安全简明教程

丁　勇　编著

電子工業出版社
Publishing House of Electronics Industry
北京·BEIJING

内 容 简 介

本书为工业和信息化部“十二五”规划教材。

本书围绕信息安全理论和技术，全面而系统地介绍密码学与信息安全的基本概念、基本理论、基本原理和方法。全书共分为 6 章，主要内容包括：信息安全简介、密码学与密码技术基础、计算机操作系统安全、网络安全、Web 服务安全、实用安全系统。本书免费提供配套的电子课件，请登录华信教育资源网（www.hxedu.com.cn），注册后下载。

本书适合作为信息安全、信息对抗、信息与计算科学等相关专业本科高年级教材，也可作为工程技术人员的参考用书。

图书在版编目（CIP）数据

密码学与信息安全简明教程 / 丁勇编著. —北京：电子工业出版社，2015.6

高等学校规划教材

ISBN 978-7-121-24696-8

Ⅰ. ①密… Ⅱ. ①丁… Ⅲ. ①密码—理论—高等学校—教材②信息安全—高等学校—教材 Ⅳ. ①TN918.1 ②G203

中国版本图书馆 CIP 数据核字（2014）第 256559 号

责任编辑：冉 哲

印　　刷：三河市鑫金马印装有限公司

装　　订：三河市鑫金马印装有限公司

出版发行：电子工业出版社

　　　　　北京市海淀区万寿路 173 信箱　邮编　100036

开　　本：787×1 092　1/16　印张：15　字数：381 千字

版　　次：2015 年 6 月第 1 版

印　　次：2015 年 6 月第 1 次印刷

定　　价：36.00 元

凡所购买电子工业出版社图书有缺损问题，请向购买书店调换。若书店售缺，请与本社发行部联系，联系及邮购电话：(010) 88254888。

质量投诉请发邮件至 zlts@phei.com.cn，盗版侵权举报请发邮件至 dbqq@phei.com.cn。

服务热线：(010) 88258888。

前　言

本书为工业和信息化部“十二五”规划教材。

随着信息安全从军事外交等国家垄断的神秘领域逐渐扩展到和百姓生活息息相关的各个领域，近年来不断爆发的信息安全公众事件以及国家对信息安全的重视度不断加强，信息安全成为了大众非常关注的问题。信息安全主要保障信息在传输、存储、处理等过程中的机密性、完整性、真实性、可用性、新鲜性等特质，是以密码技术为核心，涵盖数学、计算机、通信、电子、语言学、社会学等多学科交叉的一门新兴学科。

本书编写以信息安全重要性、密码学基础、系统安全与网络安全以及实用安全技术为主线，从理论基础到实际应用技术，系统阐述了信息安全相关的理论和技术。

第 1 章为信息安全简介，包括信息安全重大事件、信息安全的重要性、信息安全的主要应用领域和信息安全与立法。

第 2 章介绍密码学与密码技术基础，包括密码学简介、对称密码、非对称密码、数字签名技术、散列函数与数据完整性技术、密钥分配与密钥管理技术、基于身份的加密技术、认证技术和不可否认技术。

第 3 章介绍计算机操作系统安全，包括 Windows 安全、UNIX 安全及口令安全。

第 4 章介绍网络安全，包括网络基础知识、IPSec 安全、VPN、防火墙、黑客攻击技术、入侵检测技术、漏洞扫描技术、病毒与蠕虫防范技术。

第 5 章介绍 Web 服务安全，包括网络服务安全隐患、SSL/TLS、S-HTTP、WS 和 WSS。

第 6 章介绍几种常见的实用安全系统，包括 PGP、S/MIME、Secure Shell 和 SFTP。

目前，有很多和密码学与信息安全相关的教材，但是有的阐述比较片面不够系统，有的偏重于理论且难于理解，有的内容显得比较陈旧。本书内容全面而新颖，从信息安全的重要性，到信息安全的核心密码学理论与技术，再到网络安全、万维网安全以及实用安全系统，从理论到实用技术再到实用系统，全面而系统地阐述了密码学与信息安全的内涵。书中介绍的很多内容与当前技术保持同步，有一定的新颖性，例如，在 Windows 安全中，本书不但介绍了经典的 Windows 2000，也系统阐述了 Windows 7 和 Windows 8 等高版本的安全。同时，本书力求避免较为复杂深奥的密码学基础理论，力图以简明扼要、易于理解的方式阐述相关理论，使得读者能够从复杂的数学理论中跳出来，从技术上关注信息安全，适用于各种层次的学生学习。

本书图文并茂，很多理论采用更为直观和易于理解的插图配合文字的方式进行阐述，使得读者能够更好地理解。本书免费提供配套的电子课件，请登录华信教育资源网（www.hxedu.com.cn），注册后下载。

本书适合作为信息安全、信息对抗、信息与计算科学等相关专业本科高年级教材，也可作为工程技术人员的参考用书。

本书的提纲得到了西安电子科技大学的王育民教授的全面把握和指正，同时在编写过程中得到了我的学生张皎、张宇斌、王曌等的协助，在此对他们表示衷心的感谢。另外，本书的编写参考了许多资料，部分资料来源于互联网，无法一一列出，在此向所有作者表示感谢。

由于编者水平有限，书中难免有不妥之处，敬请读者批评指正。

目　录

第1章　信息安全简介

1.1　信息安全重要性

21 世纪是信息的时代，信息无所不在。著名的控制论专家维纳曾经说过：“信息既不是物质，也不是能量，信息就是信息”。因此信息和物质、能量是任何系统的三大组成要素。美国著名未来学家阿尔温托尔勒说过：“谁掌握了信息，控制了网络，谁将拥有整个世界”。随着信息技术和产业蓬勃发展以及信息高速公路的提出和建设，无所不在的信息网络给我们的生产、生活带来了巨大的方便并极大地推动了人类社会的进步和发展，在人类社会中发挥着越来越至关重要的作用。然而，另一方面，不断发生的信息安全事件也给社会和人民带来了巨大的精神和物质上的损失，甚至危及国家和整个人类社会的稳定和发展。

信息安全指的是保证信息在传输、存储和变换过程中信息的机密性（Confidentiality）、完整性（Integrity）、不可否认性（Non-Repudiation）以及可用性（Availability）等基本安全属性，即保证信息系统在运行过程中不受偶然的或者恶意的原因而遭到破坏、更改、泄露，系统连续可靠正常地运行，信息服务不中断。信息安全问题对于一个国家来说，是涉及政治、军事、社会和经济各方面的综合问题。同时，信息安全问题对于个人来说，也是至关重要的。

信息安全首先是一个政治问题。随着因特网（Internet）的普及，因特网已经成为了一个新的思想文化斗争和思想政治斗争的阵地。2002 年至 2003 年，不法分子曾多次攻击鑫诺卫星，将正常播出的电视节目篡改为反动的宣传资料片。1999 年至 2001 年爆发的数次中美黑客大战，更是将信息安全的政治属性体现得淋漓尽致。因此，信息安全问题首先必须从政治的高度来认识它，在互联网上保证健康安全的政治信息的发布和监管。

信息安全更是一个军事问题。信息安全和战争军事是密不可分的，如何保密己方军事机密以及如何窃取到对方的军事机密是人类战争史上一个永恒的话题。而在现代，各国都在军队里面设立了信息战部队，可以说现代战争就是信息战，也就是信息安全的直接对抗。在科索沃战争和伊拉克战争中，美军都使用了电磁炸弹，瘫痪了对方的信息系统，从而占据了战争的信息制高点。而以前的南联盟也曾经组织过黑客联盟对北约信息系统造成一定的破坏。另外各国都积极组织收集互联网上的军事情况，由于互联网造成的军事信息泄密屡见不鲜。

信息安全是一个社会问题。首先，网络上的虚假信息极容易传播和造成社会动荡。1999 年，某商都热线一个 BBS，一张关于某银行支行行长携巨款外逃的帖子，造成了社会的动荡，10 万人上街排队，提取了 10 亿元现金。其次，互联网上的赌博、黄色等信息泛滥严重败坏了社会风气，造成了大量的社会问题。再者，对一些互联网基础设施的攻击也严重扰乱了社会管理秩序。2001 年 2 月 8 日，新浪网遭受攻击，电子邮件服务器瘫痪了 18 小时，造成几百万用户无法正常联络。2009 年 6 月 25 日，广东电信骨干网由于受到攻击大面积瘫痪，造成广大用户不能正常使用业务。

信息安全也是一个经济问题。由于信息产业在各国的经济构成比重越来越大，信息安全问题造成的经济损失就不可估量，有许多犯罪分子瞄上了黑客攻击行为带来的巨大经济利益。1999 年 4 月 26 日，CIH 病毒大爆发，有统计说，我国受其影响的计算机总量达 36 万台之多。有人估计在这次事件中，经济损失高达近 12 亿元。2000 年 2 月 7 日起的一周内，黑客对美国的雅虎等著名网站发动攻击，致使这些网站瘫痪，造成直接经济损失 12 亿美元。2009 年，中央电视台“3·15”晚会上揭秘黑客攻击已经形成了一个完整的产业链，每年给用户和社会带来上百亿元的经济损失。

信息安全问题对于个人也是至关重要。现在人们经常碰到的电话诈骗案就是由于个人信息被泄露而使得犯罪分子有机可乘。犯罪分子可能通过在 ATM 上的摄像头或者偷看甚至采用绑架逼问等暴力手段获取用户的银行卡密码，将用户账户上的钱财洗劫一空。犯罪分子还可能通过病毒、木马、间谍软件等盗取用户的网上银行账户密码、QQ 账户密码、淘宝账户密码、网游账户密码等，给用户带来巨大的精神上和物质上的损失。著名的香港艺人陈冠希“艳照门”事件，也是由于其个人隐私信息遭到恶意泄露而对其个人以及相关女艺人和家庭都造成了巨大的负面影响。

各国领导人都非常重视信息安全问题，纷纷就信息安全问题公开发表了自己的观点。克林顿：谁掌握了信息，谁就掌握了主动。普京：信息资源及其基础设施成为角逐世界领导地位的舞台。

我国政府历来重视信息安全问题。2003 年 9 月，中办发[2003]27 号文《国家信息化领导小组关于加强信息安全保障工作的意见》，提出建立国家信息安全的十大任务。2005 年 4 月，教育部发布了《教育部关于进一步加强信息安全学科、专业建设和人才培养工作的意见》的文件，对信息安全学科的建设和信息安全人才培养给出了指导性意见。2007 年，公安部、国家保密局、国家密码管理局、国务院信息工作办公室四部委联合发布了《信息安全等级保护管理办法》，对信息安全保护做了文件性规定。另外，国家在成都、武汉和上海建立了信息安全产业基地，支持信息安全产业的发展。我国在立法上重视保证信息安全，从 1994 年的《中华人民共和国计算机信息系统安全保护条例》起，我国颁布的全面规范信息安全的法律法规有 18 部之多，包括《电子签名法》、《保守国家秘密法》等。

在信息化的浪潮下，在信息社会里，信息安全问题是一个非常重要的问题，不但关系着普通老百姓的生产、生活，更维系着国家的安定繁荣和中华民族的全球竞争力，必须引起我们的高度重视。

1.2 信息安全重大事件

信息安全的历史十分悠久。最早可以追溯到古巴比伦时代的费斯托斯（Phaistos）圆盘，它是一种直径约为 160mm 的黏土圆盘，始于公元前 17 世纪，表面有明显字间空格的字母。古希腊斯巴达开始出现原始的密码器，用一条带子缠绕在一根木棍上，沿木棍纵轴方向写好明文，解下来的带子上就只有杂乱无章的密文字母。解密者只需要找到相同直径的木棍，再把带子缠上去，沿木棍纵轴方向即可读出有意义的明文。公元前 1 世纪，著名的恺撒（Caesar）密码被用于高卢战争中，这是一种简单易行的单字母替代密码。公元 9 世纪，阿拉伯的密码学家阿尔·金迪（Al′Kindi），也被称为伊沙克（Ishaq），他同时还是天文学家、哲学家、化学家和音乐理论家，提出解密的频度分析方法，通过分析计算密文字符出现的频率来破译密码。公元 16 世纪中期，意大利的数学家卡尔达诺（G. Cardano，1501—1576）发明了卡尔达诺漏格板，覆盖在密文上，可从漏格中读出明文。公元 16 世纪晚期，英国的菲利普斯

（Philips）利用频度分析法成功破解苏格兰女王玛丽的密码信，信中策划暗杀英国女王伊丽莎白，这次解密将玛丽送上了断头台。几乎在同一时期，法国外交官维热纳尔（Blaise de Vigenere）提出著名的维热纳尔方阵密表和维热纳尔密码（Vigenerecypher），这是一种多表加密的替代密码，可使阿尔·金迪和菲利普斯的频度分析法失效。在中国古代，也有一些加密的雏形。宋曾公亮、丁度等编撰《武经总要》记载，北宋前期，在作战中曾用一首五言律诗的40个汉字，分别代表40种情况或要求，这种方式已具有了密本体制的特点。

自19世纪以来，由于电报特别是无线电报的广泛使用，为密码通信和第三方的截收都提供了极为有利的条件。通信保密和侦收破译形成了一条斗争十分激烈的隐蔽战线，有时候甚至为扭转战局起到了关键性的作用。1894年，中日甲午海战中方失败的原因之一是日方战前破译了大量的清政府密电。1917年，英国破译了德国外长齐默尔曼的电报，促成了美国对德宣战。1942年，美国从破译日本海军密报中获悉日军对中途岛地区的作战意图和兵力部署，从而能以劣势兵力击破日本海军的主力，扭转了太平洋地区的战局。1943年4月13日，日本海军司令山本五十六视察所罗门群岛基地的行程等由日第8舰队司令用最新的JN25版本发往基地，美情报人员根据经验破译了这份密报，导致5天后美机准确地击落了山本五十六的座机。

在近代，随着计算机网络的普及应用，国内外信息安全事件更是层出不穷，而且造成的影响也越来越大。1983年，当凯文·保尔森（Kevin Poulsen）还是一名学生的时候，他就成功入侵ARPANet（因特网的前身）。他当时利用了ARPANet的一个漏洞，能够暂时控制美国地区的ARPANet。1990年，为了获得在洛杉矶地区Kiis-fm电台第102个呼入者的奖励——保时捷944 s2跑车，凯文·保尔森控制了整个地区的电话系统，以确保他是第102个呼入者。最终，他如愿以偿获得跑车并为此入狱3年。他现在是《有线新闻》（Wired News）的高级编辑。1993年，自称为骗局大师（MOD）的组织，将目标锁定美国电话系统。这个组织成功入侵美国国家安全局（NSA）、AT&T和美利坚银行，他们建立了一个可以绕过长途电话呼叫系统而侵入专线的系统。1995年，来自俄罗斯的黑客范德米尔·列文（Vladimir Levin）在互联网上上演了精彩的“偷天换日”。他是历史上第一个通过入侵银行计算机系统来获利的黑客。他侵入美国花旗银行并盗走1000万美元。之后，他把账户里的钱转移至美国、芬兰、荷兰、德国、爱尔兰等地。1999年，梅丽莎（Melissa）病毒是世界上首个具有全球破坏力的病毒。大卫·史密斯（David Smith）在编写此病毒的时候年仅30岁。梅丽莎病毒使世界上300多家公司的计算机系统崩溃。整个病毒造成的损失接近4亿美元。大卫·史密斯随后被判处5年徒刑。仅15岁的“黑手党男孩”（MafiaBoy，由于年龄太小，因此没有公布其真实身份）于2000年2月6日到2月14日情人节期间成功侵入包括eBay、亚马逊（Amazon）和雅虎（Yahoo）在内的大型网站服务器，他成功地阻止了服务器向用户提供服务。2002年11月，伦敦人加里·麦金农（Gary McKinnon）在英国被指控非法侵入美国军方90多个计算机系统。从1999年至2002年期间，中美黑客爆发了数次黑客大战，对双方都造成了重大损失。2007年，“武汉男孩”李俊编写的“熊猫烧香”病毒肆虐网络，据保守估计，中国境内有百万余台计算机被感染。2009年5月18日，域名解析服务器遭到攻击，造成中国多个省区的网络大瘫痪。

根据Incapsula报告，通过14个月的时间跟踪DDoS攻击的威胁，在2013年2月攻击的流量是每秒4Gbps。2013年7月，60Gbps及其以上DDoS流量攻击基本上每周必发生一次。在2014年2月，Incapsula报道一次NTP放大攻击最高流量达到180Gbps。其他报告发现的 NTP 放大攻击流量高达 400 Gbps。2013 年 6 月，前中情局（CIA）职员爱德华·斯诺登将两份绝密资料交给英国《卫报》和美国《华盛顿邮报》，并告之媒体何时发表。按照设定的计划，2013 年 6 月 5 日，英国《卫报》先扔出了第一颗舆论炸弹：美国国家安全局有一项代号为“棱镜”的秘密项目，要求电信巨头威瑞森公司必须每天上交数百万用户的通话记录。6 月 6 日，美国《华盛顿邮报》披露称，过去 6 年间，美国国家安全局和联邦调查局通过进入微软、谷歌、苹果、雅虎等九大网络巨头的服务器，监控美国公民的电子邮件、聊天记录、视频及照片等秘密资料。2014 年 5 月 22 日，财务 500 强、著名在线拍卖网站 eBay 遭黑客入侵，大量用户数据可能被窃，这些数据包含用户的姓名、登录账号、密码、邮件地址、联系地址、电话号码以及出生日期。据 eBay 官方发布的消息称，黑客使用蠕虫的方式攻击，获得了少数 eBay 员工的登录凭据，并利用这些凭据进行了 APT 攻击，获得了 eBay 的用户数据，数据泄露发生在 2014 年 2 月月底至 3 月月初，不过，这一数据库并不包含任何财务信息和其他敏感的个人信息。2014 年 4 月，OpenSSL 爆出本年度最严重的安全漏洞，此漏洞在黑客社区中被命名为“心脏出血”漏洞。360 网站卫士安全团队对该漏洞分析发现，该漏洞不仅涉及以 https 开头的网址，还包含间接使用了 OpenSSL 代码的产品和服务，例如，VPN、邮件系统、FTP 工具等产品和服务，甚至可能会涉及其他安全设施的源代码。同时，对这个漏洞，安全专家 Robert David Graham 发布文章称，全球仍有 30 万台服务器存在 OpenSSL Heartbleed 漏洞（简称“滴血”漏洞）。Graham 称，“Whereas my previous scan a month ago found 600000 vulnerable systems, today's scan found roughly 300 000 thousand systems（318 239 to be precise）.” [在一个月前，我发现有 60 万个系统存在（滴血）漏洞，今天的扫描结果显示仍有约 30 万（准确数字是 318239）个系统存在该漏洞]。

信息安全重大事件不断发生，造成的影响和损失也越来越大，而且攻防双方之间的战争将不断持续下去，因此我们更应该关注信息安全问题，了解相关的知识。只有这样，我们才能够在信息海洋里畅游的同时，具备抗风防浪的本领。

1.3 信息安全的主要领域

目前互联网上各种严重的信息安全问题基本上都是由以下几个方面的问题引起的。

（1）个人计算机的安全结构过于简单。随着集成电路技术的飞速发展和计算机功能的不断丰富和拓展，计算机逐渐从科学研究的实验室步入了普通的家庭，从而产生了个人计算机。出于对成本的考虑以及对安全问题的严重性缺乏足够的警惕，个人计算机中缺乏足够的安全机制，如存储器的隔离保护机制、程序安全保护机制等。这样使得程序可以不经过认证就执行，程序可以被随意修改，数据区存储的数据也可以随意被修改或者删除，病毒、蠕虫、木马等恶意程序为所欲为。

（2）个人计算机又变成了公用计算机。随着技术的不断发展，个人计算机的功能不断丰富，使得个人计算机又变成了办公室、网吧甚至家庭多人使用的公用计算机。在公用环境下，缺乏安全机制的计算机成为了攻击的靶子。

（3）计算机通信网络把计算机连接到了因特网（Internet）。通过因特网，个人计算机就成为了巨大的网络中的一个节点。因特网使得用户可以通过个人计算机与全世界各个地方相连，同时也使得全世界各个地方的用户可以突破物理地域的限制，随意地访问这些计算机。这些缺乏安全保护措施的个人计算机自然而然成为网络黑客们的“肉鸡”。另外，现在的网络通信协议本身并没有考虑安全问题，从而使得网络更成为了一个隐藏着巨大的鳄鱼的黑泥潭，任何一台连接在其上面的计算机都可能成为它的美食。

（4）操作系统存在缺陷。操作系统是计算机的主要软件。但是由于操作系统太复杂庞大（如 Windows 操作系统有上千万行的代码），这使得其往往难以保证全部安全，因此存在安全漏洞的可能性大大增加。这些安全漏洞很容易被黑客利用，成为黑客攻击的标靶。由 Windows 操作系统引发的安全事件屡见不鲜，微软公司不得不一次又一次地发布补丁来解决问题，然而这种补丁的方式只是“头痛医头、脚痛医脚”。尽管目前关于 Linux 操作系统的安全漏洞事件很少发生，但这并不意味着 Linux 操作系统是安全的，只是由于 Linux 操作系统目前普通用户用得比较少，从而黑客攻击的兴趣和目标没那么大而已。

从系统上说，信息安全主要包括以下几个方面的问题[1]。

（1）信息设备安全。即保障存储、传输、处理信息的设备的安全，如服务器、个人计算机、PDA、手机等。

（2）数据安全。即确保信息通信网络中传输的数据的安全。数据安全包括：机密性，即保证传输的数据不被非授权的人读取；完整性，即数据在传输过程中不被非法篡改等；认证性，保证数据来源于预定的提供者；不可否认性，保证数据的发送者和接收者无法否认自己的行为。

（3）内容安全。即保证信息通信网络中传输的内容不含有黄色、反动、盗版等非法的内容，对传输的数据进行监管。

（4）行为安全。行为安全是信息安全的终极目标，包含行为的秘密性、行为的完整性和行为的可控性。所谓行为的秘密性，是指行为不能危害数据的秘密性。所谓行为的完整性，是指行为不能危害数据的完整性，行为的过程和目标都是可预期的。所谓行为的可控性，是指当行为的过程出现偏离预期时，能够发现、控制并纠正。

从技术上讲，信息安全包含以下的技术。

（1）信息加密技术[2,3]。信息加密技术是最基本、最核心也是最重要的信息安全技术。所谓信息加密技术，是指双方约定一种方法对传输的信息进行变化，只有指定的接收者借助预先设定的关键信息才能够将信息还原，从而保证了信息的机密性。信息加密技术包括对称加密技术和非对称加密技术。在对称加密技术中，发送者和接收者双方共享一个相同的密钥。对称加密技术根据加密数据的长度分为分组加密（如 DES、AES、IDEA 等）和流加密（如 RC4、A5 等）。而非对称密码[4]中的密钥则是由两个不同部分组成的密钥对：一部分公开，称为公钥；一部分保密，称为私钥。因此非对称加密算法又称为公钥密码算法（如 RSA、ECC 等）。

（2）信息确认技术。信息确认技术通过严格限定信息的共享范围来达到防止信息被非法伪造、篡改和假冒的目的。一个安全的信息确认方案应该具有以下特点：① 合法的接收者能够验证他收到的消息是否真实；② 发信者无法抵赖自己发出的消息；③ 除合法发信者外，别人无法伪造消息；④ 发生争执时可由第三方仲裁。按照其具体目的不同，信息确认系统可分为消息确认、身份确认和数字签名。

（3）网络控制技术[4,5]。网络控制技术种类繁多且没有严密的理论，主要包括如下技术。

① 防火墙技术[6]。它是一种允许接入外部网络，但同时又能够识别和抵抗非授权访问的网络安全技术。防火墙扮演的是网络中的“交通警察”角色，指挥网上信息合理有序地安全流动，同时也处理网上的各类“交通事故”。防火墙可分为外部防火墙和内部防火墙。前

者在内部网络和外部网络之间建立起一个保护层，从而防止黑客的侵袭，其方法是监听和限制所有进出通信，挡住外来非法信息并控制敏感信息不会泄露；后者将内部网络分隔成多个局域网，从而限制外部攻击造成的损失。

② 审计技术。它忠实地记录下信息系统中发生的各种事件，为后续的分析问题、解决问题提供翔实而可靠的资料。审计技术如同飞机上的黑匣子，它为信息系统异常的原因提供查询、定位，以及对网络攻击进行预测、报警，并为攻击发生后的实时处理提供详细可靠的依据或支持。

③ 访问控制技术[7]。访问控制技术确保只有拥有该权限的用户才能够对信息系统中的数据进行访问、修改、删除、复制等操作。访问控制采用最小特权原则：即在给用户分配权限时，根据每个用户的任务特点使其获得完成自身任务的最低权限，不给用户赋予其工作范围之外的任何权力。

④ 安全协议[8]。安全协议是网络安全的一个重要组成部分。它严格规定了一套交互式的操作来保证通信各方的安全属性，如身份认证、密钥协商、不可否认等。目前广泛采用的安全协议包括 IPsec/IKE、SSL、SSH、PGP 等。

1.4 信息安全与立法

由于信息安全的重要性和影响力，各国都从立法高度上来保证信息安全。美国先后制定了《信息自由法》、《个人隐私法》、《伪造访问设备和计算机欺骗滥用法》、《电子通信隐私法》、《计算机安全法》、《数字签名法》等多部与信息安全密切相关的法律，并将密钥长度超过 128 位的安全产品视为武器而禁止出口。欧共体也制定了一系列的法律以保障信息安全，包括：产品责任、商标和广告规定、知识产权保护、保护软件、数据和多媒体产品及在线版权、数据保护等，并规定当成员国内部法律与这些法律抵触时，以这些法律为准。1996 年 9 月 23 日，英国政府颁布了第一个网络监管行业性法规《三 R 安全规则》，对信息安全相关的法律问题做了严格规定。俄罗斯也于 1995 年颁布了《联邦信息、信息化和信息保护法》，其中明确界定了信息资源开放和保密的范畴，提出了保护信息的法律责任。

我国历来重视信息安全的立法问题。目前我国现行法律法规及规章中，与信息安全直接相关的是 65 部，它们涉及网络与信息系统安全、信息内容安全、信息安全系统与产品、保密及密码管理、计算机病毒与危害性程序防治、金融等特定领域的信息安全、信息安全犯罪制裁等。全面规范信息安全的法律法规有 18 部，包括 1994 年的《中华人民共和国计算机信息系统安全保护条例》等法规，也包括 2003 年的《广东省计算机信息系统安全保护管理规定》等地方法规。其中 2005 年 4 月 1 日起施行的《中华人民共和国电子签名法》更是在信息安全立法中占据了重要地位。这些法律法规中，侧重于互联网安全的有 7 部，包括 2000 年《全国人民代表大会常务委员会关于维护互联网安全的决定》等法律层面的文件，也包括 1997 年的《计算机信息网络国际联网安全保护管理办法》等部门规章；侧重于信息安全系统与产品的有 3 部，包括 1997 年的《计算机信息系统安全专用产品检测和销售许可证管理办法》等部门规章；侧重于保密的有 10 部，既包括 1989 年的《中华人民共和国保守国家秘密法》等法律，也包括 1998 年的《计算机信息系统保密管理暂行规定》等部门规章；侧重于密码管理及应用的有 5 部，包括 1999 年的《商用密码管理条例》等法规，也包括 2005 年的《电子认证服务管理办法》等部门规章；侧重于计算机病毒与危害性程序防治的有9部，包括2000年的《计算机病毒防治管理办法》等部门规章，也包括1994年的《北京市计算机信息系统病毒预防和控制管理办法》等地方法规或规章；侧重于特定领域信息安全的有9部，包括1998年的《金融机构计算机信息安全保护工作暂行规定》等部门规章，也包括2003年的《广东省电子政务信息安全管理暂行办法》等地方法规或规章；侧重于信息安全监管的有3部，包括2004年的《上海市信息系统安全测评管理办法》等地方法规或规章；侧重于信息安全犯罪处罚的主要是我国刑法第285条、286条、287条等相关规定。

虽然我国与信息安全相关的法律法规为数不少，但仍然有很多问题亟待完善。首先，我国缺少一部像美国《联邦信息安全管理法》以及俄罗斯《联邦信息、信息化和信息保护法》那样确立信息安全的基本原则、基本制度及一些核心内容的基本大法。其次，绝大部分相关法律都篇幅偏小，行为规定极其简单。而且这些法律法规主要内容集中在对物理环境的要求、行政管理的要求等方面，对于涉及信息安全的行为规范一般规定得比较简单，在具体执行上指引性还不是很强；在处罚措施方面规定得也不够具体，导致在信息安全领域实施处罚时法律依据的不足；另外，在一些特定的信息化应用领域，如电子商务、电子政务、网上支付等，相应的信息安全规范相对欠缺，有待于进一步发展。同时，与信息安全相关的其他法律有待完善。这些都需要在以后的立法过程中不管完善和修正。

习 题 1

1．简述信息安全的含义。
2．目前互联网上各种严重的信息安全问题大致是由哪几个方面的问题引起的？
3．从系统上说，信息安全主要包括几个方面的问题？
4．数据安全的机密性、完整性、认证性、不可否认性分别指什么？
5．什么是行为安全？行为的秘密性、完整性、可控性分别指什么？
6．简述信息安全所包含的技术。
7．谈谈你对信息加密技术的认识。
8．网络控制技术主要包括哪几项技术？
9．防火墙可分为外部防火墙和内部防火墙，它们分别有什么作用？
10．讨论信息安全立法现状。

参 考 文 献

[1] 沈昌祥，张焕国，冯登国．信息安全综述．中国科学E辑，2007，37(2):129-150.

[2] 孟扬．网络信息加密技术分析．信息网络安全，2009(4):7-9.

[3] 黄志清．网络安全中的数据加密技术研究．计算机系统应用，2000(7).

[4] 冯登国．国内外密码学研究现状及发展趋势．通信学报，2002，23(5):18-26.

[5] 朱其新，胡寿松．网络控制系统的分析与建模．信息与控制，2003，32(1):5-8.

[6] 王正．网络安全中的防火墙技术探讨．通信技术，2008(8).

[7] 刘宏月，范九伦，马建峰．访问控制技术研究进展．小型微型计算机系统，2004，25(1).

[8] 卿斯汉．安全协议20年研究进展．软件学报，2003，14(10):1740-1752.

第 2 章　密码学与密码技术基础

2.1　密码学简介

密码学是信息安全的一个重要基础和分支，是一门古老而新兴的学科。它的发展可分为3 个阶段。从古代一直到 1949 年，密码学都是停留在应用于军事政治等神秘领域的实践技术。从 1949 年香农（Shannon）发表了《保密系统的信息理论》后，密码学才有了理论基础指导从而上升为学科。这一阶段，密码学研究的突破并不大，而且应用方面仍然只局限于特殊领域。以 1976 年迪菲（Diffie）与赫尔曼（Hellman）发表的论文《密码学的新方向》[1]，以及 1977 年美国发布的数据加密标准（DES）[2]加密算法为标志，密码学进入了现代密码学。伴随着相关理论的完善，以及由集成电路和因特网推动的信息化工业浪潮，密码学进入了一个全新爆发的时代：研究文献和成果层出不穷，研究的方向也不断拓展，并成为了一个数学、计算机科学、通信工程学等各学科密切相关的交叉学科，同时各种密码产品也走进了寻常百姓家，从原来局限的特殊领域进入了人民群众的生产、生活之中。

密码学是研究密码系统和通信安全的一门学科。它的研究范围十分广泛，而不仅仅局限于我们常用的口令或者耳熟能详的信息加密。密码学分为密码编码学和密码分析学。密码编码学主要研究如何对信息进行编码之后起到对信息的保护作用，包括保护其机密性、认证性、完整性等。而密码分析学则相反，它是通过对编码信息的分析来去除或者削弱由编码带给信息的保护，例如，破译消息、篡改消息、伪造消息等。

密码分析学中的攻击方法根据攻击手段不同可分为穷举攻击[3]、统计分析攻击和数学分析攻击。穷举攻击，又称为蛮力攻击，是指密码分析者用尝试所有取值的方法来破译密码。统计分析攻击，是指密码分析者通过分析密文和明文的统计规律来破译密码。数学分析攻击，是指密码分析者针对加密算法的数学依据，通过数学求解的方法来破译密码。

而根据攻击者获取的信息程度不同，攻击方法又分为：唯密文攻击、已知明文攻击、选择明文攻击、选择密文攻击[4]以及选择密钥攻击。唯密文攻击，是指仅根据密文进行的密码攻击。已知明文攻击，是指根据一些相应的明、密文对进行的密码攻击。选择明文攻击，是指攻击者可以选择一些明文，并获取相应的密文，这是密码分析者最理想的情形。选择密文攻击，是指密码分析者能选择不同的被加密的密文，并可得到对应的解密的明文，密码分析者的任务是推出密钥。选择密钥攻击，这种攻击并不表示密码分析者能够选择密钥，它只表示密码分析者具有不同密钥之间关系的有关知识。

密码编码学和密码分析学二者之间既是矛与盾的关系，又是相辅相成的。只有对密码学分析学有着足够的认识，才能设计出安全的编码方法，反之亦然。正是二者之间的不断制约与反制约，才推动了现代密码学的不断进步。

图 2.1 给出了密码学的一个通用模型。其中发送者是消息的产生源，是消息的起点，也就是信源[5]。接收者是消息的目的地，是消息的终点，也就是信宿[5]。信道[5]是用于传输信

息的通道，如常见的因特网、移动通信网等都是信道。攻击者则通过控制信道，对信道中传输的消息进行窃听、删除、篡改、重播等非法操作，并对获取的消息进行密码分析来获取非法的利益。明文（Plaintext）是没有经过加密的消息本身。密文则是明文经过加密操作后得到的结果。加密算法（Encryption Algorithm）就是一系列的消息加密变化的规则。解密算法（Decryption Algorithm）则规定了一系列与加密相对应的解密变化规则。加密密钥（Encryption Key）是用于控制加密操作的关键数据。解密密钥（Decryption Key）则是用于控制解密操作的关键数据。密钥管理的目的是让发送者和接收者安全地分别获取一对加/解密密钥。通常，将（M，C，K，E，D）这个五元组称为一个密码体制，其中 $K=(K_e, K_d)$。而在现代密码体制中，要求密码体制的安全不能建立在算法保密的基础上，而是仅仅依赖于密钥的保密来保证密码体制的安全。这样要求的原因有 3 点：① 真正的算法保密是很难办得到的。一是内部组织人员可能向外泄露，二是现在的逆向工程可以根据设备获取算法的具体信息。② 算法公开可以保证算法经过了充分的分析和攻击的考研，从而更能保证其安全性。③ 重新设计一个算法的代价比重新换一个密钥的代价要大得多。假如一个密码体制的安全性是基于算法保密的，一旦该算法泄露，就不得不采用新的算法。这样做的代价很大，因为算法设计本身比较复杂，而且原来的设备将不得不更换。而如果一个密码体制的安全性是基于密钥保密的，一旦旧的密钥泄露，只需要更换一个新的密钥就可以了，这样的代价要小得多。

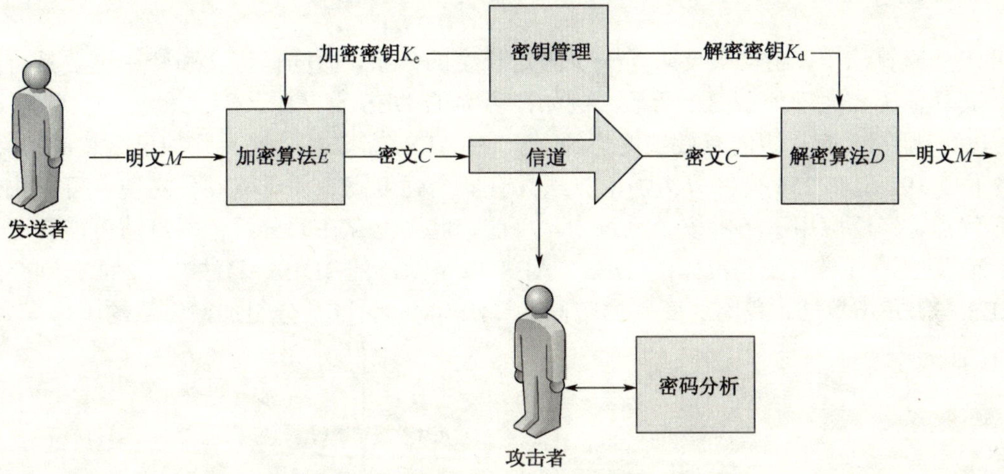

图 2.1　密码学通用模型

发送者想要将消息发送给接收者时，假设攻击者可能已经控制了整个通信信道，为了保证传输消息的安全，发送者首先和接收者通过密钥管理分别获得一个加密密钥和解密密钥；然后，发送者通过加密密钥 K_e 和加密算法 E 将明文 M 加密为密文 C（$C=E_{K_e}(M)$），并通过信道传输给接收者；接收者接收到密文 C 后，使用解密密钥 K_d 和解密算法 D 对密文 C 进行解密，得到明文消息 M（$M=D_{Kd}(C)$）。由于信道上传输的密文 C 经过了加密保护，使得攻击者不能达到其非法目的，因此保证了传输信息的安全。

密码学是伴随着信息保密而产生的，但是随着密码学技术本身的不断发展和通信网络技术的不断发展，现代的密码学研究已经远远超越了信息保密的范围，被广泛应用于各种安全和隐私保护应用之中。它是一门古老的学科，又是一门新兴的交叉学科，在今后人类社会的发展历程中必将发挥越来越重要的作用。

2.2 对称密码体制

2.2.1 对称密码体制简介

对于一个密码体制（M，C，K，E，D）中的 K，若加密密钥 K_e 与解密密钥 K_d 相同或者二者之间很容易互相推出，由于加密密钥和解密密钥地位是对等的，因此称其为对称密码体制。而在实际应用中，往往加密密钥和解密密钥都是相同的，即只有一个密钥，既作为加密密钥又作为解密密钥，因此又称为单钥体制。而且一般加密算法和解密算法也是一样的。对称密码体制是历史最为悠久的密码体制，古代和近代使用的都是这种体制。根据对明文的加密方式不同，对称密码算法又分为分组加密算法（Block Cipher）和流密码算法。分组加密算法将明文分为一组一组的固定长度进行加密，而流密码算法则将明文按字符逐位加密。当然，二者之间也不是有着不可逾越的鸿沟，很多时候，分组加密算法也可以用于构建流密码算法。

2.2.2 分组加密算法

在分组加密算法中，明文被要求是一个固定长度的分组，而同样密文和密钥也要具有固定长度，其具体工作原理如图 2.2 所示。例如，著名的 DES 算法中，明文和密文长度为 64 位（bit，也称比特），而密钥的有效长度为 56 位。在 AES[6]算法中，则有几种可配置的长度，包括 128 位、192 位和 256 位。分组加密算法具有安全强度高、易于软硬件实现、可模块化程度高等优点，广泛应用于各种安全系统中。目前，世界上存在的分组密码算法可能有成千上万种，而其中最有名的就是美国的 DES、AES 以及欧洲的 IDEA 算法[7]。下面分别介绍 DES、AES 与 IDEA 算法，我国的商用加密标准算法 SMS4，以及分组加密算法的工作模式。

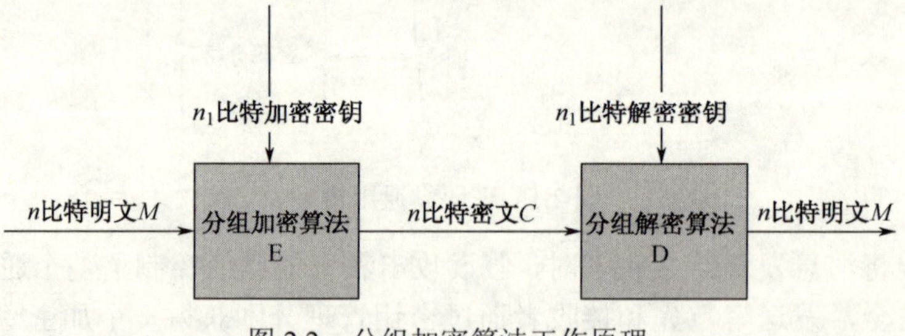

图 2.2 分组加密算法工作原理

1. DES、AES 与 IDEA 算法

（1）DES 算法

1977 年，DES（Data Encryption Standard）算法由美国政府公布作为商用标准加密算法，它的设计人为 IBM 公司的 W.Tuchman 和 C.Meyer。它的分组长度为 64 位，明文、密文以及密钥长度都为 64 位，但是由于有填充位，因此其有效的密钥长度为 56 位。DES 算法在密码学中有着重要的历史地位，它标志着商业密码需求的大量增加，体现了算法公开的密码学安全准则，充分实现了香农关于密码算法设计的混淆与扩散的原则，面向二进制数可以加解密

任何计算机数据，代表了当时密码算法设计的最高水准。在 1977 年，人们估计要耗资 2000 万美元才能建成一个专门计算机用于 DES 的解密，而且需要 12 小时的破解才能得到结果。然而 DES 最致命的弱点就是密钥长度太短，穷举空间不够大，随着计算机芯片计算速度的不断提高，DES 在穷举攻击下已经相当脆弱了。1997 年开始，RSA 公司发起了一个称作“向 DES 挑战”的竞技赛。1997 年 1 月，用了 96 天时间，成功地破解了用 DES 加密的一段信息；一年之后，在第二届赛事上，这一记录缩短为 41 天；而在 1998 年 7 月，“第 2-2 届 DES 挑战赛（DES Challenge II-2）”把破解 DES 的时间缩短到了只需 56 小时；“第 3 届 DES 挑战赛（DES Challenge III）”把破解 DES 的时间缩短到了只需 22.5 小时。尽管 DES 算法已经不被认为是一个安全的算法了，但是其在密码学的历史地位并不会因此降低，它体现出来的分组加密算法的很多准则对现在的分组加密算法设计仍然有着指导意义。而且对于一些安全保护强度不需要太高的应用，它仍然能够胜任。

（2）AES 算法

由于 DES 算法的安全强度已经不能满足当前安全保护的需求，美国政府又于 1997 年 4 月全球征集新的加密算法标准，并将其命名为 AES（Advanced Encryption Standard），中文即为高级加密标准，用于取代 DES 算法。制定 AES 的目标是确保资料可以保留 100 年，即在 100 年内算法仍可保持其安全性。经过 3 个回合的技术分析和讨论后，于 2000 年 10 月 2 日选定比利时的两位学者 J.Daemen 与 V.Rijmen 所设计的算法为新的标准加密算法并于 2001 年 11 月 26 日正式生效。因此 AES 算法又因两位设计者的名字而被称为 Rijndael（音为 Rain Doll）。AES 算法的分组长度为 128 位，而密钥长度可根据安全强度的要求配置为 128 位、192 位和 256 位。AES 算法充分考虑了软硬件实现，具有安全性高、效率高、性能强灵活配置等特点，而且整个算法产生过程公开透明，打消了人们对其存在后门的疑虑。目前 AES 应该被广泛应用于各种密码通信系统和协议中，如在 3G WCDMA 系统中 AKA 协议、IPsec/IKE、SSH 等。

（3）IDEA 算法

IDEA（International Data Encryption Algorithm）为现行的欧洲加密标准。它是由我国著名的密码学家来学嘉教授和其导师梅西（Massey）于 1992 年在其博士论文《分组加密算法的安全与设计》（On the Design and Security of Block Ciphers）中提出来的，并成为了欧洲加密标准。IDEA 的分组长度为 64 位，密钥长度为 128 位。IDEA 的安全特性也是建立在混淆与扩散基础之上的。IDEA 的混淆特性是经由 3 个不同函数的组合而达成的，包括以位为单位的 XOR（exclusive-OR），定义于 mod 2^{16} 的模数加法运算及 mod $2^{16}+1$ 的模数乘法运算。目前，IDEA 仍然继续战斗在商业密码的第一线。

2. SMS4 算法

我国的密码算法按级别由低到高分为：个人密码、商业密码、普通密码、核心密码。除核心密码外，其他都由国家密码局统一管理。我国在密码分析和密码设计方面都有着长期的经验和积累，具有相当的优势。然而长期以来，我们的商业密码都是算法保密，只提供芯片，不提供算法，这样明显违背了密码学的安全原则，不但使得算法不能够经过充分的分析和攻击，而且不利于标准化，难以推广。2006 年 2 月，我国公布了自己的商用加密标准算法 SMS4，使得我国的商用密码设计和管理迈上了一个新台阶。

SMS4 首先应用于我国无线局域网安全标准 WAPI 上，它的分组长度与密钥长度均为 128

位，加密算法和解密算法相同。和绝大多数分组加密算法一样，它也是一个迭代算法。其结构如图 2.3 所示。首先，密钥经过密钥扩展之后，为每轮迭代产生一个轮子密钥。然后输入的明文就在迭代控制下与子密钥在轮迭代函数下不停迭代，直到迭代完成，最后输出密文。

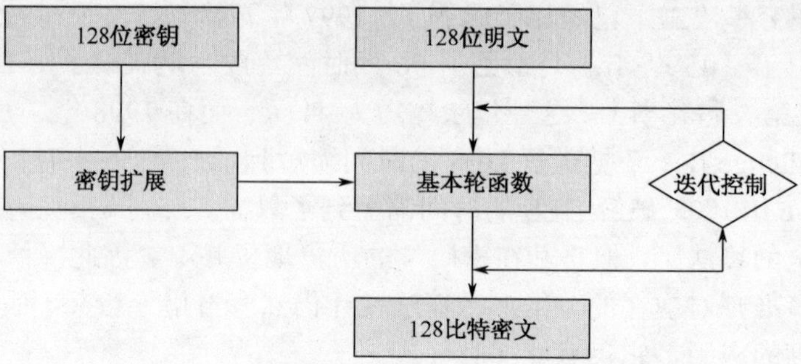

图 2.3　SMS4 算法结构

算法中最基本的操作是异或⊕和左循环移位<<<i。基本密码部件为 S 盒[8]，S 盒为一个 8 位输入 8 位输出的非线性函数。若其输入为一个 8 位的整数 a，则输出也为一个 8 位的整数 b，可记为 b=S_Box(a)。S 盒是一个查表计算，以输入的前 4 位作为行号，后 4 位作为列号，以行号和列号为坐标即可在表 2.1 中查到其输出。例如，若输入为 0x2f，则行号为 2，列号为 15（十六进制数 f），可在表 2.1 中查到 0x62，所以 0x62=S_Box(0x2f)。以 S 盒为基础构建一个非线性变换 τ，其输入为 32 位，输出也为 32 位。将输入的 32 位字 A 按顺序划分为 4 个 8 位字节 a0 ‖ a1 ‖ a2 ‖ a3，则输出的 32 位字 B=(b0 ‖ b1 ‖ b2 ‖ b3)=(S_Box(a0) ‖ S_Box(a1) ‖ S_Box(a2) ‖ S_Box(a3))。以基本操作为基础构建了线性变换 L，其输入、输出都为 32 位字。若输入为 32 位字 B，则输出为 32 位字 $C=L(B)=B\oplus(B<<<2)\oplus(B<<<10)\oplus(B<<<18)\oplus(B<<<24)$。最后由线性变换 T 和非线性变换 τ 复合成变换 T，$T(X)=L(\tau(X))$，其输入、输出都为 32 位字。

表 2.1　S 盒表

	0	1	2	3	4	5	6	7	8	9	a	b	c	d	e	f
0	d6	90	e9	fe	cc	e1	3d	b7	l6	b6	14	c2	28	fb	2c	05
1	2b	67	9a	76	2a	be	04	c3	aa	44	13	26	49	86	06	99
2	9c	42	50	f4	91	ef	98	7a	33	54	0b	43	ed	cf	ac	62
3	e4	b3	1c	a9	c9	08	e8	95	80	df	94	fa	75	8f	3f	a6
4	47	07	a7	fc	f3	73	17	ba	83	59	3c	19	e6	85	4f	a8
5	68	6b	81	b2	71	64	da	8b	f8	eb	0f	4b	70	56	9d	35
6	le	24	0e	5e	63	58	d1	a2	25	22	7c	3b	01	21	78	87
7	d4	00	46	57	9f	d3	27	52	4c	36	02	e7	a0	c4	c8	9e
8	ea	bf	8a	d2	40	c7	38	b5	a3	f7	f2	ce	f9	64	15	a1
9	e0	ae	5d	a4	9b	34	1a	55	ad	93	32	30	f5	8c	b1	e3
a	1d	f6	e2	2e	82	66	ca	60	c0	29	23	ab	0d	53	4e	6f
b	d5	db	37	45	de	fd	8e	2f	03	ff	6a	72	6d	6c	5b	51
c	8d	1b	af	92	bb	dd	bc	7f	11	d9	5c	41	1f	10	5a	d8
d	0a	c1	31	88	a5	cd	7b	bd	2d	74	d0	12	b8	e5	b4	b0
e	89	69	97	4a	0c	96	77	7e	65	b9	f1	09	c5	6e	c6	84
f	18	f0	7d	ec	3a	dc	4d	20	79	ee	5f	3e	d7	cb	39	48

SMS4 算法为一个迭代算法，其中轮函数 F 的结构如图 2.4 所示。若轮函数输入为 128 位，将其顺序划分为 4 个 32 位字(X_0，X_1，X_2，X_3)，以及 rk（由密钥衍生得到的 32 位轮子密钥），则轮函数 F 的输出 $F(X_0, X_1, X_2, X_3, \mathrm{rk})=X_0 \oplus T(X_1 \oplus X_2 \oplus X_3 \oplus \mathrm{rk})$。加密算法如图 2.5 所示，解密算法与加密算法类似。加密算法的输入为(X_0，X_1，X_2，X_3)，输出为 128 位(Y_0，Y_1，Y_2，Y_3)，加密算法为 32 轮迭代，令第 i 轮的轮子密钥为 rk_i，则第 i 轮迭代获得 $X_{i+4}=F(X_i, X_{i+1}, X_{i+2}, X_{i+3}, \mathrm{rk}_i)$（$i$=0，1，2，…，31）。最后整个加密后输出密文$(Y_0, Y_1, Y_2, Y_3)=(X_{35}, X_{34}, X_{33}, X_{32})$。在算法中还有一个部件称为密钥扩展，即将输入的 128 位密钥扩展为 32×32 位轮密钥。在密钥扩展中需要定义如下的常数：FK_0=0xA3B1BAC6，FK_1=0x56AA3350，FK_2=0x677D9197，FK_3=0xb27022DC，固定常数 $\mathrm{CK}_i=(\mathrm{CK}_{i0}, \mathrm{CK}_{i1}, \mathrm{CK}_{i2}, \mathrm{CK}_{i3})$，其中 $\mathrm{CK}_{ij}=(4i+j)\times 7 \bmod 256$（$i$=0，1，…，31；$j$=0，1，2，3），$\mathrm{CK}_i$ 为 32 位字，每个 CK_i 由 4 个 8 位字节 CK_{i0}，CK_{i1}，CK_{i2}，CK_{i3} 顺序构成。令输入的 128 位密钥为 $\mathrm{MK}=(\mathrm{MK}_0, \mathrm{MK}_1, \mathrm{MK}_2, \mathrm{MK}_3)$，首先对 MK 进行预处理得到$(K_0, K_1, K_2, K_3)=(\mathrm{MK}_0 \oplus \mathrm{FK}_0, \mathrm{MK}_1 \oplus \mathrm{FK}_1, \mathrm{MK}_2 \oplus \mathrm{FK}_2, \mathrm{MK}_3 \oplus \mathrm{FK}_3)$，则第 i 轮的子密钥 $\mathrm{rk}_i=K_{i+4}=K_i \oplus T'(K_{i+1} \oplus K_{i+2} \oplus K_{i+3} \oplus \mathrm{CK}_i)$，其中 T'与 T 基本相同，只是将 T 中的线性变化 L 换为 $L'(B)=B \oplus (B<<<13) \oplus (B<<<23)$。

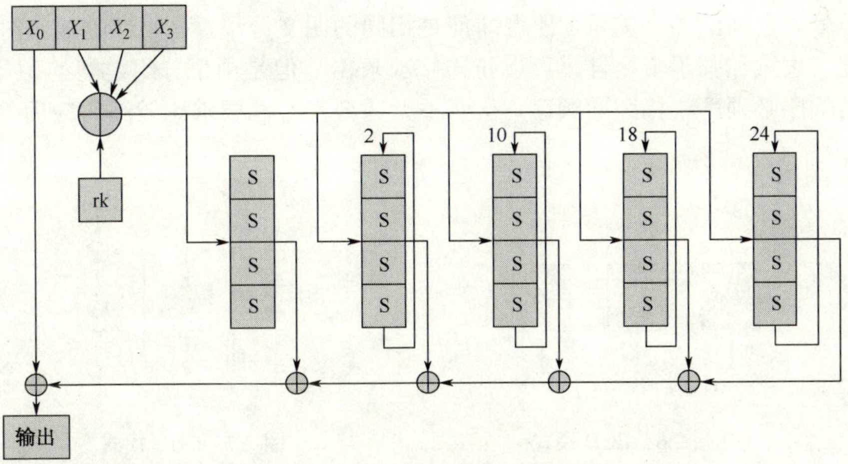

图 2.4　SMS4 轮函数 F 的结构

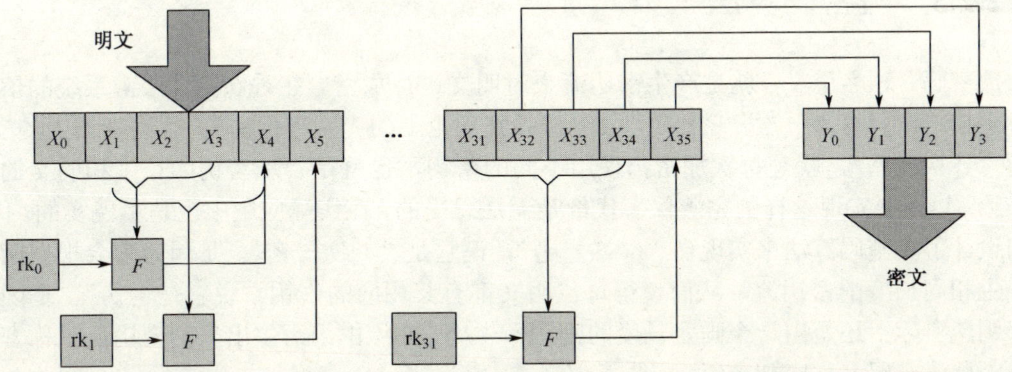

图 2.5　SMS4 加密算法

3．分组加密算法的工作模式

由于分组加密算法的加密长度都是固定的且比较短，而实际系统中往往需要加密的数据长度都不是固定的且一般比较长，因此需要对分组加密算法进行扩展以适应实际需求。常见的运行模式包括：ECB（电码本模式）、CBC（密码分组链接模式）、CFB（密码反馈模式）、OFB（输出反馈模式）、CCM（计数器模式）等。这些运行模式各有优缺点，通过这些模式，使得分组密码算法可以灵活应用于加密任意长度的数据，保证了分组加密算法的广泛适用性。

下面简单介绍 ECB 与 CBC 模式。ECB 是最简单的模式，它将明文按照加密算法的长度直接分组，然后将每组数据直接加密，如图 2.6 所示。ECB 模式比较简单，实现较为容易，数据块解密不需要顺序检测，错误不会传播。但是 ECB 要求数据的长度必须为分组加密算法长度的整数倍，相同的明文输出相同的密文，容易招致字典攻击，因此在实际应用中只用于传比较短的特殊数据。CBC 是目前使用最为广泛的数据加密模式。在该模式中，首先将输入的明文按照一定的规则填充为分组加密算法的整数倍，然后将数据按分组算法长度分为 n 组 P_1，P_2，…，P_n，令 C_0=IV（其中 IV 为双方都知道的一个非保密的初始值），则输出的密文 $C_i=E_k(P_i \oplus C_{i-1})$。CBC 模式结构如图 2.7 所示。CBC 模式将前一段密文作为后一段输入，增加了各个分段之间的粿合关系，使得即使是相同的明文分组，在不同的加密时间下输出的密文都不同，大大加强了安全性，可以抗击字典攻击。但是由于分组之间的相互依赖关系，使得分组的顺序必须严格按照原顺序，从而不太适合实时性要求比较高的应用，而且存在错误传播。

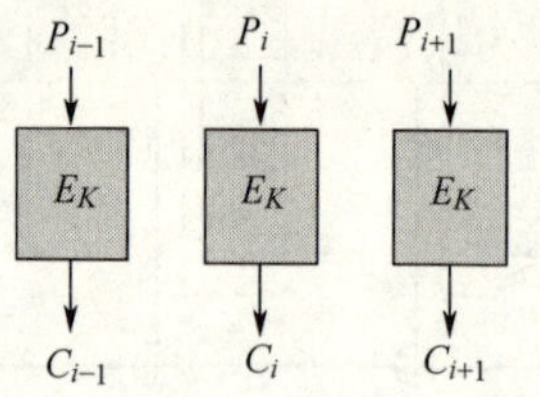

图 2.6　ECB 模式

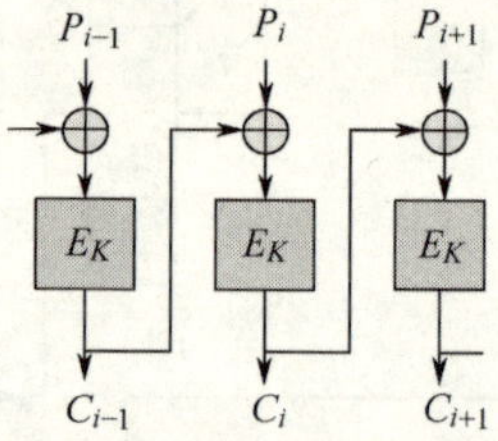

图 2.7　CBC 模式

2.2.3　流密码算法

流密码，顾名思义，就是产生密钥流来对明文进行加密。在香农的《保密系统的信息理论》中指出，只有“一次一密”[9,10]才能够做到理论上的“完善保密”，达到理论上的安全。所谓“一次一密”，就是每次加密都使用不同的密钥，也就是要求密钥的长度和明文的长度要一致。然而要实现这样的完善保密代价是无法忍受的，在实际应用中也是不现实的。因此，人们设计了流密码算法来实现伪“一次一密”。说它是“一次一密”，是因为它会根据明文长度产生相同长度的密钥流，从而使得每位明文都有其相应的密钥。说它是“伪”，是因为这些密钥流实际上还是由一个固定长度的密钥衍生出来的。由于衍生出来的密钥流也称密钥序列，因此流密码又称序列密码。

令需要加密的明文为 m_0，m_1，m_2…，加密的密钥为 K，流密码衍生算法为 KD，则通过密钥衍生算法有 KD(K)=k_0，k_1，k_2…，衍生的密钥长度与明文长度相同，则加密后的密文为

c_0，c_1，c_2…。解密时，使用相同的密钥衍生算法衍生出相同的密钥流 KD(K)=k_0，k_1，k_2…，然后解密密文得到 m_i=$c_i \oplus k_i$。流密码运行模式如图 2.8 所示。

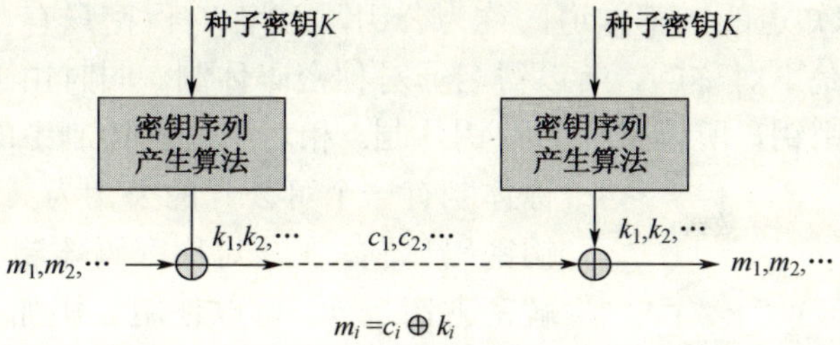

图 2.8　流密码运行模式

流密码算法分为两种，一种是同步流密码，另一种是自同步流密码。在同步流密码中，密钥流的产生与明文无关，从而密钥流本身也与明文无关。这就要求收发双方要严格同步，否则就无法解密成功。而自同步流密码则相反，它的密钥流是与明文相关的。一旦收发双方出现某位不同步，则后面的 n 位将会出现错误。但是 n 位过后，密钥流能自我同步。

流密码算法一般都是以移位寄存器为组件来实现的，因此它更利于硬件实现，从而保证加/解密速度，当对数据流比较大的对象（如多媒体流）进行加/解密时，一般都是采用流密码算法。移位寄存器包括线性移位寄存器和非线性移位寄存器两种。线性移位寄存器用于产生周期较大的伪随机序列，而非线性移位寄存器则用于产生非线性序列，保证序列的复杂性和安全性。常见的流密码算法基本结构是，将几个线性移位寄存器产生的序列用非线性进行组合，从而保证其安全性，如图 2.9 所示。除了用组合移位寄存器来产生流密码外，还有直接用非线性移位寄存器以及混沌等其他方式来产生流密码的方法。常见的流密码算法有美国的 RC4[11]、欧盟的 eSTREAM 等。

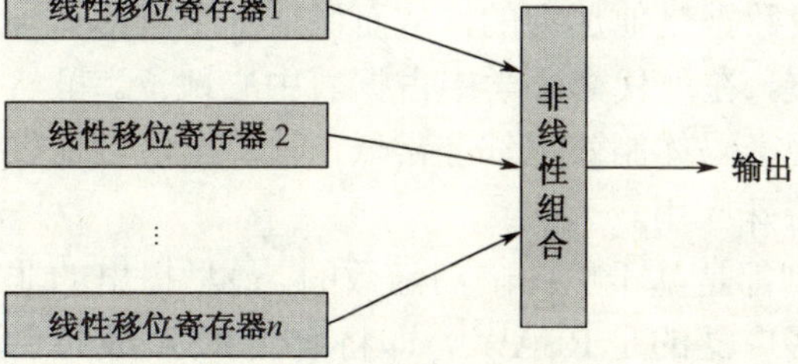

图 2.9　线性移位寄存器的非线性组合

流密码算法具有速度快、效率高、加/解密对称等优点，并且研究分析透彻，有着很深的数学理论基础，是核心密码中的主流密码。

2.3　非对称密码体制

2.3.1　非对称密码体制简介

对于一个密码体制（M，C，K，E，D）中的 K，若加密密钥 K_e 与解密密钥 K_d 不相同，则已知 K_e 要想计算出 K_d 是很困难的。密码学中的困难包含两层意思：一是说时间非常长，例如，1000 年；二是花费的代价非常大，例如，花费几千万美元。具体困难程度往往很难计量，需要根据保护所需的强度而选择不同强度的算法。由于已知 K_e 不能够推知 K_d，因此通常会将 K_e 公开让想知道的人都知道，称为公钥，而将 K_d 保密只有自己知道，称为私钥。因为公钥和私钥之间是不对称的，所以得名非对称密码体制。同时由于同时具有公钥、私钥两种完全不同类型的密钥，所以又称为双钥体制。相对于对称体制中的密钥必须保密，非对称体制有一个可公开的公钥为其最大特征，因此也叫公钥密码体制。在非对称密码体制中，不再有加密密钥和解密密钥之分。可以使用公钥加密，而用私钥解密，这多用于保护数据的机密性；也可以用私钥加密而公钥解密，这多用于保护信息的完整性和不可否认性。公钥密码的工作原理如图 2.10 所示。

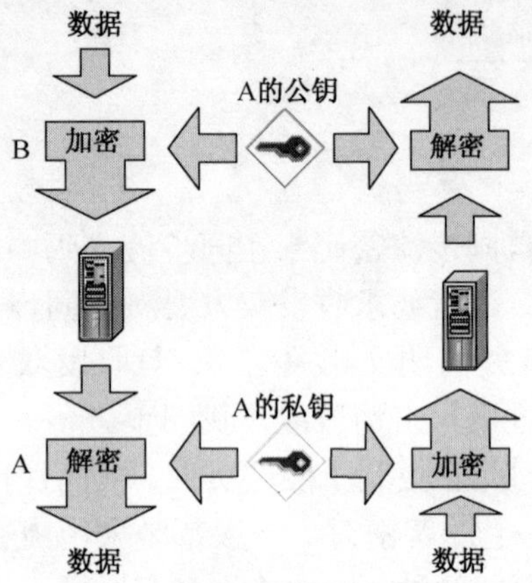

图 2.10　非对称体制工作模式

公钥密码体制的思想是 1976 年由迪菲和赫尔曼提出来的，这种思想具有划时代的意义，是现代密码学诞生的重要里程碑。它相对于对称密码体制最大的优势和特点在于可以解决以下两个问题：第一，密钥管理问题；第二，不可否认性问题。在对称密码体制中，收发双方必须安全地共享一个密钥，要达到这样的目的往往要付出比较大的代价，在一个大型动态网络里，有时甚至是“不可完成的任务”。而在非对称体制中，只需要有对方的公钥就可以进行安全通信了，而这个公钥是不需要保密的而是公开的，因此获取就非常方便，代价很低，就像获取别人电话号码一样。在对称体制中，由于密钥是双方共享的，因此无法确定一个加密数据到底是谁加密的。而在非对称体制中，由于每个人的私钥只有他自己知道，因此当一份数据使用私钥加密时，他就没办法否认这段数据是他加密的，从而保证了不可否认性。非对称密码体制这些特点使其得到了迅速的发展，在现代密码学中占据着中心地位。虽然公钥密码体制有着巨大的优越性，但是现有的公钥密码体制效率都非常低，计算发展度比较高，因此往往都是用于加密少量数据或者做其他特殊应用。

所有的公钥密码体制都是基于单向陷门函数的。最早提出的非对称体制是背包公钥密码体制[12]，而实际应用中最广泛的是 RSA[13]，即将取代 RSA 成为主流的是 ECC。下面首先介绍单向陷门函数，然后再分别介绍这几种公钥密钥体制。

2.3.2　单向陷门函数

单向陷门函数包含两个明显特征：一是单向性，二是存在陷门。所谓单向性，也称不可逆性，即对于一个函数 $y=f(x)$，若已知 x 要计算出 y 很容易，但是已知 y 要计算出 $x=f^{-1}(y)$ 则很困难。单向函数的命名就是源于其只有一个方向能够计算。在小学的时候，我们就有经验，减法比加法困难，乘法比除法容易。但是这样简单的例子仅仅可以用于感受一下单向函数的含义，而不可能作为单向函数的例子。对于现代计算机来说，加、减、乘、除都是一样简单的计算。实际使用的单向函数要复杂得多，而且都是经过密码学家精心设计的。所谓陷门，也称为后门。对于单向函数，若存在一个 z 使得知道 z 则可以很容易地计算出 $x=f^{-1}(y)$，

而不知道 z 则无法计算出 $x=f^{-1}(y)$，则称函数 $y=f(x)$ 为单向陷门函数，而 z 称为陷门。在实际生活中，我们往往也有这样的经验，如果掌握窍门，做一件事情就很容易，如果没有掌握到这个窍门，就会觉得无从下手。

公钥密码体制都是基于一个单向陷门函数的。用公钥加密或者解密时，做的是容易的单向陷门函数的正向运算，而用私钥加密或者解密时，则要求做困难的逆向运算。而陷门 z 往往作为私钥，这样只有知道了陷门 z 的人才能够进行私钥加/解密操作。

2.3.3 背包公钥密码体制

1976 年，迪菲和赫尔曼提出了公钥密码的思想，但是并没有提出一个具体的方案。1978 年，默克尔（Merkle）和赫尔曼提出了背包公钥密码体制[12]，这是世界上第一个非对称密码体制。但是，这个体制于 1980 年就被攻破，后来，很多人提出了很多改进方案，安全性也接受了检验，但是业界还是怀疑背包体制的安全性。因此背包体制虽然是第一个公钥密码体制，并且后续也有很多研究成果，但是背包体制一直没能成为实际应用的公钥体制。

所谓背包问题，就是指对于给定的自然数集合 $B=\{b_1，b_2，\cdots，b_n\}$ 以及一个整数 s，是否存在一个 B 的子集 $C=(c_1，c_2，\cdots，c_m)\subseteq B$，使得 C 中所有数之和等于 s。如果 s 以及 B 足够大并经过选择，那么这个问题在计算机中解决是困难的。下面介绍一个基于背包问题的非对称密码体制。

首先系统选定一个超增背包序列 $<a_i>$，所谓超增序列是指对所有序列中的整数 a_{i+1}，都有 $a_{i+1}>(a_1+a_2+\cdots+a_i)$。过程为：密钥对产生、加密、解密。假设该体制要加密 k 位。

（1）密钥对产生

① 选定一个超增序列 $<a_i>$ 以及一个证书 n，且满足 $n>(a_1+a_2+\cdots+a_k)$。

② 选定一个和 n 互素的正整数 e（即满足 $\gcd(e,n)=1$），并求出唯一的整数 d，使得 $0<d<n$ 且 $ed \bmod n=1$，也就是 $d=e^{-1} \bmod n$。

③ 将 $<a_i>$ 转化为 $<b_i>$，其中 $b_i=a_i\times e \bmod n$。

④ 以 $<b_i>$ 为公钥，以 d 为私钥。

（2）公钥加密

① 令需要加密的密文 $M=m_1m_2\cdots m_k$。

② 密文 $C=(b_1m_1)+(b_2m_2)+\cdots+(b_km_k)$。

（3）私钥解密

① 计算 $C'=C\times d \bmod n$，从而得到 $C'=[(b_1m_1)d+(b_2m_2)d+\cdots+(b_km_k)d] \bmod n=a_1m_1+a_2m_2+\cdots+a_km_k$。

② 用超增序列求解算法对 C' 求解，解密还原消息 $m_1m_2\cdots m_k$。

2.3.4 RSA 密码体制

RSA 是最著名的公钥密码体制，也是目前在实际系统中应用最为广泛的非对称密码体制。它是由美国麻省理工学院（MIT）的三位学者李维斯特（Rivest）、沙米尔（Shamir）与艾得曼（Adleman）于 1978 年提出来的，取这三位学者姓的首字母组合而成 RSA。这三位学者为其申请了专利并成立 RSA 公司，该公司后来成为了世界一流的数据安全公司。它的安全性是建立在因子分解困难问题的基础之上的。所谓因子分解问题，是指给定一个整数 $n=pq$，其中 p、q 都为素数，需要求出 q 和 p。这是一个困难问题。下面给出 RSA 体制的一个简单原型。

（1）密钥对产生

① 任意选取两个大素数 p 与 q，并计算 $n=pq$。

② 任意选取一个与 $\phi(n)=(p-1)(q-1)$ 互素的正整数 e，计算并求出唯一的整数 d，使得 $0<d<n$ 且 $ed \bmod n=1$，也就是 $d=e^{-1} \bmod \phi(n)$。（在实际应用系统中，由于公钥解密操作需要更强的实时性，因此常选取 $e=65537$ 这样简单的数，使得公钥操作更快并且不会降低其安全性。）

③ 得到公钥为 (e, n)，私钥为 d。（p、q 可丢弃，在实际应用中，往往也将 p、q 作为私钥的一部分，用于加速私钥加密计算。）

（2）公钥加密

① 设需要加密的消息为整数 m，其中 $m<n$。（在计算机通信系统中，所有的数据消息都是以二进制数来表示的，从而每个消息都对应一个二进制位串，也就对应一个整数。）

② 消息 m 加密后的密文 $c=m^e \bmod n$。

（3）私钥解密

由密文和私钥 d，解密消息 $m=c^d \bmod n$。

（4）私钥加密

① 设需要加密的消息为整数 m，其中 $m<n$。

② 消息 m 加密后的密文 $c=m^d \bmod n$。

（5）公钥解密

由密文和公钥 e，解密消息 $m=c^e \bmod n$。

从前面描述中可以看出，已知 m 和 e 要计算出 c 很容易，然而已知 c 和 e，要计算出 m 很困难，但是如果知道陷门 d，则可以很轻松地计算出 m，因此 RSA 体制是建立在这样一个单向陷门函数的基础之上的。RSA 的形式非常简单，易于理解，下面用简单的例子来说明 RSA 的公钥加密和私钥解密过程。设选择素数为 $p=47$，$q=71$，则模数 $n=pq=47\times71=3337$，$\phi(n)=(p-1)(q-1)=(47-1)\times(71-1)=3220$。令公钥指数 $e=79$，则可算出 $d=79^{-1} \bmod 3220=1019$。设需要加密的消息 $m=688$，则加密后的密文 $c=688^{79} \bmod 3337=1570$。而对密文 c 的解密过程则为计算 $m=1570^{1019} \bmod 3337=688$。

在实际应用的系统中，要考虑的问题比这个例子要复杂得多。模数的选取要大得多，最早的 RSA 选择的模数大小为 512 位（2^{512} 约为 10^{154}），然而随着计算机计算速度的不断提升，RSA 不得不加长到 764 位、1024 位、2048 位。目前，一般应用要求都为 1024 位，对于安全强度要求比较高的，则需要用 2048 位。

- p、q 是强素数，选择要求比较接近，同时要求 $p-1$ 和 $q-1$ 不能有大因子等。
- 通常，公钥操作是实时性要求比较高的操作，因此 e 一般取比较小的值，通常选取 $e=65537$。（最早的时候选 $e=3$，后来发现可能会存在安全问题，因此这个值一般不再用。）
- d 的长度应大于 n 的 1/4。

- 消息有固定的填充方式以增强该体制的安全性，目前的 RSA 标准 PCKS#1 规定的填充格式为 OAEP。

随着相关技术的发展，RSA 其实已经表现出越来越多的弊端，如密钥长度较长、效率较低等，然而由于兼容性问题（其在实际系统中已有大量应用，而新的算法无法做到与其兼容）以及无专利费问题（它的专利时间已经过了有效期），它仍将顽强地继续在实际系统中发挥重要作用。

2.3.5 椭圆曲线群密码体制

椭圆曲线群密码[14]（Elliptic Curve Cryptography，ECC）是基于椭圆曲线群的一种非对称密码体制。它是 1985 年由尼尔·科比利兹（Neal Koblitz）和维克托·米勒（Victor Miller）提出来的。

相对 RSA，椭圆曲线群密码的优势是：① 安全强度更高。RSA 中存在一般数域筛（NFS）方法攻击使得其安全强度为亚指数级，而即使使用目前国际上公认的有效攻击方法——Pollardorhd 方法，ECC 的安全强度仍然为指数级的。② 密钥长度短。在同等安全强度下，ECC 的密钥长度比 RSA 短很多。③ 计算速度快。公钥密码相对于对称密码最大的缺点就是其计算复杂度更高，从而导致计算算法较慢，这在很多应用中都是一个瓶颈。ECC 由于其底层的有限域规模较小，以及相关研究的深入，使得其计算速度大大高于 RSA。表 2.2 和表 2.3 分别为 ECC 与 RSA 的密钥长度和计算速度的对比。

表 2.2 ECC 和 RSA 的密钥长度对比

攻破时间 MIPS（年）	RSA/DSA 密钥长度	ECC 密钥长度	RSA/ECC 密钥长度比
10^4	512	106	5:1
10^8	768	132	6:1
10^{11}	1024	160	7:1
10^{20}	2048	210	10:1
10^{78}	21000	600	35:1

表 2.3 ECC 与 RSA 的计算速度比较

功能	Security Builder 1.2 163 位 ECC(ms)	BSAFE 3.0 1024 位 RSA(ms)
密钥对生成	3.8	4708.3
签名	2.1(ECNRA) 3.0(ECDSA)	228.4
认证	9.9(ECNRA) 10.7(ECDSA)	12.7
Diffie-Hellman 密钥交换	7.3	1654.0

推动 ECC 进入实际应用的一个里程碑事件就是椭圆曲线群数字签名标准 ECDSA（ANSI X9.62）的公布。紧接着，其他国际组织也纷纷将其标准化，例如，IEEE P1363、ISO/IEC

CD14888-3 等。而各种协议也将 ECC 应用到其中，如 IPsec/IKE（因特网安全/因特网密钥交换）、WAPI（中国无线局域网安全标准）、WTLS（无线传输层安全协议）、SSH（安全外壳协议）、SSL（安全套接字协议）等。特别是，Visa 和 Mastercard 两大信用卡公司于 1997 年推出的 SET（安全电子交易）协议更是将其默认的公钥密码算法置为 ECC。ECC 加密技术产品已经广泛应用到各种安全产品中，包括：VPN 网关、防火墙，安全网关、安全路由器、Web 服务器、基于 ECC 的移动终端、SIM 卡数字签名模块、无线 POS 机、CA 以及基于 ECC 的企业级安全解决方案等。可以说，ECC 将逐步并最终取代 RSA 的主流应用公钥密码算法的地位。

椭圆曲线群密码涉及非常复杂的数学基础，这里只做简单介绍。首先定义一个椭圆曲线群（这里的椭圆曲线群不同于中学所学的一般实数域上的曲线，而是定义在有限域上的），并对群上的点定义一个“加法”，令 P、Q 为该曲线上的点，则 $P+Q$ 也为群上的一个点。对于给定的一个椭圆曲线上的点 P 和一个大整数 k，则 $kP=P+P+\cdots+P$ 共 k 个 P 相加。已知 k 和 P，计算 kP 是比较容易的，然而已知 kP 和 P，要算出 k 则是一个困难问题。

下面介绍椭圆曲线群密码体制的简单过程。

（1）密钥对产生

① 选取相应的参数，确定椭圆曲线以及该曲线上的一个基点 P，令基点 P 的阶为大数 n。

② 任意选取一个大数 k，满足 $0<k<n$。

③ 计算 $B=kP$，则令 $(B，P)$ 为公钥，k 为私钥。

（2）公钥加密

① 令需要加密的密文 M 为曲线上一点（需要将明文消息嵌到曲线上，也就是将需要加密的明文与曲线上的一个点对应起来），选取一个随机数 r（$0<r<n$）。

② 计算密文 $(C_1，C_2)=(rP，M+rB)$。

（3）私钥解密

输入的密文为 $(C_1，C_2)$，私钥为 k，则解密后的明文 $M=C_2-kC_1$。

2.4 散列函数

2.4.1 散列函数概述

散列（Hash）函数，可音译为哈希函数，也称杂凑函数或者消息摘要函数，是密码学中应用非常广泛也是非常重要的一类函数。其主要用途如下：

- 用于数据检索，通常以数据的散列结果作为数据的特征来形成检索数据的关键字。
- 用于数字签名中，需要签名的消息先散列后签名。
- 用于伪随机数产生，有时也用散列函数来作为随机数产生的一个重要组件。
- 密钥衍生。在密钥协商[15]中，常常使用散列函数来保证密钥衍生的安全性。
- 构造认证码。以散列函数为基本组件，可以构造一种应用非常广泛的认证码 HMAC。

常用的散列算法包括 MD4（Message Digest 4）、MD5（Message Digest 5）、SHA1（Secure Hash Algorithm 1）、SHA2（Secure Hash Algorithm 2）、TIGER 等。除了专门设计的散列函数之外，也可使用分组加密算法的链接形式来构造散列函数，如拉宾（Rabin）提出来的分组

链接技术。

散列函数的输入可以为任意长度，而其输出必须是固定长度的。除了输入、输出长度的要求之外，还具备以下两个重要特征：

- 单向性。对于散列函数 H，已知其输入 x，要计算其输出 $y=H(x)$应该是很容易的。但是如果已知输出为 y，要想找到一个 x'使得 $y=H(x')$是困难的。
- 抗碰撞性。要想找到一对输入(x, x')，其中 x 与 x'不相同，但是输出相同，即 $H(x)=H(x')$是困难的。

散列函数的安全性首先取决于输出的长度。假设一个散列算法的输出为 k 位，随机选择 $2^{k/2}$ 种不同的输入，找到一对碰撞的概率大于 50%。无论算法设计得如何好，如果输入长度不够，散列算法的安全性就无法保证。例如，使用 DES 算法的分组链接模式来实现散列算法，它的安全强度是不够的，比较容易被攻破。即使散列算法的输出长度够长，但是如果算法设计得不够好，也会被攻破。MD5 和 SHA1 一直以来是常用的散列算法，它们的输出长度分别为 128 位和 160 位，从输出长度角度来说，安全性已经具备相当的强度。然而最近，山东大学的王小云教授团队成功攻破了 MD5 和 SHA1，找到了碰撞，宣告了 MD5 和 SHA1 的死亡，这是我国密码学家取得的一个重要成就。下面重点介绍目前仍然安全的 SHA2 散列算法。

2.4.2 SHA2 算法

SHA2 算法按照输出长度分为 SHA2-256、SHA2-384 以及 SHA2-512，其输出分别为 256 位、384 位和 512 位。这里重点介绍 SHA2-256，其余两个只是在其基础之上有一些微小的变化。算法分为以下 3 个步骤。

① 填充。按照固定的格式将输入的数据填充为 512 位的整数倍。

② 分组。将填充后的输入数据按 512 位分为 n 组 $M(1)$，$M(2)$，…，$M(n)$。

③ 迭代。先得到一个固定的初始值 $H(0)$，然后计算：

$$H(i)=H(i-1)+\mathrm{CM}(H(i-1))$$

其中，CM 为 SHA2-256 压缩函数，符号“+”表示逐字（32 位字）进行 mod 2^{32} 加。

为了方便叙述，这里采用表 2.4 中列出的 SHA2 算法符号。

表 2.4 SHA2 算法符号表

⊙	逐位 XOR
∧	逐位 AND
∨	逐位 OR
～	逐位取补
＋	模 2^32 加
R^n	右移位 n 位
S^n	循环右移 n 位

初始的 $H(0)$为如下的 32 位字序列：

$H(0)[1]$=6a09e667； $H(0)[2]$=bb67ae85； $H(0)[3]$=3c6ef372； $H(0)[4]$=a54ff53a

$H(0)[5]$=510e527f； $H(0)[6]$=9b05688c； $H(0)[7]$=1f83d9ab； $H(0)[8]$=5be0cd19

在计算消息 M 的散列值前，按照以下步骤进行处理。

① 填充。按照通常的方式填充消息：令消息 M 的长度为 k 位，首先填充 1 位“1”到消息后面，然后填充 m 位“0”，其中 m 为满足 $k+1+m≡448$（mod 512）条件的最小整数。然后将消息的长度 k 转换为 64 位的二进制数形式填充到后面，填充后的消息长度恰好为 512 位的整数倍。

② 分组。将填充后的消息分解为 N 个 512 位的分组 $M(1)$，$M(2)$，…，$M(N)$。每个分组 512 位分组 $M(i)$可分为 16 个 32 位字，依次为 $M(i)[0]$，$M(i)[1]$，…，$M(i)[15]$。

③ 迭代。

哈希函数计算过程如下：

```
For i=1 to N                /*N 为填充后的分组数*/
{
  /*初始化寄存器 a, b, c, d, e, f, g, h 为(i−1)次哈希中间值。若 i=1，则为初始化值 H(0)*/
  a=H(i−1)[1];
  b=H(i−1)[2];
  c=H(i−1)[3];
  …
  h=H(i−1)[8];
  /*用 SHA2-256 压缩函数更新寄存器 a, b,…, h 的值 */
  For j=0 to 63
  {
    /*计算 Ch(e, f. g)，Maj(a, b, c)，Σ0(a)，Σ1(e)及 W[j]*/
    T1=h+Σ1(e)+Ch(e, f, g)+K[j]+W[j]
    T2=Σ0(a)+Maj(a, b, c)
    h=g
    g=f
    f=e
    e=d+T1
    d=c
    c=b
    b=a
    a=T1+T2
  }
  /*计算第 i 次中间值 H(i)*/
  {
    H(i)[1]=a+H(i−1)[1]
    H(i)[2]=b+H(i−1)[2]
    …
    H(i)[8]=h+H(i−1)[8]
  }
}
```

所得 $H(N)=(H(N)[1]$，$H(N)[2]$，…，$H(N)[8])$即为所求的哈希值。

在 SHA2-256 中使用了 6 个逻辑函数，每个函数输入几个 32 位字，输出一个 32 位字，其定义如下：

$$\mathrm{Ch}(x;y;z)=(x\wedge y)\odot(\sim x\wedge z)$$

$$\mathrm{Maj}(x;y;z)=(x\wedge \mathrm{y})\odot(x\wedge z)\odot(y\wedge z)$$

$$\Sigma 0(x)=\mathrm{S}2(x)\odot \mathrm{S}13(x)\odot \mathrm{S}22(x)$$

$$\Sigma 1(x)=\mathrm{S}6(x)\odot \mathrm{S}11(x)\odot \mathrm{S}25(x)$$

$$\sigma 0(x)=\mathrm{S}7(x)\odot \mathrm{S}18(x)\odot \mathrm{R}3(x)$$

$$\sigma 1(x)=\mathrm{S}17(x)\odot \mathrm{S}19(x)\odot \mathrm{R}10(x)$$

将 16 个字分组 $M(i)=(M(i)[0]$，$M(i)[1]$，…，$M(i)[15])$扩展为 64 个字 $W[0]$，$W[1]$，…，$W[63]$用于前面定义的运算，具体定义如下。

SHA-256 消息调度函数：

```
{
  for j=0 to 15
     W[j]=M(i)[j]
  for j=16 to 63
  {
     W[j]=σ1(W[j−2])+W[j−7]+σ0(W[j−15])+W[j−16]
  }
}
```

在前面定义的 SHA2-256 计算中，用到 64 个常数字 $K[0]$，$K[1]$，…，$K[63]$的值，依次用十六进制数表示为：

428a2f98	71374491	b5c0fbcf	e9b5dba5	3956c25b	59f111f1	923f82a4	ab1c5ed5
d807aa98	12835b01	243185be	550c7dc3	72be5d74	80deb1fe	9bdc06a7	c19bf174
e49b69c1	efbe4786	0fc19dc6	240ca1cc	2de92c6f	4a7484aa	5cb0a9dc	76f988da
983e5152	a831c66d	b00327c8	bf597fc7	c6e00bf3	d5a79147	06ca6351	14292967
27b70a85	2e1b2138	4d2c6dfc	53380d13	650a7354	766a0abb	81c2c92e	92722c85
a2bfe8a1	a81a664b	c24b8b70	c76c51a3	d192e819	d6990624	f40e3585	106aa070
19a4c116	1e376c08	2748774c	34b0bcb5	391c0cb3	4ed8aa4a	5b9cca4f	682e6ff3
748f82ee	78a5636f	84c87814	8cc70208	90befffa	a4506ceb	bef9a3f7	c67178f2

消息压缩函数和消息调度函数流程图分别如图 2.11 和图 2.12 所示。

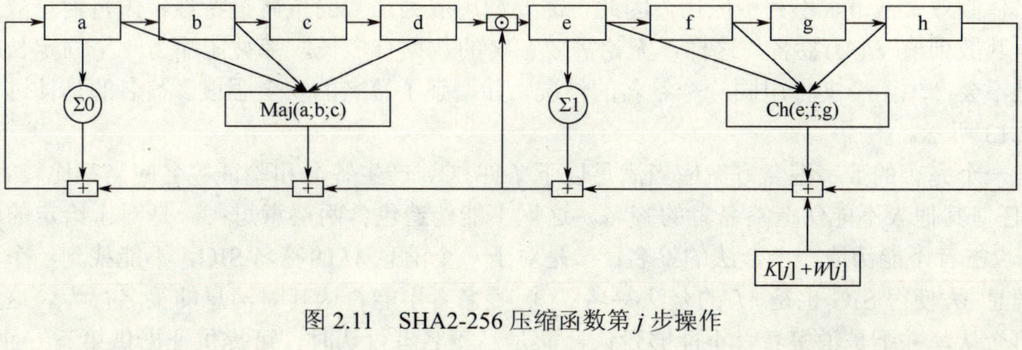

图 2.11　SHA2-256 压缩函数第 j 步操作

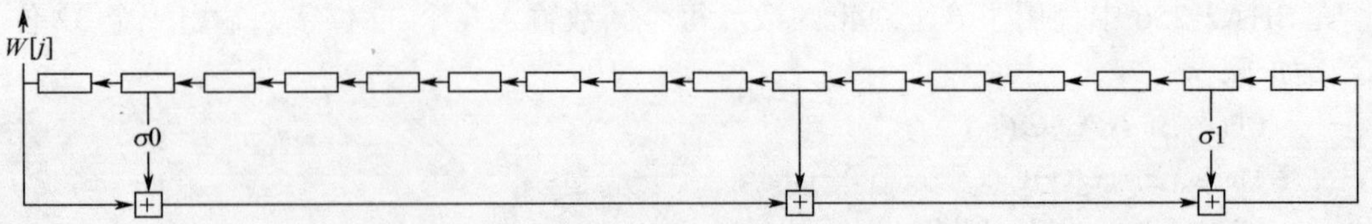

图 2.12　SHA2-256 消息调度函数

2.5　数字签名技术

2.5.1　数字签名概述

在现实生活中，无论是个人、组织还是政府都离不开签名。签名可以起到确认、生效、负责等多重作用。一旦当事人对一份文件签名，则表明该文件当事人已经阅读，并保证了文件的真实性，确认了当事人的身份，当事人将对该文件负责。常用的签名形式包括手写签字、盖手印以及印章等。

而对应到数字世界，这样的需求显然也是必要的，因此引入了数字签名[16-17]技术。数字签名技术是公钥密码学中一个重要的概念，它拥有对称密码所不能提供的性质，即不可否认性。一个经过某人电子签名后的消息，表明签名人对消息已经阅读并确认，同时他不能够否认自己签署过这个文件。其实，这里的不可否认并不是绝对意义的不可否认，签署人自然可以不承认曾经签署过该文件，但是相关人士可以使用该签名为证据来证明他的电子签名行为。许多国家包括美国、欧盟、中国等都已经从法律地位上肯定了数字签名的法律效力，从法律上有力地保证了数字签名的不可否认性。

一个完整的数字签名体制包括两个过程：签名与验证。首先，签名者应当已经有一对公私钥对，私钥 K_d 自己保密保留，公钥 K_e 公布出来。签名过程则是用签名算法对消息 M 用私钥加密得到 SIG，即 SIG=$E(K_d, M)$，然后签名者将消息 M 和签名 SIG 串接在一起。签名验证者得到了消息 M 和签名 SIG 后，首先用签名者的公钥 K_e 解密签名 SIG 得到消息 M'，然后比较 $M=M'$ 是否成立，若成立（输出为 0），则签名验证成功，否则失败（输出为 1）。然而在实际应用中，需要签名的消息往往都比较长（例如，一个文件、一本书等），若直接使用消息来签名，一是私钥加密过程计算比较耗时，二是需要附加的签名数据长度过大，使得签名体制效率低下，不利于应用。因此，需要利用散列函数的抗碰撞特性，先将消息散列以后对其散列值 $H(M)$ 签名。这样，无论需要签名的数据有多长，都被压缩为一个固定长度，而且不会产生两个文件用同一个签名的情况，并增强了签名的安全强度。签名的具体过程如图 2.13 所示。

一个完善的数字签名方案应当满足以下条件。① 产生签名和验证签名应当都比较容易。② 任何其他人不能伪造签名者的签名。这里不能伪造包含两层意思：一是对于给定的消息 M，攻击者不能伪造一个合法的签名；二是对于一个消息 M 的签名 SIG，不能找到一个不同的消息 M' 使得 SIG 也是 M' 的合法签名。③ 签名者不能否认其对消息的签名行为。这里的不可否认，并不是说签名者不能够否认，而是当签名者否认时，可提供证据供第三方仲裁。④ 签名应该是可复制的。

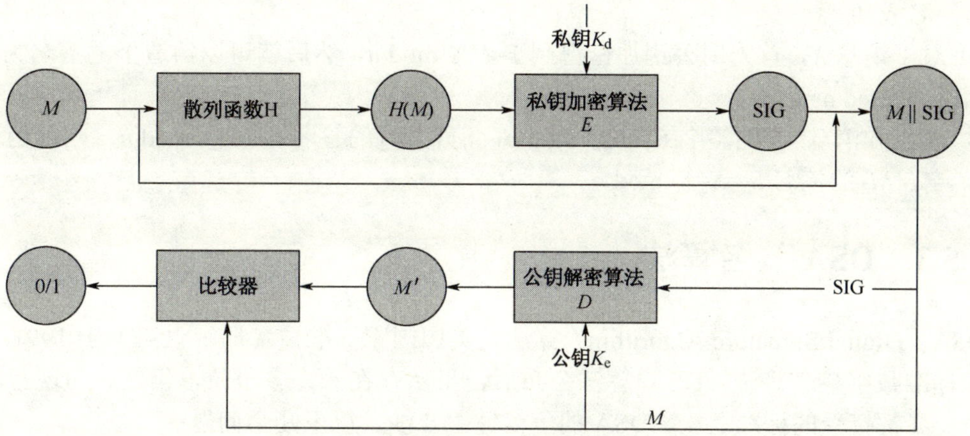

图 2.13　数字签名与验证框架

签名根据对同一消息不同时间签名的结构是否相同，将签名体制分为确定性签名和概率性签名。在确定性签名中，当使用相同的签名算法和私钥时，对同一消息的不同时间的签名值都是一样的，如 RSA 签名。而在概率性签名中，引入了随机变量，即使用相同的签名算法和私钥对同一消息进行签名，在不同的时间签出的结果也是不一样的，如 DSA 签名[18]。下面分别介绍几种典型的数字签名体制。

2.5.2　RSA 签名算法

首先，生成 RSA 的密钥对，公钥为(e, n)，私钥为 d。令需要签名的消息为 M，签名过程如下。

① 散列：将消息 M 用选定的散列函数 H 计算得到散列结果 $H(M)$。（在实际的 RSA 签名中，往往采用 MD5 或者 SHA1 作为散列算法。虽然 MD5 和 SHA1 已经被我国密码学家王小云攻破，然而实际上对一个消息 M，真正要找到具有合理语义的 M'使得 $H(M)=H(M')$还是比较困难的。因此，在实际签名算法中采用这两种算法并不会带来很大的危险性。）

② 填充：将 $H(M)$按照一定的格式填充使其长度和模数 n 的长度一致，记填充后的 $H(M)$为 $H(M)_1$。

③ 签名：计算签名 SIG=$[H(M)_1]^d \bmod n$。

④ 将消息 M 串接上签名 SIG 后存储或者传输。

签名验证过程如下。

① 解密：将 SIG 用公钥解密得到 $H(M)^2$=$[\text{SIG}]^d \bmod n$。

② 去填充：按照填充格式去掉填充还原 $H(M)^2$ 得到 $H(M)'$。

③ 比较：用散列算法直接对 M 计算得到 $H(M)$，比较 $H(M)$与 $H(M)'$是否相同。若相同，则该签名为合法签名，否则为不合法签名。

在前面曾经提过，不要对消息直接签名而是对其散列值进行签名，除了效率方面的考虑之外，还有安全性的考虑。假设直接对消息 M 进行签名，即 SIG=$(M)^d \bmod n$，则可能存在如下的攻击。

① 已知消息 M 的签名 $P=M^d \bmod n$，则任取整数 k，都有 P^k 为消息 M^k 的合法签名，从

而伪造签名成功。

② 对于消息 X，首先用公钥加密得到 $Y=(X)^e \bmod n$，然后就可以伪造 Y 的签名为 X，因为 $Y^d=((X)^e)^d \bmod n=X$。

③ 若已知消息 M_1 的签名 $S_1=M_1^d \bmod n$，消息 M_2 的签名 $S_2=M_2^d \bmod n$，则可伪造一个消息 $M_3=M_1 M_2$ 的签名 $S_3=S_1 S_2 \bmod n$。

2.5.3 DSA 签名算法

DSA（Digital Signature Algorithm）算法是美国国家标准技术局（NIST）于 1991 年公布的国家标准数字签名算法。DSA 算法公布后，虽然存在着许多争议，仍然成为现行的学术界和产业界都接受的标准之一。DSA 的争议性主要涉及以下几个问题：

- DSA 只能作为数字签名，而无法用作密钥协商或者公钥加密。
- DSA 来源于美国国家安全局（NSA）的 Elgamal 算法的一种变形，人们普遍担心美国国家安全局在里面设置了后门。
- 虽然 DSA 相对 RSA 的签名速度大致差不多，但是验证算法则要慢 10～40 倍。
- RSA 已经成为了许多系统的事实标准。

在 DSA 算法中，首先是系统参数的选取，然后是密钥对的生成，再然后是签名算法，最后是签名验证。

1．系统参数

- 大素数 p（规定取 512～1024 位，现在一般都取 1024 位以保证其安全性）。
- 160 位大小的素数 q，且 $q|(p-1)$。
- 生成元 $g=w(p-1)/q \bmod p$，其中 $w<p-1$ 且 $w(p-1) / q \bmod p > 1$。
- 单向散列函数 H，输出值为 160 位（标准的散列函数为 SHA1）。

2．密钥对生成

- 随机生成一个整数 $0<x<q$，将 x 作为私钥。
- 计算公钥 $y=g^x \bmod p$。

3．签名算法

- 设输入的需要签名的消息为 m。
- 随机生成一个整数 $0<k<q$。
- 计算 $r=(g^k \bmod p) \bmod q$。
- 计算 $s=k^{-1}(\mathrm{H}(M)xr) \bmod q$。
- $(r，s)$为 m 的签名。

4．签名验证

- 计算 $a=s^{-1} \bmod q$。
- 计算 $b=a\mathrm{H}(M) \bmod q$。
- $c=ra \bmod q$。

■ $d=[(g^a y^c) \bmod p] \bmod q$。

■ 比较，若 $d=r$，则通过验证，否则不通过。

DSA 相对 RSA 最大的不同是，在签名过程中，DSA 产生了一个随机数 k。由于每次产生的随机数 k 都可能不一样，因此即使同一个人对同一条消息在不同时候签名，签名的结果也是不一致的。具有这种特质的签名算法称为概率签名算法。而 RSA 这种类型的签名算法，则称为确定性签名算法。

2.5.4 特殊数字签名

除了前面介绍的常规的数字签名体制外，还有很多具有特殊性质的数字签名。这些具有特殊性质的数字签名使得数字签名内容更丰富，应用更广泛，同时具有更多的学术研究价值，如盲签名[19]、不可否认签名[20]、代理签名[21]、同时签名等，本书就不一一介绍了。

2.6 数据完整性技术

2.6.1 数据完整性技术概述

所谓数据完整性技术，就是用于保证数据在传输过程中不被改变的技术。实际上，由于网络传输的信道可能被攻击者完全控制，因此数据完整性技术是没办法保证攻击者不对数据进行篡改的，但是数据完整性技术可以保证数据被篡改后，可以被检测到。因此准确地说，数据完整性技术应该是保证数据在传输过程中不被无知觉地篡改。

数据完整性[22]技术就是通过一个完整性保护函数 I 对消息 M 进行处理得到 $I(M)$，然后将消息 M 与 $I(M)$串接起来。当接收方要验证数据的完整性时，只需要对消息 M 做相同的处理得到 $I(M)'$，然后比较 $I(M)$与 $I(M)'$是否相等。若相等，则接受该数据的完整性，否则就认为数据完整性遭到了破坏。图 2.14 为数据完整性技术示意图。

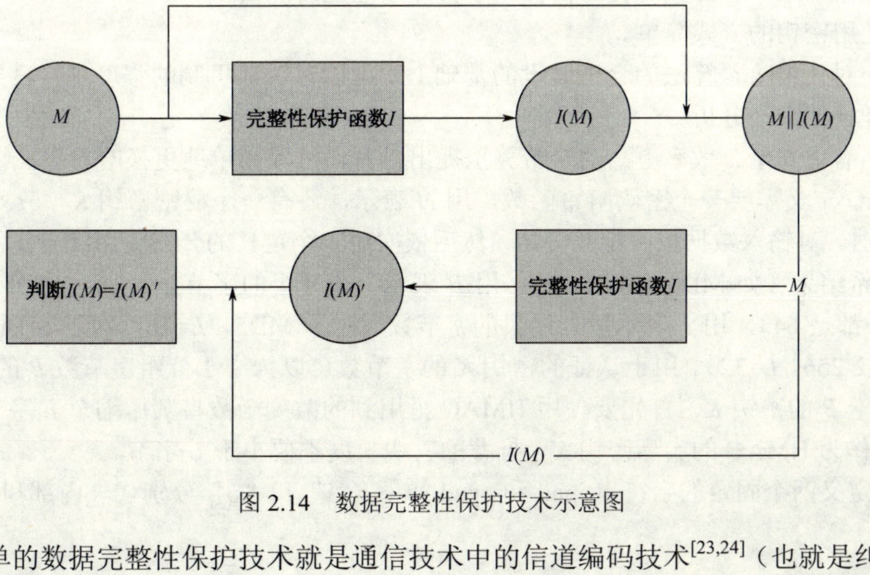

图 2.14　数据完整性保护技术示意图

最简单的数据完整性保护技术就是通信技术中的信道编码技术[23,24]（也就是纠错码）以及数据存储中常使用的散列函数保护技术。纠错码技术在这里不做介绍，而散列函数保护技术就是将完整性保护函数 I 取为一个散列函数，最常用的就是 MD5。但是，这种简单的数据保护技术由于不包含密码信息，因此只能够保护数据的随机错误，而对人为的数据篡改则无能为力。攻击者只需要将消息 M 篡改为 M_1 而相应地将 $I(M)$ 也改为 $I(M_1)$，接收方就无法察觉数据的改变。

因此，为了保证数据不被认为的篡改，必须加入接收方和验证方的一些密码信息。目前，使用得最为广泛的数据完整性保护技术有数字签名和带密钥的 MAC（消息认证码）。2.5 节中介绍的数字签名技术完全符合数据完整性保护技术的框架。其中的完整性保护函数也就是数字签名函数，因此数字签名技术的一个重要功能就是提供数据完整性保护。然而由于公钥密码算法效率较低，在对实时性要求比较高的网络中传输使用时，数字签名技术就会变成严重的瓶颈。这时候往往要采用带密钥的 MAC 码来保护。使用最为广泛的带密钥的 MAC 有两种：一种是用分组加密算法的分组链接模式来获得 MAC 码，另一种是用散列函数来构造的 HMAC 码。下面重点介绍 HMAC 函数。

2.6.2 HMAC 函数

HAMC 就是一种基于哈希函数的 MAC 体制。HMAC 要与一个共享密钥结合使用，可以基于任何哈希函数，如 MD5、SHA1、SHA2 等。HMAC 的密码强度只依赖于所使用的哈希函数。对于传输或存储在一个不可信赖的中间媒介上的信息，提供一种方法用于检查该信息的完整性是公开的计算和通信的一个首要问题。基于一个秘密密钥提供这样的完整性保护的机制通常称为 MAC（消息认证码）。一种典型的应用情形是：通信双方共享一个秘密密钥用以产生消息认证码，通过验证这个消息认证码来确认消息的完整性。

HMAC 函数具有如下优点：

- 可以不加任何修改地使用现有的哈希算法模块，特别是那些代码可以实际使用并已证明运行良好的哈希算法模块。
- 保留了原哈希函数的良好特性，不会导致性能的降低。
- 使用密钥的方式简单。
- 在对使用哈希算法的合理假设的基础上，可以对认证机制的强度进行良好的、易于理解的密码分析。
- 当有更安全、效率更高的哈希算法提出以后，可以简单地更换哈希算法模块。

HMAC 定义需要一个密码哈希函数，用 H 表示，还有一个秘密密钥 K。散列函数 H 在处理数据时，对输入数据按照定长分组，然后依次对一个定长的分组使用统一压缩算法得到最后的哈希结果（如 MD5 SHA1 等）。用 B 表示一个分组的字节数（对于 MD5、SHA1 和 SHA2，B 都是 64），用 L 表示散列结果的字节数（对于 MD5，L=16；对于 SHA1，L=20；对于 SHA2-256，L=32）。用于认证的密钥 K 的字节数可以为小于分组字节数 B 的任意长度。而对于长于 B 的密钥 K，首先要使用 HMAC 里用到的散列函数将其压缩至 L 字节，然后将这 L 字节作为 HMAC 的实际密钥 K。推荐的密钥长度不要小于 L 字节。

我们定义两个固定的字符串 ipad 和 opad 如下（“i”和“o”分别代表内部和外部）：

ipad=字节 0x36 重复 *B* 次（一个分组长度）

opad=字节 0x5C 重复 *B* 次（一个分组长度）

为了计算输入数据“text”的 HMAC 值，我们做如下操作：

H(*K* XOR opad，*H*(*K* XOR ipad，text))

下面详细介绍 HMAC 的计算步骤，如图 2.15 所示为其流程图。

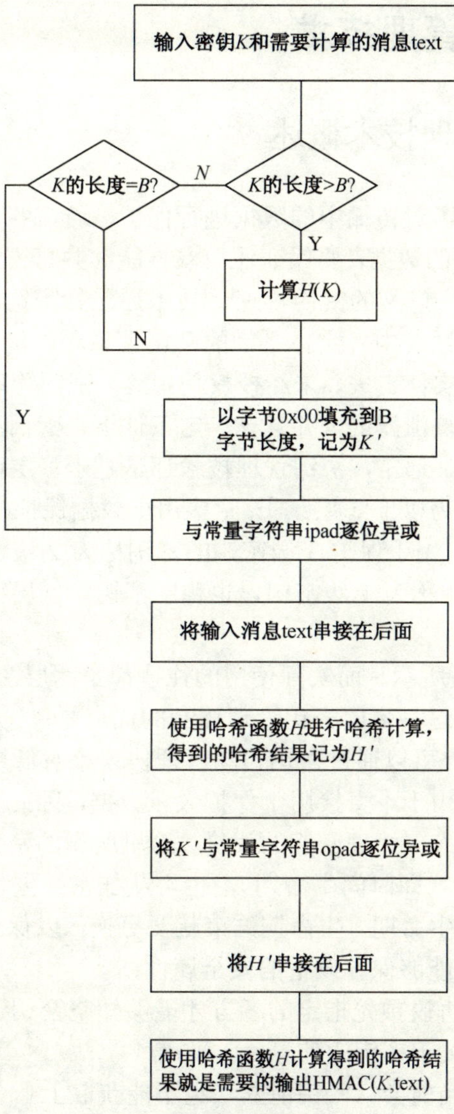

图 2.15　HMAC 函数流程图

（1）若密钥 *K* 的长度不足 *B* 字节，则在 *K* 后面填充 0x00 使得 *K* 的长度变为 *B* 字节（例如，若 *K* 为 20 字节而 *B*=64，则 *K* 后面要填充 44 字节的 0x00）。若密钥 *K* 的字节数超过 *B* 字节，则需要对 *K* 用散列算法 *H* 将其压缩至 *L* 字节，再填充 0x00 至 *B* 字节。

（2）将填充完后的密钥 *K* 和前面定义的常量字符串 ipad 进行逐位异或运算。

（3）将输入数据 text 串接在步骤（2）异或结果的后面。

（4）对步骤（3）串接后的字符串使用散列函数 *H* 计算该字符串的散列结果。

（5）将步骤（1）中的密钥 K 的处理结果与常量字符串 opad 进行逐位异或运算。

（6）将步骤（4）中的散列结果串接在步骤（5）中的 B 字节字符串的后面。

（7）对步骤（6）中串接后的字符串应用散列函数，得到的散列结果就是所要的 HMAC 值。

2.7 对称密钥管理技术

2.7.1 对称密钥管理技术概述

在对称密码体制中，为了对传输中的数据进行保护，通信各方必须共享一个密钥 K。密钥 K 是一个非常关键和重要的数据，要保证通信双方能够共享密钥 K，这需要专门的技术来解决，这就是密钥管理技术。广义的密钥管理[25]技术还包括密钥的产生、检测、更新、销毁等。密钥管理的目的是维持系统中各实体之间的密钥关系，以抗击各种可能的威胁，例如，密钥的泄露、密钥身份的真实性丧失、未经授权使用等。密钥管理应当做到尽量不依赖于人的因素，密钥应该是不允许被泄露的，并且在一定条件下，密钥泄露的损失非常轻微。密钥管理的过程对用户是透明的。通常，密钥管理技术都是基于多层密钥结构的，即用密钥来管理密钥。将密钥按照层次分为以下 3 层：① 直接用于数据保护的密钥称为 3 级密钥，也称工作密钥或者会话密钥；② 用于保护 3 级密钥的密钥称为 2 级密钥，也称密钥加密密钥；③ 用于保护 2 级密钥的密钥称为 1 级密钥，也称主密钥。低层密钥通过各自的密钥管理协议来管理高层的密钥。

密钥分层结构如图 2.16 所示。而实际使用的往往都是两层密钥，即主密钥和会话密钥，由主密钥来管理会话密钥。这种多层密钥管理体制的优点是：① 即使下层密钥泄露，也不会影响到上层密钥；② 用户可以通过密钥自动管理协议来对低层密钥进行自动管理，只需要人工管理主密钥。主密钥由于不直接用于保护大量数据，因此其生命期可以比较长，在较短时间内不用更换，减少了人工管理密钥的代价。这里所谓的密钥生命期，除了是指从时间上限制该密钥的使用期限外（即时间生命期），也可从加密数据量的大小来限制其数据量生命期。每个密钥都应该有其生命期，生命期结束就要更换，以保证其安全性。总的来说，一个良好的密钥管理协议应该能够保证以下的安全属性：

- 密钥安全性。只有协议预先指定的各方才能够知晓密钥，其他人无法获得关于除密钥长度之外的任何关于密钥的信息。
- 后向安全性。即使当前会话密钥泄露，也不能获取上一个会话密钥的任何信息。
- 前向安全性。即使当前会话密钥泄露，也不能获取下一个会话密钥的任何信息。
- 密钥独立性。即使当前会话密钥泄露，也不能获得任何时刻的会话密钥的任何信息。

密钥管理技术分为两种：密钥分配和密钥协商。所谓密钥分配，是指密钥由通信中一方或者一个可信的第三方（通常称为密钥分配中心，Key Distribution Centre，简写为 KDC）产生并分配。所谓密钥协商，是指密钥由通信各方协商而获得，最典型的技术就是迪菲-赫尔曼（Diffie-Hellman）交换技术[26]，简称 DH 交换技术。另外对一些特殊情况，还需要使用密钥托管技术，下面将分别介绍。

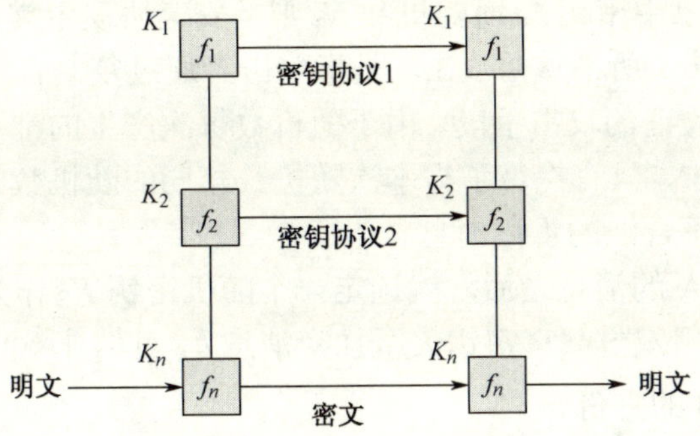

图 2.16　密钥分层结构图

2.7.2　密钥分配技术

常见的密钥分配方式如下。

① A 选取密钥，并通过物理的手段发送给 B。这种方式最为简单，也最为安全。但是，由于要求双方见面，代价比较大，因此多用于主密钥管理。

② 由第三方选定一个密钥，通过物理的方式分别发送给 A 和 B。这种方式和第①种方式基本相同，唯一不同的就是引入了密钥分配中心（KDC）。例如，在情报机构，两个情报员通过上级组织给定的密码进行联络通信。

③ A 与 B 双方已共享一个密钥（通常为主密钥），其中一方选取一个新密钥用原密钥加密后发送到对端，对端解密后即可获得新密钥。这实际上是一个由主密钥保护分配会话密钥的最简单过程。

④ A 与 B 分别与一个可信第三方 C 共享一个密钥，然后由 C 选定一个密钥，分别用 A 与 B 的密钥加密传送给 A 与 B。A 与 B 分别解密后即可共享密钥。这也是一个由主密钥保护分配会话密钥的简单过程，其与第③种方法最大的不同就是，引入了密钥分配中心 C。

引入 KDC 虽然使得密钥为第三方知道，有一定的风险，但是可大大减少主密钥的个数。假设有 n 个用户，如果使用第③种方法，则任何两方之间都需要共享一个主密钥，共需要 $n(n-1)/2$ 对主密钥；而对于第④种方法，则只需要每个用户有一个 KDC 共享主密钥，即 n 对主密钥就可以了，从而大大减少了需要的主密钥的对数，急剧降低了密钥管理的复杂程度。因此，无 KDC 的密钥管理技术只适用于小型固定网络，而对于大型动态网络，则需要使用带 KDC 的密钥管理技术。而且对于特别大型的网络，一个密钥分配中心是远远不够的，往往会将密钥中心分层管理，本地的密钥分配中心为本地用于分配密钥，而同层的密钥中心则通过上一层密钥中心来管理密钥。

前面所列举的密钥分配方式都是非常简单的叙述，而实际用到的密钥分配协议往往要复杂得多，要考虑网络上各种各样的攻击。下面举两个例子来看一下实际的密钥分配协议。

如图 2.17 所示为一个无 KDC 的密钥分配协议。在协议开始之前，应该保证 A 与 B 之间通过其他手段共享了一个主密钥 K_{AB}。该协议用于在主密钥保护下，使用密钥分配技术在 A 与 B 之间安全共享一个会话密钥。

（1）由 A 发起密钥分配的请求 request，并带上自己的身份 ID_A 和一个随机数 N_1。其中，ID_A 主要用于向 B 表明 A 的身份并使得 B 可以根据身份去查找到与 A 的共享密钥 K_{AB}（B

可能不仅与 A 有一个共享主密钥)。而随机数 N_1 则是安全协议中常用的手段，用于保证消息的新鲜性以对抗重播攻击。所谓重播攻击，是指攻击者通过复制合法用户以前会话的合法消息来以欺骗的方式通过验证的攻击手段。由于随机数每次产生的都不一样，因此该随机数就成为本次会话的一个标志，只有携带了与本次随机数相同的随机数的消息，才被认为是新鲜消息，否则就会被视为不合法的重播消息。

（2）B 接收到消息 A 的消息之后，就选定一个随机密钥 K_S 作为双方的会话密钥，并产生一个随机数 N_2，然后用双方共享密钥 K_{AB} 加密消息 $E_{K_{AB}}[K_S \| \text{request} \| N_1 \| N_2 \| \text{ID}_B)]$ 并发送给 A。其中，ID_B 为 B 的身份。

（3）A 接收到消息之后，首先用共享密钥 K_{AB} 解密，然后查看 ID_B 是否为其预订的 B 的身份，并检查 N_1 是否和自己先前发送的 N_1 相同以保证消息的新鲜性。如果未发现问题，则 A 记录下会话密钥 K_S 和随机数 N_2。然后 A 用一个简单变换函数 f 对 N_2 进行处理，再用会话密钥 K_S 加密 $f(N_2)$得到 $E_{K_S}[f(N_2)]$ 发送到 B，该消息是对会话密钥分配成功的一个确认。B 接收到 $E_{K_S}[f(N_2)]$之后，用会话密钥 K_S 解密，并用 f 对 N_2 做相同变换，比较二者是否相等。协议中的任何检查失败，都将以失败退出。

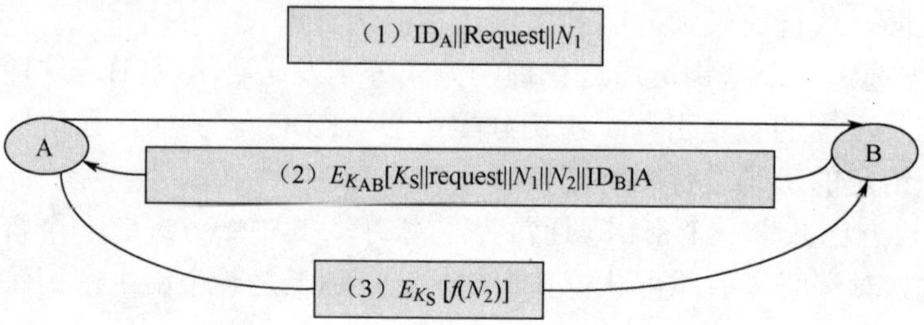

图 2.17　无 KDC 的密钥分配协议

如图 2.18 所示为一个带 KDC 的密钥分配协议。同样，在协议开始之前，A 和 B 都与 KDC 之间分别共享一个密钥 K_A 和 K_B。消息说明如下。

（1）A 向 KDC 发起密钥分配请求 request，N_1 为标识消息新鲜性的随机数，ID_B 为 B 的身份，用于告诉 KDC 这次密钥分配的目标对象为 B。

（2）KDC 接收到消息后，根据 ID_B 查找到其与 B 的共享主密钥 K_B，并产生一个随机数 K_S 为 A 与 B 这次密钥分配协议所产生的会话密钥。然后先用 K_B 加密 K_S 和 ID_A 得到 $E_{K_B}(K_S,\text{ID}_A)$，再用与 A 的共享密钥加密 K_A 加密得到 $E_{K_A}[K_S \| \text{request} \| N_1 \| E_{K_B}(K_S,\text{ID}_A,\text{ID}_B)]$ 并将其发送给 A。其中，$E_{K_B}(K_S,\text{ID}_A,\text{ID}_B)$ 为 KDC 颁发给 A 的票据，A 只要向 B 出示该票据，B 就能够确认 A 是 KDC 相信的，从而 B 就可以相信 A。之所以出示这个票据能够得到 B 的相信，是因为票据是用 B 和 KDC 的共享密钥加密的，除了 B 和 KDC 之外，其他人由于不知道 K_B 因此无法产生这样的票据，而 B 知道自己没有产生标据，因此这个票据一定来自 KDC，从而表明拥有该票据的人是获得了 KDC 信任的，因此自然是可信的。

（3）A 接收到消息后，用 K_A 解密消息，比较 N_1 以验证消息的新鲜性，然后获取 K_S 作为会话密钥，获取票据 $E_{K_B}(K_S,\text{ID}_A,\text{ID}_B)$ 将其转发给 B。

（4）B 获取票据 $E_{K_B}(K_S,\text{ID}_A,\text{ID}_B)$ 后用 K_B 解密消息，检查自己的身份是否正确，然后保留 K_S 为会话密钥，并产生一个随机数 N_2 用 K_S 加密后发送给 A。

（5）A 接收到消息后，用 K_S 解密得到 N_2，并将 N_2 用一个简单函数 f 变换后得到 $f(N_2)$，最后用 K_S 加密得到 $E_{K_S}[f(N_2)]$ 发送给 B。

（6）B 接收到消息，解密得到 $f(N_2)$，并检查解密获得的值与用 f 对 N_2 直接变化得到的值是否相等。

该协议使用了票据思想，A 依靠 KDC 给他的票据来获得 B 的信任并通过 B 的身份检查，同样采用了随机数来对抗重播攻击。在消息（3）处理完成之后，实际上双方已经共享一个会话密钥了，消息（4）、（5）用于确认协商的会话密钥的正确性。该协议还存在一些安全方面的瑕疵，因为设计一个安全密码协议是一件极其复杂的事情，许多协议都是在不停被攻击中不断完善的。许多实际应用的安全标准协议都存在这样或者那样的瑕疵，然而这种瑕疵往往是在比较苛刻的条件下被指出来的，因此并不影响其在实际系统中的应用。

在密钥分配协议中，密钥都是由一方来产生的，这对于另外的通信实体来说是一件不公平的事情，有时候甚至是危险的，因此需要使用密钥协商协议。

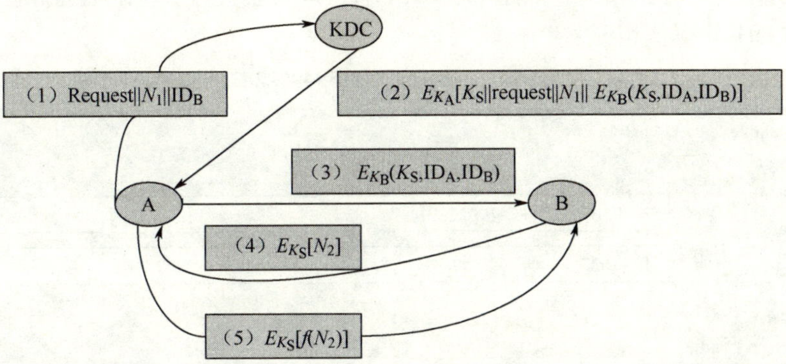

图 2.18　带 KDC 的密钥分配协议

2.7.3　DH 交换技术

在密钥分配技术中，使用的密钥是由某一方产生的，这就使得其他使用密钥的各方丧失了公平性，他们没办法保证所使用的密钥的安全强度和随机程度，因为会话密钥的产生完全不受他们控制，这在很多应用中是很难被用户接受的。而且在密钥分配技术中，为了保证会话密钥的安全性，必须使用主密钥来对会话密钥进行加密保护，这样就使得各方之间必须预先共享一个主密钥。那么，能不能在没有密钥保护的情况下，仍然保证双方共享一个密钥，并且这个密钥是由双方共同协商而得到的呢？迪菲和赫尔曼提出的DH交换技术解决了这个问题。

假设 Alice 和 Bob 想要通过 DH 交换共同协商一个密钥，首先他们要协商建立一些公开的系统参数，包括一个大素数 p 以及一个正整数 g。由于这两个数属于系统公开参数无须保密，因此协商选定这两个参数的代价很小。然后他们执行如下操作：

① Alice 随机选取一个整数 x，将 x 保密，计算 $G_x=g^x \bmod p$ 发送给 Bob。

② Bob 收到消息之后，也随机选取一个整数 y，并计算 $G_y=g^y \bmod p$ 发送给 Alice。

③ 最后 Alice 计算共享密钥 $K_A=(G_y)^x \bmod p$ 而 Bob 则计算 $K_B=(G_x)^y \bmod p$。

显然 $K_A=(G_y)^x \bmod p=(g^y \bmod p)^x \bmod p=g^{yx} \bmod p=(g^x \bmod p)^y \bmod p=(G_x)^y \bmod p=K_B$。而

且在信道中公开传递的只有 G_x 与 G_y（称为 DH 公共值），而指数 x 与 y（称为 DH 私有值）双方各自保密，攻击者无法获得。只知道 G_x 与 G_y 要想推算出 $g^{yx} \bmod p$ 是一个困难问题。因此，攻击者是无法获取共享密钥的。由此可见，DH 交换通过公开的非保密信道交换公开信息后，却彼此共享了一个秘密密钥，确实非常精妙。

如图 2.19 所示为一个简单的 DH 交换例子。设双方协商决定：

p=76825670157115949022871，g=1297633

Alice 选定其 DH 私有值为 1567，而 Bob 的 DH 私有值为 3001。Alice 计算得到其 DH 公开值为：

$1297633^{1567} \bmod 76825670157115949022871=37488606251182217765 7$

并发送给 Bob，同样 Bob 计算得到：

$1297633^{3001} \bmod 76825670157115949022871=12692391758026181340 5$

并发送给 Alice。最后，Alice 计算的 DH 共享值为：

$12692391758026181340 5^{1567} \bmod 76825670157115949022871=32347879715377627749156$

而 Bob 计算的 DH 共享值也是：

$374886062511822177657^{3001} \bmod 76825670157115949022871=32347879715377627749156$

图 2.19　DH 交换的一个简单示例

在实际应用的 DH 交换中，p 的值比这个例子中的大很多，通常要求是 1024 位的大数。即使 p 取得足够大，这个协议仍然不是一个安全的协议，因为如图 2.20 所示的中间人攻击将对简单的 DH 交换造成严重后果。下面对 DH 交换的中间人攻击做简单介绍。令 Alice 选定的 DH 私有值为 a，然后她将 $g^a \bmod p$ 发送给 Bob，攻击者 Eve 在中间将 $g^a \bmod p$ 替换为 $g^m \bmod p$，其中 m 为 Eve 选定的 DH 私有值。同样，Eve 也将 Bob 发送给 Alice 的 DH 公共值替换为 $g^n \bmod p$，其中 n 为 Eve 选定的另一个 DH 私有值。然后 Eve 计算得到 $K_A=g^{am} \bmod p$ 和 $K_B=g^{bn} \bmod p$，而 Alice 与 Bob 也分别计算得到 $K_A=g^{am} \bmod p$ 和 $K_B=g^{bn} \bmod p$。这样 Eve 就分别与 Alice 和 Bob 共享密钥 K_A 和 K_B，然而 Alice 与 Bob 都以为他们相互之间已经成功地协商好了密钥。然后，Alice 发往 Bob 的用 K_A 加密的消息被 Eve 截下来，Eve 用 K_A 解密之后再将解密后的消息用 K_B 加密发送给 Bob。同样，Bob 发送给 Alice 的消息也被 Eve 先截取，再用 K_B 解密后用 K_A 加密后发送 Alice。这样 Alice 与 Bob 对中间的动作一无所知，他们会认为他们之间的交互消息已经被保护而无须担心安全问题，殊不知他们的交谈消息已完完全全地被 Eve 所掌控。

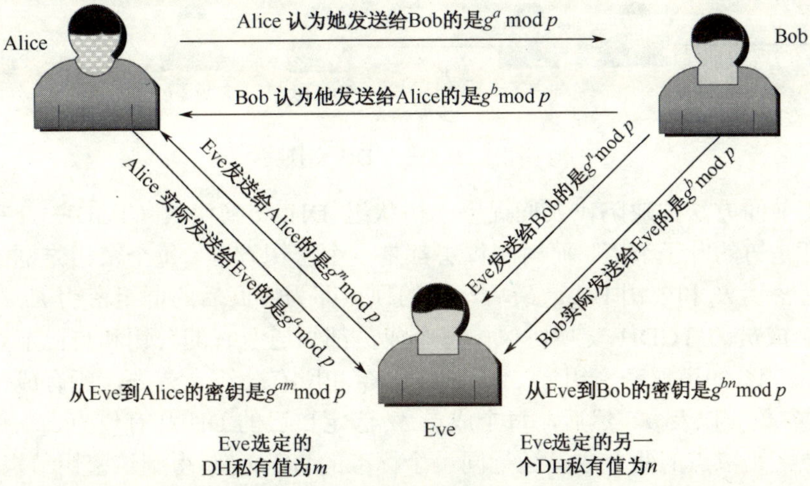

图 2.20　DH 交换的中间人攻击

为了抗击 DH 交换的中间人攻击，必须使用认证技术，当然一些常用的安全协议技术也必须融合到其中，因此安全的 DH 交换不是一个简单的原型协议就可以实现的。一个典型的实用 DH 交换协议就是因特网密钥交换（IKE）协议。

除了以上基于离散对数的 DH 交换外，大部分公钥密码体制都可以用于构造 DH 交换，如基于 ECC 的 DH 交换等。它们的基本原理一致，这里就不再展开介绍了。

2.7.4　组密钥协商

经典的 DH 交换只适用于两方的密钥协商，然而在实际情况中，还可能存在一个组需要协商一个密钥的情况，如加密广播等，因此需要将 DH 交换扩展到多个成员的组密钥协商的情况。

最早使用的组密钥协商如图 2.21 所示，它描述了一个三方密钥 DH 交换的具体流程，超过三方的情况可以类推。假设 Alice、Bob 和 Chris 想要通过 DH 交换在 3 个人之间协商一个密钥。首先，Alice 选定自己的 DH 私有值为 a，并发送 $g^a \bmod p$ 给 Bob，然后，Bob 选定自己的 DH 私有值为 b，并发送 $g^b \bmod p$ 给 Chris，然后，Chris 选定自己的 DH 私有值为 c，并发送 $g^c \bmod p$ 给 Alice。由于 Alice 知道 $g^c \bmod p$ 以及自己的 DH 私有值 a，因此 Alice 计算$(g^c \bmod p)^a \bmod p=g^{ac} \bmod p$（简记为 g^{ac}）发送给 Bob，同样 Bob 发送 g^{ba} 给 Chris，Chris 发送 g^{cb} 给 Alice。最后，Alice 计算共享密钥为$(g^{cb} \bmod p)^a \bmod p=g^{cba} \bmod p=g^{abc} \bmod p$（简记为 g^{abc}），同样 Bob 和 Chris 都可计算得到 3 个人之间的共享密钥为 g^{abc}。然而，这个方法存在一定的弊端，如果新加入某人到这个组中，他们就得重复以上步骤。而且如果参与者为多个，则协议会更加复杂。如果某人离开这个组，那么又必须重新完整地走一遍这个流程。因此这个协议不适合拥有大量组员的动态群组密钥管理。

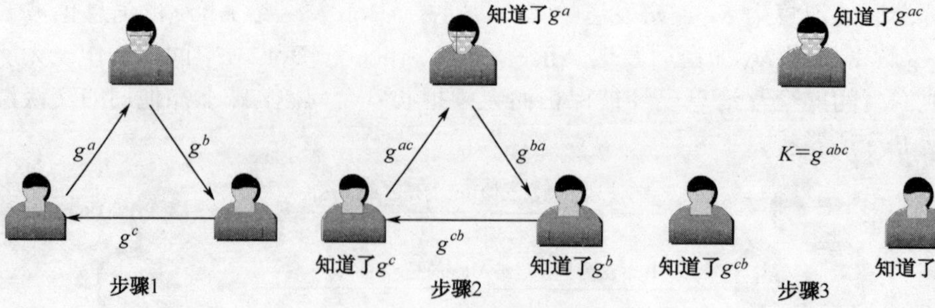

图 2.21　三方 DH 交换

为了修正前面方法的缺陷，人们提出了树状组 DH 交换协议（TGDH）。在该协议中，所有的成员都是树的叶子节点，而树的每层都是一个密钥方框。每个密钥方框中包含了两个密钥，即保密密钥 K_i 和公钥 BK_i。最后，树的顶点即为协商后的群组密钥 K_0。图 2.21 给出了一个有 9 个成员的 TGDH 交换协议，每个成员都知道所有的公钥和自己节点路径上的保密密钥。例如，M_2 知道保密密钥 K_7、K_3、K_1、K_0 和所有公钥。首先，所有成员协商选定好 DH 交换公共参数 g 以及 p。然后，每个成员 M_i 选定自己的 DH 私有值为 a_i。首先，每个同属于一个二层密钥节点的两个成员运行同一个标准的DH交换，得到该密钥节点的保密密钥，并公布该密钥节点的公开密钥。例如，M_1 与 M_1 执行一次 DH 交换后得到密钥节点 K_7 的保密密钥 $K_7=g^{a_1a_2}$，而公开密钥值 $BK_7=g^{g^{a_1a_2}}$。然后每个同属于一个父节点的两个子节点都以其公开密钥值为 DH 公开值，保密密钥值为 DH 私有值运行一次标准的 DH 交换。如果节点 K_7 和 M_3 同属上层节点 K_3 的子节点，它们执行一次 DH 交换后得到 K_3 节点的保密密钥 $K_3=g^{a_3K_7}$。最后得到的根节点的保密密钥即为协商获得的群组密钥。同时，同属于一个密钥节点的所有成员又可以以该节点的保密密钥作为这个群的一个子群的共享密钥。图 2.22 为图 2.21 执行完成后的密钥分布示意图。其中成员 M_8 与 M_9 可组成一个子群，其共享的子群密钥为 K_6，同样成员 M_6、M_7、M_8、M_9 都属于密钥节点 K_2 的成员，因此他们之间又可共享一个子群密钥 K_2。图 2.23 为图 2.22 的密钥分布图。TGDH 很好地解决了群组动态密钥管理的问题，当然为了抗击中间人攻击，为每次 DH 交换加入认证是必不可少的。

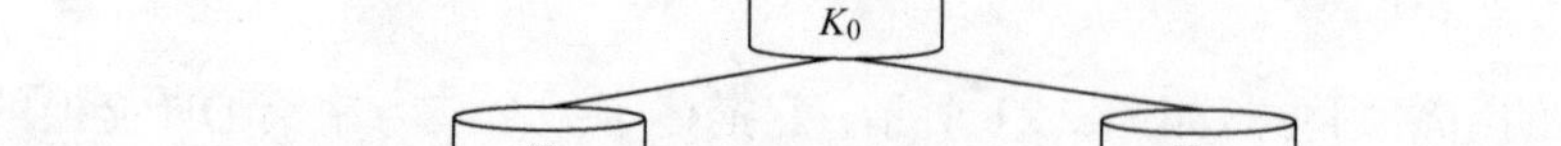

图 2.22　TGDH 密钥分布示意图

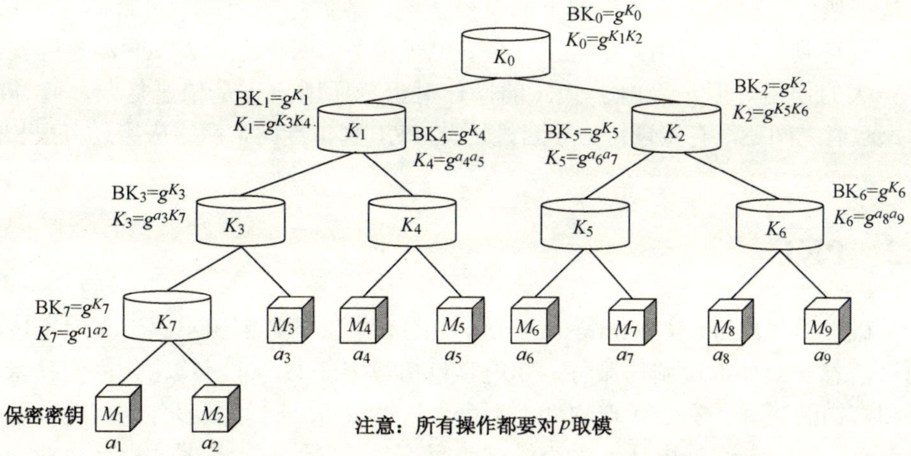

图 2.23　TGDH 密钥分布图

2.8　非对称密钥管理技术

2.8.1　非对称密钥管理技术概述

我们在前面公钥密钥技术里面就曾经介绍过，由于其私钥只需要自己保存，不需要与别人共享，而公钥则是完全公开的，任何人都可以访问，因此密钥管理的代价大大降低了。对于公钥来说，其秘密性没有必要保护。但是，公钥的完整性和真实性则是需要保护的。假设 Alice 想要发一条秘密消息给 Bob，她会首先查找到 Bob 的公钥，然后用 Bob 的公钥加密该消息，传送给 Bob。如果 Alice 查找到的 Bob 的公钥是错误的，则 Bob 将无法解密消息。更糟糕的是，如果一个攻击者 Eve 将 Bob 的公钥替换为了自己的公钥，这样 Alice 以为自己找到的是 Bob 的公钥，而实际上 Alice 则是使用了 Eve 的公钥来加密消息，这样本来是 Alice 发送给 Bob 的秘密消息却被 Eve 截获并顺利解密，而 Bob 反而不知道。由此可见，虽然在非对称体制中，公钥不需要像对称密码体制中的密钥一样保护其机密性，但是必须采取措施来保证公钥的完整性和真实性，即实现公钥和公钥拥有者之间的可信的绑定。

标准的非对称密码密钥管理机制是通过公钥基础设施（Public Key Infrastructure，PKI）来实现的。PKI 定义了由硬件、软件、人、策略和相应处理构成的一套完整体系。在 PKI 中，管理的核心部分就是基于非对称密码体制下的证书。所谓证书，是指将用户的密钥以及该用户的身份和其他信息用第三方的数字签名方式来进行可行绑定的技术。在可信第三方签名后，用户的密钥和身份就实现了可信的绑定，从而保证了用户的非对称密钥的完整性和真实性。PKI 主要就是用来创建、管理、存储、分发和撤销证书的。

随着网络技术和信息技术的发展，电子商务已逐步被人们所接受，并不断普及。公钥基础设施[27]是跟随电子商务一同发展起来的技术，是目前网络安全建设的基础与核心，是电子商务安全实施的基本保障，其价值在于使用户能够方便地使用加密、数字签名等安全服务。PKI 是国际上目前较为成熟的解决开放式互联网络信息安全需求的一套体系，实现了对称加密和公钥加密技术的完美结合。它不针对具体某个业务提供安全保障基础，而是提供一个统一的安全认证架构，彻底解决因特网上的身份认证、数据完整性、不可否认性等安全问题。现在 PKI 已经得到了广泛应用，在电子政务、电子商务、网上银行、Web 浏览等安全保障方面发挥了巨大的作用。但是，由于 PKI 的操作对于普通用户还是稍显复杂，而且由于各个组织和国家政府之间还没有实现统一平台，因此 PKI 真正走向全网络应用还有很长的一段路要走。

2.8.2 PKI

公钥基础设施（Public Key Infrastructure，PKI）是以公开密钥密码学为理论技术基础的一整套网络信息安全技术设施与服务，其内容包括数字证书、非对称密钥密码技术、认证中心、证书和密钥的管理、安全代理软件、不可否认性服务、时间戳服务、相关信息标准、操作规范等。而数字证书则是由认证中心经过数字签名后发给网上交易主体（企业或个人）的一段电子文档，在这段文档中，包括主体名称、证书序号、发证机构名称、证书有效期、密码算法标识、公钥信息和其他信息等。利用数字证书，配合相应的安全代理软件，可以在网上交易过程中检验对方的身份真伪，实现交易双方的相互信任，并保证交易信息的真实性、完整性、私密性和不可否认性。

PKI 中包含以下几个关键元素。

① 用户。用户是 PKI 中的必备元素，它是 PKI 提供服务的对象。用户可以是一台设备、一个人、一个组织等。

② 认证机构（Certification Authority，CA）。CA 是公正、权威、可信的第三方网上认证机构，负责数字证书的签发、撤销和生命周期的管理，还提供密钥管理和证书在线查询等服务。CA 严格遵循证书策略机构所制定的策略来签发证书，它是所有注册用户都信赖的权威机构。CA 给用户签发证书时都要带上自己的签名，以确保证书信息的完整性和真实性。CA 也给自己颁发证书，这样，整个公钥分配都是采用证书的形式。用户申请按照方式不同分为在线和离线。通常，用户可通过 Web 浏览器提交申请。

③ 注册代理（Registration Agent，RA）。注册机构是一个可选元素，一些比较简单的 PKI 实现中将其最简化然后集成到 CA 中去做。它主要负责接收用户的注册申请，处理用户申请证书时的一些资料的递交和验证事宜。它负责验证用户提交资料的合法性，并决定接受还是拒绝该用户的证书申请。此外，它还决定是否拒绝恢复密钥或者证书撤销的申请。

④ 目录服务（Directory Service，DS）。它主要管理和存储用户的数字证书以及证书撤销列表（CRL）。所谓证书撤销列表，指的是已经被撤销的证书所组成的集合表。用户可通过访问 DS 来查找、下载证书和证书撤销列表。

在 PKI 这些关键元素中，其关系如图 2.24 所示。用户通过 RA 提交证书申请要求，RA 验证用户提交的资料后将用户请求转给 CA，CA 为用户签名生成证书并定时更新 CRL，然后 CA 将所有用户证书和 CRL 转给 DS，由 DS 进行存储和管理。然后用户可通过 DS 下载自己或者其他用户的证书以及 CRL。

PKI 为用户提供以下服务。

（1）证书申请。用户向 RA 提交证书申请，需要向 RA 提交用户个人资料、身份以及公钥等。RA 检查验证用户提交的资料是否正确合法。

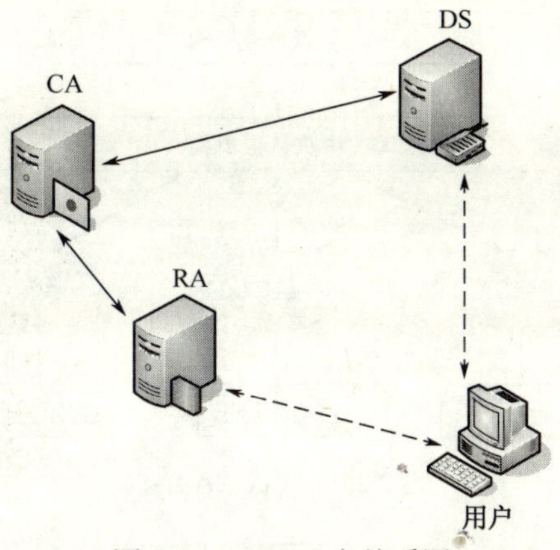

图 2.24 PKI 元素关系图

（2）证书签发。经过 RA 注册批准后，CA 给用户产生密钥（理论上来讲，用户应该自己产生密钥对，将私钥自己保密存储，而将公钥提供给 RA。但是由于用户往往没有产生密钥的客户端以及缺乏非对称密码体制的相关知识，因此，在绝大多数情况下，都是由 CA 为用户产生密钥）。CA 在对密钥进行备份后，将用户公钥和相关身份信息按照一定的格式绑定在一起进行签名，生成公钥证书，将用户私钥和其他相关信息签名生成用户的私钥证书（通常用户私钥证书都会由用户设置一个口令来加以保护）。然后，CA 将用户公钥证书和用户私钥证书复制一份给用户，并将用户公钥证书转交给 DS 存档入库。

（3）DS 证书管理。证书生成之后，由 DS 以一定的方式存储和发布，以便使用。关于证书的管理，目前尚未有统一的标准。例如，基于 X.500 的目录使用比较普通。而对于 Internet 环境的目录服务，都使用轻型目录存取协议（Lightweight Directory Access Protocol，LDAP），它是和 X.500 兼容的，但比 X.500 更简单、更方便。

（4）证书的认证。证书的认证主要包括以下几项内容：① 验证证书上 CA 的签名是否正确。② 验证证书上内容的真实性和完整性。③ 验证证书是否在有效期内。④ 验证证书是否被撤销或者冻结。⑤ 验证证书的使用方式与证书策略的使用限制是否一致。⑥ 提取证书中的公钥信息。

（5）证书撤销。当证书的使用超过规定期限，或者公钥证书对应的私钥发生泄露，或者证书持有人死亡或提前结束证书服务，以及证书持有人严重违反证书管理的规章制度，证书都可能被撤销。证书的撤销和证书的生成一样，都必须经过申请、批准、撤销，最后放到 DS 中以 CRL 的形式存储起来，以便用户下载。

（6）交叉认证。由于 CA 是整个 PKI 中的瓶颈，因此在现实应用中，往往一个 CA 是不够的。现在的 CA 都是采用树状结构，如图 2.25 所示，当然实际系统中往往都不止该图所示的两层，而可能是多层。属于不同 CA 的用户通过上层 CA 实现交叉认证。其信任模型如图 2.26 所示。Alice 和 Bob 分别属于不用的 CA，他们属于不同的信任域，因此无法通过 PKI 来实现相互信任。然而，由于 CA1 和 CA2 都属于同一个上层 CA，他们都属于这个上层 CA 的信任域，因此 CA1 和 CA2 可通过第三方上层 CA 来实现相互信任，从而最终实现 Alice 和 Bob 的相互信任，达到交叉认证的目的。为了实现交叉认证，往往需要证书链的验证，即不仅要验证用户的证书，还需要验证颁发用户证书的 CA 的证书，一直到该用户信任的 CA 的证书为止。

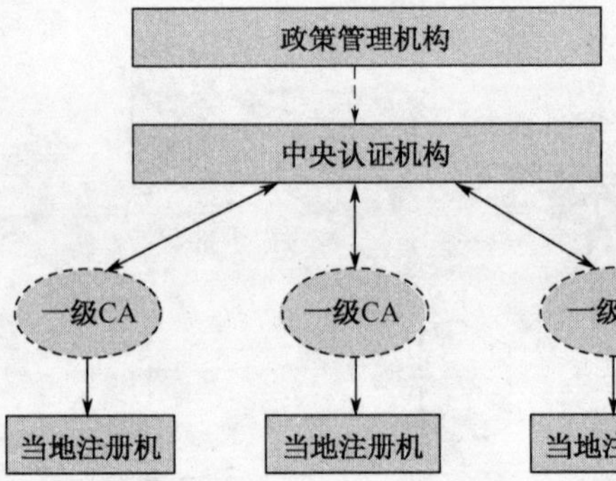

图 2.25　树状 CA 结构

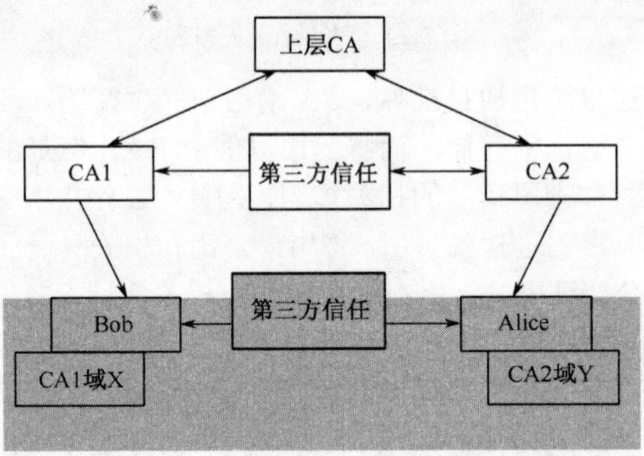

图 2.26　交叉认证信任模型

如图 2.27 所示，当一个用户拿到 B 的公钥证书后，因为该证书由 CA1 签发，所以首先要用 CA1 的公钥来验证该证书。因为 CA1 并不是验证证书用户信任的 CA，所以他必须验证 CA1 的证书，而 CA1 的证书是由 CA 签发的，因此必须用 CA 的公钥来验证该证书。若所有验证都成功，由于 CA 是证书验证用户信任的 CA，从而最终证书验证用户相信 A 的证书是合法的。

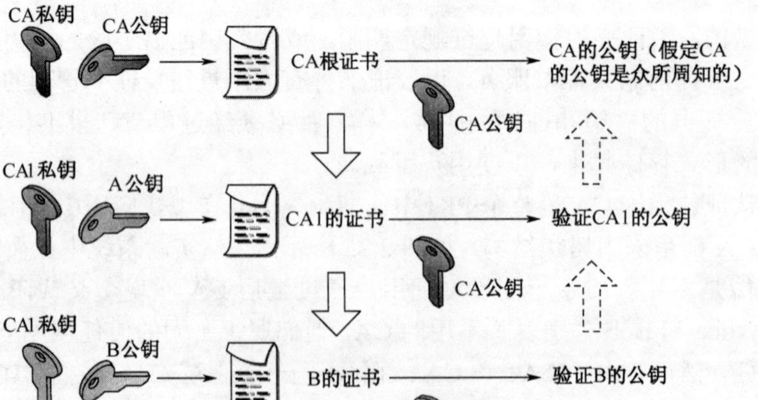

图 2.27　证书链验证

- 密钥备份与恢复。当用户由于某些原因将密钥或者密钥的保护口令丢失时（指的是私钥，这里是丢失，不是泄露，否则就需要用到证书撤销了），由于 CA 在为用户生成证书时，都将密钥对进行了备份，因此用户可从 CA 那里恢复密钥。同样，用户密钥恢复也需要进行申请、批准、恢复几个严格步骤。
- 密钥和证书更新。为了保证证书和密钥的安全，密钥和证书都需要在其生命期结束后更新，PKI 会自动检查证书的有效期，并自动对过期的证书进行更新。
- 证书历史档案。经过较长时间后，一个用户会形成由一个新证书和多个旧证书构成的证书历史档案，保留这个历史档案是很重要的。例如，当一个用户多年使用的加密数据无法恢复时，用户可以查找证书历史档案以找到以前的密钥来解密数据。

2.8.3 X.509 公钥证书

前面，我们提到了公钥证书是 PKI 的核心，是用于将用户身份与用户公钥通过 CA 签名来实现绑定以保证用户公钥的完整性和真实性。为了保证通信双方的格式一致，要求证书必须遵循一定的标准使得各方都能正确解析。目前使用得最为广泛的公钥证书格式是国际电信联盟（International Telecommunication Union，ITU）提出的 X.509 版本 3。X.509 标准最早于 1998 年颁布。在此之后，又分别于 1993 年和 1995 年进行了两次修订，1995 年的修订版即为 X.509 版本 3。该版本广泛应用于互联网安全，是最主流的公钥证书格式。其具体格式如图 2.28 所示，如图 2.29 所示为一个证书实例。各字段说明如下。

- 版本号。用于表示该证书的版本，显然版本 3 的版本号应该为 3。
- 证书序列号。该公钥证书的编号，由办法证书的 CA 统一管理并赋值。
- 签名算法标识符。用于标识 CA 签名所使用的签名算法。

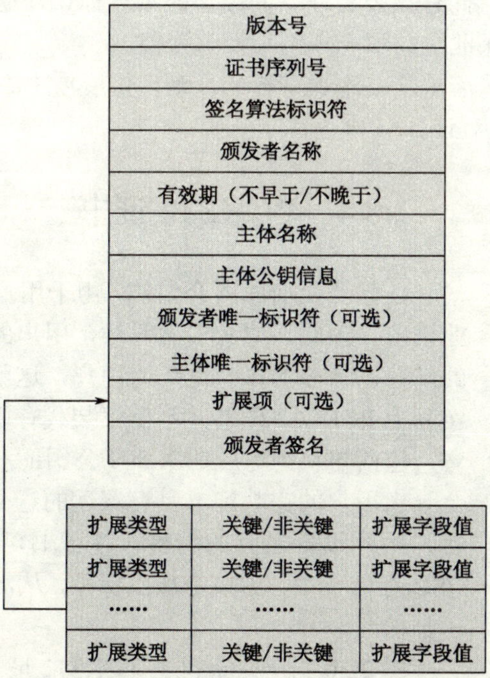

图 2.28　X.509 版本 3 公钥证书格式

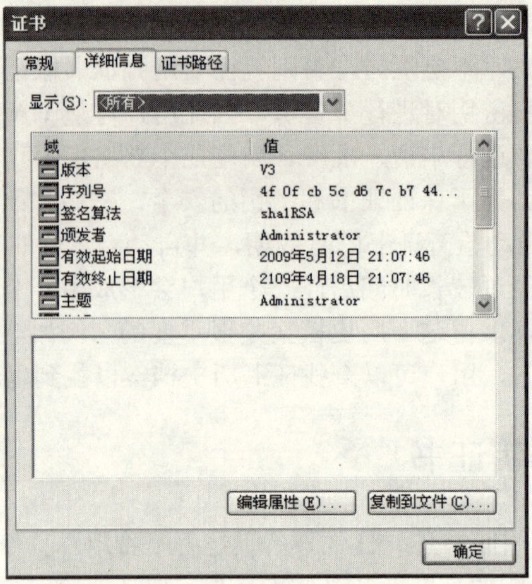

图 2.29　一个 X.509 证书实例

- 颁发者名称。颁发该证书的 CA 的名称。
- 有效期。该证书的有效时间。若不在该时间段内，则证书无效。
- 主体名称（有时也称主题名称）。用于表示用户的身份。
- 主体公钥信息。用户的具体公钥值。
- 颁发者唯一标识符（可选）。CA 的唯一名称，用于将签发该证书的 CA 与其他 CA 区分开来。通常，该字段的功能与颁发者名称重复。但如果颁发者名称不能保证全局唯一，则需要该字段。
- 主体唯一标识符。拥有该公钥证书的用户的唯一标识，通常与主体名称重复。但如果主体名称不能保证全局唯一，则需要该字段。
- 扩展项。若有特殊需求需要添加字段的，则在扩展项中添加。
- 颁发者签名。CA 对该证书的签名。

2.8.4　PCKS12 证书

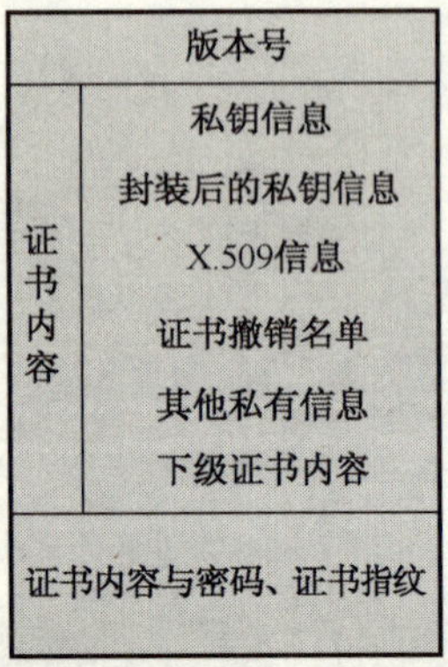

图 2.30　PCKS12 证书结构

正如我们前面所介绍的，由于用户缺乏相关的专业知识和专业设备，因此，绝大多数时候，用户的私钥都是由 CA 代为产生的，并以证书的形式返还给用户，这就是 PCKS12 证书。然而，实际上 PCKS12 证书并不仅仅装载有用户的私钥，它包含很多信息，包括与私钥对应的 X.509 公钥证书以及整个证书链。证书安全导出用户的完整证书具有深远的意义，可以实现证书在不同平台、不同设备之间的转移，使证书可以安全存放在易于携带的 USB 存储卡中，用口令加以保护，从而能够找到真正意义上的电子身份证。

图 2.30 为一个标准的 PCKS12 证书结构图。其中各字段解释如下。

- 版本号。标识该证书的 PCKS12 的版本，常用的为 V3。
- 私钥信息。当用户没有设置口令保护私钥时，用于存储私钥，否则为空。
- 封装后的私钥信息。将私钥信息中的保密信息用口令加密后封装起来。
- X.509 信息。与此私钥信息相对应的 X.509 公钥证书。
- 证书撤销名单。即签发该证书的 CA 的 CRL。
- 其他私有信息。其他不确定的私有信息。
- 下级证书内容。用于存放可能存在的下一级证书的内容，可选。
- 证书内容与密码。与 PCKS12 保护相关的算法信息及其他信息。
- 证书指纹。含有 CA 对该证书的签名信息以及口令保护信息的综合验证数据。

2.8.5 密钥托管

密钥托管[28,29]是一种能够在紧急情况下获取密钥以进行信息解密的方法，用于用户忘记自己的密钥，或者司法部门依法控制、监视，防止犯罪活动，获得所控对象加密信息所用的密钥。进行密钥托管的步骤如下。

（1）用户选择若干个密钥托管代理，分给每个代理人一部分私钥和一部分公钥。托管代理根据所得到的密钥分量产生相应的托管证书。证书中包括该用户的特定标识符（Unique Identify，UID）、被托管的那部分公钥和私钥、托管证书的编号。密钥托管代理还要用自己的签名私钥对托管证书进行加密，产生数字签名，并将其附在托管证书上。

（2）用户收到所有托管证书后，将证书和完整的公钥递交给证书授权认证中心，申请加密证书。

（3）证书授权认证中心检验每份托管证书的真实性，即是否每个托管代理都保管了一部分有效的私钥分量，并对用户身份加以确认。完成所有验证工作后，证书授权认证中心生成加密证书，发送给用户。

一个密钥托管系统，可能涉及上千家公司和密钥托管代理机构，甚至要求全世界范围内的法律执行部门进行合作。随着用户级加密软件和硬件性能的提高，密钥恢复难度也相应地增加了，而密钥恢复使用的实体数量和复杂性，对整个系统的安全和成本有很重要的影响。密钥托管系统的成本包括：密钥恢复机构的操作成本、产品设计和工程代价、政府监督费用等。在密钥托管系统的设计与实现方面，任何一个潜在漏洞都可能让非法用户获取相应数据的企图得逞。密钥恢复机制的操作一旦失败，除了不能满足法律执行部门的要求之外，还可能危害其他正常操作甚至整个加密系统的最终安全，如密钥非法泄露、有价值密钥被窃取。

2.8.6 密钥管理总结

安全的核心是密钥，一个安全系统无论设计得多么完美，如果其中的密钥安全没办法保证，则整个系统的安全也将是空中楼阁。密钥管理包括密钥的产生、密钥的分发、密钥的存储、密钥的销毁等过程。密钥管理按照密码体制的不同分为对称密码体制密钥管理和非对称密钥管理。对称密钥管理按照方式分为密钥分配和密钥协商。其中 DH 交换是最著名的密钥协商协议。而非对称密钥管理主要通过公钥基础设施（PKI）来对用户的公私钥对进行管理。然而，非对称与对称两种体制的密码管理往往是结合在一起使用的。最常用的密钥管理协议如因特网密钥交换（IKE）协议就综合了 PKI、DH 交换、认证等过程，协商产生会话密钥，而该会话密钥则是用于对称密码体制的。

2.9 基于身份非对称密码技术

在传统非对称密码体制中，为了保证用户公钥的真实性和完整性，不得不使用数字证书来实现用户身份和用户公钥之间的绑定，保证它们之间的一一对应关系，因此就不得不建立和维护一个庞大的 PKI 系统。而 PKI 系统是非常复杂的，这使得建立和维护它的开销非常大，操作复杂性也高，很多用户不愿意使用。因此如果能够既保持非对称密码体制中的公私钥性质，又将用户身份和用户公钥之间实现自然绑定，即用户公钥就是用户身份（如用户的用户名、用户的 IP 地址、用户的 E-mail 地址等）或者是由用户身份直接衍生而得来的，这样就可以不再需要一个庞大的 PKI 系统来维护用户身份和用户公钥之间的绑定关系，大大降低了系统的复杂性和用户使用的复杂性。而基于身份的加密体制就是这样一种体制，相对传统非对称密码体制，有着相当大的优势。

基于身份的公钥密码体制是由沙米尔（Shamir）[27]于 1984 年首次提出来，其安全性是基于因子分解的困难性的。2001 年，波内（Boneh）和富兰克林（Franklin）使用双线性对[30]技术提出了第一个安全实用的基于身份的公钥密码体制。在基于身份的公钥密码体制中，如图 2.31 所示，包含一个用户和一个私钥生成器（Private Key Generator，PKG），其基本步骤如下。

① PKG 选定系统参数。

② 用户 Alice 获取一个身份 ID，此身份应该是全局唯一的，且无须保密。

③ 用户将 Alice 将自己的 ID 发送给 PKG。

④ PKG 按照一定的规则计算得到 Alice 的 ID 对应的私钥 SK（通常的公式为 SK=F(主密钥, ID)，其中主密钥为 PKG 独自选定的密钥），且保证该私钥对应的公钥为系统给定 Alice ID 的一个简单变化（即公钥 PK=H(ID)，一般 H 为一个散列函数）。

⑤ 当 Bob 需要和 Alice 进行安全通信时，他首先需要从 Alice 那里（或者其他渠道）获得 Alice 的身份 ID，并根据给定的简单变化计算而获得 Alice 的公钥。

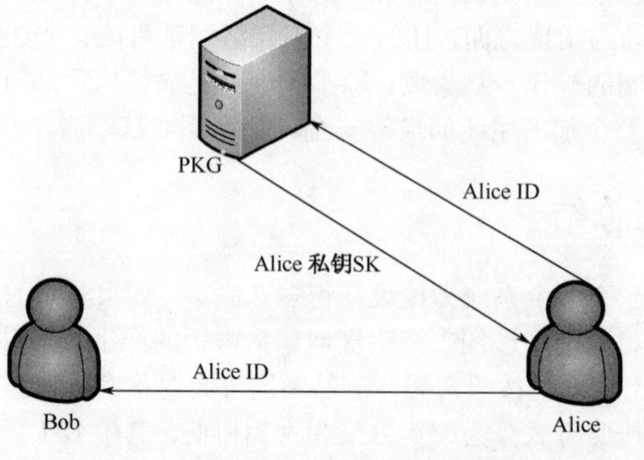

图 2.31 基于身份加密体制结构图

相对于基于 PKI 的传统公钥密码技术，基于身份的公钥密码技术有以下优点：① 无须公钥证书。② 无须庞大的 PKI。③ PKG 本身天然就是一个密钥托管机构，有利于用户的密钥恢复和政府机构监管。当然，它也存在一些弱点（至少是目前尚未解决的问题）：① 用户的私钥是由 PKG 产生的，因而私钥必然被其知晓，如果用户不愿意相信 PKG，则无法使用该技术。② 如果用户私钥泄露，私钥的吊销和更新问题尚无法解决。由于基于身份的加密技术涉及比较深的数学基础，因此本书对于其技术细节不再介绍。

2.10 认证技术

2.10.1 认证技术概述

认证（Authentication），又称鉴别，它是由被认证者根据一些预先设定的知识来提供证据给验证者，以确定某人某事是否名副其实或者是否有效的一个过程。认证是信息安全中最基础也是最重要的一个过程。任何一个系统最基本的安全需求就是认证，只由通过认证确定被认证内容的合法性之后，才能在其基础之上再施行其他安全控制措施。认证过程的模型如图 2.32 所示。被认证方提供一定的具有特征的数据，由验证方来验证认证数据是否是合法的。

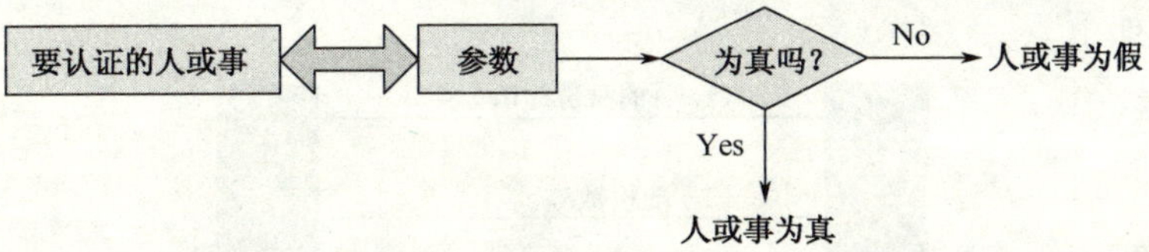

图 2.32　认证模型

认证按照认证参数的内容又分为基于密码技术的认证和基于非密码技术的认证。基于非密码技术的认证指的是认证参数为一些非密码学相关的内容，如口令、信物、智能卡、指纹、虹膜、DNA、IP 地址等。下面举一些简单的例子：① 军队在营地里为了防止敌人间谍渗透，往往会设置一个口令，只有在向哨兵报出这个口令之后，才被允许进入营地。② 中国古代将军调兵打仗，必须要有兵符才能够调动军队，这里的兵符就是信物。③ 在一些网络中，数据库会根据用户的 IP 地址来确定是否允许其接入。④ 公安机关会比对嫌犯和犯罪现场留下的指纹甚至 DNA，来判定嫌犯是否有罪。而基于密码技术的认证则是通过密码技术，如询问应答协议、MAC 码、数字签名等来实现数据源认证功能。它的工作模式和 2.6.1 节所述的数据完整性保护技术完全一致。在验证数据完整性的同时也保证了数据来自预定的对端。

认证按照认证对象又分为实体认证和消息源认证。所谓实体认证，就是用于认证通信对端的身份，以保证通信对端是原定的对端，而非其他人假冒。因此实体认证也称身份认证，保证的身份为其声称的身份。而所谓数据源认证，主要认证某个指定的数据项是否来源于某个特定的实体。数据源认证通常都是与数据的完整性保护结合在一起的。只有数据的完整性得到了保护，才能实现数据源认证；反之，数据的完整性得到了保护，就能够进行数据源认证。数据源认证通常采用数字签名或者 MAC（如 HMAC，CMAC，其中 CMAC 是用分组加密的 CBC 模式来构造 MAC 码的方式）码的形式来保证。

认证按照方向分又分为单向认证[31]和双向认证[32]。所谓单向认证，是指只是一方认证另一方，例如，在许多客户-服务器模型的应用中，往往只需要服务器端认证客户端的身份。而双向认证则是通信双方都需要互相认证，互相向对方证明自己的身份。例如，用户在访问一些资源时，如果只是资源提供方对用户实行认证，则这种单向认证使得攻击者可以假冒资源提供方，形成网络上的钓鱼网站。

下面简单介绍几种基于密码技术的身份认证技术，包括基于预共享密钥的认证、基于可信第三方的认证、基于公钥加密的认证、基于数字签名的认证，最后重点介绍一个重要的身份认证协议：Kerberos 协议。

2.10.2 基于预共享密钥的认证

在基于对称密码的认证协议中，往往是需要在认证双方之间预先共享一个密钥 K，然后基于一个询问-应答的机制来实现身份认证。验证方发起一个随机数以及其他数据来询问对方，要求对方提供自己的身份证明。被认证方则根据询问相关数据以及共享密钥 K 计算得到一个应答数据发送给验证方。验证方也使用相同的计算方式来验证应答数据。由于这个应答数据里面包含了密钥 K，而这个密钥只有双方知道，因此第三方是无法计算得到应答数据的，从而保证了对方是与自己共享密钥的人，从而认证了对方的身份。

如图 2.33 所示为一个典型的基于预共享密钥的认证协议。认证双方的预共享密钥为 K_{AB}，协议运行如下。

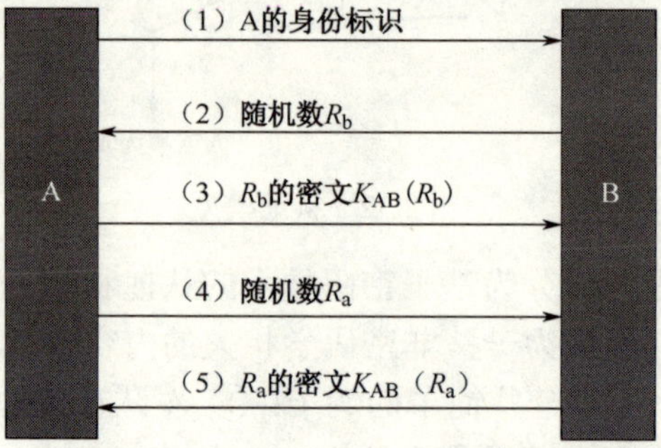

图 2.33　基于预共享密钥的认证协议

（1）A 发送自己的身份标识给 B 告诉 B 自己的身份。

（2）B 接收到以后必须认证 A 的身份是否如其宣称的那样，因此 B 生成一个随机数 R_b 发送给 A，发起一个询问。

（3）A 接收到询问后，用双方的预共享密钥 K_{AB} 加密随机数 R_b 得到应答消息 $K_{AB}(R_b)$。

B 接收到应答消息，也用密钥 K_{AB} 加密随机数 R_b 并比较二者结果是否相同。若相同，则表明 A 是知道共享密钥的，从而验证了 A 的身份的合法性，实现了 B 对 A 的身份认证；否则就是其他人假冒 A。

（4）A 也发起认证询问消息（即随机数 R_a）以认证 B 的身份。

B 收到后，也用双方的预共享密钥 K_{AB} 加密随机数 R_a 得到应答消息 $K_{AB}(R_a)$。

（5）A 接收到应答消息，也用密钥 K_{AB} 加密随机数 R_a 并比较二者结果是否相同。若相同，则表明 B 是知道共享密钥的，从而验证了 B 的身份的合法性，实现了 A 对 B 的身份认证；否则就是其他人假冒 B。

该协议只是一个原型的双向认证协议，在实际协议中还需要考虑更复杂的问题。例如，既然要携带双方的身份，那么第（3）、（4）条消息可以合在一起，另外，还需要对携带的数据进行完整性保护等。如果把协议的第（4）、（5）条消息去掉，该协议就是一个单向认证协议。

2.10.3　基于可信第三方的认证

在基于可信第三方的认证协议中，通信双方都信任一个第三方，即可信第三方（TTP），他们都与第三方共享了一个密钥。被认证方向 TTP 请求一个票据，TTP 即产生一个票据加密发送给被认证方。被认证方解密获得票据后向验证方出示该票据。由于这个票据只有 TTP 才能产生，因此验证方确信 TTP 已经验证了被认证方的身份，从而相信了被认证方的身份。如图 2.34 所示是一个基于可信第三方的单向认证原型协议，其中 K_A 和 K_B 分别为 TTP 和 A 与 B 之间的共享密钥。其协议运行如下。

（1）A 首先向 TTP 发起票据请求，包括自己的身份 A，一个随机数 R_a，以及用自己和 TTP 之间的共享密钥加密的 K_A 加密的 B 的身份和 R_a，即 $K_A(R_a, B)$。

（2）TTP 收到后，根据 A 的身份找到与 A 的共享密钥 K_A 解密后，首先比较解密得到随机数与外面的随机数是否相等。若相等，则表明解密正确，从而表明密钥正确，实现 TTP 对 A 的身份认证。然后 TTP 根据解密获得的 B 的身份表明 A 需要和 B 进行认证的票据，它查找得到与 B 的共享密钥 K_B，用 K_B 加密身份 A 和 B，即 $K_B(A, B)$，表明这一票据是为 B 认证 A 而生成的。然后 TTP 将票据发送给 A。

（3）A 收到票据后，转递给 B。

（4）B 得到票据后，用 K_B 解密票据，对比双方的身份，从而实现对 A 的认证。

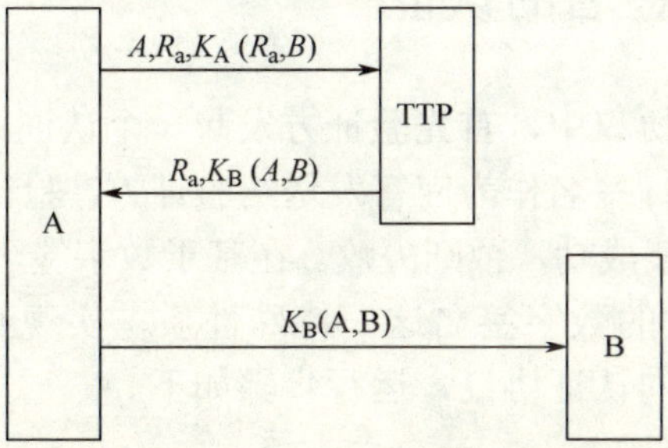

图 2.34　基于可信第三方的单向认证原型协议

真正的协议远比这个复杂，在 2.10.6 节中将要介绍的 Kerberos 协议就是一个典型的基于可信第三方的认证协议。

2.10.4　基于公钥加密的认证

在基于公钥加密的认证协议中，首先认证双方在同一个 CA 信任域下，并且互相获得了对方的公钥证书。然后验证方用被认证方的公钥加密一个随机数发起一个认证询问，被认证方用自己私钥解密后得到随机数，然后将该随机数发送给验证方作为询问的应答。由于只有拥有私钥的人才能够解密并获取正确的应答，从而实现了身份认证。如图 2.35 所示为一个基于公钥加密的原型单向认证协议，运行步骤如下。

（1）A 生成一个随机数 K_S，并用 B 的公钥加密这个随机数以及自己的身份 A 作为认证询问。

（2）B 接收到询问后，用自己的私钥解密获得该随机数。同时 B 用 A 的公钥加密该随机数以及自己的身份 B 作为询问应答。

（3）A 接收到询问应答后，用自己的私钥解密并对比该随机数与自己方存储的随机数是否一致。若一致，则认证通过；否则，认证失败。

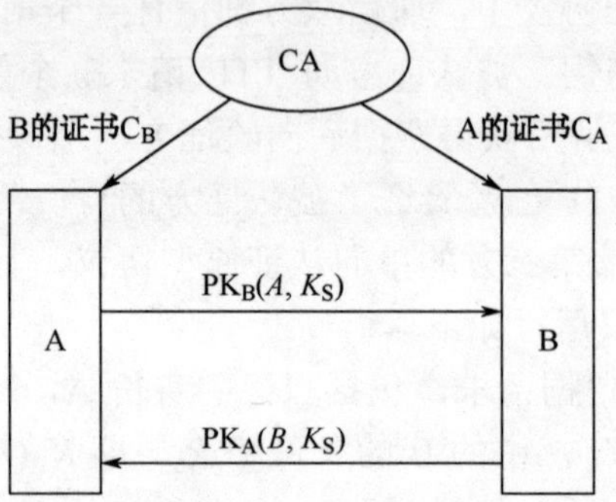

图 2.35　基于公钥加密的原型单向认证协议

该协议只是一个原型协议，并不是一个安全的协议。由于 K_S 都是加密发送的，因此可作为会话密钥使用。在实际系统中，认证与密钥协商经常是相伴出现的。认证与密钥协商后，用协商好的密钥来为数据提供机密性保护和完整性保护，这是一个安全的基本框架。在该协议中，如果不进行密钥协商，实际上第二条消息不用加密发送也可。

2.10.5　基于数字签名的认证

在基于数字签名的认证协议中，首先验证方发起一个认证询问。被认证方收到询问后，用自己的私钥对询问消息进行签名作为应答发送给验证方。验证方收到签名后，验证签名的合法性。若验证通过，则认证成功，否则失败。在基于数字签名的认证协议中，利用只有拥有私钥的人才能够给出合法的数字签名这一特殊性质，实现身份认证。如图 2.36 所示是一个基于数字签名的原型单向认证协议，运行步骤如下。

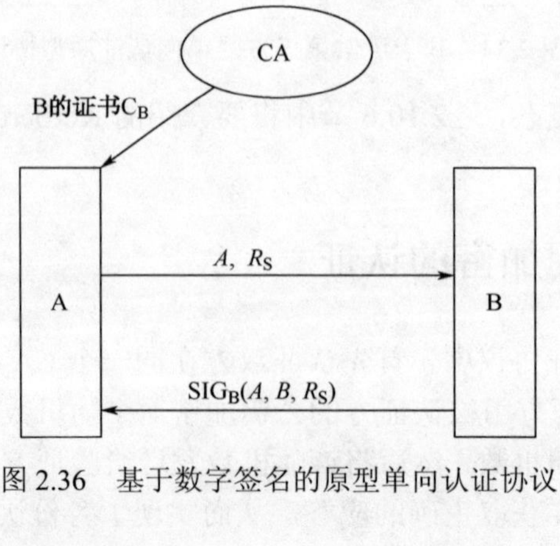

图 2.36　基于数字签名的原型单向认证协议

（1）验证方发起一个认证询问，包括一个随机数和自己的身份。

（2）被认证方收到询问后，用自己的私钥对双方身份和随机数做一个签名，并将签名数据作为应答发送给 A。

（3）A 用 B 的证书里的公钥对 B 的签名进行验证，若验证通过，则 B 身份认证成功，否则失败。

2.10.6 Kerberos 协议

Kerberos[33]是美国麻省理工大学（MIT）设计一套认证协议，它的基本思想就是使用基于预共享密钥的票据认证。图 2.37 为一个 Kerberos 系统的基本结构，其中包含一个用户工作站和一个应用服务器。用户工作站需要向应用服务器证明自己的身份，首先向 Kerberos 服务器请求票据，获得票据后，用户向应用服务器出示该票据，应用服务器通过验证用户的票据来实现对其的身份认证。而 Kerberos 服务器又分为几个部分，包括：① 认证服务器（AS），用于对请求票据的用户进行身份认证。② 票据服务器（TGS），用于产生票据并发送给用户。③ 数据库，为认证服务器提供支持。Kerberos 不仅提供认证业务，还提供会话密钥协商业务。

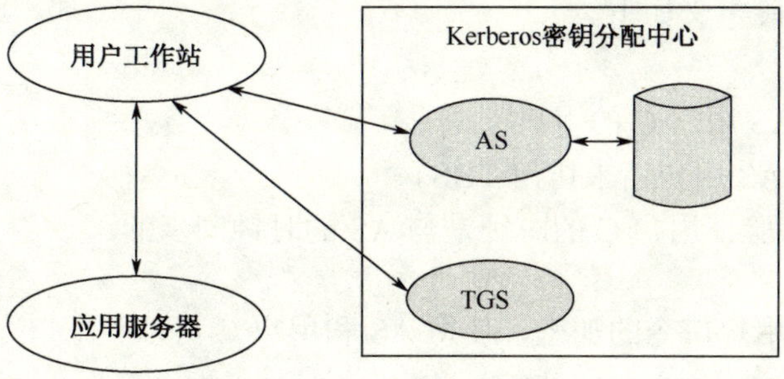

图 2.37　Kerberos 结构

如图 2.38 所示为一个完整的 Kerberos 流程消息，其中 C 为被认证方，V 为验证方。消息构成如下。

1）认证过程：认证服务认证 C 的身份。

（1）C→AS：$ID_C \| ID_{tgs} \| TS_1$

（2）AS→C：$E_{K_C}[K_{C,tgs} \| ID_{tgs} \| TS_2 \| Lifetime_2 \| Ticket_{tgs}]$

$Ticket_{tgs}=E_{K_{tgs}}[K_{C,tgs} \| ID_C \| AD_C \| ID_{tgs} \| TS_2 \| Lifetime_2]$

2）票据获取过程：C 获取票据的过程。

（3）C→TGS：$ID_V \| Ticket_{tgs} \| Authenticator_C$

（4）TGS→C：$E_{K_{C,tgs}}[K_{C,V} \| ID_V \| TS_4 \| Ticket_V]$

$Ticket_{tgs}=E_{K_{tgs}}[K_{C,tgs} \| ID_C \| AD_C \| ID_{tgs} \| TS_2 \| Lifetime_2]$

$Ticket_V=E_{K_V}[K_{C,V} \| ID_C \| AD_C \| ID_V \| TS_4 \| Lifetime_4]$

$Authenticator_C=E_{K_{C,tgs}}[ID_C \| AD_C \| TS_3]$

3）认证过程：验证方 V 验证 C 的身份过程。

（5）C→V：$Ticket_V$ || $Authenticator_C$

（6）V→C：$E_{K_{C,V}}$ [TS_5+1]

$Ticket_V = E_{K_V}$ [$K_{C,V}$ || ID_C || AD_C || ID_V || TS_4 || $Lifetime_4$]

$Authenticator_C = E_{K_{C,V}}$ [ID_C || AD_C || TS_5]

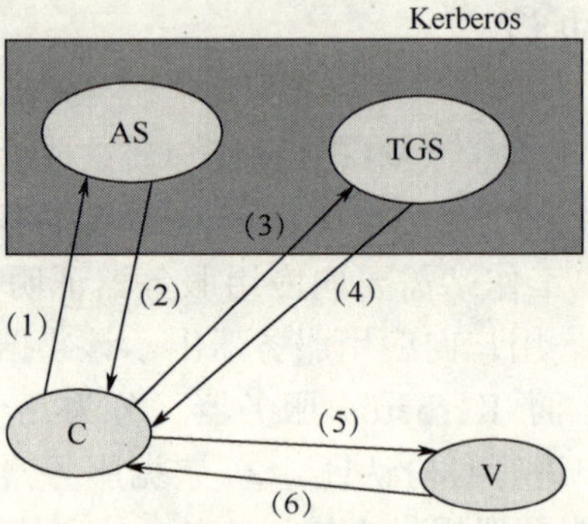

图 2.38　Kerberos 协议完整消息流程

其中各个消息字段定义如下。

消息（1）：

- ID_C：告诉 AS 用户 C 的用户标识。
- ID_{tgs}：告诉 AS 用户请求访问 TGS。
- TS_1：让 AS 验证用户 C 的时钟是与 AS 的时钟同步的。

消息（2）：

- E_{K_C}：基于用户口令的加密，使得 AS 和用户 C 可以验证口令，并保护消息（2）。
- $K_{C,tgs}$：会话密钥的副本，由 AS 产生，用于实现在 AS 与用户 C 之间信息的安全交换，而不必公用一个永久的 Key。
- ID_{tgs}：确认这个 Ticket 是为 TGS 制作的。
- TS_2：告诉用户 C 该 Ticket 签发的时间。
- $Lifetime_2$：告诉用户 C 该 Ticket 的有效期。
- $Ticket_{tgs}$：用户 C 用来访问 TGS 的票据。

消息（3）：

- ID_V：告诉 TGS 用户要访问服务器 V。
- $Ticket_{tgs}$：向 TGS 证实该用户已被 AS 认证。
- $Authenticator_C$：由用户 C 生成，用于验证票据。

消息（4）：

- $E_{K_{C,tgs}}$：仅由 C 和 TGS 共享的密钥，用于保护消息（4）。
- $K_{C,tg}$：Session Key 的副本，由 TGS 生成，提供用户 C 和服务器 V 之间信息的安全交换，而无须公用一个永久密钥。
- ID_V：确认该票据是服务器 V 签发的。
- TS_4：告诉用户 C 该票据签发的时间。

- Ticket_V：用户 C 用以访问服务器 V 的票据。
- Ticket_{tgs}：可重用，从而用户不必重新输入口令。
- $E_{K_{tgs}}$：票据用只有 AS 和 TGS 才知道的密钥加密，以预防篡改。
- $K_{C,\,tgs}$：TGS 可用的会话密钥副本，用于解密 Authenticator_C，从而认证票据。
- ID_C：指明该票据的正确主人。

消息（5）：

- Ticket_{tgs}：用户 C 向验证方 V 出示票据。
- Authenticator_C：用于验证票据。

消息（6）：

- TS_5：发送消息（6）的时间，用于检查消息的时间有效性。
- $E_{K_{C,V}}[\text{TS}_5+1]$：V 向 C 出示的身份认证数据。

从协议的介绍中，可以看到，一个实际的协议比原型系统要复杂得多。而实际上，Kerberos 并不是一个非常安全的协议，它存在一些安全漏洞和弱点。例如，它的基于时间戳的抗重播攻击在系统时钟不能严格同步时存在严重的安全问题；基于口令的保护可能由于用户口令设置的问题而使安全强度大大下降；如果 Kerberos 服务器受到攻击，整个系统将完全瘫痪等。由此可见，设计一个安全的认证协议比想象中困难很多，而这些困难又推进了可证明安全性的发展。

2.11 不可否认技术

2.11.1 不可否认模型

不可否认协议[34]所提供的服务主要用于防止恶意的使用者（包括发送方、接收方以及转送者）否认先前所做过的事，其内涵在于收集、维护、产生与事件或行动相关的证据，并用于解决已发生或尚未发生的事件或行动纠纷。在直接通信方面，一般包括发送方否认发送过某条消息、接收方否认接收到某条消息以及接收方否认知悉某条接收到的消息内容；而在间接通信方面，包括转送者否认接收到发送方所投放的消息，以及接收方否认接收到转送者所转送的消息。而事实上，不可否认技术的关键并不是不能否认，而是指一旦否认，另一方可以提出证据来向一个可信第三方证实对方的行为，从而使其无法否认。因此，对于不可否认技术，证书是其中最关键的部分。证据必须具有容易产生、容易验证、容易存储与提取，同时证据必须具有不可伪造或被篡改等特点。不可否认技术中各方的关系如图 2.39 所示。不可否认证据的参与个体包括证据产生者、证据主体、证据使用者、不可否认服务请求者与公证者，它们扮演的角色分述如下。

- 证据产生者：产生不可否认证据的个体。
- 证据主体：为事件负责的个体，即证据所系连的个体。
- 证据使用者：使用不可否认证据的个体。
- 不可否认服务请求者：针对特定事件，请求产生不可否认证据的个体。
- 公证者：提供记录数据以确保数据特性之正确性的可信第三方。

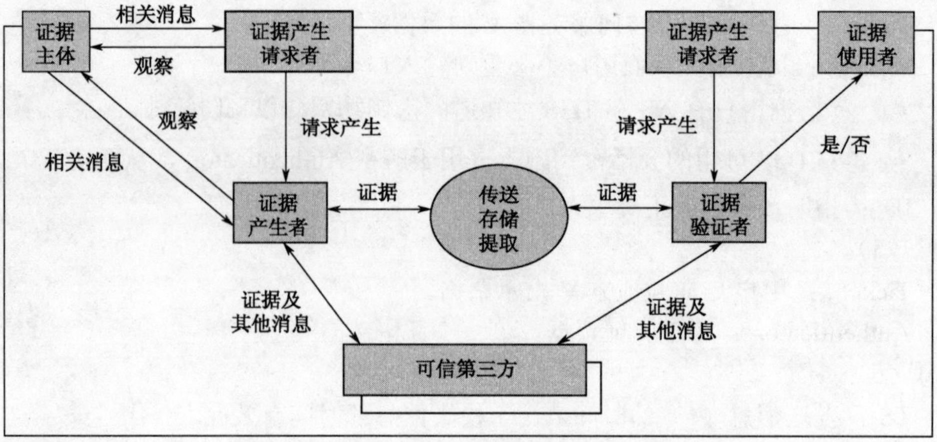

图 2.39　不可否认参与个体关系图

可信第三方（TTP）在不可否认技术中扮演着很关键的角色，它可以分为以下几种类型：离线可信第三方、在线可信第三方以及线内可信第三方。离线可信第三方是指支持不可否认服务但并不主动参与提供服务的 TTP；在线可信赖第三方则是指主动参与产生及验证证据的 TTP；线内可信第三方是指在互操作（Interoperability）中担任中间者的在线 TTP。可信赖第三方能可能扮演的角色如下。

- 证据产生的角色：与不可否认服务请求者共同产生证据。
- 证据记录的角色：提供证据给证据使用者和判决者。
- 时间戳的角色：提供包含时间信息的证据。
- 监督的角色：提供关于被监督事件的证据。
- 密钥凭证的角色：提供与证据产生者相关的不可否认证据以证明公钥的有效性。
- 密钥分配的角色：提供密钥给证据产生者及证据验证者。
- 签章产生/验证的角色：代表事件主体来产生/验证数字签名形式的证据，亦可作为证据验证的角色。
- 公证者的角色：提供关于数据特性的保证，如真确性、来源、时间等，这些数据必须事前向 TTP 注册过。
- 递送机构的角色：协助发送方与接收方进行数据传输，并提供数据已递送、未递送或已递送但未确认收方已经收到该资料等证据。

2.11.2　不可否认机制分类

不可否认机制的设计理念包括：使用 TTP 安全令牌的不可否认、使用安全令牌与抗破坏模块的不可否认、使用数字签名的不可否认、使用时间戳的不可否认、使用线内 TTP 的不可否认、使用公证者的不可否认，分述如下。

- 使用 TTP 安全令牌的不可否认：安全令牌使用只有 TTP 知道的密钥来加以密封，TTP 既是证据产生者，也是证据验证者。
- 使用安全令牌与抗破坏模块的不可否认：安全令牌是使用一个利用秘密共享（secret sharing）方法所产生的密钥，并加以密封，密钥存放在一个由证据产生者、证据验证者与判决者所共同持有的抗破坏模块内。

- 使用数字签名的不可否认：数字签名可由证据主体或担任签名产生者角色的 TTP 来产生，由前者产生的签章称为直接数字签名，由后者产生的签章称为间接签章，且证据必须包含签名产生者的公钥证书。
- 使用时间戳的不可否认：由时间戳机构（TSA）提供时间信息，时间戳产生时不需要鉴别请求个体的身份，但验证者必须要确定时间戳是否落在安全政策可接受的范围内。
- 使用线内 TTP 的不可否认：线内 TTP 所保留或维护的数据或数据的数字指纹（digital fingerprint）都可以作为证据。线内 TTP 必须转发数据或监督所有的事件，并可主动提供或被请求提供证据给证据使用者表明使用时间戳的不可否认。
- 使用公证者的不可否认：公证者必须提供数字签名、加密、真确性等机制以及握有足够可被请求的信息，并在可测试的方式下提供保证。

不可否认技术多种多样，然而使用得最广泛的仍然是数字签名。下面介绍一种加强的不可否认技术：不可否认数字签名。

2.11.3 不可否认数字签名

不可否认数字签名[35]是不可否认技术中的一个非常有代表性的技术，它加强了签名后的不可否认性。介绍数字签名技术时曾经提到，由于只有私钥拥有者才能产生数字签名，因此具有不可否认性。但是实际上，私钥可能会由于管理不善等问题而泄露，因此一个签名者可以声称自己的私钥泄露而否认该签名，因此普通数字签名并不具有最强的不可否认性。在不可否认签名中，签名的验证需要与原签名者的交互，当交互消息发送给他时，他并不知道需要验证的签名到底是哪条消息的签名，因此他不敢随便否认，因为他不能确定正在验证签名的消息对他有利还是不利。不可否认签名包括以下几部分内容。

（1）系统参数

p：系统选定的一个大素数。

g：一个正整数（通常要求不存在 $x<p-1$ 使得 $g^x \bmod p=1$）。

（2）密钥产生

私钥：在 1～p−1 之间随机选择一个正整数 x 为私钥。

公钥：由私钥 x 计算公钥 $y=g^x \bmod p$。

（3）签名（签名消息为 m）

对 m 的签名 $\mathrm{SIG}=m^x \bmod p$。

（4）签名验证

验证者随机选取两个 1～p−1 之间的正整数 a 和 b，计算 $c=(\mathrm{SIG})^a(g^x)^b \bmod p$，然后将 c 发送给签名方。

签名方接收到 c 后，由于 a、b 两个随机数的掩盖，他完全无法得知要验证的签名是哪条消息的签名，因此他只能够老老实实地执行以下操作（因为不能判断消息对他有利还是不利）：计算 $d=c^x \bmod p$ 并发送给验证者。

验证者检查 $d=m^a g^b \bmod p$ 是否成立。若成立，则验证成功，否则失败。

习 题 2

1. 密码学主要研究什么？密码编码学和密码分析学分别研究什么内容？
2. 根据攻击手段，密码分析学中的攻击方法分为几种？
3. 根据攻击者获取的信息程度，密码分析学中的攻击方法分为几种？
4. 简述密码学中信源、信宿、信道、明文、密文、加密算法、解密算法的含义。
5. 为什么在现代密码体制中，密码体制的安全不是建立在算法保密之上，而是建立在密钥保密之上？
6. 简述对称密码及其分类。
7. 列举著名的分组加密算法。
8. 分组加密算法常见的加密模式有哪些？
9. 简述流密码算法的种类、实现方式及基本结构。
10. 简述对称密码体制和非对称密码体制的不同。
11. 什么是单向陷门函数？在公钥密码体制中它有什么作用？
12. 在 RSA 公钥数据(e, N)中，为什么加密指数 e 必须与$\phi(N)$互素？
13. 简述散列函数的两个重要特征。
14. 为什么散列函数要进行填充？
15. 编写基于 C++语言的 SHA-256 算法程序。
16. SHA-256 中压缩函数的作用是什么？
17. 简述散列函数的常见用途。
18. 一个完整的数字签名体制是怎样的？
19. DSA 签名算法和 RSA 签名算法有什么不同？
20. 什么是数据完整性技术？
21. 什么是 MAC（消息认证码）？举一个应用 MAC 的情形。
22. 简述 HMAC 函数的优点。
23. 在 HMAC 算法中，若密钥 K 的长度小于所使用散列函数分组长度 B 的值，密钥该如何处理？若密钥 K 的长度大于所使用散列函数分组长度 B 的值，又该如何处理？
24. 简述密钥管理技术。
25. 什么是密钥分配技术？密钥分配技术最常用的方法有哪些？
26. 一个良好的密钥管理协议应该能够保证哪些安全属性？
27. 为什么在安全协议中常用到随机数？
28. 简述基于离散对数的 DH 交换技术。
29. PKI 是什么？它有什么作用？用于哪些领域？
30. PKI 包含哪些关键元素？这些关键元素分别负责什么部分？它们的结构是怎样的？
31. PKI 为用户提供哪些服务？
32. 证书的认证主要验证哪几项内容？
33. 目前使用最为广泛的公钥证书格式是什么？
34. 什么是密钥托管？

35．讨论基于身份的公钥密码技术的优缺点。

36．按照认证对象不同，认证分为实体认证和消息源认证，它们分别指的是什么？

37．列举基于密码技术的身份认证技术。

38．按照方向不同，认证分为单向认证和双向认证，举例说明单向认证和双向认证。

39．基于数字签名的原型单向认证协议是如何运行的？

40．Kerberos 服务器分为几个部分？它们各有什么作用？

41．不可否认协议提供怎样的服务？对于不可否认技术，什么是其最关键的部分？

42．可信第三方（TTP）分为哪几类？它们分别指什么？

43．不可否认机制的设计理念有哪些？

参 考 文 献

[1] Diffie W, Hellman M. New directions in cryptography. IEEE Transactions on Information Theory, 1976, 11, 22(6):644-654.

[2] American National Standards Institute. ANSI X3.92 American National Standard - Data Encrypt Algorithm (DEA).

[3] 文磊，黎明. 密码分析. 网络安全技术与应用，2003(1).

[4] 冯登国. 密码分析学. 北京：清华大学出版社，2000.8.

[5] William Stallings. 密码编码学与网络安全——原理与实践（第四版）. 北京：电子工业出版社，2006.

[6] Federal Information Processing Standards Publication（FIPS 197）Advanced Encryption Standard（AES），Nov. 26，2001.

[7] 周浩华，喻孟哲，章倩苓. 高速 IDEA 加密模块的实现. 微电子学，2001，31(2).

[8] 刘晓晨，冯登国. 满足若干密码性质的 S-盒的构造. 软件学报，2000，11(10):1299，1302.

[9] 张玉安，冯登国. 一种实用的仿一次一密分组加密方案. 北京邮电大学学报，2005，28(2):101-104.

[10] 焦占亚，曾永莹，刘海峰. 一次一密的密码算法研究. 西安科技大学学报，2005，25(4): 477-180.

[11] 宋维平. 流密码与 RC4 算法. 吉林师范大学学报：自然科学版，2005，26(2): 71-72.

[12] Merkle R C，Hellman M E. Hiding information and signatures in trap dorr knapsacks. IEEE Trans Inform Theor，1978，24(5): 525-530.

[13] Rivest R L，Shamir A，Adleman L. A method for obtaining digital signatures and public key cryptosystems. Comm ACM 1978，21: 120-126.

[14] Koblitz N. Elliptic curve cryptosystem. Mathematics of Computation，1978，48: 203-209.

[15] 邓红素，左益强，赵一鸣等. 移动通信中可证安全的双向认证密钥协商协议. 软件学报.2003.14(8): 1489-1494.

[16] 洪琳，李展. 数字签名，数字信封和数字证书. 计算机应用，2000，0(2).

[17] 肖攸安，李腊元. 数字签名技术的研究. 武汉理工大学学报：交通科学与工程版，2002，26(2).

[18] 陈少真，王显云. 基于 DSA 和变型 DSA 的盲签名. 信息安全与通信保密，2006(1).

[19] Chaum D. Blind signatures for untraceable payments. In: Crypto'82. New York: Plenum Press，1993. 199-203.

[20] Chaum D，Antwerpen H van. Undeniable signatures. In: CRYPTO'89，LNCS 435.Berlin: Springer-Verlag，

1989，212-216.

[21] Mambo M，Usuda K，Okamoto E. Proxy signatures: Delegation of the power to sign messages. IEICE Trans Fundam，1996，E79-A(9): 1338-1354.

[22] 汤娟，刘小梅. 数据库应用系统中数据完整性的研究. 交通与计算机，2002，20(1).

[23] 程健，陈明等. 无线通信领域中空时编码技术. 电路与系统学报，2002，7(1).

[24] 张平，王卫东，陈月华. WCDMA 移动通信系统的信道编码技术的研究. 电子学报，1999，27(Z1).

[25] 宋雨，赵文清. 密钥管理在管理信息系统中的应用研究. 计算机工程与应用，1999，35(10).

[26] 万里威，李成友. 网络通信中的数据安全技术. 网络安全技术与应用，2002(7).

[27] 沈昌祥，张焕国，冯登国等. 信息安全综述，中国科学 E 辑，2007，37(2):129-150.

[28] 宁荣功，詹榜华. 基于多层次可验证共享协议的密钥托管方案. 电子学报，1999，27(6).

[29] 孙晓蓉，刘建伟. 移动通信中的密钥托管方案. 电子学报，1999，27(4).

[30] 张学军. 高效的使用双线性对的自认证公钥签名. 计算机应用，2009，29(2).

[31] 黄少寅，陈勇，高传善. SETBOC——一种新型的基于单向身份认证的安全电子交易协议. 通信学报，2003，24(12).

[32] 陈克非. 用对称密码体制实现双向认证. 上海交通大学学报，1998，32(10).

[33] 齐忠厚. Kerberos 协议原理及应用. 计算机工程与科学，2000，22(5).

[34] 任艳丽，张建中. 一个不含可信第三方的多方不可否认协议. 计算机工程与应用，2004，40(36).

[35] 李继红，肖国镇. 一个具有完善零知识特性的可转换不可否认签名方案. 通信学报，1999.20(1).

第 3 章　计算机操作系统安全

3.1　Windows 安全

Windows 这个词代表一系列不同的操作系统产品，该系列产品是由美国微软公司研发的。微软公司自 1985 年推出 Windows 1.0 以来，截至 2014 年，推出 12 个版本的 Windows NT 操作系统，见表 3.1。鉴于目前 Windows 系统的使用和普及程度以及 Windows 系统的安全风险，同时 Windows 7 在市场份额远远领先其他 Windows 版本，本节主要以 Windows 7 系统为例进行说明。

表 3.1　Windows 各版本表

NT 版本	市场名称	版本	发行日期	RTM Build
NT 3.1	Windows NT3.1	Workstation（仅被命名为 Windows NT），Advanced Server	1993-7-27	528
NT 3.5	Windows NT3.5	Workstation, Advanced Server	1994-9-5	807
NT 3.51	Windows NT3.51	Workstation, Server	1995-5-30	1057
NT 4.0	Windows NT4.0	Workstation, Server, Server Enterprise Edition, Terminal Server, Embedded	1996-7-29	1381
NT 5.0	Windows 2000	Professional, Server, Advanced Server, DataCenter Server	2000-2-17	2195
NT 5.1	Windows XP	Home, Professional, Media Center, Tablet PC, Starter, Embedded, N	2001-10-15	2600
NT5.2	Windows XP	64-bit Edition Version 2003 (此专为 AMD64 而开发), Professional x64 Edition	IA64: 2003-3-28 x64: 2005-4-25	3790
	Windows Server 2003	Standard, Enterprise, DataCenter, Web, Small Business Server	2003-4-24	
	Windows Server 2003 R2	Standard, Enterprise, DataCenter, Web, Small Business Server	2005-12-6	
NT6.0	Windows Vista	Starter, Home Basic, Home Premium, Professional, Enterprise, Ultimate	2007-1-30	6000 (RTM) 6001 (SP1) 6002 (SP2)
	Windows Server 2008	Foundation, Standard, Enterprise, Datacenter, Web Server, HPC Server, Itanium-Based Systems	2008-8-27	6001 (RTM) 6002 (SP2)

续表

NT 版本	市场名称	版　本	发行日期	RTM Build
NT6.1	Windows 7	Starter, Home Basic, Home Premium, Professional, Enterprise, Ultimate	2009-10-22	7600 (RTM) 7601 (SP1)
	Windows Server 2008 R2	Foundation, Standard, Enterprise, Datacenter, Web Server, HPC Server, Itanium-Based Systems	2009-10-22	7600 (RTM) 7601 (SP1)
NT6.2	Windows 8	Windows 8, Windows 8 Pro, Windows 8 Enterprise, Windows RT	2012-10-26	9200
	Windows Phone 8	不适用	2012-10-30	9900
	Windows Server 2012	Foundation, Essentials, Standard, Datacenter	2012-9-4	9200
NT6.3	Windows 8.1	Windows 8.1, Windows 8.1 Pro, Windows 8.1 Enterprise, Windows RT 8.1	2013-10-18	9600
	Windows Phone 8.1	不适用	2014-4-2	不适用
	Windows Server 2012 R2	Essentials, Standard, Datacenter	2013-10-18	9600
NT6.4	Windows 10	Technical Preview (v.6.4.9841)	2014-10-1	9841
		Technical Preview (v.6.4.9860)	2014-10-21	9860
		Technical Preview (v.6.4.9879)	2014-11-13	9879
NT 10.0	Windows 10	Technical Preview (v.10.0.9888)	未知	9888

3.1.1 Windows NT 安全概述

本节简单介绍 Windows 系列版本的安全性。默认的 Windows Server 2003 安装比默认的 Windows NT 或 Windows 2000 安装安全许多，但是它还是存在着一些不足。在 Windows Server 2003 中，微软关闭了大多数不是绝对必要的服务。即使如此，还是有一些有争议的服务默认运行。其中一个服务是分布式文件系统（DFS）服务。DFS 服务起初被设计为简化用户的工作。DFS 允许管理员创建一个逻辑的区域，包含多个服务器或分区的资源。对于用户，所有这些分布式的资源存在于一个单一的文件夹中。Windows Server 2003 操作系统相对其他系统来说，比较突出的一个地方就是，安全性能方面得到了进一步加强。例如，每次使用该系统默认的 IE 浏览器进行"网上冲浪"时，系统总是"不厌其烦"地弹出一个安全提示框，来对用户浏览的每个网页进行"阻截"提示，并要求配置确认当前网页是否安全等。

日前，微软公司正式发布了最新的《微软安全情报报告，卷 15》。该安全报告包括了来自 100 余个国家和地区以及全球 10 亿余台计算机系统的详尽安全数据，以远超同类报告的数据广度，深入透析了软件漏洞、攻击和恶意软件带来的最新安全威胁，并真实反映了不同版本的 Windows 系统在全球的实际表现，对防范网络犯罪活动提供了详细说明与指导。报告显示，旧版本软件更易被黑客入侵，因为黑客们通过安防系统结构、运作原理和机制的研究，已经逐渐掌握了绕过软件安防系统的手段。数据表明，2013 年上半年，全球范围内运行微软最新实时安全产品的计算机中，近 17%曾遭遇过恶意软件。尽管 Windows XP 遭遇的恶意软件数量与 Windows 8 相当，但在真正被感染的可能性上，Windows XP 系统要高出 6 倍。2014 年 4 月 8 日，Windows XP 正式停止服务。

如图 3.1 和图 3.2 所示为 Windows NT 安全模型图和体系结构图，其中最重要的 3 个组件就是本地安全授权、安全账号管理器和内核模式下的安全引用监视。

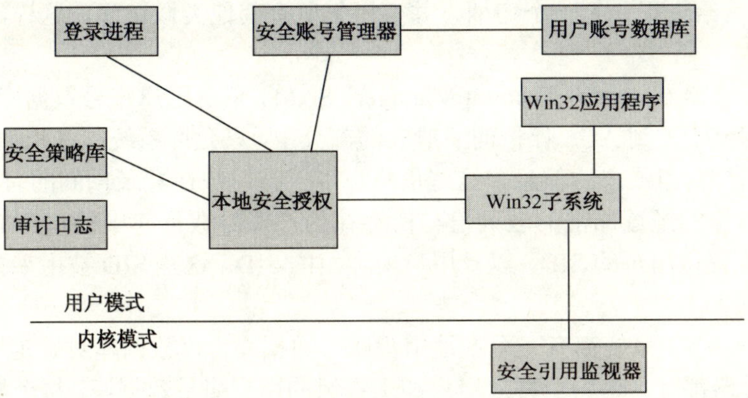

图 3.1　Windows NT 安全模型图

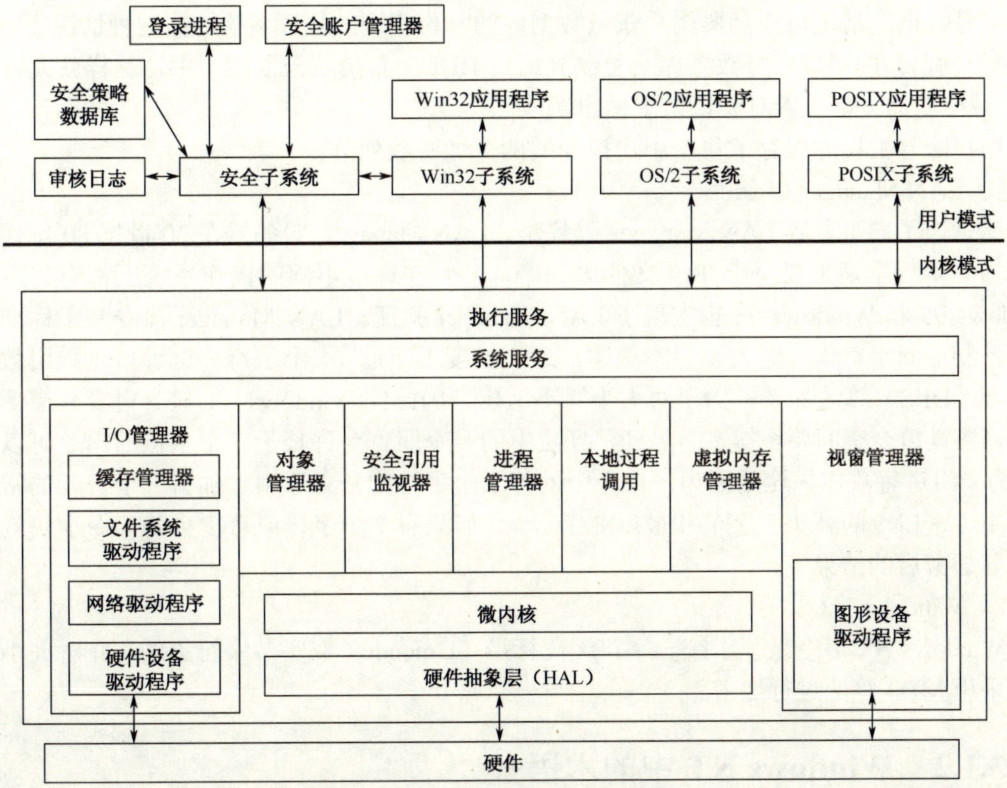

图 3.2　Windows 4.0 安全体系结构

本地安全授权（LSA）是安全子系统的一个核心组件。LSA 负责使所有本地和远程的用户登录生效，生成安全访问令牌，管理本地安全策略。LSA 还负责记录安全引用监视器的任何审核消息所产生的事件日志。

在内核中运行的安全引用监视器（Security Reference Monitor，SRM）负责所有的访问有效性和本地安全策略范围内的审核策略，防止大部分用户和进程对对象的直接访问，从而保证对系统内对象提供统一的保护。SRM 与对象管理器（Object Manager）联合起来，可以保证访问对象的有效性，生成任何所需的审核信息。当需要访问对象时，SRM 把用户访问令牌的内容与对象访问控制列表（Access Control List，ACL）的内容进行比较。如果有权访问对象，SRM 就给进程分配一个句柄，并可用于所有其他类似访问。这样，以后就不需要进行访问检查。

安全账号管理器（Security Account Manager，SAM）负责用户账号数据库的控制与维护。用户账号数据库位于受到 ACL 保护的注册表的部分中，只允许系统程序和管理员进行访问，其中包含所有用户和组账户的信息，这些信息可以支持用户在登录期间的有效性。SAM 把登录期间所用口令的经过加密的散列值与保存在用户账号数据库中的口令的散列值进行比较，然后向 LSA 提供用户的 SID，以及用户所在组的 SID。这些 SID 被用来为用户的当前会话创建安全访问令牌。

每个 Windows NT 系统都有一个本地用户账号数据库，该数据库对确定域内数据库，每个工作站或服务器都有一个用于特定用户和工作组的用户账号数据库。每个域控制器都有一个用户账号数据库，该数据库对确定域内用户和工作组所有计算机有效。备份域控制器中的用户账号数据库是主域控制器用户账号数据库的一份相同的只读备份。在这种情况下，PDC（主域控制器）的用户账号数据库会复制到所有 BDC（备份域控制器）中，这样就允许任何 DC（域控制器）都可以对验证请求做出响应。

用户账号数据库保存了每个用户口令的两个加密散列值。

① LAN Manager 口令

这是为了向下兼容 LAN Manager 服务器。LAN Manager 服务器在 20 世纪 80 年代中后期和 90 年代早期主要用于 PC 文件服务器，并且在许多不同的操作系统上都有其应用。Windows 95 和 Windows 98 也实现了 LAN Manager 验证。LAN Manager 口令基于标准的原始设备制造商字符集，对大小写不敏感，最大长度不超过 14 个字符。这种口令采用数据加密标准（DES）算法加密。由于对大小写不敏感，因此比 Windows NT 口令更容易遭受蛮力攻击，毕竟口令空间要小得多。另外，算法中的一个弱点允许长于 7 个字符的口令可以按每 7 个为一组进行攻击。这是因为，口令中的每 7 个字符都独立地用于加密一个公开的常量，以产生加密口令的开头 8 字节和最后 8 字节。任何只有 7 个字符或者更少的口令很快就可以确定其加密后的结果。

② Windows NT 口令

Windows NT 口令是基于统一字符编码标准（Unicode）双字节字符集的，并对大小写敏感，采用 MD4 算法进行加密。

3.1.2 Windows NT 中的术语

1. Windows NT 中的对象

在 Windows NT 操作系统中，大多数元素是以对象的形式来表现的。对象可以是文件、目录、存储器、驱动器、系统程序或 Windows 桌面等。

对象为 Windows NT 操作系统提供了较高的安全级。对外者来说，它们把数据隐藏起来并支持对象功能所定义的方式提供信息。这样就建立了一个保护层，它可以有效地防止外部程序直接访问网络数据。Windows NT 正是通过阻止程序直接访问对象来获得高安全级的。所有对对象的操作都必须事先得到授权并由操作系统来执行。

在 Windows NT 中，可以用安全描述器或存取标识来设定对象的属性从而使对象得到保护。可被设定的属性包括：

- 指明谁是对象所有者/使用者的安全身份号 SID；
- 只能被可移植操作系统界面 POSIX 子系统使用的组安全身份号 SID；
- 包含用户和组访问许可权限的，可自由决定的访问控制列表，此列表由对象所有者控制；
- 控制审核信息生成的系统访问控制列表 ACL。

2. Windows NT 注册表

注册表是 Windows 中的一个重要的数据库，用于存储系统和应用程序的设置信息，包含应用程序、硬件设备、驱动器驱动程序配置、网络协议和适配卡设置等信息的数据库。注册表中包含了许多文件，如 config.sys、autoexec.bat、system.ini、win.ini、protocol.ini、lanman.ini、control.ini 以及其他 ini 文件，它是一个具有容错功能的数据库，一般是不会崩溃的。如果系统出现错误，日志文件使 Windows NT 能够恢复和修改数据库，以确保系统能正常运行。注册表的数据结构由以下 5 个子树组成。

HKEY_LOCAL_MACHINE：包含本地系统的部分信息，这些信息包括硬件设备、操作系统设置、启动控制数据和驱动器的驱动程序。

HKEY_CLASSES_ROOT：含有与对象的连接和嵌套 OLE 文件关联相关的信息。

HKEY_CURRENT_USERS：含有正在登录上网的用户信息，包括用户所属的组、环境变量、桌面设置、网络连接、打印机和应用程序等。

HKEY_USERS：含有所有的登录入网用户信息，包括从本地访问系统的用户。远程登录的用户信息存储在注册表的远程机器中。

HKEY_CURRENT_CONFIG：这个分支包含计算机当前的硬件配置信息，是在 HKEY_LOCAL_MACHINE 中当前硬件配置信息的映射。

每个子树都包含称为键的子条目，每个键又可以有多个子键。注册表子树中的数据是从一套称为 hive 的文件中得来的。每个 hive 包含两个文件：数据文件和日志文件。每个 hive 代表位于注册表最顶层部分的一组键、子键和值。

3. Windows NT 安全子系统的组成部分

Windows NT 安全子系统由 5 个关键部分组成：安全标识符、访问令牌、安全描述符、访问控制列表和访问控制条目。利用这些组件的交互作用来控制用户的活动。

（1）安全标识符

安全标识符（SID）是 Windows NT 安全结构的基础，是统计上的唯一的数组分配给所有的用户、组和计算机。统计上的唯一指的是两个数组发生重复的可能性是极为罕见的。每次当一个新用户或组被建立时，它们都会接收到一个唯一的 SID。每当 Windows NT 安装完毕并启动时，也会有一个新的 SID 分配给这台计算机。SID 标识了用户、组和计算机的唯一性，不仅仅是在某台特定的计算机中，还包括和其他计算机交互的时候。

为了确保 SID 的唯一性，它们是综合计算机名字、当前时间和处理当前用户模式线程花费的 CPU 时间所建立起来的。一个 SID 例子：

S-1-5-163499331-18283675290-12989372637-500

（2）访问令牌

登录的主要目的是在用户被验证之后分配给他们访问令牌。访问令牌是由用户的 SID、用户所属组的 SID、用户名、用户所在组的组名构成的。访问令牌就好比用户能够访问计算机资源的“入场券”。无论何时，用户如果企图进行访问，都要向 Windows NT 出示访问令牌。Windows NT 从访问列表中检查访问令牌。如果用户使用此对象的认证通过，将赋予相关的权限访问。

访问令牌只有在登录的过程中才会发布，所以一旦对用户的访问权限做了改动，就要重新登录后才能收到一个更新后的访问令牌。

（3）安全描述符

Windows NT 内的每个对象都有一个安全描述符作为它们属性的一部分。安全描述符持有对象的安全设置。安全描述符包含对象属主的 SID、组 SID，以及自由访问控制列表（DACL）和系统访问控制列表（SACL），如图 3.3 所示。

（4）访问控制列表

访问控制列表分为自由的和系统的两种类型。自由访问控制列表中记录用户和组以及它们的相关权限，要么允许，要么拒绝。自由访问控制列表列出每个用户和组的特定的权限。系统访问控制列表包含对象审计的事件。当没有特殊指定访问控制列表的类型时，通常是自由访问控制列表，如图 3.4 所示。

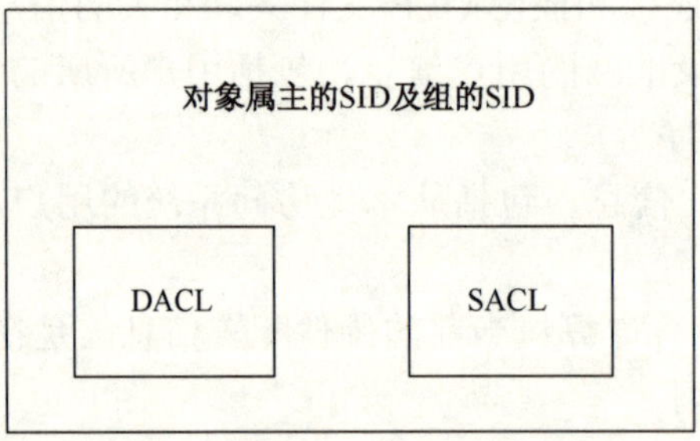

图 3.3　安全描述符

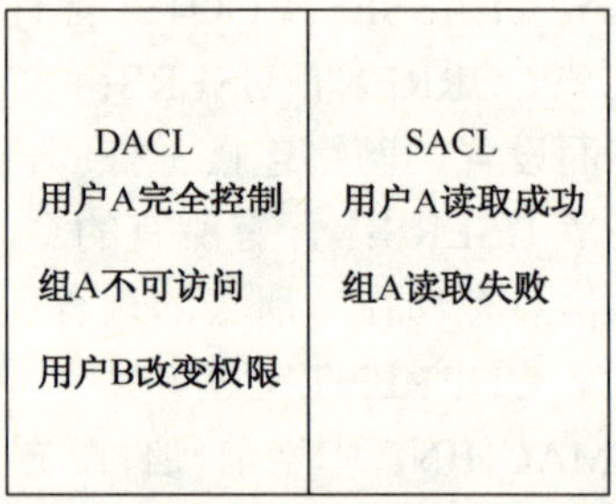

图 3.4　访问控制列表

（5）访问控制条目

每个访问控制条目（ACE）包含用户和组的 SID 及它们对对象所持有的权限。对象分配的每个权限都有一个 ACE。访问控制条目分为两种类型：允许访问或拒绝访问。在访问控制列表中，拒绝访问 ACE 优先于允许访问。

当用户认证检查之后，不管哪个在前面，同时搜索相关的拒绝访问 ACE 或访问控制列表的最后项。因此，不可访问优先于所有其他的权限。

3.1.3　Windows 7 新增的安全机制

Windows 7 建立在 Windows Vista 的强大安全体系上，并保留了使 Windows Vista 成为迄

今为止最安全的 Windows 客户端版本所需的全部开发过程和技术。基本的安全功能（如内核修补程序保护、服务强化、数据执行保护、地址空间布局随机选择和强制完整性级别）继续针对恶意软件和攻击提供了增强的防护。Windows 7 再次使用了 Microsoft 的安全开发生命周期（SDL）进行设计和开发，并设计为支持一般准则要求，以获取评估保证级别 4 认证，并符合联邦信息处理标准 140-2 的要求。立足于 Windows Vista 的可靠安全基础，Windows 7 对事件审核和用户账户控制的核心安全技术进行了明显改进。

Windows 7 是 Windows NT 6 系列，在以上 Windows NT 安全的基础上，下面来看看 Windows 7 安全增强功能。

（1）增强的审核功能

Windows 7 提供了增强的审核功能，使组织更易于满足其法规和业务合规性要求。审核增强功能从简化审核配置的管理方法开始，最终获得的收益是使用户能够更清晰地看到用户的组织中发生了哪些变化。例如，Windows 7 使用户能够更深入地了解为什么某个人有权访问特定信息，为什么拒绝某个人访问特定信息以及特定人员或组所做的全部更改。

（2）简化的 UAC

在 Windows Vista 中引入了用户账户控制（UAC），如图 3.5 所示，通过使操作系统在不需要管理权限的情况下进行部署，来帮助增强安全性和改善总拥有成本。Windows 7 在 UAC 方面继续努力，进行了特定更改以增强用户体验，这些更改包括：减少需要管理权限的操作系统应用程序和任务的数量，以及为继续使用管理权限运行的用户提供一种灵活的许可提示行为。结果，标准用户可以执行比以前更多的操作，并且所有用户所看到的提示将更少。

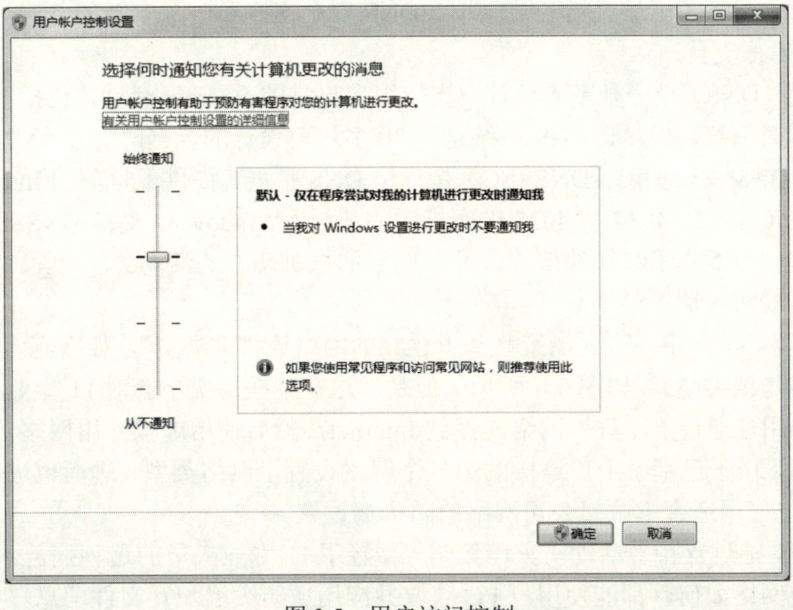

图 3.5　用户访问控制

（3）安全设备支持

Windows 7 简化了将安全设备连接到 PC 的过程，使管理用户使用的设备变得更容易，并帮助用户轻松访问常见的设备相关任务。从最初设置一直到日常使用，在用户的环境中使用安全设备从未像现在这样容易。

① 安全增强的存储设备

USB 闪存驱动器和其他个人存储设备的广泛使用让用户越来越关心这些设备上信息的安全性。但是，一些用户并不需要具备 BitLocker To Go 的完全数据加密功能。Windows 7 为符合 IEEE1667 标准的 USB 存储设备提供了密码保护和基于证书的身份验证支持。用户可以利用 IEEE1667 存储设备的密码保护来帮助避免随意泄露专用数据。

② 集成的指纹读取器和登录

指纹扫描仪在标准的便携式计算机配置中变得越来越常见，Windows 7 可确保它们正常工作。设置和开始使用指纹读取器很容易，并且跨不同硬件提供商使用指纹登录 Windows 非常可靠。指纹读取器配置易于修改，因此可以控制登录 Windows 7 的方式，并管理计算机中存储的指纹数据。

③ 改进的智能卡支持

基于密码的身份验证具有很容易理解的安全限制，但是部署强大的身份验证技术对很多组织而言仍是一个挑战。Windows 7 建立在 Windows Vista 中所做的智能卡基础结构改进之上，通过支持即插即用以简化智能卡的部署。支持智能卡和智能卡读取器所需的驱动程序是自动安装的，不需要管理权限或用户交互，便于在企业中部署强大的双重身份验证。同时，Windows 7 扩展了 PKINIT（RFC 5349）的平台支持来包含基于 ECC 的智能卡，从而允许在智能卡上使用支持椭圆曲线的证书进行 Windows 登录。

Windows 7 提供了适当的安全控件，以便用户能够在需要时，无论是否在办公室都可以访问提高工作效率所需的信息。除了完全支持网络访问保护之类的现有技术之外，Windows 7 还在远程访问中提供了更加灵活的防火墙、DNS 安全支持和一个全新的范例。

（4）DNSSec 支持

域名系统（DNS）是一种基本协议，支持很多日常的 Internet 活动，包括电子邮件传递、Web 浏览和即时消息。但是，DNS 系统是在 30 多年前设计的，当时并没有考虑现在所面临的安全问题。DNS 安全扩展（DNSSEC）是一组 DNS 扩展，提供了目前的 Internet 所需的安全服务。如 RFC 4033、4034 和 4035 中所指定的那样，Windows 7 支持 DNSSEC，这在域名记录不被欺骗方面增强了组织的信心，并帮助他们抵御恶意的活动。

（5）多活动防火墙策略

在 Windows Vista 中，防火墙策略基于建立的网络连接“类型”，如家庭、工作、公用或域（第 4 种为隐藏类型），如图 3.6 所示。但是，这在某些情况下会对 IT 专业人员造成安全障碍，例如，用户通过“家庭”网络连接到 Internet，然后使用虚拟专用网络访问公司网络。在这种情况下，由于已基于用户连接的第一个网络设置了网络类型（进而也进行了防火墙设置），因此无法应用适合于访问公司网络的防火墙设置。

Windows 7 通过支持多活动防火墙策略，减轻了 IT 专业人员的这种痛苦，无论该 PC 可能活动的其他网络如何，都能使用户 PC 获取并应用域防火墙配置文件信息。要使用这些功能（企业客户要求的主要功能），只需为远程客户端和物理连接到公司网络的客户端维护一组规则，IT 专业人员即可简化连接和安全策略。

（6）DirectAccess

有了 Windows 7，使用户在办公室外工作变得非常简单。DirectAccess 使远程用户能够在具有 Internet 连接时随时访问公司网络，而不需要初始化 VPN 连接的额外步骤，从而提高了他们不在办公室时的工作效率。对于 IT 专业人员，DirectAccess 为他们提供了更安全、更灵活的公司网络基础结构来远程管理和更新用户 PC。DirectAccess 通过提供“始终托管的”基础结构简化 IT 管理，在该基础结构中，连网和不连网的计算机都能保持健康、托管和更新的状态。

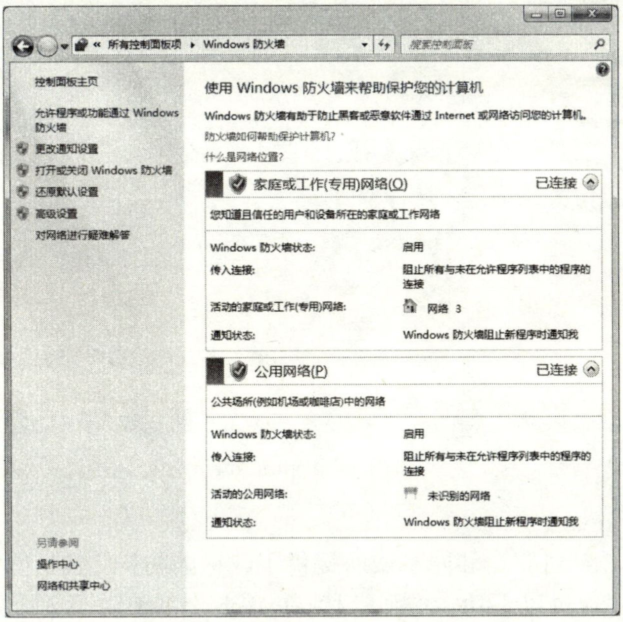

图 3.6 Windows 防火墙

通过 DirectAccess，IT 专业人员可以对用户能够访问的网络资源进行严格的控制。例如，组策略设置可用于管理远程用户对企业应用程序的访问。DirectAccess 还将 Internet 通信与对内部网络资源的访问进行了分离，使用户能够访问公用 Web 站点，而无须在公司网络上生成额外的通信流量。

DirectAccess 最大的优点是，它建立在 IPv6 和 IPsec 之类的行业标准上，可确保企业通信安全进行。

Windows 7 针对恶意软件和入侵提供了灵活的安全保护，使用户可以在安全、控制和工作效率之间达到其所需的平衡。AppLocker 和 Internet Explorer 8 是 Windows 7 中为提高操作系统免受恶意软件入侵能力所做技术投资的两个主要示例。

（7）AppLocker

Windows 7 通过 AppLocker 增强了应用程序控制策略，如图 3.7 所示。AppLocker 是一个易于管理的灵活机制，使 IT 专业人员能够明确指定允许在桌面基础结构上运行的内容，并且使用户能够运行提高工作效率所需的应用程序、安装程序和脚本。因此，IT 专业人员可以在其组织内强制实施应用程序标准化，同时提供安全性、可操作和合规性优势。

AppLocker 提供了简单但功能强大的规则结构，并引入了发布者规则：基于应用程序数字签名的规则。发布者规则通过指定属性（如应用程序的版本）来允许构建可进行应用程序更新的规则。例如，组织可以创建规则来“允许所有版本号大于 9.0 的 Acrobat Reader 程序运行（如果它是由软件发布者 Adobe 签名的）”。现在，当 Adobe 更新 Acrobat 时，就可以安全地部署应用程序更新，而不必为该应用程序的新版本构建其他规则。

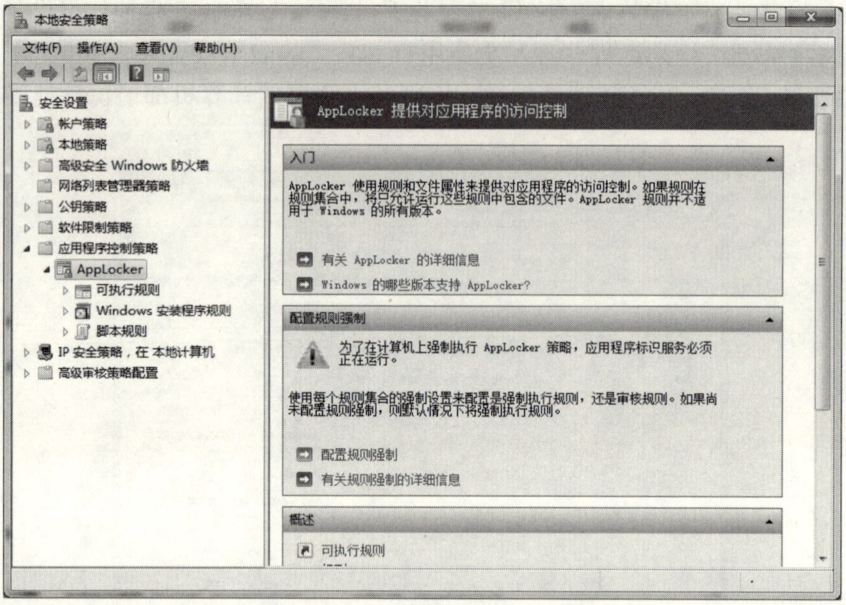

图 3.7　AppLocker

（8）Internet Explorer 8

Internet Explorer 8 针对安全和隐私威胁提供了改进的防护，包括能够帮助识别恶意站点及阻止下载恶意软件。通过以下功能增强隐私：在 Web 上冲浪时不会在共享 PC 上留下记录，以及对 Web 站点可以跟踪用户操作的方式增强了选择和控制。Internet Explorer 8 还帮助增强信心和信任，通过改进 ActiveX 控件的限制、增强加载项管理、提高可靠性（包括自动崩溃恢复和选项卡还原），以及增强对辅助功能标准的支持。

Windows 7 保留了 Windows Vista 中使用的数据保护技术，如加密文件系统（EFS）、内置 Active Directory 权限管理服务技术和详细的 USB 端口控制。除了这些技术中逐渐增加的更新之外，Windows 7 还对最常用的 BitLocker 驱动器加密技术进行了重大改进。

（9）BitLocker 和 BitLocker To Go

Windows 7 通过对 BitLocker 驱动器加密（见图 3.8）进行可管理性和部署更新，以及引入 BitLocker To Go，消除了数据泄露的持续威胁。其中，BitLocker To Go 通过将 BitLocker 支持扩展到可移动存储设备，提供增强的数据保护以防止数据被盗和泄露。通过将对 BitLocker 的支持扩展到 FAT 数据卷，可以支持更大范围的磁盘格式和设备，包括 USB 闪存驱动器和便携式磁盘驱动器。这将允许用户能够为满足更大范围的数据保护需求部署 BitLocker。

无论携带笔记本电脑旅行，与受信任合作伙伴共享较大文件，还是在家办公，受 BitLocker 和 BitLocker To Go 保护的设备都可以确保即使媒体丢失、被盗或误用，也只有授权用户能够读取数据。BitLocker 保护最大的优点是易于部署，对最终用户而言非常直观，并始终提高合规性和数据安全。

BitLocker To Go 还使管理员能够控制其环境中可移动存储设备的使用方式，以及所需的保护强度。对于用户要在其中写入数据的任何可移动存储设备，管理员可以要求数据保护，但同时还允许以只读模式使用不受保护的存储设备。另外，还提供策略，要求提供正确的密码、智能卡或域用户凭据才能使用受保护的可移动存储设备。最后，BitLocker To Go 为较早版本 Windows 上的可移动设备提供了可配置的只读支持，允许与仍运行 Windows Vista 和 Windows XP 的用户更安全地共享文件。

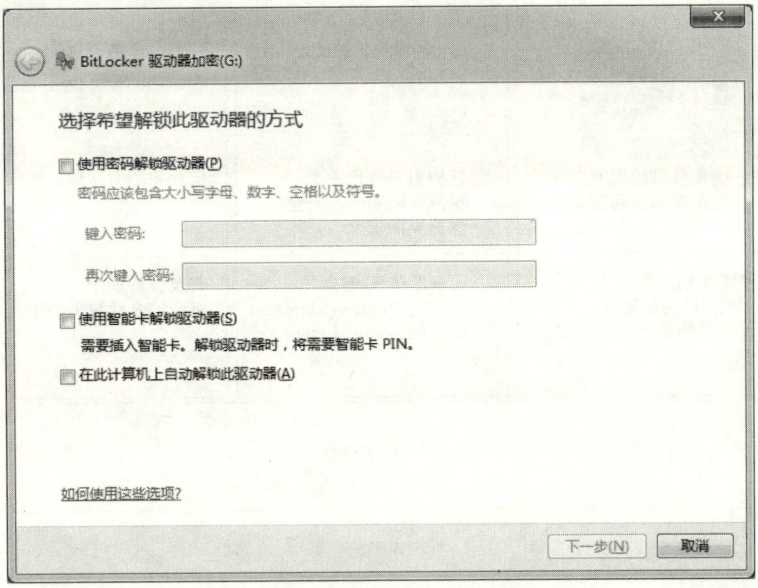

图 3.8　对 BitLocker 驱动器加密

微软在 Windows 平台安全性研发上的成果，从 Windows XP 到 Windows Vista、Windows 7、Windows 8，直到 Windows 8.1 的一些变化，如图 3.9 所示。

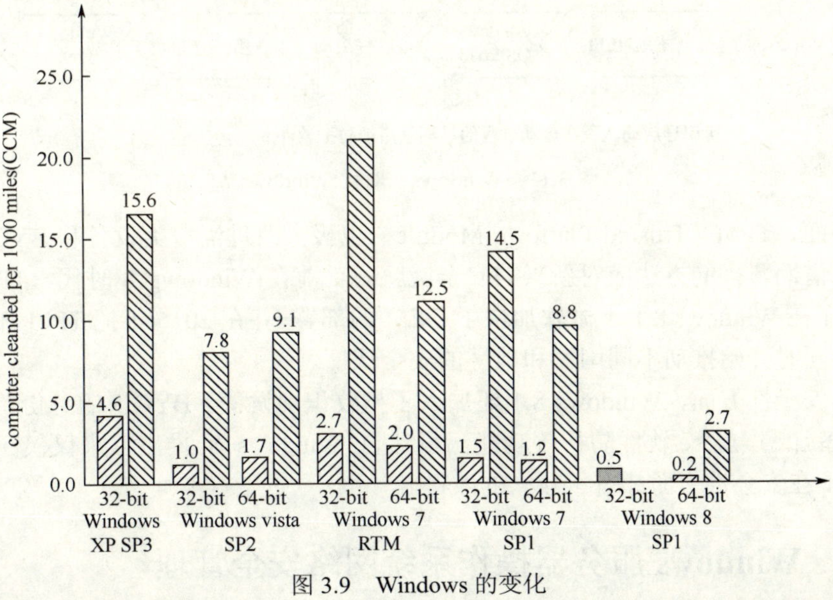

图 3.9　Windows 的变化

在 Windows 8 平台的安全框架中，实现了系统的从硬件到软件的安全性，如图 3.10 所示。

Windows 8 平台的硬件层安全性是由 UEFI 和 TPM 组成的，UEFI 替换了传统的 BIOS。使用 BIOS 已经超过 30 年了，它缺少模块化设计及安全性的不佳都无法适应现在的补救。而 UEFI 的设计之初就是为了解决 BIOS 的不足，UEFI 支持 64 位系统，并简化了启动过程，简化与第三方组件的整合。同时，UEFI 可以在硬件层提前加载恶意软件防护。Windows 8 对比 Windows 7 的改进如图 3.11 所示。

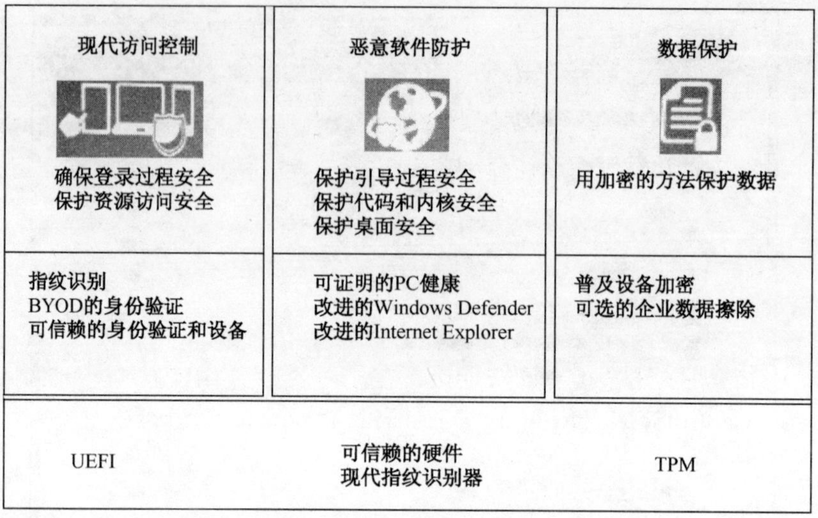

图 3.10　Windows 8 系统安全性

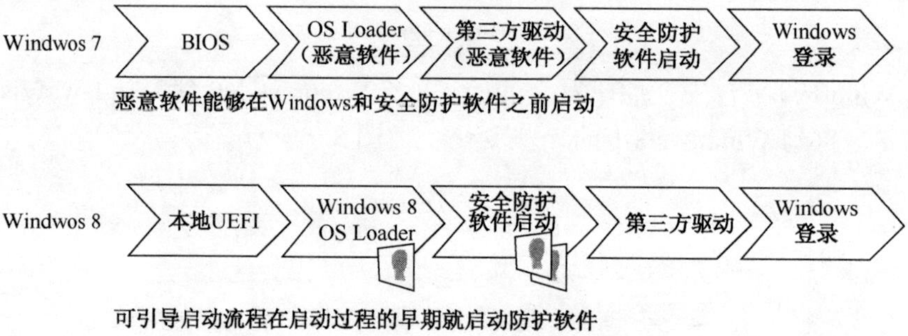

图 3.11　Windows 8 对比 Windows 7

另一方面，TPM（Trusted Platform Module）也极大改进消费类设备和 BYOD 设备的安全性，可以借助新兴的方法应对新兴的安全威胁。目前在 Windows 8 时代，TPM 还是一个可选组件，而在 Windows 8.1 上微软加快了 OEM 的部署，并在 2015 年把 TPM 加入 Windows 认证标准，同时开始推动不同国家和地区的安全认证。

在其他安全性方面，Windows 8.1 还加入了指纹识别设备、BYOD 的身份验证（虚拟智能卡）、设备加密、恶意软件防护等功能。虽然自 Windows 8 推出以来仅仅一年时间，但 Windows 8.1 在安全性方面却有了较大的改进。

3.1.4　Windows 服务器操作系统网络安全管理

1. 系统补丁

当操作系统安装完成后，首先要将目前所有的补丁程序全部安装。将所有最新的补丁完全安装完成后，可以说已经将目前已知的所有漏洞修补了，这样操作系统就不会再受那些常见病毒的影响。在以后的使用过程中，应当经常访问微软官网和一些安全站点下载最新的漏洞补丁进行修补，这样可以保障操作系统的长久安全。

2．禁止建立空连接

在默认情况下，低版本 Windows 服务器操作系统允许任何用户通过空连接连上服务器。这样，黑客对 Windows 服务器操作系统就可以首先通过空连接连接到远端服务器上，将所有的用户名罗列出来，并采取枚举法猜测密码进行攻击。因此，关闭网络服务器的空连接就显得很重要。禁止空连接有两种方法。

方法 1：打开“本地安全设置”程序，找到“安全设置”→“本地策略”→“安全选项”下的“对匿名连接的额外现在”，双击打开后将默认的设置“无。依赖于默认权限”改为“没有显示匿名权限就无法访问”。

方法 2：修改注册表来禁止建立空连接，在注册表中将 HKEY_LOCAL_MACHINE\SYSTEM\CurrentControlSet\Control\Lsa 中 restrictAnonymous 的值改成 1。修改完成后，重启服务器即可生效。

3．网络防火墙

防火墙作为网络安全的一种防护手段，在网络系统中得到了广泛的使用，并对网络的安全起到了一定的保护作用。

3.1.5 Windows 服务器操作系统的入侵检测与恢复

1．安全审核

安全审核是 Windows 服务器操作系统的一项功能，负责监视各种与安全性有关的事件。监视系统事件对于检测入侵者和危及系统数据安全性的尝试是非常必要的。

应该被审核的最普通的事件类型包括：

- 访问对象，例如文件和文件夹。
- 用户和组账户的管理。
- 用户登录和从系统注销时等。

（1）访问文件夹的审核

在 NTFS 分区上选择一个要审核的目录，右击此目录，在弹出的快捷菜单中选择“属性”命令，在打开的对话框中选择“安全”选项卡，单击“高级”按钮，在出现的对话框中选择“审核”选项卡，再单击“添加”按钮，则出现要审核的项目，如图 3.12 所示。这时用户可以按自己的需要进行勾选，然后单击“确定”按钮即可。

审计成功：可以确定用户或服务获得访问指定文件、打印机或其他对象的频率。

审计失败：警告那些可能发生的安全泄露。

（2）审核策略

单击“控制面板”→“管理工具”→“本地安全策略”，打开“本地安全设置”窗口，展开“本地策略”选项，选择“审核策略”，在右侧窗格中的审核设置如图 3.13 所示。

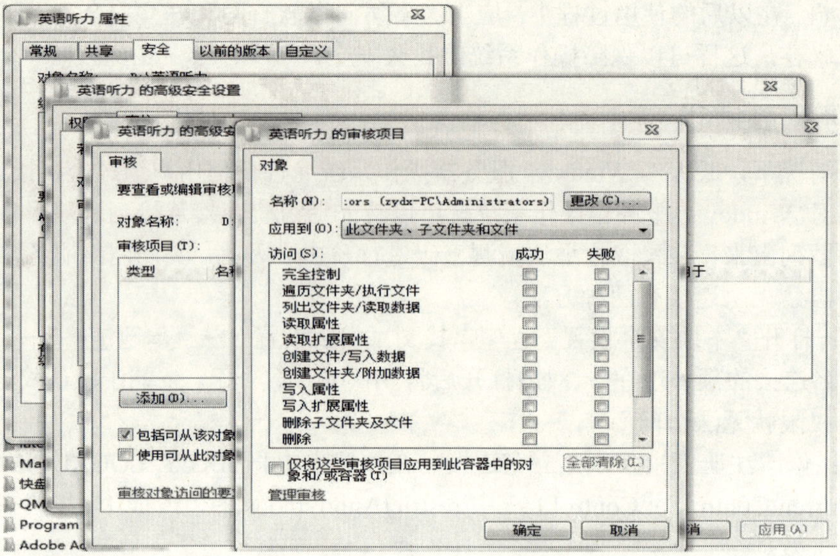

图 3.12　审核的项目

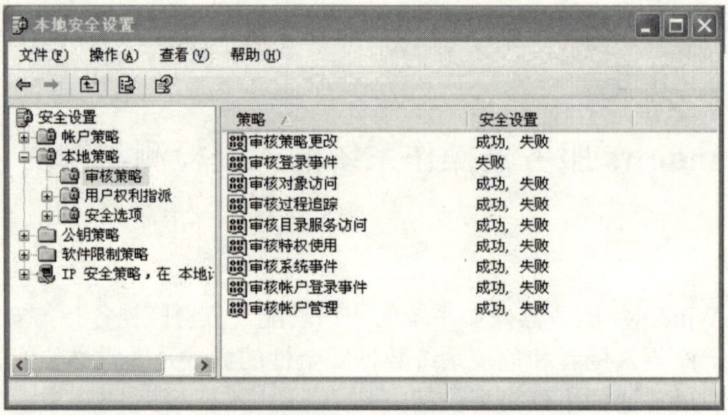

图 3.13　审核策略

推荐审核的事件如下。

- 用户和组的管理：成功，失败。
- 登录和注销：成功，失败。
- 文件及对象访问：失败。
- 更改安全规则：成功，失败。
- 用户权限的使用：失败。
- 系统事件：成功，失败。

（3）安全事件查看并分析

除了上述审核与安全性有关的时间之外，Windows 服务器操作系统还生成安全日志并提供了查看日志中所报告的安全事件的方法。操作方法如下：

打开“事件查看器”窗口，单击“安全性”，在右侧窗格中会把曾经设置的安全审核后发生的事件显示出来，双击某一时间可以查看其详细信息，如图 3.14 所示。

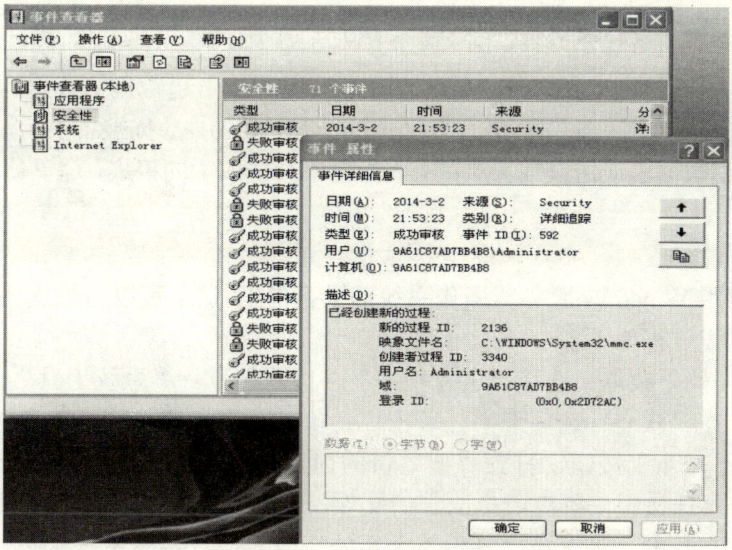

图 3.14　查看事件信息

2．系统日志文件

Windows 服务器操作系统的日志文件通常包括应用程序日志、安全日志、系统日志、DNS 服务器日志、FTP 日志、WWW 日志等，可能会根据服务器所开启的服务有所不同。例如，用 IPC 探测后，会在安全日志里记下探测时所用的用户名、时间等。用 FTP 探测后，会在 FTP 日志中记下 IP、时间、探测所用的用户名和密码等。另外，srv.exe 是由重要的日志 Scheduler 来启动的，记录由 Scheduler 服务启动的所有行为。

（1）日志文件默认位置

应用程序日志、安全日志、系统日志、DNS 服务器日志文件的默认位置为：%systemroot%\system32\config，默认文件大小 512KB。一般，系统管理员会修改这个默认大小。

- 安全日志文件：%systemroot%\system32\config\SecEvent.evt。
- 系统日志文件：%systemroot%\system32\config\SysEvent.evt。
- 应用程序日志文件：%systemroot%\system32\config\AppEvent.evt。
- Internet 信息服务 FTP 日志默认位置：%systemroot%\system32\logfiles\msftpsvcl\，默认每天一个日志。
- Internet 信息服务 WWW 日志默认位置：%systemroot%\system32\logfiles\w3svcl\，默认每天一个日志。
- Scheduler 服务日志文件：%systemroot%\schedlgu.txt。

（2）日志文件在注册表里面的位置

应用程序日志、安全日志、系统日志、DNS 服务器日志文件在注册表中的位置为：

HKEY_LOCAL_MACHINE\system\CurrentControlSet\Services\Eventlog

Scheduler 服务日志文件在注册表中的位置为：

HKEY_LOCAL_MACHINE\SOFTWARE\Microsoft\SchedulingAgent

系统对应的服务日志文件很多，这些日志文件可直接用记事本打开查看。

3．备份与恢复

磁盘驱动器的损害、病毒感染、网络故障等原因可能引起磁盘中数据的丢失和损坏从而造成不必要的损失，因此，备份硬盘上的数据是非常必要的，数据被备份后，在需要时就可以将它们还原。即使数据出现错误或丢失的情况，也不会造成大的损失。这里使用 Windows 2003 为例。

（1）备份文件

备份文件使用 Windows 服务器操作系统的"备份工具"，可以将数据备份到各种各样的存储介质中，操作过程如下。

① 打开"开始"菜单，选择"所有程序"→"附件"→"系统工具"→"备份"命令，打开备份窗口。在"欢迎"选项卡中，单击"备份向导"按钮，打开"备份向导"对话框。

② 单击"下一步"按钮，打开"要备份的内容"对话框。选择"备份选的文件、驱动器或网络数据"单选按钮，备份用户选定的文件、驱动器或网络数据。如果备份整个系统或者只备份系统状态数据，可选择"备份整个系统"或者"只备份系统状态数据"单选按钮。

③ 单击"下一步"按钮，打开"要备份的项目"对话框。在"备份内容"列表框中，通过单击相应的复选框，选择要备份的驱动器、文件或文件夹。

④ 单击"下一步"按钮，打开"备份保存的位置"对话框。在"备份媒体或文件名"文本框中输入希望存储备份资料的媒体标示号和完整的路径，或者通过单击"浏览"按钮，打开"打开"对话框来选择备份媒体和文件名。

⑤ 单击"下一步"按钮，打开"正在完成备份向导"对话框。通过单击"高级"按钮，可以进行一些备份的高级设置。例如，选择要执行的备份操作类型和指定是否要备份迁移到远程存储中的文件内容。

⑥ 单击"完成"按钮，系统将自动对所选定的项目进行备份，最后将显示"备份进度"对话框。可以单击"报表"按钮来查看备份操作的有关信息，最后单击"关闭"按钮即可完成所有备份操作。

（2）还原文件

当用户的计算机出现硬件故障、意外删除或者其他的数据丢失与损害时，可以使用 Windows 服务器操作系统的故障恢复工具还原以前备份的数据，操作过程如下。

① 打开"开始"菜单，选择"程序"→"附件"→"系统工具"→"备份"命令，打开备份窗口。在"欢迎"选项卡中，单击"还原向导"按钮，打开"备份还原"对话框。

② 单击"下一步"按钮，打开"还原项目"对话框。在"还原项目"列表框中，可以单击某项目前的复选框来选择要还原的驱动器、文件或文件夹。单击"导入文件"按钮，可以对以前所备份的文件进行输入。

③ 单击"下一步"按钮，系统将自动进行相关操作并打开"输入备份文件名"对话框。在"从备份文件恢复"文本框中需要输入备份文件的名称，或者通过单击"浏览"按钮来选择备份文件进行输入。

④ 单击"确定"按钮，系统将自动进行还原工作，之后将显示"还原进度"对话框。可以单击"报表"按钮来查看还原操作的有关信息，最后单击"关闭"按钮结束还原操作。

在"备份"对话框中，使用"备份"和"还原"选项卡也可以进行备份和还原工作，方法与“备份向导”和“还原向导”的基本相同。

4. 事故恢复

故障恢复就是在发生故障后恢复计算机，使用户能够登录并访问系统资源。Windows服务器操作系统在遇到此类事件时，会报告一个“停止”错误消息，并提示必要的信息，可利用这些信息确定并识别问题所在。Windows服务器操作系统提供以下选项可帮助识别计算机故障并进行恢复。

① 安全模式

用户可以使用安全模式启动选项来启动计算机，在该模式下只启动最少的必要的服务。安全模式选项包括最后一次的正确配置，如果新安装的设备驱动程序在启动系统时出现问题，则该选项尤其重要。

② 故障恢复控制台

如果安全模式不起作用，可以考虑使用故障恢复控制台选项。要使用“恢复控制台”，需要以Administrator账户登录。该控制台提供了可用于执行简单操作的命令（例如，可以转到不同的目录中或查看目录）和功能更强大的操作命令（如修复启动扇区）。通过在“恢复控制台”的命令提示符下输入help，可以获得这些命令的帮助信息。使用“恢复控制台”可以启动和停止服务，在本地驱动器中读、写数据，从光盘中复制数据，修复启动扇区或主引导记录，并执行其他管理任务。如果需要从光盘中复制文件来修复系统，或需要重新配置使计算机无法正常启动的服务，则“恢复控制台”特别有用。

③ 紧急修复盘

如果安全模式和故障恢复控制台不起作用，而且事先已做了适当的高级准备，则可以试着用紧急修复盘来修复系统。紧急修复盘可以帮助修复内核系统文件。

3.1.6 Windows 10安全预览

据2014年12月4日消息，微软已经在Windows 10的安全和身份认证机制上做出了重大改进。微软正在创建用户身份识别系统，并打算以此系统开启设备、应用以及定制的网站，它能够很好地提升系统抵御威胁的能力。这项机制在概念上是内置于操作系统中的智能卡或者令牌系统，也可以应用在外围硬件设备的安全防护功能中。

Windows 10可以提供更为强大的文件级别的数据保护。不管用户的文件“走”到哪里，保护将伴随始终。这种保护不会随着文件存储地点的改变而改变，不管这个文件存储在平板电脑、PC、U盘、电子邮件还是网盘中，受保护的级别始终不变。这项保护机制的优越性在于其简单易用，安全强大。用户不必为此项功能而下载特殊应用或者做其他的特别操作，因为这种安全机制对于指定用户的操作与一般文件没有区别。

Windows Phone安全项目负责人Chris Hallum的访问中，提到Windows令牌容器概念，它将存在于多种设备之中，用户自身的各种 Windows 设备将会被容器识别，让用户方便使用这些文件。但是来自于活动目录的安全令牌和 LSA 认证服务将会在其他设备中发挥保护作用，它们将在微软称为虚拟安全模式（Virtual Secure Mode，VSM）的Hyper-V虚拟化技术基础上运行。

Chris Hallum表示，“我们已经把受保护的应用商店里的应用令牌植入到一个容器之中，这些令牌本身容易受到恶意软件威胁或者只有高级特权的应用才拥有，但是，就算是系统内核也无法从容器中访问这些令牌的信息。”

这个容器就是刚才提到的虚拟安全模式（VSM），“VSM 本质上就是一个微型的操作系统，我们可以把它想象成一个 Windows 核心的操作系统，它只需要 1GB 内存就足以运行 LSA 服务来进行所有的认证工作”。这个机制不会影响用户的 PC 性能。但用户需要在计算机中安装 Windows 10，并且 CPU 支持虚拟化技术。这意味着尽管用户受到 Windows 内核 rootkit 或者 bootkit 的威胁，用户的令牌仍然是安全的。

3.2 UNIX 安全

3.2.1 UNIX 系统概述

1. UNIX 发展史

UNIX 最早由 Ken Thompson、Dennis Ritchie 和 Douglas McIlroy 于 1969 年在 AT&T 的贝尔实验室开发。经过长期的发展和完善，目前已成长为一种主流的操作系统技术和基于这种技术的产品大家族。UNIX 具有技术成熟、结构简练、可靠性高、可移植性好、可操作性强、网络和数据库功能强、伸缩性突出和开放性好等特色，可满足各行各业的实际需要，特别能满足企业重要业务的需要，已经成为主要的工作站平台和重要的企业操作平台。它主要安装在巨型计算机、大型机上作为网络操作系统使用，也可用于个人计算机和嵌入式系统。它曾经是服务器操作系统的首选，占据最大市场份额，但最近在跟 Windows Server 以及 Linux 的竞争中有所失利。其发展史如图 3.15 所示。

	UNIX 操作系统的历史
20世纪60年代末期	AT&T开发MULTICS
1969年	AT&T 贝尔实验室开始开发UNIX
20世纪70年代初	AT&T开发的UNIX系统
20世纪70年代中期	Berkeley大学等开始研究和发展UNIX系统
20世纪80年代初	商业界对UNIX系统开始感兴趣，DARPA对BSD开始感兴趣
20世纪80年代末	开放性软件基金会（OSF）创建开发标准
20世纪90年代初	POSIX交互性用户界面标准建立

图 3.15　UNIX 发展史

2. UNIX 系统的特点

多用户（Multi-users）：UNIX 是一个多用户操作系统，它允许多个用户同时使用。

多任务（Multi-tasking）：UNIX 是一个多任务操作系统，在它内部允许有多个任务同时运行。

可移植性好：UNIX 几乎全部是用可移植性很好的 C 语言编写的，其内核极小，模块结构化，各模块可以单独编译。而硬件的发展是极为迅速的，迫使依赖于硬件的基础软件特别是操作系统不断地进行相应的更新。所以，一旦硬件环境发生变化，只要对内核中有关的模块做修改，编译后与其他模块装配在一起，即可构成一个新的内核，而内核上层完全可以不动。

可靠性强（稳定性好）：经过十几年的考验，UNIX 系统成为一个成熟而且比较可靠的系统。在应用软件出错的情况下，虽然性能会有所下降，但工作仍能可靠进行。

并行处理能力：UNIX 支持多处理器系统，允许多个处理器协调并行运行。

安全保护机制：UNIX 提供了非常强大的安全保护机制，防止系统及其数据未经许可而被非法访问。

开放式系统：即 UNIX 具有统一的用户界面，使得 UNIX 用户的应用程序可在不同环境下运行。此外，其核心程序和系统的支持软件大多用 C 语言编写。

用户界面：它向用户提供了两种友好的用户界面。① 程序级的界面，即系统调用，使用户能充分利用 UNIX 系统的功能，它是程序员的编程接口，编程人员可以直接使用这些标准的实用子程序。例如，对有关设备管理的系统调用 read、write，便可对指定设备进行读/写，而 open 和 close 就可打开和关闭指定的设备，对文件系统的调用除 read、write、close、open 外，还有创建（create），删除（unlink）、执行（execl）、控制（fncte）、加锁（flock）、文件状态获取（stat）和安装文件（mount）等。② 操作级的界面，即命令，它直接面向普通的最终用户，为用户提供交互式功能。程序员可用编程的高级语言直接调用它们，大大减少编程难度和设计时间。可以说，UNIX 在这一方面，同时满足了两类用户的需求。

具有可装卸的树状分层结构文件系统：该文件系统具有使用方便、检索简单等特点。

将所有外部设备都当作文件看待，分别赋予它们对应的文件名，用户可以像使用文件那样使用任意设备，而不必了解该设备的内部特性，这既简化了系统设计又方便了用户的使用。

3. UNIX 系统组成

UNIX 系统由三大部分组成，如图 3.16 所示。

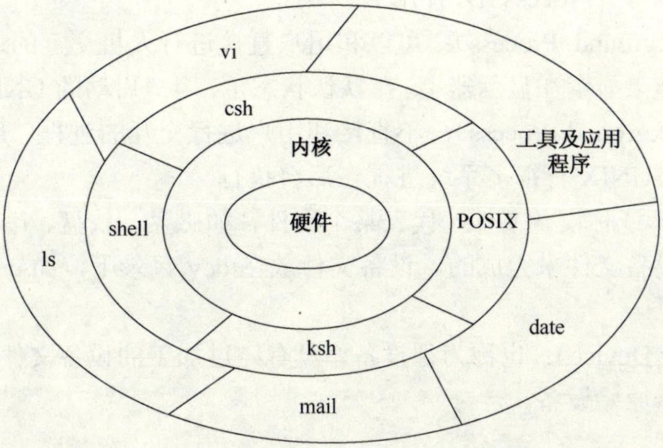

图 3.16　UNIX 系统组成

UNIX 内核（UNIX kernel）：是 UNIX 操作系统的核心，指挥调度 UNIX 机器的运行，直接控制计算机的资源，保护用户程序不受错综复杂的硬件细节的影响。

UNIX 外壳（UNIX shell）：是一个 UNIX 的特殊程序。shell 可以看成是一个命令解释器，在命令提示符下输入命令，发出后会被执行。使用者通过 shell 与计算机通信。shell 接收用户通过键盘输入的内容，并把这些内容翻译成内核可以理解的形式，然后系统执行这个命令。

工具及应用程序：UNIX 提供了很多工具软件和应用程序供用户使用，如文本编辑器 vi、文件查找、备份等。

4．UNIX 中的术语

终端（Terminal）：终端是用户和计算机进行实时交互的接口设备。终端一般由显示器、键盘和终端控制器组成，有的还带有鼠标。显示器和键盘与终端控制器相连，终端控制器通过通用端口（如串口）和计算机主机相连。用户通过终端和计算机交流。一台 UNIX 主机可以连多个终端。终端分为两类：字符终端和图形终端。

仿真终端（Virtual Terminal）：在某台计算机中运行某个特定程序，把计算机当作另一台计算机的终端使用。目前，仿真终端与 UNIX 主机的连接方式主要有网络连接和串口连接。

控制台（Console）：这是一种特殊的终端，由显示器、键盘和鼠标组成，分别连到主机的专用接口（监视器接口、键盘接口、鼠标接口）上。一般一台主机只能接一台控制台，控制台可以完成普通终端不能完成的工作：非常重要的信息（如严重的错误信息）只能在控制台上显示，有些特殊的任务（如执行修复工作）也只能在控制台上完成。除了实现以上特殊功能外，控制台还可以像其他终端那样工作。

用户（User）：UNIX 是多用户操作系统，它允许多个用户同时使用。每个用户拥有用户名、登录口令以及操作特权。用户每次使用 UNIX 时必须先登录，输入用户名和口令。用户的命令提示符在不同的 shell 下不同，一般用户的提示符一般为“%”，超级用户 root 的提示符一般为“#”。

用户组（Group）：若干个用户可以组成一组，同组内的用户可以共享信息。root 用户：UNIX 的超级用户，拥有其他用户没有的特权。root 用户的 UNIX 操作系统提示符一般为“#”。

进程（Process）：正在执行的程序。UNIX 允许多个进程同时存在，每个进程都有唯一代号，称为进程标识符（Process ID，PID）。

前台进程（Foreground Process）：可以和用户直接进行人机交互的进程。前台进程可以接收键盘输入并将结果显示在显示器上。在默认状态下，用户启动的 UNIX 程序运行在前台。

后台进程（Background Process）：不直接和用户进行交互的进程。用户一般感觉不到后台进程程序的运行。UNIX 有很多系统进程在后台执行。

设备（Device）：或称设备文件，代表某个硬件，如磁盘、软盘、串口。UNIX 对硬件的存取操作都是通过设备文件来完成的。设备文件放在/dev 目录下，如/dev/dsk/c0t0d0 表示一个硬盘驱动器。

原始设备（Raw Device）：也称为裸设备，没有经过加工的设备文件，如/dev/rdsk/c0t0d0 表示一个硬盘驱动器原始设备。

3.2.2 UNIX 系统的账号管理及维护

系统管理员用户对普通用户进行权限管理，内容如下。

1. 建立用户账户

（1）管理员用户（超级用户）具备创建普通用户的权限。

（2）新增普通用户可登录到系统中，执行如下两类操作。

- 对自身用户目录全权限管理，对其他目录受限制管理。
- 属于自身用户权限的系统操作。

（3）针对每个新创建的用户，系统都需要为其做以下三件事。

① 为用户创建主目录（home 目录）/usr/username。

② 设置用户信息的配置文件。

- 在/etc/passwd 文件中添加一行信息作为新用户的注册信息，这条信息是用户登录必须信息。信息中每项内容称作一个域。
- 所有的域用“:”隔开，例如：“用户名:密码:用户 ID:组 ID:注释:home 目录:shell”。
- 在/etc/group 文件中添加一行新信息。
- 内容为 4 个域：“组名:密码（空）:组 ID:组员列表”。其中，组 ID 是与/etc/passwd 文件中用户登录信息对应的条目。

③ 对普通用户实现口令约束。

用户账户建立方法有三种。

<方法 1> 使用账户管理窗口：# scoadmin→Account Manager→Users→Add New User，随后在窗口中输入以下信息：注册名（Login 选项）、用户 ID（可用系统提供的 ID 号）、注释、Password（选择 Set password now，然后输入密码并确认，若选择 Set password later，则用户建立之后并不能使用，必须再到 Account Manager->Users->Change Password 中重设密码）、选择 shell（可用系统默认 sh，或给定所用 shell 路径，或所需执行命令路径）、Networked Via、用户主目录、用户组、长用户名。

<方法 2> 直接在行界面下操作，实现新用户的创建：

- 创建用户目录；
- 编辑用户配置文件信息；
- 由超级用户对新建用户进行口令约束。

强制新用户在下一次登录时修改其密码：

```
# passwd -f username
```

<方法 3> 直接在命令行中使用添加新用户命令 useradd：

```
# useradd
# useradd -m -s /bin/csh lijing
# useradd -m -g others -G group1 group2 lijing
```

其中，-m 选项可以建立用户目录，若其后无自定义项，则表示使用系统默认 home 目录。另外，命令中许多选项都可使用默认值。

通过上述步骤，用户即被创建为普通用户。可以直接登录新用户，可通过$ /usr/bin/id

命令检查用户 ID、组 ID 和组号。

2．增加新用户组

<方法 1> 使用账户管理窗口：# scoadmin→Account Manager→Groups→Add New Group，随后在窗口中输入以下信息：组名、组 ID（可用系统提供的 ID 号）、Networked Via 和组中用户。

<方法 2> 直接在命令行中使用添加新组命令 groupadd：

```
# groupadd [-g gid [-o]] groupname
```

其中，-o 选项表示可以创建许多个 ID。

3．修改用户账户与用户组

<方法 1> 使用账户管理窗口：# scoadmin→Account Manager，然后进行修改和删除。

<方法 2> 在命令行中使用 userdel 命令删除用户，语法格式为：

```
userdel -r 用户名
```

将删除用户账号，同时也删除用户的 home 目录。

4．设置与修改用户口令

<方法 1> 使用账户管理窗口：# scoadmin→Account Manager→Users，选中用户后返回 Users，选择 Change Password，然后进行相应设置。

<方法 2> 在命令行中直接修改口令：

```
$ passwd
```

5．口令约束

（1）用户自身约束

使用账户管理窗口：# scoadmin→Account Manager→Users，选中用户后返回 Users，选择 Password Restrictions→Selection，然后进行相应设置，包括：注册是否需要口令、用户能否自主选择口令、是否可以选设置简单口令、是否可以让系统自动为用户生成口令、口令最大长度（默认为 8）。也可在命令行中使用 password 命令并选项实现口令修改限定等操作。

（2）管理员对普通用户的约束

使用账户管理窗口：# scoadmin→Account Manager→Users，选中用户后返回 Users，选择 Password Restrictions→Expiration，然后进行相应设置，包括：口令允许重复设置的期限、口令的合法期限、口令生存期（过期即被封锁用户）。

也可以在命令行中进行用户口令约束，口令期限设置语法格式为：

```
# passwd -f -n min -x max 用户名
```

例如：

```
# passwd -n 7 -x 31 usertest
```

强制用户 usertest 在下一次登录时修改其密码：

```
# passwd -f usertest
```

6．设置用户注册限制

① 设置可重复注册次数，若超过限定值则系统封锁用户。

② 封锁用户的另外两条理由（如前所述）：口令到期、管理员封锁用户。

③ 设置注册限制的方法如下。

使用账户管理窗口：# scoadmin→Account Manager→Users，选中用户后返回 Users，选择 Login Controls，然后进行相应设置行命令 password 实现。

7. 制定子系统授权

允许被授权用户运行某些系统程序、访问某些文件与使用某些设备，这些内容被划分为若干子系统。其中授权主要包括：基本授权，分担一部分超级用户的权利，这些权利被划分为若干子系统；辅助授权，对资源的受限制访问。

用户被授予某些基本授权，就会有相应的辅助权，方法如下。

使用账户管理窗口：# scoadmin→Account Manager→Users，选中用户后返回 Users，选择 Authorizations，然后进行相应设置。超级用户可在命令行中调用系统命令实现设置。

8. 修改系统特权

用户被授权执行的特殊操作系统管理进行修改，允许用户执行某些特定操作（例如允许普通用户执行 chown 等），方法如下。

使用账户管理窗口：# scoadmin→Account Manager→Users，选中用户后返回 Users，选择 Privileges，然后进行相应设置。超级用户克在命令行中调用系统命令实现设置。

9. 修改系统默认值

通常，为满足用户要求，需要修改系统默认值。例如，可更改用户及组 ID 最小值，用户主目录基路径、用户的默认注册组等，方法如下。

使用账户管理窗口：# scoadmin→Account Manager→Users，选中用户，之后返回菜单首行选择 Options→User Defaults，然后进行相应设置。超级用户可在命令行中调用系统命令实现设置。

3.2.3 UNIX 系统的文件权限管理

在 UNIX 下除了一般存储数据、可执行命令和目录的文件外，它还将计算机设备当作文件来处理。对于系统中的任意文件，任何一个用户可能对该文件拥有三种基本访问方式：① 读权限（r），表示用户可以读取该文件的内容；② 写权限（w），表示用户可以对该文件进行编辑或删除；③ 执行权限（x），表示用户可以执行该文件。其中，执行权限只能为可执行文件设置。

系统中的任意用户和文件的关系可分为三类（其中 root 用户例外，root 用户可以对文件进行任何操作）：文件属主，表示创建该文件的用户；组用户，表示和文件属主同组中的任何用户；不在前两种情况的用户统称为其他用户。其关系可用图 3.17 表示。

图 3.17 中，王大毛家有三个人，王大毛、王二毛和王三毛。若文件为王大毛所创建，则王大毛为文件属主，王二毛和王三毛为文件的组用户。对于王大毛的文件来说，张小猪为其他用户。

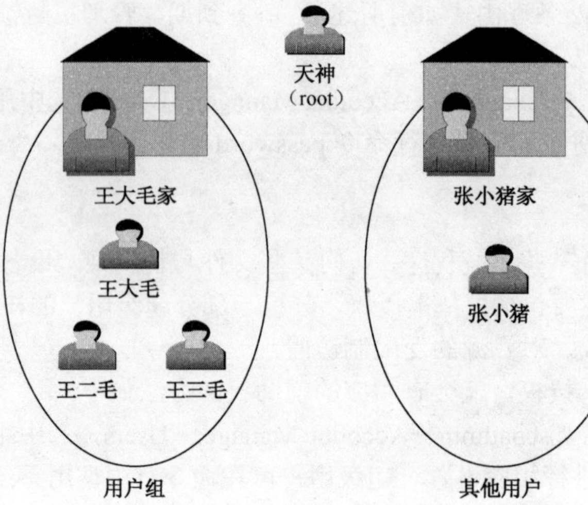

图 3.17　每个文件的属主、组用户及其他用户

将三种用户和三种访问权限相结合，对任何一个文件，其访问权限的一般表示如图 3.18 所示。

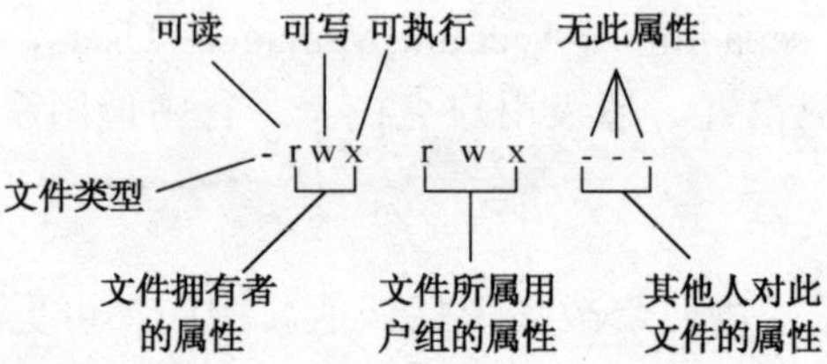

图 3.18　用户、组用户及其他用户对文件的权限

对于图 3.18 中的 r、w 和 x 属性可分别用数字 4、2 和 1 表示。任何一个文件有 9 种属性，三个为一组，将每组的属性值进行相加，则图中的文件属性用数字形式表示为 770。文件权限的数字绝对模式与符号模式参见表 3.2。

表 3.2　文件权限绝对模式与符号模式对照表

绝 对 模 式	符 号 模 式
777	rwx rwx rwx
755	rwx r-x r-x
750	rwx r-x ---
700	rwx --- ---
666	rw- rw- rw-
644	rw- r- rw-
640	rw- r-- ---
600	rw- --- ---
444	r-- r-- r--
400	r-- --- ---

文件在创建之后其所有权及属性并不是固定不变的，可以进行更改。

① 更改文件所有权：在 UNIX 系统中，每个文件的权限都可以通过使用 chown 和 chgrp 命令，分别更改用户的所有者和组所有者。非 root 用户要使用 chgrp 和 chown 命令更改文件的所有者，那么该用户必须是该文件的所有者，同时还必须是新组的成员。例如：

```
#chown userid filenames          #更改文件所有者
#chgrp groupid filenames         #更改文件组拥有者
#chgrp -R groupid filedirs       #更改文件目录组拥有者
#chown -R userid filedirs        #更改文件目录即目录项下所有文件的所有者
```

#chown userid:groupid filenames　　　　#更改文件的所有者和组拥有者

#chown -R userid:groupid filedirs　　　　#更改文件目录的所有者和组拥有者

② 更改文件的属性：用户所具备的条件与更改文件所有权相同，用 chmod 命令。例如：

#chmod 777 test　　　　#将文件的所有属性都打开

3.2.4　UNIX 系统的安全特征及安全模型

1. UNIX 系统的安全特征

（1）访问控制

系统通过访问控制表 ACL 使得用户可以自行改变文件的安全级别和访问权限。例如：

-rwxr-xr-- 1 john test 4 月 9 日 17:50 cm

上面的例子表示，文件 cm 对于用户 john 来说可读、可写、可执行，而对 test 这个组的其他用户只有读和执行的权限，对除此以外的所有用户只有读的权限。系统管理员可用 umask 命令为每个用户设置默认的权限值，用户可用 chmod 命令来修改自己拥有的文件或目录的权限。

（2）对象的可用性

当一个对象不再使用时，在它回到自由对象之前，TCB（Trusted Computing Base）将会清除它，以备下次需要时使用。

（3）个人身份标识与认证

其目的是确定用户的真实身份，在用户登录时它采用扩展的 DES 算法对输入的口令进行加密，然后把口令的密文与存放在/etc/password 中的数据进行比较，如果二者的值完全相同则允许用户登录到系统中，否则禁止用户的登录。

（4）审计记录

UNIX 系统能够对很多事件进行记录，例如，文件的创建和修改以及系统管理的所有操作和其他有关的安全事件（登录失败，以 root 身份进行登录的情况）。通过这些记录，系统管理员可以对安全问题进行跟踪。

（5）操作的可靠性

操作的可靠性是指 UNIX 系统用于保证系统的完整性的能力。UNIX 系统通过对用户的分级管理，通过对运行级别的划分，以及前面提到的访问控制加上一些自带的工具，能够很好地保证系统操作的可靠性。

2. UNIX 系统安全模型

UNIX 系统的安全模型如图 3.19 所示。

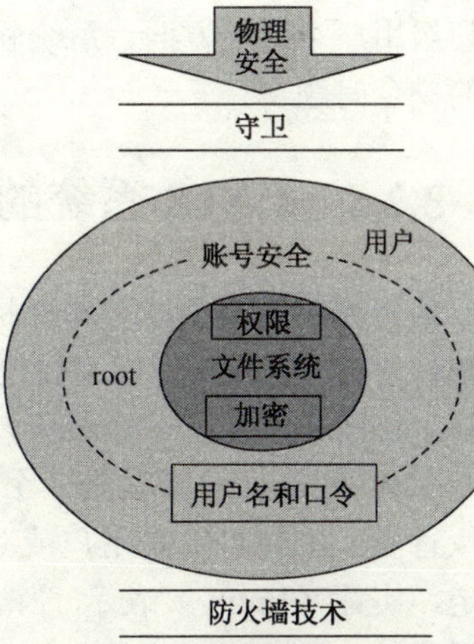

图 3.19　UNIX 系统安全模型

UNIX 系统安全模型中最内层是文件系统安全，甚至在账号被突破的情况下也能保护用户信息。UNIX 权限机制在这里很重要。如果一个攻击者进入了一个账号，但关键文件仍然被权限保护着，而该账号只被授予了有限的操作权限，攻击者仍然不能对文件进行攻击。文件安全的另一个重要方面是加密，如果重要文件被加密，即使入侵者进入系统突破系统权限，入侵者仍然不能使用加密数据。

模型最外层的边界是网络安全，维护通信安全并保证只有被授权的用户才能访问系统，其中，防火墙是公认的边界防御。

尽管UNIX系统有比较完整的安全体系结构，但它仍然存在很多不安全的因素，主要表现在以下几个方面。

（1）特权软件的安全漏洞

程序员在编写特权代码或suid代码时，如果没能确保用户对程序执行环境的完全控制，或者对所有返回的错误状态没能给予适当的处理，则可能导致入侵者控制程序的运行环境，使得用户的程序出现不可预期的结果，从而威胁系统的安全。

（2）研究源代码的漏洞

一些程序本身存在着安全漏洞（如缓冲区溢出），入侵者往往通过这些漏洞来对系统进行攻击。

（3）特洛伊木马

特洛伊木马与用户一般要执行的程序从表面上（如文件名等）看很相似，实际上却完成其他的操作，如删除文件、窃取密码和格式化磁盘等，到用户发现时，为时已晚。

（4）网络监听及数据截取

计算机安全面临的另一个重要威胁是，计算机之间传输的数据可以很容易地被截取。由于异种机的互连，敏感数据传输处于系统的控制之外，有许多现成的软件可以监视网络上传输的数据。

（5）软件之间相互作用和设置

由于大型系统软件通常由很多人共同协作完成，因此无法准确预测系统内每个部分之间的相互作用。例如，/bin/login，它可接收其他一些程序的非法参数，从而可能使普通用户成为超级用户。另一方面，系统软件配置的复杂性，以至简单的配置错误，都可能导致不易觉察的安全问题。

3.2.5 UNIX系统的访问控制

访问控制是安全防范和保护的主要核心策略，它的主要任务是保证系统资源不被非法使用和访问。访问控制是指主体依据某些控制策略或权限对客体本身或其资源进行的不同授权访问。访问控制包括三个要素，即：主体、客体和访问控制策略。

主体（Subject）：是指一个提出请求或要求的实体，是动作的发起者，但不一定是动作的执行者。主体可以是用户或其他任何代理用户行为的实体（如进程、作业和程序）。这里规定，实体（Entity）表示一个计算机资源（物理设备、数据文件、内存或进程）或一个合法用户。

客体（Object）：是接受其他实体访问的被动实体。客体的概念也很广泛，凡是可以被操作的信息、资源、对象都可以被认为是客体。在信息社会中，客体可以是信息、文件、记录等的集合体，也可以是网络上的硬件设施、无线通信中的终端，甚至一个客体可以包含另外一个客体。

访问控制策略：是主体对客体的操作行为集和约束条件集。简单讲，访问控制策略是主体对客体的访问规则集，这个规则集直接定义了主体对客体的作用行为和客体对主体的条件约束。访问控制策略体现了一种授权行为，也就是客体对主体的权限允许，这种允许不超越规则集，由其给出。通常，访问控制策略可以划分为自主访问控制、强制访问控制和基于角色的访问控制三种。

1. 自主访问控制（Discretionary Access Control，DAC）

自主访问控制是根据自主访问控制策略建立的一种模型，允许合法用户以用户或用户组的身份访问策略规定的客体，同时阻止非授权用户访问客体，某些用户还可以自主地把自己所拥有的客体的访问权限授予其他用户。自主访问控制又称为任意访问控制。Linux、UNIX、Windows NT 或 Server 版本的操作系统都提供自主访问控制的功能。在实现上，首先要对用户的身份进行鉴别，然后就可以按照访问控制列表所赋予用户的权限允许和限制用户使用客体的资源。主体控制权限的修改通常由特权用户或特权用户（管理员）组实现。

自由访问控制对用户提供的这种灵活的数据访问方式，使得其广泛应用在商业和工业环境中。由于用户可以任意传递权限，因此，没有访问文件 File1 权限的用户 A 就能够从有访问权限的用户 B 那里得到访问权限或是直接获得文件 File1。由此可见，DAC 模型提供的安全防护还是相对比较低的，不能给系统提供充分的数据保护。

DAC 模型的特点是授权的实施主体（包括：可以授权的主体、管理授权的客体或授权组）自主负责赋予和回收其他主体对客体资源的访问权限。DAC 模型一般采用访问控制矩阵和访问控制列表来存放不同主体的访问控制信息，从而达到对主体访问权限的限制目的。

2. 强制访问控制（Mandatory Access Control，MAC）

最开始为了实现比 DAC 更为严格的访问控制策略，美国政府和军方开发了各种各样的控制模型，这些方案或模型都有比较完善的和详尽的定义。随后，逐渐形成强制访问控制模型，并得到广泛的商业关注和应用。在 DAC 模型中，用户和客体资源都被赋予一定的安全级别，用户不能改变自身和客体的安全级别，只有管理员才能够确定用户和组的访问权限。和 DAC 模型不同的是，MAC 是一种多级访问控制策略。它的主要特点是：系统对访问主体和受控对象实行强制访问控制，系统事先给访问主体和受控对象分配不同的安全级别属性，在实施访问控制时，系统先对访问主体和受控对象的安全级别属性进行比较，再决定访问主体能否访问该受控对象。MAC 对访问主体和受控对象给予两个安全标记：一个是具有偏序关系的安全等级标记；另一个是非等级分类标记。安全等级的层次分为 5 个等级（TS，S，C，R，U）。当主体和客体在分属不同的安全类别时，都属于一个固定的安全类别 SC，SC 就构成一个偏序关系（例如 TS 表示绝密级，就比密级 S 要高）。当主体 s 的安全类别为 TS，而客体 o 的安全类别为 S 时，用偏序关系可以表述为 SC(s)≥SC(o)。考虑到偏序关系，主体对客体的访问主要有以下 4 种方式。

① 向下读（rd，read down）：当主体安全级别高于客体信息资源的安全级别时允许的读操作。

② 向上读（ru，read up）：当主体安全级别低于客体信息资源的安全级别时允许的读操作。

③ 向下写（wd，write down）：当主体安全级别高于客体信息资源的安全级别时允许执

行的动作或写操作。

④ 向上写（wu，write up）：当主体安全级别低于客体信息资源的安全级别时允许执行的动作或写操作。

由于 MAC 通过分级的安全标签实现了信息的单向流通，因此它一直被军方采用，其中最著名的是 Bell-LaPadula 模型和 Biba 模型：Bell-LaPadula 模型具有只允许向下读、向上写的特点，可以有效地防止机密信息向下级泄露；Biba 模型则具有不允许向下读、向上写的特点，可以有效地保护数据的完整性。

下面简单介绍 MAC 模型中的几种主要模型：Lattice 模型（Lattice Model）、Bell-LaPadula 模型（BLP Model）和 Biba 模型（Biba Model）。

（1）Lattice 模型

在 Lattice 模型中，每个资源和用户都服从于一个安全类别。这些安全类别称为安全级别，包括 5 个安全级别：TS，S，C，R，U。在整个安全模型中，信息资源对应一个安全类别，用户所对应的安全级别必须比可以使用的客体资源高，才能进行访问。Lattice 模型是实现安全分级的系统，这种方案非常适用于需要对信息资源进行明显分类的系统。

（2）Bell-LaPadula 模型

Bell-LaPadula（BLP）模型是典型的信息保密性多级安全模型，主要应用于军事系统。BLP 模型通常是处理多级安全信息系统的设计基础，客体在处理绝密级数据和秘密级数据时，要防止处理绝密级数据的程序把信息泄露给处理秘密级数据的程序。BLP 模型的出发点是维护系统的保密性，有效地防止信息泄露，这与后面讲的维护信息系统数据完整性的 Biba 模型正好相反。

Lattice 模型没有考虑特洛伊木马等不安全因素的潜在威胁，这样，低级安全用户有可能复制比较敏感的信息。在军方术语中，特洛伊木马的最大作用是降低整个系统的安全级别。考虑到这种攻击行为，Bell 和 LaPadula 设计了一种模型抵抗这种攻击，称为 BLP 模型。BLP 模型可以有效防止低级用户和进程访问安全级别比他们高的信息资源。此外，安全级别高的用户和进程也不能向比他安全级别低的用户和进程写入数据。上述 BLP 模型建立的访问控制原则可以用以下两点简单表示：① 无上读；② 无下写。

BLP 模型的安全策略包括强制访问控制和自主访问控制两部分。强制访问控制中的安全特性要求：对给定安全级别的主体，仅被允许对同一安全级别和较低安全级别上的客体进行“读”；对给定安全级别上的主体，仅被允许向相同安全级别或较高安全级别上的客体进行“写”。任意访问控制允许用户自行定义是否让个人或组织存取数据。BLP 模型用偏序关系可以表示为：① rd，当且仅当 $SC(s) \geqslant SC(o)$，允许读操作；② wu，当且仅当 $SC(s) \leqslant SC(o)$，允许写操作。BLP 模型“只能从下读、向上写”的规则忽略了完整性的重要安全指标，使非法、越权篡改成为可能。

BLP 模型为通用的计算机系统定义了安全性属性，即以一组规则表示什么是一个安全的系统，尽管这种基于规则的模型比较容易实现，但是它不能更一般地以语义的形式阐明安全性的含义，因此，这种模型不能解释主体-客体框架以外的安全性问题。例如，在远程读的情况下，一个高安全级主体向一个低安全级客体发出远程读请求，这种分布式读请求可以看作从高安全级向低安全级的一个消息传递，也就是“向下写”。另一个例子是如何处理可信主体的问题，可信主体可以是管理员或提供关键服务的进程，例如，设备驱动程序和存储管理功能模块，这些可信主体若违背 BLP 模型的规则，就不能正常执行它们的任务，而 BLP 模型对这些可信主体可能引起的泄露危机没有任何处理和避免的方法。

（3）Biba 模型

Biba 在研究 BLP 模型的特性时发现，BLP 模型只解决了信息的保密问题，其在完整性定义存在方面有一定缺陷。BLP 模型没有采取有效的措施来制约对信息的非授权修改，因此使非法、越权篡改成为可能。考虑到上述因素，Biba 模型模仿 BLP 模型的信息保密性级别，定义了信息完整性级别，在信息流向的定义方面不允许从级别低的进程到级别高的进程，也就是说，用户只能向比自己安全级别低的客体写入信息，从而防止非法用户创建安全级别高的客体信息，避免越权、篡改等行为的产生。Biba 模型可同时针对有层次的安全级别和无层次的安全种类。

Biba 模型的两个主要特征如下。

① 禁止向上“写”，这样使得完整性级别高的文件一定是由完整性级别更高的进程所产生的，从而保证了完整性级别高的文件不会被完整性低的文件或完整性低的进程中的信息所覆盖。

② 没有向下“读”。Biba 模型用偏序关系可以表示为：

- ru，当且仅当 SC(s)≤SC(o)，允许读操作；
- wd，当且仅当 SC(s)≥SC(o)，允许写操作。

Biba 模型是和 BLP 模型相对立的模型，Biba 模型改正了被 BLP 模型所忽略的信息完整性问题，但在一定程度上却忽视了保密性。

MAC 模型和 DAC 模型属于传统的访问控制模型，对这两种模型研究的也比较充分。在实现上，MAC 和 DAC 通常为每个用户赋予对客体的访问权限规则集。另外，考虑到管理的方便，在这一过程中还经常将具有相同职能的用户聚为组，然后再为每个组分配许可权。用户自主地把自己所拥有的客体的访问权限授予其他用户的这种做法，其优点是显而易见的，但是当企业的组织结构或系统的安全需求处于变化的过程中时，就需要进行大量烦琐的授权变动，系统管理员的工作将变得非常繁重，更主要的是容易发生错误，造成一些意想不到的安全漏洞。

考虑到上述因素，需要引入新的机制加以解决。首先要介绍一些概念。角色（Role）是指一个可以完成一定事务的命名组，不同的角色通过不同的事务来执行各自的功能。事务（Transaction）是指一个完成一定功能的过程，可以是一个程序或程序的一部分。角色是代表具有某种能力的人或某些属性的人的一类抽象，角色和组的主要区别在于：用户属于组是相对固定的，而用户能被指派到哪些角色则受时间、地点、事件等诸多因素影响。角色比组的抽象级别要高，角色和组的关系可以这样考虑，作为饰演的角色，“我”是一名学生，“我”只能享有学生的权限（区别于教师），但是“我”又处于某个班级中，就同时享有本“组”组员的权限。

3. 基于角色的访问控制（Role-Based Access，简写为 RBAC）

RBAC 模型的基本思想是，将访问许可权分配给一定的角色，用户通过饰演不同的角色获得角色所拥有的访问许可权。在很多实际应用中，用户并不是可以访问的客体信息资源的所有者（这些信息属于企业或公司），这样的话，访问控制应该基于员工的职务而不是基于员工在哪个组或是谁信息的所有者，即访问控制是由各个用户在部门中所担任的角色来确定的，例如，一个学校可以有教工、教师、学生和其他管理人员等角色。

RBAC 从控制主体的角度出发，根据管理中相对稳定的职权和责任来划分角色，将访问权限与角色相联系，这点与传统的 MAC 和 DAC 将权限直接授予用户的方式不同；通过给用户分配合适的角色，让用户与访问权限相联系。角色成为访问控制中访问主体和受控对象之间的一座桥梁。

角色可以看作一组操作的集合，不同的角色具有不同的操作集，这些操作集由系统管理员分配给角色。在下面的实例中，假设 $\text{Tch}_1, \text{Tch}_2, \text{Tch}_3, \cdots, \text{Tch}_i$ 是教师，$\text{Stud}_1, \text{Stud}_2, \text{Stud}_3, \cdots, \text{Stud}_j$ 是学生，$\text{Mng}_1, \text{Mng}_2, \text{Mng}_3, \cdots, \text{Mng}_k$ 是教务处管理人员，那么教师的权限为 TchMN={查询成绩、上传所教课程的成绩}，学生的权限为 StudMN={查询成绩、反映意见}，教务管理人员的权限为 MngMN={查询、修改成绩、打印成绩清单}。依据角色的不同，每个主体只能执行自己所制定的访问功能。用户在一定的部门中具有一定的角色，其所执行的操作与其所扮演的角色的职能相匹配，这正是 RBAC 的根本特征，即：系统依据 RBAC 策略，定义各种角色，每种角色可以完成一定的职能，不同的用户根据其职能和责任被赋予相应的角色，一旦某个用户成为某种角色的成员，则此用户可以完成该角色所具有的职能。

系统管理员负责授予用户各种角色的成员资格或撤销某用户具有的某种角色。例如，学校新进一名教师 Tch_x，那么系统管理员只需要将 Tch_x 添加到教师这一角色的成员中即可，而无须对访问控制列表做改动。同一个用户可以是多个角色的成员，即同一个用户可以扮演多种角色，例如一个用户可以是教师，同时也可以作为进修的学生。同样，一个角色可以拥有多个用户成员，这与现实是一致的，一个人可以在同一部门中担任多种职务，而且担任相同职务的可能不止一人。因此 RBAC 提供了一种描述用户和权限之间的多对多关系，角色可以划分成不同的等级，通过角色等级关系来反映一个组织的职权和责任关系，这种关系具有反身性、传递性和非对称性特点，通过继承行为形成了一个偏序关系，例如 MngMN>TchMN>StudMN。RBAC 中通常定义不同的约束规则来对模型中的各种关系进行限制，最基本的约束是“相互排斥”约束和“基本限制”约束，分别规定了模型中的互斥角色和一种角色可被分配的最大用户数。RBAC 中引进了角色的概念，用角色表示访问主体具有的职权和责任，灵活地表达和实现了企业的安全策略，使系统权限管理在企业的组织视图这个较高的抽象集上进行，从而简化了权限设置的管理。从这个角度看，RBAC 很好地解决了企业管理信息系统中用户数量多、变动频繁的问题。

相比较而言，RBAC 是实施面向企业的安全策略的一种有效的访问控制方式，其具有灵活性、方便性和安全性的特点，目前在大型数据库系统的权限管理中得到普遍应用。角色由系统管理员定义，角色成员的增减也只能由系统管理员来执行，即只有系统管理员才有权定义和分配角色。用户与客体无直接联系，他只有通过角色才享有该角色所对应的权限，从而访问相应的客体。因此用户不能自主地将访问权限授给别的用户，这是 RBAC 与 DAC 的根本区别所在。RBAC 与 MAC 的区别在于：MAC 是基于多级安全需求的，而 RBAC 则不是。

3.2.6 UNIX 系统入侵防范

任何计算机操作系统都存在着被入侵的可能，UNIX 系统的入侵防范主要从以下几点考虑。

1. 物理安全

（1）控制台安全

计算机应该放在安全的房间里面，并用有效的钥匙锁住房门，不要有其他的途径进入房间，房间内应该具有报警系统和警卫。应保证 BIOS 安全，设定引导口令，禁止入侵者从光盘或 U 盘启动，防止未授权用户使用单用户模式获得超级用户权限。可以通过以下设置来确保控制台的安全。

① BIOS 安全，设定引导口令

BIOS 的安全设置主要是指禁止从光盘或 U 盘启动，并且给 BIOS 加上密码，可以防止有人改变 BIOS 的参数。

② 防止未授权用户使用单用户模式

可以通过修改 LILO 配置文件来防止未授权用户使用单用户模式，具体修改如下。

修改 lilo 文件：

```
boot=/dev/sda
map=/boot/map
install=/boot/boot.b
prompt
timeout=00 //加入 timeout=00
Default=linux
restricted // 加入这行
password=<password> //加入这行并输入口令
image=/boot/vmlinuz-2.2.12-20
label=linux
```

使修改生效：

```
[root@cnns]# /sbin/lilo -v（to update the lilo.conf file）
```

③ 使 Control+Alt+Delete 关机键无效

编辑 inittab 文件：

```
#ca::ctrlaltdel:/sbin/shutdown -t3 -r now
```

用下面的命令使改变生效：

```
#[root@cnns]# /sbin/init q
```

④ 禁止使用控制台程序

通过 halt 命令和 shutdown 命令禁止普通用户使用所有的控制台程序：

```
[root@cnns]# rm -f /etc/security/console.apps/halt
[root@cnns]# rm -f /etc/security/console.apps/poweroff
[root@cnns]# rm -f /etc/security/console.apps/reboot
[root@cnns]# rm -f /etc/security/console.apps/shutdown
[root@cnns]# rm -f /etc/security/console.apps/xserver
```

（2）数据安全

为确保数据文件或数据存放设备的安全性，需要注意以下几点：

- 数据备份在安全的、专用的恢复数据的地方；
- 计算机在 UPS 保护下保证稳定的电源；

- 保护网络电缆不要暴露；
- 把敏感的信息锁在抽屉里；
- 销毁敏感的打印输出和磁带。

（3）用户安全意识

用户良好的使用习惯和安全意识是提高系统安全性的一个重要因素。用户应该具有以下安全意识：

- 离开时应该锁住屏幕或注销登录机器；
- 不要把密码或者密码提示写在桌子上；
- 具有管理意识，信息是有价值的资产；
- 经常改变 root 的口令。

2．网络安全

UNIX 系统网络安全主要是指系统网络安全基本配置。系统网络安全基本配置分为过滤和防止欺骗两部分。

（1）过滤

① 系统启动服务清理。清理/etc/xinetd.d 服务包括：所有的 TCP/UDP 小服务，所有的调试服务，所有的 R 服务，几乎所有的 RPC 服务，使用必要的工具替换 telnet、ftp，在必要的时候可以完全禁止 inetd 或用 xinetd 替换。

② 禁止所有不需要的服务。一个安全的系统应该仅提供那些需要提供的服务，关掉其他服务。运行不用的服务既占用系统资源，又是安全隐患。通过下面的方法可以停止不需要的服务。

进入/etc/xinetd.d 目录，去掉不必要的服务文件，例如：

```
/etc/xinetd.d/telnet
----------------------------------------
service telnet
{
  disable=yes          //将 no 改为 yes，去掉 telent 服务
  flags=REUSE
  socket_type=stream
  wait=no
  user=root
  server=/usr/sbin/in.telnetd
  server_args=-h
  log_on_failure+=USERID
}
```

为安全起见，一般需要禁用系统的 ftp、telnet、shell、login、exec、talk、ntall、imap、pop-2、pop-3、finger、auth 等服务。禁用这些服务可以大大降低系统受攻击的可能性。

③ 屏蔽系统对 ping 命令请求的反应：

```
echo 1 > /proc/sys/net/ipv4/icmp_echo_ignore_all
```

运行完这条命令后，系统对 ping 就没有反应了。要想重新恢复系统的 ping 命令可以用：

```
echo 0 > /proc/sys/net/ipv4/icmp_echo_ignore_all
```

④ 屏蔽系统登录显示信息。显示系统的登录信息会泄露大量的系统信息，可以通过以下方式来屏蔽系统登录信息。

编辑/ect/rc.d/rc.local 文件，在下面命令前加上“#”：

```
#echo "" > /etc/issue
#echo "$R" >> /etc/issue
#echo "Kernel $(uname –r)on $a $(uname –m)" >> /etc/issue
#cp -f /etc/issue /etc/issue.net
#echo >> /etc/issu
```

删除/etc 目录下 issue.net、issue 文件：

```
[root@root]# rm –f /etc/issue.net
[root@root]# rm –f /etc/issue
```

⑤ 编辑/etc/host.conf 文件，加入以下三行：

```
#Lookup names via DNS first then fall back to /etc/host.
order bind，hosts            //加入的
#We have machines with multiple IP addresses.
multi on                     //加入的
#Check for IP address spoofing.
nospoof on                   //加入的
```

⑥ 限制 root 用户登录的 tty 设备。/etc/securetty 文件允许规定 root 用户从哪个 tty 设备登录。编辑 securetty 文件，注释掉以下各行（在行首加上“#”号，便可以注释掉所有不希望 root 登录的 tty 设备）：

```
tty1
#tty2
#tty3
#tty4
#tty5
#tty6
#tty7
#tty8
```

（2）防止欺骗

① 禁止 IP 源路径路由

IP 源路径路由包含达到目的地址的详细路径信息。如果黑客能够伪造原路径路由的信息包，他就能够截取返回的信息包从而欺骗用户的计算机，并且让用户觉得正在和他交换信息的是可信任的主机。用下面命令禁止 IP 源路径路由：

```
# echo 0 /proc/sys/net/ipv4/conf/*/accept_source_route;
```

② 防范 SYN Attack 拒绝服务攻击

SYN Attack 攻击是一种拒绝服务（DoS）的攻击方式，会消耗掉系统中的所有资源，迫使服务器重新启动。这种攻击方式很容易被黑客利用，命令如下：

```
# echo 1 > proc/sys/net/ipv4/tcp_syncookies
```

③ 配置防火墙加强网络防御

安全问题的另一个解决方法是，把计算机主机和内部计算机之间的信息传送同外部的网

络隔开，只让内部网络与外部网络之间通过一个安全的网关进行信息交流。这样的网关叫作防火墙，关于防火墙的内容在第 4 章中有详细介绍。

3. 文件系统安全

文件系统安全是 UNIX 系统安全的核心。文件系统安全包括：文件权限、文件完整性、文件加密和文件备份。

（1）文件权限

攻击者要想查看或执行系统中的文件还必须获得相应的文件权限。文件权限参考前面的内容。这里简单介绍 umask 值。

当创建了一个新文件或目录时，它基于用户的权限屏蔽 umask 来确定默认的权限设置。chmod 命令用来声明要打开的权限，而 umask 命令用来指明要禁止的权限。它用一个简单的 3 位数变元来声明在一个文件或目录在被创建时应该被禁止或被屏蔽的访问权限。umask 主要在系统范围及个人的登录文件.login 或.profile 中建立。

因此为了保证 root 用户的文件安全，应该设置 root 用户的 umask 默认值为 077，这使其他用户不能读写 root 新创建的文件。在多数系统中，umask 的默认值为 022。

（2）文件完整性

由于文件的权限和所有者可以被更改，因此为了保证安全，需要保证一些重要的文件不被修改。在 UNIX 系统中，要确保操作系统文件，尤其是可执行程序/bin、/sbin、/usr/bin/usr/sbin)，不被修改。许多 Rootkit 都要替换系统程序（如 login、netstat、ps、ls 等）来隐藏自己及安装后门。

在保证重要文件的权限及所有者不变的情况下，还需要对重要文件进行完整性验证，以进一步保证文件没有被修改。一般通过计算文件校验码（如 MD5 码）的方式来检验文件完整性，如检测/bin 文件的完整性用以下命令求得文件的校验码：

```
#md5sum --check bin.sum
```

将计算得到的校验码与之前存储的校验码进行比较，若比较结果相同，则说明文件没有被修改；若比较结果不同，则说明文件已经被攻击者修改（需要保证原始校验码备份文件没有被修改）。

（3）文件加密

加密技术可以用来保护机密文件甚至整个文件系统。UNIX 常用的加密算法有 crypt（最早的加密工具）、DES（目前最常用的）、IDEA（国际数据加密算法）、RC4.Blowfish（简单高效的 DES）、RSA。

在 UNIX 系统中，PGP 是用来保护信息特别是电子邮件的工具，还可以用来加密本地文件。现在常用的 Linux 下的 PGP 工具为：pgpe（加密）、pgps（签名）、pgpv（确认/解密）、pgpk（管理密钥）。

（4）文件备份

定期进行数据备份是非常重要的，好的备份策略和实施能够恢复意外删除的数据。

① 备份策略

第 0 天备份：当系统第一次安装时就保存每个文件的备份。

完全备份：定期对系统中每个文件制作备份。

增量式备份：为最近一次完全备份或增量式备份以后文件系统中被改动的内容制作备份。

特别备份：在项目过程中为工作文件制作备份。

② 备份命令

cp：复制。

tar（用于磁带机）：可以创建、添加文件或从一个 tar 档案中解开文件。

dump：把整个文件系统复制到备份介质中。例如，把一个 SCSI 硬盘（/dev/rsd0a）以 0 级备份到磁带（/dev/rst0）中。

```
#dump 0f0 /dev/rst0 1500 /dev/sd0a
```

restore：恢复整个文件系统或提取单个文件。

4. 系统账号安全

每个使用 UNIX 系统的用户都应该在该系统中拥有一个账号。每个账号对应唯一的用户名和口令。在此，系统账号安全主要包括口令安全、账号安全和系统账号安全巩固 3 个方面。

（1）口令安全

① 口令安全基础

passwd 文件中的 7 个域用冒号隔开：

```
name:coded-passwd:UID:GID:user-info:home-directory:shell
```

每个域的含义说明如下。

name：给用户分配的用户名。

coded-passwd：经过加密的用户口令。如果系统管理员需要阻止一个用户登录，则用一个星号“*”代替。该域通常不能手工编辑。

UID：用户的唯一标识号。习惯上，小于 100 的 UID 是为系统账号保留的。

GID：用户所属的基本分组。通常，它决定用户创建文件的分组拥有权。

user-info：习惯上它包括用户的全名。邮件系统和 Finger 这样的工具习惯使用该域中的信息。

home-directory：该域指明用户的起始目录，它是用户登录进入后的初始工作目录。

shell：该域指明用户登录进入后执行的命令解释器所在的路径。注意：可以为用户在该域中赋一个/bin/false 值，这将阻止用户登录。

② 影子口令（shadow）文件

影子口令文件保存加密的口令，passwd 中的 coded-passwd 域被置为 x 或其他替代符号。shadow 文件只能被 root 或像 passwd 这样的 set_uid 程序在需要合法访问时读取，其他所有非授权用户都被拒绝访问。

shadow 文件包含用户名、加密口令及以下域：上一次修改口令的日期，以从 1970 年 1 月 1 日开始的天数表示；在两次口令修改间的最小天数，即口令在建立后必须更改的天数；口令更改之前向用户发出警告的天数；口令终止后账号被禁用的天数；自从 1970 年 1 月 1 日起账号被禁用的天数；保留域。

③ 口令安全管理

口令只是计算机对用户身份进行确认的一种简单形式。在使用口令时，应该注意以下三个方面。

A）禁用的口令

- 不要选择简单字母序列组成的口令（例如，qwerty 或 abcdef）；
- 不要选择任何指明个人信息的口令（例如，生日、姓名、配偶姓名、孩子姓名、电话号码、社会保障号码、汽车牌号、汽车执照号、居住的街道名称等）；
- 不要选择与要替换的口令相似的新口令；
- 不要选择包含用户名或相似内容的口令；
- 不要选择短于 6 个字符或仅包含字母或数字的口令；
- 不要选择所有字母都是小写或大写字母的口令；
- 不要选择被作为口令范例公布的口令。

B）使用好的口令

- 选择至少有 10 个字符长度的口令；
- 选择包含非字母字符的口令，可以包含数字和特殊字符，如：~、!、@、#、$等；
- 选择容易记住而不必写下来的口令；
- 选择不用看键盘而能迅速输入的口令，使偷看的人不能识别出输入的字符。

C）禁止写下口令

具体见 3.3 节。

（2）账号安全

所有的 UNIX 系统都有默认账号，这些默认账号通常有标准的口令或根本没有口令。表 3.3 为 UNIX 系统中的常见默认账号。

表 3.3　常见默认账号

用户名	功能
adm	拥有账号文件、起始目录/var/adm 通常包括日志文件
bin	拥有用户命令的可执行文件
daemon	用来执行系统进程
finger	执行 finger 命令
games	用来玩游戏
halt	执行 halt 命令
lp（或 lpd）	拥有打印机（行式打印机）后台打印文件
mail	拥有与文件相关的进程和文件
news	拥有与 UESNET 相关的进程和文件
nobody	被 NFS（Network File System）使用
shutdown	执行 shutdown 命令
sync	执行 sync 命令
sys	拥有系统文件
uucp	拥有 uucp 工具和文件

尽管这些默认账号存在缺陷可能使它们很危险，但是这些默认账号并不代表安全漏洞。真正对系统造成严重威胁的是一些不常用的用户账号，这些才是入侵者的最佳目标，因此要禁用或删除一些不常用的用户账号。

禁用账号最快捷的方式是在/etc/passwd 或影子口令文件中用户加密口令的开始处加一个星号（*），该用户将不能再次登录。

删除账号需要用命令# userdel username，删除用户组的命令为# groupdel groupname。

给口令文件和组文件设置不可改变位。“不可改变位”可以用来保护文件不被意外删除或重写，也可以防止攻击者对口令文件和组文件的攻击破坏。命令如下：

```
[root@cnns]# chattr+i /etc/passwd
[root@cnns]# chattr+i /etc/shadow
[root@cnns]# chattr+i /etc/group
[root@cnns]# chattr+i/etc/gshadow
```

在以系统 root 账号进行操作时需要注意以下规则：

- 确保 root 只允许从控制台登录；
- 限制知道 root 口令的人数；
- 使用强壮的密码；
- 每三个月或者当有人离开公司时就更改一次密码；
- 使用普通用户登录，用 su 取得 root 权限，而不是以 root 身份登录；
- 设置 umask 为 077，在需要时再改回 022；
- 不允许有非 root 用户可写的目录保存在 root 的路径里；
- 修改/etc/securetty，去除终端 ttyp0~ttyp9，使 root 只能从 console 或者使用 ssh 登录。

（3）系统账号安全巩固

系统账号的安全巩固其实就是要注意做好口令安全管理，并及时禁用或删除不常用的账号。

3.2.7 UNIX 系统入侵检测

1．异常检查

（1）系统异常文件检查

如果系统中出现一些异常文件，则表明系统可能已经被入侵。应针对一些系统遭受攻击后通常存在的一些异常文件进行定期检查。

① 使用 find 命令检查系统中是否存在 nouser、nogroup 文件，若存在这些文件，则系统可能被入侵。

② 检查系统中是否存在任何人都有写权限的文件和目录，若存在则系统存在安全隐患。

③ 检查系统中的执行文件是否被修改。

④ 检查系统中的 core 文件。例如，执行#find /-name core -exec ls -l {}\;命令，在根目录下有 syslog 或者 ftpd 等产生的不明 core 文件，往往也暗示了攻击者入侵的可能。

⑤ 找出系统不寻常或隐藏的档案：

```
find / -name ".. " -print -xdev
find / -name ".*" -print -xdev
```

⑥ 检查系统中的 suid 程序：

```
#find / -perm -004000 -exec ls -l {}\;
```

⑦ 检查系统中的 sgid 程序：

```
#find / -perm -002000 -exec ls -l {}\;
```

⑧ 检查所有的.rhosts文件：

```
#find / -name .rhosts -exec ls -l {}\;
```

（2）系统资源占用检查

系统资源检查项目主要包括CPU资源、磁盘资源和网络资源。系统资源检查所用到的命令如下。

① CPU资源：top。

② 磁盘资源：df、du。

③ 网络资源：netstat、snoop、tcpdump。

（3）系统日志检查

系统日志实时地记录系统事件和行为状态，可以通过检查分析日志、监视系统，进行检测和追踪入侵者。

（4）本地账号检查

入侵用户账号通常是攻击者获得系统访问权限最简单的方式。入侵者通过系统root账号入侵后，可以修改任何文件或操作参数，给可执行文件插入恶意代码，因此要经常检测本地账号。主要检查内容如下。

① 检查系统中的账号：

```
#more /etc/passwd
```

② 检查脆弱口令：

```
#./john -single /etc/shadow
```

③ 对比初始安装系统，确认系统默认账号的口令正确设置。

（5）网络流量检查

如果一台服务器的流量突然间增大了很多，这就意味着系统有可能被入侵。检查网络流量常用的命令：netstat。

2. 行为监视

① 网络连接检测

使用netstat命令可以查看系统打开的窗口及其通信状况。通过该命令，可以发现可能的入侵者和入侵行为。例如：

```
#netstat -na | grep tcp;
```

② 监听端口检测

lsof是一个用来查看端口到进程映射关系的工具。使用该工具可以详细查看系统开放的端口和系统进程对应的关系。例如：

```
#lsof -i;
```

③ 系统运行程序检测

使用ps命令，检查当前系统中正在运行的所有程序。例如：

```
ps -ef|more;
```

④ 连线记录检测

通过who、w、users、last和lastb等命令检查连线记录，可以检测连线记录档中是否有不寻常的来源位置或不寻常的操作动作。

3.2.8 UNIX 系统安全审计

日志文件对于维护系统安全很重要，它们为审计和监测两个重要功能提供数据。日志文件通过提供历史记录、允许用户或第三方来系统地评价安全程序的效率和确定引起安全破坏或系统功能失效的原因。虽然一个日志的存在不能提供完全的可记录性，但日志能使系统管理员做到：发现试图攻击系统安全的重复举动、跟踪那些想要越权的用户和跟踪异常的使用模式。

1. 日志子系统

在 UNIX 系统中主要的日志子系统有：使用 wtmp/utmp 文件的连接时间日志、使用 acct 或 pacct 文件的进程统计、经过 syslog 实施的错误日志和程序日志。常用的日志文件参见表 3.4。

表 3.4 常见的 UNIX 日志文件

日 志 文 件	目 标
access-log	记录 HTTP/Web 的传输
acct/pacct	记录用户命令
aculog	记录调制解调器的活动
btmp	记录失败的登录
lastlog	记录最近几次成功登录的时间和最后一次不成功的登录
messages	从 syslog 中记录信息（通常链接到 syslog 文件）
sulog	记录 su 命令的使用
sudolog	记录使用 sudo 发出的命令
syslog	从 syslog 中记录信息（通常链接到 message 文件）
utmp	记录当前登录的每个用户
wtmp	一个用户每次登录进入和退出时间的永久记录
xferlog	记录 FTP 会话

（1）使用 wtmp/utmp/lastlog 文件的连接时间日志

日志文件 wtmp、utmp 和 lastlog 是多数重要 UNIX 日志子系统的关键。文件 utmp 记录有关当前登录用户的信息；登录进入和退出记录在文件 wtmp 中，数据交换、关机和重启也记录在 wtmp 文件中；最后一次登录记录在文件 lastlog 中。所有的记录都包含时间戳。

对于连接时间日志文件使用基于 utmp/wtmp 的命令进行监测，说明如下。

① who 命令

who 命令查询 utmp 文件并报告当前每个登录的用户。使用 who 命令的查询结果如下：

```
$ who
root     tty1     May 15 16:09
Bob      tty1     May 15 14:49
alice    tty1     May 16 00:13
carol    tty1     May 11 13:20
```

② w 命令

w 命令查询 utmp 文件并显示当前系统中每个用户及其所运行的进程信息。

标题栏显示当前时间、系统已运行了多长时间、当前有多少用户登录以及过去 1.5~15 分钟内的系统平均负载。查询结果如下：

```
$ w
3:55pm    up 8 days,    2:40, 5 users,    load average: 0.04，0.06，0.09
User      tty      login@     idle      JCPU     PCPU     what
Carol     pts/t1   2:16pm     18:09                       -sh
Bob       pts/t2   2:20pm     88:40     1        1        -sh
Tom       pts/t3   1:07pm     8:18                        nslookup
Mallory   pts/t4   10:07pm    133:55                      -sh
Jerry     pts/t4   1:50pm               1        1        w
```

③ users 命令

users 命令用单独一行打印出当前登录的用户，每个显示的用户名对应一个登录会话。如果一个用户有不止一个登录会话，那么他的用户名将显示相同的次数。例如：

```
$ users
alice carol dave bob
```

④ last 命令

last 命令往回搜索 wtmp 来显示自从文件第一次创建后登录过的用户，它还报告终端类型和日期。例如：

```
$ last
alice     ttyp4     Wen Aug   7    19:50     still   logged in
ftp       ftp       Wen Aug   7    18:42-    18:42(00:00)
carol     ttyp5     Wen Aug   7    18:40     still   logged in
alice     ftp       Wen Aug   7    15:46-    16:42(00:55)
bob       ttyp4     Wen Aug   7    15:50-    16:01(00:10)
```

⑤ lastb 命令

lastb 命令往回搜索数据文件/var/adm/btmp 并显示有关错误登录信息。

⑥ ac 命令

ac 命令根据当前/var/log/wtmp 文件中的登录进入和退出来报告用户连接的时间（小时）。如果不使用标志，则报告总的时间。例如：

```
$ ac
total 138.13
```

-d 标志产生每天的总连接时间：

```
$ ac -d
Mar    15    total    19.82
Mar    16    total     6.52
Mar    17    total    16.23
Mar    18    total    23.32
Mar    19    total    35.24
Mar    20    total    21.44
Mar    21    tota     15.56
```

-p 标志报告每个用户的总连接时间：

```
$ ac -p
alice          32.18
bob            42.35
tom            23.56
jerry          15.35
root           17.52
eve            7.17
total          138.13
```

（2）使用 acct 或 pacct 文件的进程统计

UNIX 系统可以利用进程统计功能追踪系统问题。进程统计文件的名称和位置在不同的 UNIX 版本中有所不同，它可能的文件名字是 pacct 或 acct，其可能的存在目录是/var/log（在 Linux 系统中）、/var/account、/var/adm 或/usr/adm 中。

进程统计日志与连接时间日志不同，它在默认情况下不激活，必须启动。启动进程统计必须以 root 身份使用 accton 命令。启动时的命令格式必须为：accton filename，即日志文件必须存在，若日志文件不存在，则应先创建 pacct 文件。

创建 pacct 文件：

```
# touch /var/log/pacct
```

然后运行 accton：

```
# accton /var/log/pacct
```

关闭统计：

```
# accton          //激活后，要关闭统计，只用 accton 命令即可
```

统计进程被激活后就可以使用 lastcomm 命令监测系统中任何时候执行的命令。lastcomm 命令报告以前执行的命令。不带变元时，lastcomm 命令显示当前统计文件生命周期内记录的所有命令的有关信息，包括命令名、用户、tty、命令花费的 CPU 时间和一个时间戳。执行 lastcomm 命令的结果如下：

```
$ lastcomm
w       S   dave   ttyp2   0.00 secs Thu Aug 8   19:22
ls          dave   ttyp2   0.00 secs Thu Aug 8   19:22
ls          dave   ttyp2   0.00 secs Thu Aug 8   19:22
csh     F   dave   ttyp2   0.00 secs Thu Aug 8   19:21
last        dave   ttyp2   0.00 secs Thu Aug 8   19:21
comsat      root   --      0.00 secs Thu Aug 8   19:12
ac          root   ttyp1   0.00 secs Thu Aug 8   19:15
sa          root   ttyp1   0.00 secs Thu Aug 8   19:15
man         root   ttyp1   0.00 secs Thu Aug 8   19:14
sh          root   ttyp1   0.00 secs Thu Aug 8   19:14
more        root   ttyp1   0.00 secs Thu Aug 8   19:14
uuxqt       uucp   ??      0.00 secs Thu Aug 8   19:18
uucico      uucp   ??      0.00 secs Thu Aug 8   19:16
sa          root   ttyp1   0.00 secs Thu Aug 8   19:14
```

（3）经过 syslog 实施的错误日志

syslog 可以记录系统事件，可以写到一个文件或设备中，或给用户发送一条信息。任何程序都能通过 syslog 记录事件，它能记录本地事件或通过网络记录另一个主机中的事件。

syslog 设备重要元素包括：/etc/syslogd（守护程序）和/etc/syslog.conf（配置文件）。多数 syslog 信息被写到/var/adm 或/var/log 目录下的信息文件中。

syslog.conf 文件指明 syslogd 程序记录日志的行为，该程序在启动时查询配置文件。

/etc/syslog.conf 的一般格式如下：

```
设备:行为级别 记录行为文件
```

下面是一个/etc/syslog.conf 的模式：

```
*.notice;mail.info          /var/log/notice
*.crit                      /var/log/critical
kern,mark.debug             /dev/console
kern.err                    @server
*.emerg                     *
*.alert                     root，operator
*.alert;auth.warning        /var/log/auth
```

2. 程序日志

许多应用程序通过维护日志来反应系统的安全状态，主要的程序日志有：sulog 日志、sudolog 日志和 httpd 日志。

（1）sulog 日志

因为替换用户命令 su 允许一个用户获得另一个用户的权限，所以它的安全很重要。UNIX 系统为 su 保持一个日志：/var/adm/sulog。sulog 包含 su 执行的日期和时间、终止时间以及 su 用户和目标用户。

（2）sudolog 日志

sudolog 命令允许一个普通用户作为 root 执行命令。sudolog 日志将每个经过 sudo 的命令记录下来，包括时间戳、执行 sudo 的用户名和执行命令的工作目录。

（3）httpd 日志

httpd 日志是维护有关 Web 传输的详细日志，其中包含了重要的市场信息（谁浏览了主页）和技术信息（断开的链接产生 404 错误）。

3.2.9 UNIX 系统入侵恢复

UNIX 系统的入侵恢复主要从以下几个方面进行：前期准备工作；取回对系统的控制权；系统入侵分析；系统恢复；提高系统安全性；系统重新接入 Internet；更新安全策略。前面对 UNIX 系统的这几个方面已经有详细的讲述，这里不再赘述。

3.3 口令安全

口令安全（Password Security）是计算机系统中最基本的安全保护方法，对计算机设置口令也是使计算机确认用户身份的最简便的方法。对于口令安全的内容，在前面的UNIX系统入侵防范中已经做过比较详细的介绍，对于任何计算机系统的口令都应参考“禁用的口令”和“使用好的口令”部分的内容。

在此，只对3.2节中的“禁止写下口令”内容做一点补充。如果绝对需要写下口令，应该考虑以下方面的预防措施：

① 在折叠的纸条上写下口令，并将纸条放在保险柜中或安全的地方。

② 把口令写到总放在钱包中的某些东西上。

③ 不要将用户名和口令写在一起。

④ 将口令写下后，以能记住的方式对口令进行改动，例如，在口令上增加额外的字符、改变字符的顺序或截短口令等。

⑤ 不要把口令贴到任何计算机硬件上面，特别是显示器上。

习　题　3

1. 在Windows NT安全模型中，最重要的三个组件是什么？它们的任务分别是什么？
2. 简述LAN Manager口令和Windows NT口令，并说明它们之间的区别。
3. 在Windows NT中，对象可被设定的属性有哪些？
4. 注册表是什么？注册表的数据结构由哪几个部分组成？
5. Windows NT安全子系统由哪5个关键部分组成？
6. 如何操作可以保护注册表的安全？
7. 在Windows 2000安装完成之后，哪些服务是可以关闭的？
8. 如何对Windows系统进行网络安全管理？
9. 作为Windows 2000新增的安全机制之一的加密文件系统（EFS）具有什么特性？
10. 在Windows 2000中安全审核是指什么？应该被审核的最普通的事件类型包括哪些？
11. 如何在Windows 2000中备份文件、还原文件？
12. Windows 2000提供哪些选项可帮助识别计算机故障并进行恢复？
13. 简述Windows 7中增加或改进的十大安全功能。
14. 相对于过去的Windows系统，Windows 8平台的安全框架有什么改进？
15. 简述UNIX系统的特点。
16. 简述UNIX系统组成。
17. UNIX系统管理员用户对普通用户执行的权限管理有哪些？
18. 针对每个新创建的用户，UNIX系统都需要为其做哪三件事？
19. 简述在UNIX系统中，任何一个用户可能对任意文件拥有的三种基本访问。
20. 简述UNIX系统的安全特征。
21. 简述UNIX系统存在的不安全因素。
22. UNIX系统的访问控制包括哪三个要素？分别指的是什么？
23. 什么是任意访问控制？
24. 强制访问控制（MAC）的主要特点是什么？
25. 简述角色，事务的概念，以及基于角色的访问控制（RBAC）的基本思想。

26. UNIX 系统网络安全基本配置分为哪两个部分？它们又分别分为？

27. UNIX 系统安全的核心是什么？它包括几个部分？

28. passwd 文件中每个条目如下：

name:coded-passwd:UID:GID:user-info:home-directory:shell

请对其进行剖析。

29. 在使用口令时应该注意些什么？

30. 实际上没有系统能达到 100%的安全，因此要对 UNIX 系统进行入侵检测。简述如何对 UNIX 系统进行入侵检测。

31. 在 UNIX 系统中，主要的日志子系统有哪些？

32. 在 UNIX 系统中，主要的程序日志有哪些？这些日志分别包含哪些重要信息？

参考文献

[1] 姜传菊. 网络日志分析在网络安全中的作用. 现代图书情报技术，2004(12).

[2] 吴月诗. Windows 常见的几个安全问题. 信息化建设，2003(03).

[3] 项巧莲，李之棠. 日志分析及其在入侵检测系统中的应用. 中南民族大学学报（自然科学版），2003(03).

[4] 注册表的备份与恢复. 电脑报，2002-09-23.

[5] 在 Windows 2000 里面备份和恢复注册表. 电脑报，2001-09-10.

[6] 包怀忠，许亚梅. Windows NT/2000 安全性的实现方法. 现代计算机（专业版），2005(01).

[7] 代晓红. Windows NT/2000 操作系统安全性及其对策. 重庆工商大学学报（自然科学版），2003(04).

[8] 马君. UNIX 网络系统安全性实践. 现代电子技术，1999(07).

[9] 谢声时. UNIX 操作系统的安全问题. 华南金融电脑，2008(03).

[10] 张学智，曾辉. UNIX 系统的安全研究. 通信技术，2002(03).

第4章 网络安全

4.1 网络基础知识

4.1.1 OSI 参考模型

OSI（Open System Interconnection）是一个开放性的系统互连参考模型，是一个协议规范。它把网络协议从逻辑上分为 7 层，每层都有相关、相对应的物理设备。OSI 7 层模型是一种框架性的设计方法，建立 7 层模型的主要目的是解决异种网络互连时所遇到的兼容性问题，其最主要的功能就是帮助不同类型的主机实现数据传输。它的最大优点是，将服务、接口和协议这三个概念明确地区分开来，通过 7 个层次化的结构模型使不同的系统、不同的网络之间实现可靠的通信。OSI 参考模型如图 4.1 所示。

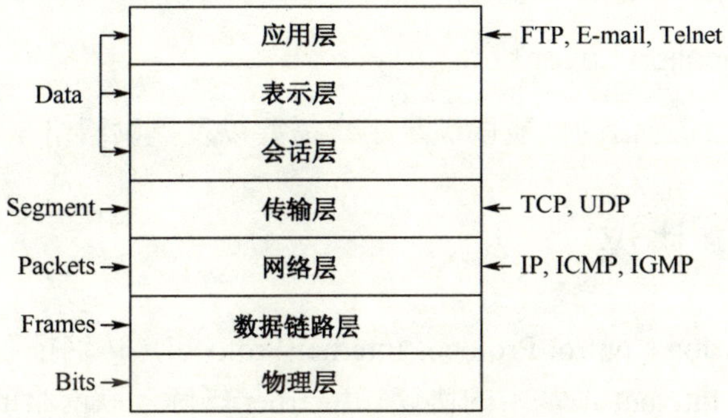

图 4.1 OSI 参考模型

图 4.1 中给出的 OSI 模型各层的内容及传输内容和所用的协议，介绍如下。

1．物理层（Physical Layer）

物理层是 OSI 模型的最低层或称为第一层，该层包括物理连网媒介，如电缆连线连接器。物理层的任务就是为它的上一层提供一个物理连接。在这一层，数据还没有被组织，仅作为原始的位流或电气电压处理，单位是位（bit）。

2．数据链路层（Data Link Layer）

数据链路层负责在两个相邻节点间的线路上无差错地传送以帧为单位的数据。和物理层相似，数据链路层负责建立、维持和释放数据链路的连接。

3．网络层（Network Layer）

网络层的任务就是选择合适的网间路由和交换节点，确保数据及时传送。网络层将数据链路层提供的帧组成数据报，其中封装有网络层报头，含有逻辑地址信息——源站点和目的站点地址的网络地址。网络层的协议主要有 IP 协议、ICMP 协议和 IGMP 协议。

4．传输层（Transport Layer）

传输层是 OSI 模型中最重要的一层。该层的任务是根据通信子网的特性，最佳地利用网络资源，并以可靠和经济的方式，为两个端系统（也就是源站和目的站）的会话层之间提供建立、维护和取消传输连接的功能，负责可靠地传输数据。在这一层，信息的传送单位是报文。传输层的协议主要有 TCP 协议和 UDP 协议。

5．会话层（Session Layer）

这一层也可以称为会晤层或对话层，在会话层及以上的高层次中，数据传送的单位不再另外命名，统称为报文。会话层不参与具体的传输，它提供包括访问验证和会话管理在内的建立和维护应用之间通信的机制。例如，服务器验证用户登录便是由会话层完成的。

6．表示层（Presentation Layer）

这一层主要解决用户信息的语法表示问题。它将欲交换的数据从适合于某个用户的抽象语法，转换为适合于 OSI 系统内部使用的传送语法，即提供格式化的表示和数据转换服务。数据的压缩和解压缩、加密和解密等工作都由表示层负责。

7．应用层（Application Layer）

应用层确定进程之间通信的性质以满足用户需要以及提供网络与用户应用。

4.1.2 TCP/IP 协议

TCP/IP（Transmission Control Protocol/Internet Protocol，传输控制协议/因特网协议，又名网络通信协议），是 Internet 最基本的协议、Internet 国际互联网络的基础，由网络层的 IP 协议和传输层的 TCP 协议组成。TCP/IP 定义了电子设备如何连入 Internet，以及数据如何在它们之间传输的标准。协议采用了 4 层的层级结构，每层都呼叫它的下一层所提供的网络来完成自己的需求。通俗而言，TCP 负责发现传输的问题，一旦有问题就发出信号，要求重新传输，直到所有数据安全正确地传输到目的地为止。而 IP 则给 Internet 中的每台计算机规定一个地址。

1．TCP/IP 层次结构

TCP/IP 与 OSI 模型的结构对应如图 4.2 所示。

（1）网络接口层

该层是整个体系结构的基础部分，负责接收 IP 层的 IP 数据报，通过网络向外发送；或者接收处理从网络中来的物理帧，发出 IP 数据报，向 IP 层发送。该层是主机与网络的实际连接层，对应于 OSI 模型中的物理层和数据链路层。

（2）网络层

该层是整个体系结构的核心部分，负责处理互联网中计算机之间的通信，向传输层提供统一的数据报。它的主要功能是处理来自传输层的分组发送请求，处理接收的数据报，处理互连的路径，对应于OSI模型中的网络层。

<table>
<tr><th>TCP/IP</th><th>OSI</th></tr>
<tr><td rowspan="3">应用层</td><td>应用层</td></tr>
<tr><td>表示层</td></tr>
<tr><td>会话层</td></tr>
<tr><td>传输层（TCP）</td><td>传输层</td></tr>
<tr><td>网络层（IP）（又称互连层）</td><td>网络层</td></tr>
<tr><td rowspan="2">网络接口层（又称链路层）</td><td>数据链路层</td></tr>
<tr><td>物理层</td></tr>
</table>

图 4.2　TCP/IP 与 OSI 模型的结构对应

（3）传输层

该层是整个体系结构的控制部分，负责应用进程之间端到端的通信。传输层定义了两种协议：传输控制协议 TCP 与用户数据报协议 UDP。传输层对应于 OSI 模型中的传输层。

（4）应用层

向用户提供一组常用的应用程序，如电子邮件、文件传输访问、远程登录等。远程登录 Telnet 使用 Telnet 协议提供在网络其他主机上注册的接口。Telnet 会话提供了基于字符的虚拟终端。文件传输访问 FTP 使用 FTP 协议来提供网络内机器间的文件复制功能。这一层对应于 OSI 模型中的会话层、表示层和应用层。

2. TCP/IP 协议的工作流程

（1）在源主机中，应用层将一串应用数据流传送给传输层。

（2）传输层将应用层的数据流截成分组，并加上 TCP 头形成 TCP 段，送交网络层。

（3）在网络层给 TCP 段加上包含源、目的主机 IP 地址的 IP 头，生成一个 IP 数据报，并将 IP 数据报送交链路层。

（4）链路层在其 MAC 帧的数据部分装上 IP 数据报，再加上源、目的主机的 MAC 地址和帧头，并根据其目的 MAC 地址，将 MAC 帧发往目的主机或 IP 路由器。

（5）在目的主机，链路层将 MAC 帧的帧头去掉，并将 IP 数据报送交网络层。

（6）网络层检查 IP 头，如果其中的校验和与计算结果不一致，则丢弃该 IP 数据报；如果校验和与计算结果一致，则去掉 IP 头，将 TCP 段送交传输层。

（7）传输层检查顺序号，判断是否是正确的 TCP 段，然后检查 TCP 头数据。若正确，则向源主机发确认信息；若不正确或丢包，则向源主机要求重发信息。

（8）在目的主机，传输层去掉 TCP 头，将排好顺序的分组组成应用数据流送给应用程序。这样，目的主机接收到的来自源主机的字节流，就像是直接接收来自源主机的字节流一样。

3．网际协议 IP

IP 协议又称网际协议，是支持网间互连的数据报协议。IP 层接收由更低层（例如，网络接口层中的以太网设备驱动程序）发来的数据报，并把该数据报发送到更高层——TCP 或 UDP 层；相反，IP 层也把从 TCP 或 UDP 层接收来的数据报传送到更低层。IP 数据报是不可靠的，因为 IP 并没有做任何事情来确认数据报是按顺序发送的或者没有被破坏。IP 数据报中含有发送它的主机的地址（源地址）和接收它的主机的地址（目的地址）。

IP 数据报的格式详细说明了 IP 协议的功能。IP 数据报格式如图 4.3 所示。

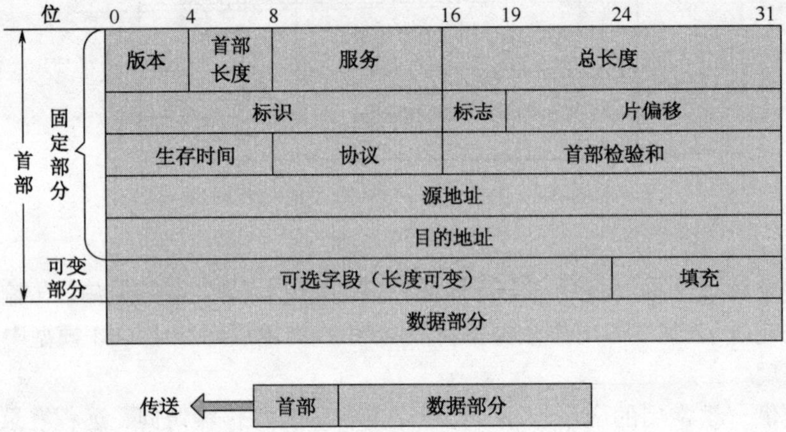

图 4.3　IP 数据报格式

（1）IP 数据报首部的固定部分

版本：占 4 位，指 IP 协议的版本。通信双方使用的 IP 协议版本必须一致。

首部长度：占 4 位，可表示的最大十进制数值是 15。

服务：占 8 位，用来获得更好的服务。这个字段在旧标准中称为服务类型，但实际上一直没有被使用过。

总长度：指首部及数据之和的长度，单位为字节（B）。因为总长度字段为 16 位，所以数据报的最大长度为 $2^{16}-1=65535$B。

标识（Identification）：占 16 位。IP 软件在存储器中维持一个计数器，每产生一个数据报，计数器就加 1，并将此值赋给标识字段。

标志（Flag）：占 3 位，但目前只有 2 位有意义。标志字段中的最低位记为 MF（More Fragment）。MF=1 表示后面“还有分片”的数据报；MF=0 表示这已是若干数据报片中的最后一个。标志字段中间的 1 位记为 DF（Don’t Fragment），意思是“不能分片”。只有当 DF=0 时才允许分片。

片偏移：占 13 位，指出与源数据报的起始端相关的分片数据位置，支持目标 IP 适当重建源数据报。

生存时间：占 8 位，英文缩写是 TTL（Time To Live），其表明数据报在网络中的寿命。

协议：占 8 位，其指出此数据报携带的数据是使用何种协议，以便使目的主机的 IP 层知道应将数据部分上交给哪个处理过程。

首部检验和：占 16 位，这个字段只检验数据报的首部，不包括数据部分。

源地址：占 32 位。

目的地址：占 32 位。

（2）IP 数据报首部的可变部分

IP 数据报首部的可变部分就是一个可选字段，用来支持排错、测量及安全等措施，内容很丰富。此字段的长度可变，从 1 字节到 40 字节不等，取决于所选择的项目。某些选项只需要 1 字节，它只包括 1 字节的选项代码。但还有些选项需要多个字节，这些选项一个个拼接起来，中间不需要有分隔符，最后用全 0 的填充字段补齐成为 4 字节的整数倍。增加首部的可变部分是为了增加 IP 数据报的功能，但这同时也使得 IP 数据报的首部长度成为可变的，这就增加了每个路由器处理数据报的开销。实际上，这些选项很少被使用。新的 IPv6 将 IP 数据报的首部长度做成固定的。

4．传输控制协议 TCP

传输控制协议（Transmission Control Protocol，TCP）是一种面向连接（连接导向）的、可靠的、基于字节流的点到点的全双工传输层通信协议。这个定义包含三个方面：应用程序在使用 TCP 协议之前，必须先建立连接，在数据传输完毕后，必须释放已建立的 TCP 连接；通过 TCP 连接传送的数据，无差错、无丢失、不重复，并且按序到达；每条 TCP 连接只能有两个端点，每条 TCP 连接只能是点对点的。TCP 允许通信双方的应用进程在任何时候发送数据。

（1）TCP 首部格式

TCP 报文段首部的前 20 字节是固定的，后面有 4*N* 字节（*N* 是整数）是根据需要而增加的选项，因此，TCP 首部的最小长度是 20 字节，如图 4.4 所示。

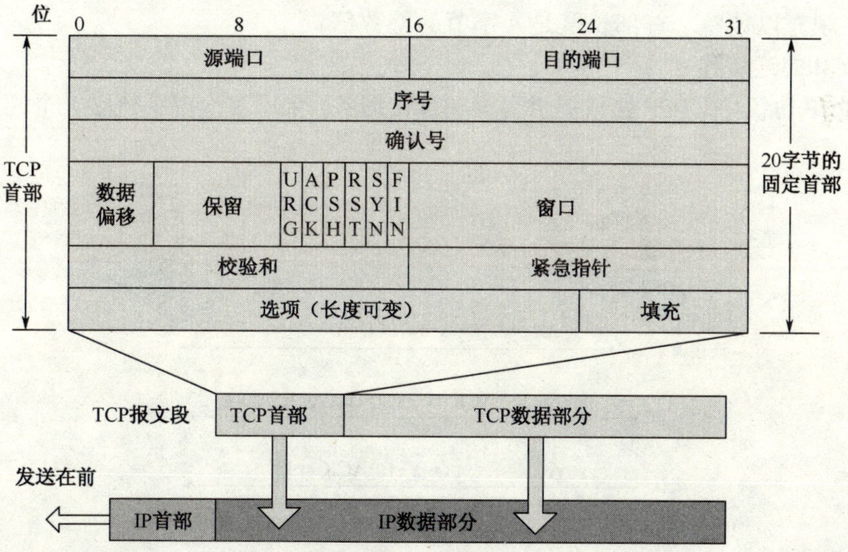

图 4.4　TCP 的首部格式

源端口和目的端口：各占 2 字节。端口是传输层与应用层的服务接口。传输层的复用和分用功能都要通过端口才能实现。

序号：占 4 字节。在 TCP 连接中，传送的数据流中的每个字节都编有序号。序号字段的值指的是本报文段所发送的数据的第一个字节的序号。

确认号：占 4 字节，是期望收到对方的下一个报文段的数据的第一个字节的序号。

数据偏移：占 4 位，它指出 TCP 报文段的数据起始处距离 CP 报文段的起始处有多远。“数据偏移”的单位不是字节而是 32 位字（以 4 字节为计算单位）。

保留：占 6 位，保留为以后使用，目前应置为 0。

紧急位 URG：当 URG=1 时，表明紧急指针字段有效。它告诉系统此报文段中有紧急数据，应尽快传送（相当于高优先级的数据）。

确认位 ACK：只有当 ACK=1 时，确认号字段才有效。当 ACK=0 时，确认号字段无效。

推送位 PSH：当 PSH=1 时，表示以最快的速度传输数据。

复位位 RST（Reset）：当 RST=1 时，表明 TCP 连接中出现严重差错（如主机崩溃或其他原因），必须释放连接，然后再重新建立运输连接。

同步位 SYN：当 SYN=1 时，表示这是一个连接请求或连接接收报文。

终止位 FIN（Final）：用来释放一个连接。当 FIN=1 时，表明此报文段的发送端的数据已发送完毕，并要求释放运输连接。

窗口：占 2 字节。窗口字段用来控制对方发送的数据量大小，单位为字节。TCP 连接的一端根据设置的缓存空间大小确定自己的接收窗口大小，然后通知对方以确定对方的发送窗口的上限。

校验和：占 2 字节。校验和字段校验的范围包括首部和数据两部分。在计算校验和时，要在 TCP 报文段的前面加上 12 字节的伪首部。

紧急指针：占 16 位。紧急指针指出在本报文段中的紧急数据的最后一个字节的序号。

选项：长度可变。TCP 首部可以有多达 40 字节的可选信息，用于把附加信息传递给终点，或用来对齐其他选项。

填充：填充以使整个首部长度是 4 字节的整数倍。

（2）TCP 的连接建立

在 TCP/IP 协议中，TCP 协议提供可靠的连接服务，采用 3 次握手建立一个连接，如图 4.5 所示。

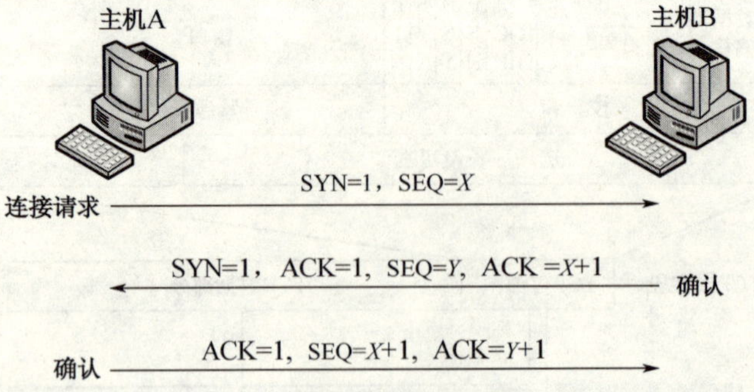

图 4.5　TCP 建立连接

如果源主机想要和目的主机通信，必须获得目的主机同意，否则 TCP 连接无法建立。为了建立一个 TCP 连接，两个系统需要同步其初始 TCP 序号 ISN。序号用于跟踪通信顺序并确保多个包传输时没有丢失。初始序号是 TCP 连接建立时的起始编号。为了确保 TCP 连接的成功建立，TCP 采用了一种称为三次握手的方式，三次握手方式使得“序号 / 确认号”系统能够正常工作，从而使它们的序号达成同步。如果三次握手成功，则连接建立成功，可以开始传送数据信息。

其三次握手过程如下。第一步，源主机 A 的 TCP 向主机 B 发出连接请求报文段，其首部中的 SYN（同步）标志位应置为 1，表示想与目标主机 B 进行通信，并发送一个同步序列号 *X*（如：SEQ=100）进行同步，表明后面传送数据的第一个数据字节的序号是 *X*+1（即 101）。SYN 同步报文会指明客户端使用的端口以及 TCP 连接的初始序号。第二步，目标主机 B 的 TCP 收到连接请求报文段后，如果同意，则发回确认。在确认报中应将 ACK 位和 SYN 位置 1，表示客户端的请求被接受。确认号应为 *X*+1（图 4.5 中为 101），同时也为自己选择一个序号 *Y*。第三步，源主机 A 的 TCP 收到目标主机 B 的确认后，要向目标主机 B 给出确认，其 ACK 置 1，确认号为 *Y*+1，而自己的序号为 *X*+1。TCP 的标准规定，SYN 置 1 的报文段要消耗掉一个序号。

完成三次握手，客户端与服务器开始传送数据。

（3）TCP 的连接释放

一个 TCP 连接建立之后，即可发送数据，一旦数据发送结束，就需要释放连接。在关闭连接时，既可以由一方发起而另一方响应，也可以双方同时发起。在关闭连接之前，为了确保数据正确传递完毕，仍然需要采用“三次握手”的方式来关闭连接，如图 4.6 所示。

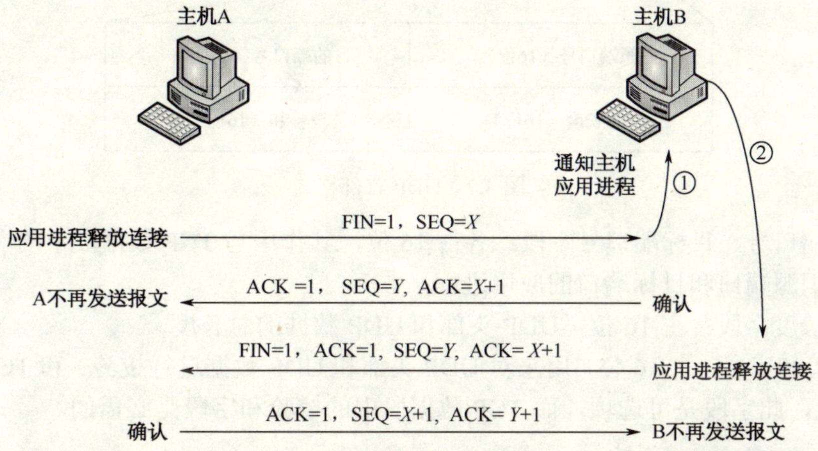

图 4.6　TCP 释放连接

其三次握手过程如下。第一步，源主机 A 的应用进程先向其 TCP 发出连接释放请求，并且不再发送数据。TCP 通知对方要释放从 A 到 B 这个方向的连接，将发往主机 B 的 TCP 报文段首部的终止位 FIN 置 1，其序号 *X* 等于前面已传送过的数据的最后一个字节的序号加 1。第二步，目标主机 B 的 TCP 收到释放连接通知后即发出确认，其序号为 *Y*，确认号为 *X*+1，同时通知高层应用进程，如图 4.6 中的箭头①所示。这样，从 A 到 B 的连接就释放了，连接处于半关闭状态，相当于主机 A 向主机 B 说：“我已经没有数据要发送了。但如果你还发送数据，我仍接收。”此后，主机 B 不再接收主机 A 发来的数据。但若主机 B 还有一些数据要发送主机 A，则可以继续发送。主机 A 只要正确收到数据，仍应向主机 B 发送确认。第三步，若主机 B 不再向主机 A 发送数据，其应用进程就通知 TCP 释放连接，如图 4.6 中的箭头②所示。主机 B 发出的连接释放报文段必须将终止位 FIN 和确认位 ACK 置 1，并使其序号仍为 *Y*，但还必须重复上次已发送过的 ACK=*X*+1。主机 A 必须对此发出确认，将 ACK

置 1，ACK=Y+1，而自己的序号是 X+1。这样才把从 B 到 A 方向的连接释放掉。主机 A 的 TCP 再向其应用进程报告，整个连接已经全部释放。因为整个过程需要经过 4 次消息发送，所以有的教程中也将这个“三次握手”称为四次挥手。

4.1.3 UDP 协议

用户数据报协议（User Datagram Protocol，UDP）是OSI参考模型中一种无连接的传输层协议，提供面向事务的简单不可靠的支持点对点、点对多点的快速信息传送服务。UDP 协议的定义同样包含三方面的内容：发送数据之前不需要建立连接，这样就减少了开销和发送数据之前的时延；不保证可靠交付，使用最大努力交付；支持一对一、一对多、多对一和多对多的交互通信。

UDP 有两个字段：数据字段和首部字段。首部字段有 8 字节，如图 4.7 所示，由 4 个字段组成，每个字段的长度都是 2 字节。各字段的含义说明如下。

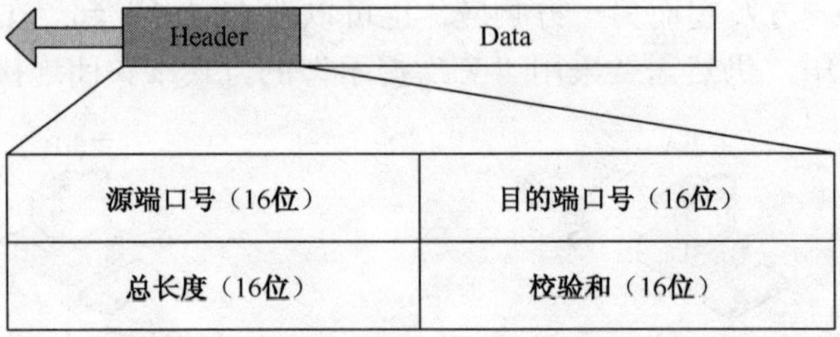

图 4.7　UDP 首部格式

（1）源端口号、目标端口号字段：各占 16 位，其作用与 TCP 数据段中的端口号字段相同，用来标识源端口和目标端口的应用进程。

（2）总长度字段：占 16 位，UDP 头部和 UDP 数据的总长度。

（3）校验和字段：占 16 位，用来对 UDP 头部和 UDP 数据进行校验。和 TCP 不同的是，对 UDP 来说，此字段是可选项，而 TCP 数据段中的校验和字段是必需的。

4.1.4 常用网络服务

网络服务需要通过端口提供，常见的端口、端口使用的协议及该端口提供的服务见表 4.1。下面主要介绍 Telnet 服务、FTP 服务和 Web 服务。

表 4.1　常用服务端口列表

端　口	协　议	服　务
21	TCP	FTP 服务
23	TCP	Telnet 服务
25	TCP	SMTP 服务
53	TCP/UDP	DNS 服务
80	TCP	Web 服务

1. Telnet 服务

Telnet 协议是TCP/IP 协议族中的一员，是 Internet远程登录服务的标准协议和主要方式。它为用户提供了在本地计算机中完成远程主机工作的能力。在终端使用者的计算机中使用 Telnet 程序，用它连接服务器。终端使用者可以在 Telnet 程序中输入命令，这些命令会在服务器中运行，就像直接在服务器的控制台上输入一样，可以在本地控制服务器。要开始一个 Telnet 会话，必须输入用户名和密码来登录服务器。Telnet 是常用的远程控制Web服务器的方法。

使用 Telnet 协议进行远程登录时需要满足以下条件：在本地计算机中必须装有包含 Telnet 协议的客户程序，必须知道远程主机的 IP 地址或域名，必须知道登录 ID 与口令。

（1）Telnet 远程登录服务

Telnet 远程登录服务分为以下 4 个过程。

① 本地与远程主机建立连接。该过程实际上是建立一个 TCP 连接，用户必须知道远程主机的 IP 地址或域名。

② 将本地终端上输入的用户名和口令及以后输入的任何命令或字符以NVT（Net Virtual Terminal）格式传送到远程主机中。该过程实际上是从本地主机向远程主机发送一个 IP 数据报。

③ 将远程主机输出的NVT格式的数据转化为本地所能接收的格式送回本地终端，包括输入命令回显和命令执行结果。

④ 最后，本地终端对远程主机进行撤销连接。该过程是撤销一个 TCP 连接。

（2）开启 Telnet 功能

Telnet 是系统管理员常用的远程登录和管理工具，在 Windows 2000/XP/2003/Vista 系统中，它作为标准的系统组件集成到系统中供用户使用。不过，在默认情况下，Telnet 服务是被禁止的。需要运行 services.msc 打开服务管理，找到 Telnet 服务项并设置其启动类型为“手动”或者“自动”，然后启动该服务即可使用了。不过在 Windows 7 中，按照上述方法是不能找到并启用 Telnet 服务的。下面介绍如何找回 Windows 7 的 Telnet 功能。

依次单击“开始”→“控制面板”→“程序”，在“程序和功能”中找到并单击“打开或关闭 Windows 功能”，进入“Windows 功能”对话框，找到并勾选“Telnet 客户端”，如图 4.8 所示，最后单击“确定”按钮，稍等片刻即可完成安装。除此之外，也可通过该向导安装“TFTP 客户端”、“Internet 信息服务”等。

2. FTP 服务

与大多数 Internet 服务一样，FTP 也是一个客户-服务器系统。用户通过一个支持 FTP 协议的客户机程序，连接到在远程主机中的 FTP 服务器程序。用户通过客户机程序向服务器程序发出命令，服务器程序执行用户所发出的命令，并将执行的结果返回给客户机。例如，用户发出一条命令，要求服务器向用户传送某个文件的一份副本，服务器会响应这条命令，将指定文件送至用户的机器中。客户机程序代表用户接收这个文件，并将其存放在用户目录中。

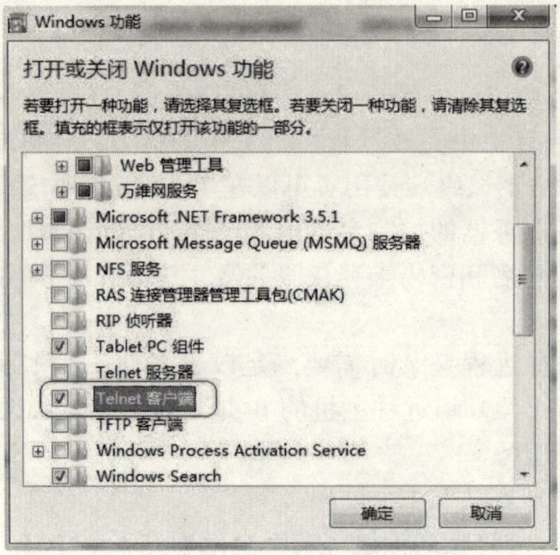

图 4.8　在 Windows 7 中开启 Telnet 功能

FTP 的服务器进程由两大部分组成：一个主进程，负责接收新的请求；一个从属进程，负责处理单个请求。主进程的工作步骤如下。

（1）打开 21 端口，使客户进程能够连接上。

（2）等待客户进程发出连接请求。

（3）启动从属进程来处理客户进程发来的请求，从属进程对客户进程的请求处理完毕后即终止。

（4）回到等待状态，继续接收其他客户进程发来的请求，主进程和从属进程的处理是并发进行的。

3. Web 服务

Web 服务是可以向发出请求的浏览器提供文档的程序，是目前最常用的服务。Web 服务是一种被动程序，只有当 Internet 上运行在其他计算机中的浏览器发出请求时，Web 服务才会响应。Web 服务不仅能够存储信息，还能在用户通过 Web浏览器提供的信息的基础上运行脚本和程序。

Web 服务的工作原理并不复杂，一般可分成如下 4 个步骤：连接过程、请求过程、应答过程以及关闭连接。下面对这 4 个步骤做简单的介绍。连接过程就是 Web 服务器和其浏览器之间建立一种连接。要查看连接过程是否实现，用户可以找到并打开 socket 这个虚拟文件，这个文件的建立意味着连接过程这一步骤已经成功建立。请求过程就是 Web 浏览器运用 socket 这个文件向其服务器提出各种请求。应答过程就是运用 HTTP 协议把在请求过程中所提出来的请求传输到 Web 服务器中，进而实施任务处理，然后运用 HTTP 协议把任务处理的结果传输到 Web 浏览器中，同时在 Web 浏览器中展示上述所请求之界面。关闭连接就是当上一个步骤应答过程完成以后，Web 服务器和其浏览器之间断开连接。Web 服务上述 4 个步骤环环相扣、紧密相连，逻辑性比较强，可以支持多个进程、多个线程以及多个进程与多个线程相混合的技术。

4.1.5 常用网络命令

常用的网络命令有：ping 命令、netstat 命令、tracert 命令、net 命令和 ipconfig 命令。

1．ping 命令

ping 命令用于判断两个接点在网络层中的连通性，其原理是：源站点向目的站点发送 icmp request 报文，目的主机收到后回复 icmp reply 报文，这样就验证了两个接点之间 IP 的可达性。

（1）ping 命令的语法结构

ping [-t][-a][-n count][-l length][-f][-i ttl][-v tos][-r count][-s count][-j computer-list][-k computer-list] [-w timeout] destination-list

语法中的参数说明如下。

-t：不停地 ping 对方主机，直到按 Ctrl+C 组合键中断。

-a：将地址解析为计算机 NetBIOS 名。

-n：发送 count 指定的 echo 数据包数。在默认情况下，只发送 4 个数据包。通过这个命令可以自己定义发送的个数，对衡量网络速度很有帮助，能测试发送数据包的返回平均时间及时间的快慢程度。示例如图 4.9 所示。

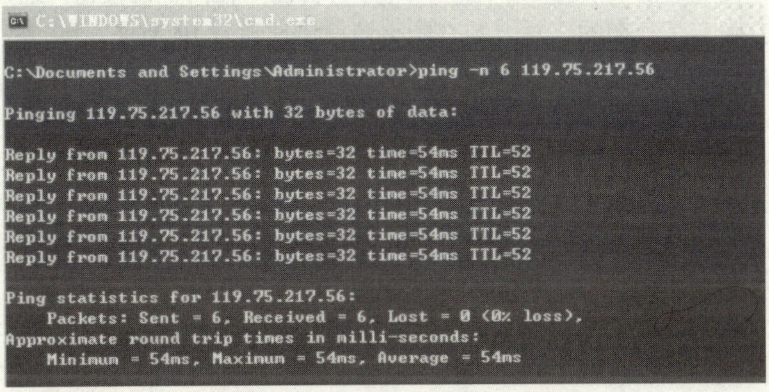

图 4.9　发送数据包判断是否连通

从图 4.9 中可以知道，在给 119.75.217.56 发送 6 个数据包的过程中，返回了 6 个数据包，返回速度最快为 54ms，最慢为 54ms，平均速度为 54ms。

-l：定义 echo 数据包大小。在默认情况下，Windows 的 ping 命令发送的数据包大小为 32B。用户可以自己定义它的大小，但有一个大小的限制，就是最大只能发送 65500B。超过这个大小，对方就有可能因接收的数据包太大而死机。

-f：在数据包中发送“不要分段”标志。一般，所发送的数据包会通过路由分段再发送给目的地址，加上此参数后，路由就不会再分段处理。

-i：指定 TTL 值，即在对方的系统里停留的时间。此参数同样帮助检查网络的运转情况。

-v：将服务类型字段设置为 tos 指定的值。

-r：在记录路由字段中记录传出和返回数据包的路由。在一般情况下，发送的数据包要通过一个个路由才能到达目的地址。通过此参数，可以设定用户想探测经过的路由的个数，最多为 9 个。

-s：指定 count 指定的跃点数的时间戳。此参数和-r 差不多，只是此参数不记录数据包返回所经过的路由，最多只记录 4 个。

-j：利用 computer-list 指定的计算机列表路由数据包。连续的计算机可以被中间网关分隔（路由稀疏源），允许的 IP 地址最大数量为 9。

-k：利用 computer-list 指定的计算机列表路由数据包。连续的计算机不能被中间网关分隔（路由严格源），允许的 IP 地址最大数量为 9。

-w：指定超时间隔，单位为毫秒。

destination-list：指定要 ping 的远程计算机的主机名或 IP 地址。

通过 ping 目标地址可以让对方返回 TTL 值，通过 TTL 值的大小可以粗略判断目标主机的系统类型是 Windows 还是 UNIX/Linux：一般，Windows 系统返回的 TTL 值在 100～130 之间，而 UNIX/Linux 系统返回的 TTL 值在 240～255 之间。但是，TTL 值是可以修改的，因此该方法只能作为参考。

（2）各类返回信息

① Request Timed Out

这个信息通常表示对方拒绝接收你发给他的数据包而造成数据包丢失。原因可能是：对方已关机，或者网络上根本没有这个地址；对方与自己不在同一网段内，通过路由也无法找到对方，但对方确实是存在的；对方装有防火墙；错误设置 IP 地址。

② Destination Host Unreachable

这个信息表示对方主机不存在或者没有跟对方建立连接。原因可能是：对方与自己不在同一网段内，而自己又未设置默认的路由；网线出现故障。这里要说明一下 Destination Host Unreachable 和 Request Time Out 的区别：如果所经过的路由器的路由表中具有到达目标的路由，而目标因为其他原因不可到达，这时候会出现 Request Time Out；如果路由表中连到达目标的路由都没有，那就会出现 Destination Host Unreachable。

③ Bad IP Address

这个信息表示可能没有连接到 DNS 服务器，所以无法解析这个 IP 地址，也可能是 IP 地址不存在。

④ Source Quench Received

这个信息比较特殊，它出现的几率很低。它表示对方或中途的服务器繁忙无法回应。

⑤ Unknown Host

这个消息表示该远程主机的名字不能被域名服务器（DNS）转换成 IP 地址。原因可能是：DNS 有故障，或者其名字不正确，或者网络管理员的系统与远程主机之间的通信线路有故障。

⑥ No Answer

这种故障说明本地系统有一条通向中心主机的路由，却接收不到它发给该中心主机的任何信息。原因可能是：中心主机没有工作；本地或中心主机网络配置不正确；本地或中心的路由器没有工作；通信线路有故障；中心主机存在路由选择问题。

2. netstat 命令

netstat 是控制台命令，是一个监控 TCP/IP 网络的非常有用的工具。运行这个命令可以检测计算机与网络之间详细的连接情况，可以得到以太网的统计信息并显示所有协议的使用状态。这些协议包括 TCP 协议、UDP 协议、IP 协议等。另外，还可以选择特定的协议并查看其具体使用信息，包括显示所有主机的端口号以及当前主机的详细路由信息。

（1）netstat 命令的语法结构

netstat [-a][-e][-n][-o][-p protocol][-r][-s]

（2）参数说明

-a：显示所有主机的端口号。

-e：显示关于以太网的统计数据。

-n：以数字表格的形式显示地址和端口。

-p：显示指定的协议 protocol 的具体使用信息。

-r：显示本机路由表的内容。

-s：按照各个协议分别显示其统计数据。

例如，显示每个协议的使用状态，如图 4.10 所示。

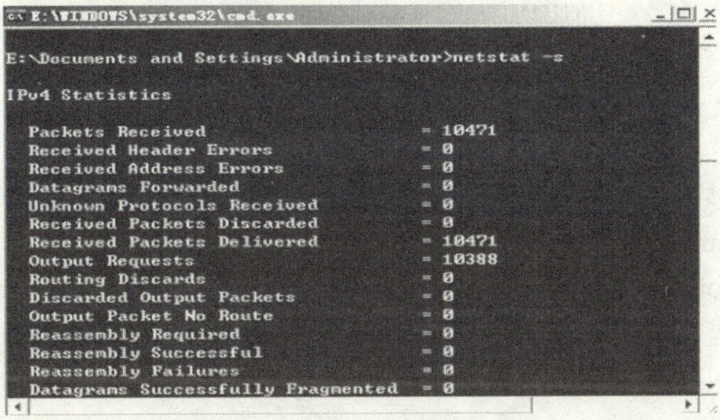

图 4.10　查看协议使用状态

3. tracert 命令

tracert（跟踪路由）是路由跟踪实用程序，用于确定数据包访问目标所采取的路径。其功能是判定数据包到达目的主机所经过的路径，显示数据包经过的中继节点清单和到达时间。

（1）tracert 命令的语法结构

tracert [-d] [-h maximum_hops] [-j computer-list] [-w timeout] target_name

（2）参数说明

-d：指定不将地址解析为计算机名。

-h maximum_hops：指定搜索目标的最大跃点数。

-j host-list：与主机列表一起的松散源路由（仅适用于 IPv4），指定沿 host-list 的稀疏源路由列表序进行转发。host-list 是以空格隔开的多个路由器 IP 地址，最多 9 个。

-w timeout：等待每个回复的超时时间（以毫秒为单位）。

例如，跟踪到达百度服务器的数据包，如图 4.11 所示。

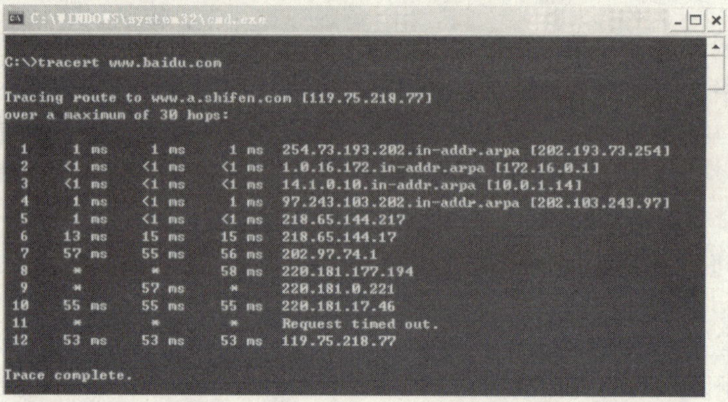

图 4.11　跟踪到达百度服务的数据包

4. net 命令

net 命令是一个功能非常强大的命令行命令，net 命令有很多函数用于核查计算机之间的 NetBIOS 连接，可以查看网络环境、服务、用户、登录等信息内容。

（1）net view 命令

作用：显示域列表、计算机列表或指定计算机的共享资源列表。

命令格式：net view [\\computername | /domain[:domainname]]

有关参数说明：

- 输入不带参数的 net view 将显示当前域的计算机列表。
- \\computername 指定要查看其共享资源的计算机。
- /domain[:domainname]指定要查看其可用计算机的域。

例如：net view \\xhwl-server 命令查看计算机 xhwl-server 的共享资源列表。

net view /domain:XYZ 命令查看 XYZ 域中的机器列表。

（2）net user 命令

作用：添加或更改用户账号或显示用户账号信息。

命令格式：net user [username [password | *] [options]] [/domain]

有关参数说明：

- 输入不带参数的 net user 可以查看计算机中的用户账号列表。
- Username 指定要进行添加、删除、更改或查看操作的用户账号名。
- password 为用户账号分配或更改密码。
- 提示输入密码。
- /domain 在计算机主域的主域控制器中执行操作。

例如：net user test 命令查看用户 test 的信息。

5. ipconfig 命令

ipconfig 命令显示 TCP/IP 网络配置信息、刷新动态主机配置协议和域名系统设置。使用不带参数的 ipconfig 命令可以显示所有适配器的 IP 地址、子网掩码和默认网关。例如，查看网络配置情况，如图 4.12 所示。

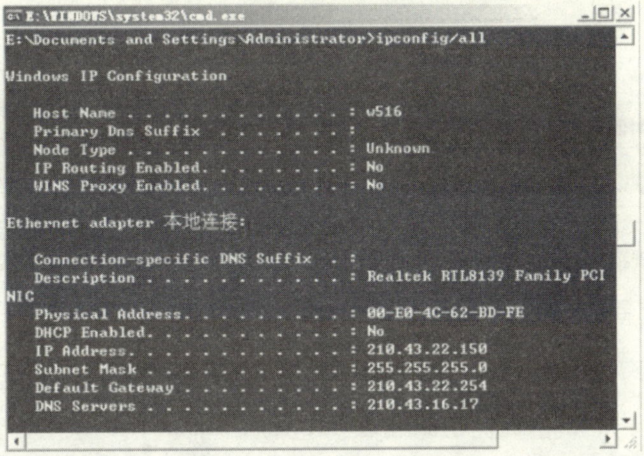

图 4.12　查看网络配置

4.2　IPSec 安全

4.2.1　IPSec 简介

IPSec（网际协议安全）是一种开放标准的框架结构，通过使用加密的安全服务以确保在 Internet 协议（IP）网络中进行保密而安全的通信。IPSec 是安全连网的长期方向。它通过端对端的安全性来提供主动的保护以防止专用网络与 Internet 的攻击。在通信中，只有发送方和接收方才是必须了解 IPSec 保护的计算机。

（1）IPSec 的作用目标

IPSec 的作用目标是保护 IP 数据报的内容和通过数据报筛选及受信任通信的实施来防御网络攻击。这两个目标都是通过使用基于加密的保护服务、安全协议与动态密钥管理来实现的。

（2）IPSec 的优点

如果在路由器或在防火墙上执行了 IPSec，它将会为周边的通信提供强有力的安全保障。一个公司或工作组内部的通信将不增加与安全相关的费用。

IPSec 在传输层下，对于应用程序来说是透明的。当在路由器或防火墙上实现 IPSec 时，无须更改用户或服务器系统中的软件设置。即使在终端中执行 IPSec，应用程序一类的上层软件也不会受影响。

IPSec 对终端用户是透明的，因此不必对用户进行安全机制的培训。

IPSec 的主要特征在于它对所有 IP 级的通信进行加密和认证，使得 IPSec 可以确保包括远程登录、客户-服务器、电子邮件、文件传输及 Web 访问等在内的多种应用程序的安全，从而成为目前最易于扩展、最完整的一种网络安全方案。

4.2.2　IPSec 安全体系结构

IPSec 安全体系结构由一系列 RFC 文档定义，整个 IPSec 协议族的体系结构如图 4.13 所示。

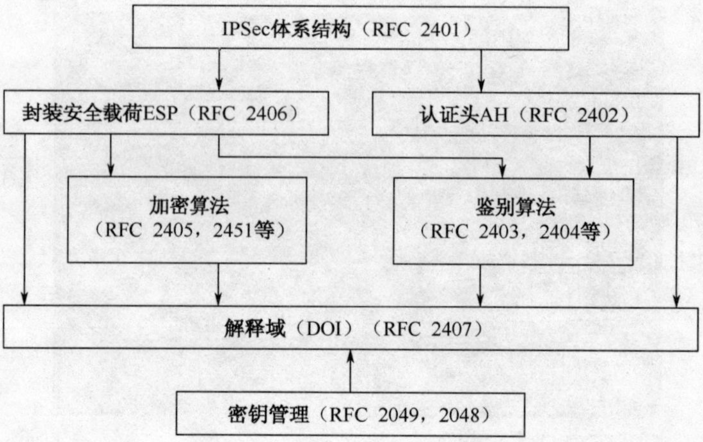

图 4.13　IPSec 安全体系结构

1．安全协议

安全协议为每个 IP 数据报提供数据和完整性保护。IPSec 协议（包括 AH 和 ESP）既可用来保护一个完整的 IP 载荷，也可用来保护某个 IP 载荷的上层协议。

（1）AH 协议

① AH 协议的作用

AH（Authentication Header，认证头）协议主要用于保护数据的完整性和对 IP 数据报进行鉴别。但 AH 协议并不提供对数据的保密性保护，因此当数据通过网络时，如果攻击者使用协议分析器，则照样能够窃取敏感数据。AH 还可以通过其单调递增的序列号（Sequence Number，SN）防止消息重播攻击。

② AH 协议原理

发送方将 IP 分组头、上层数据、公共密钥这三部分通过 MD5（或 SHA-1）算法进行计算，得出 AH 首部的认证数据，并将 AH 首部加入 IP 分组中。当数据传输到接收方时，接收方将收到的 IP 分组头、数据部分和公共密钥通过相同的 MD5（或 SHA-1）算法进行计算，并把得到的结果与收到的数据报的 AH 首部进行比较，进行认证。如果信息一致，则证明报文没有被非法修改，也证明报文并不是非法伪造的。

③ AH 协议报文格式

AH 协议报文格式如图 4.14 所示。

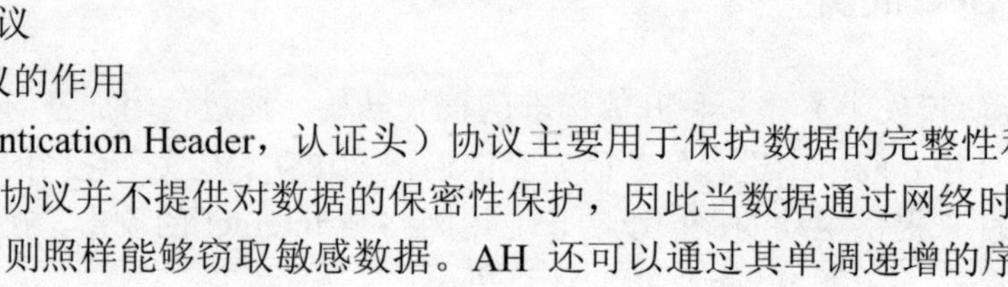

图 4.14　AH 协议报文格式

其中报文内容如下。

下一个报头：8 位，用以识别这个报头之后紧跟的报头类型。

负载长度：8 位，其值为单位是 32 位字的 AH 报头长度减 2。

保留（Reserved）：长 16 位，留待将来使用，默认为 0。

安全参数索引（SPI）：32 位，用于标识有相同 IP 地址和相同安全协议的不同 SA。由 SA 的创建者定义。

序列号：32 位，一个单项递增的计数器，用于防止重播攻击，在 SA 建立之初初始化为 0。序列号不允许重复。

鉴别数据：其长度可变，但必须是 32 位字的整数倍，其中包含完整性检查值。

④ AH 的运行模式

AH 可运行于传输模式和通道模式，它保护的数据是一个上层协议或一个完整的 IP 数据报。在任何一种情况下，AH 都要对外部 IP 头的固有部分进行身份验证。

AH 运行于传输模式时，保护的是端到端的通信，通信的终点必须是 IPSec 终点。AH 头被插在数据报中 IP 头与需要保护的上层协议之间，对这个数据报进行安全保护。AH 报头如图 4.15 所示。

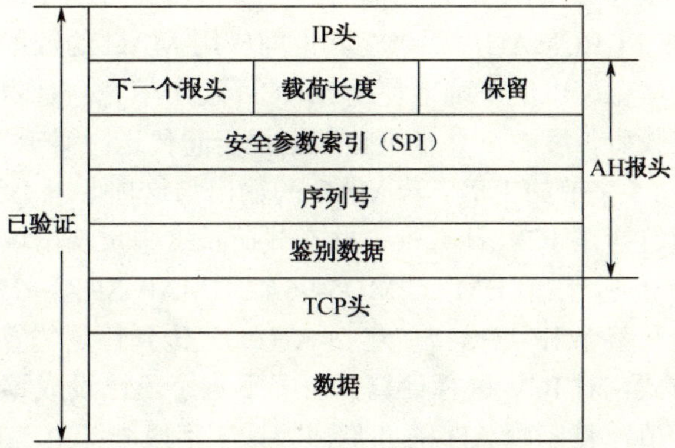

图 4.15　传输模式的 AH 报头

AH 运行于通道模式时，它将自己保护的数据报封装起来，另外，在 AH 头之前，添加一个 IP 头。里面的 IP 数据报中包含了通信的原始寻址，而“外面的”IP 数据报则包含了 IPSec 端点的地址。通道模式可用来替换端对端安全服务的传输模式，但是，由于这一协议中没有提供机密性，因此，相应地就没有通信分析这一保护措施，所以它没什么用处。AH 只用于保证收到的数据报在传输过程中不会被修改，保证由要求发送它的当事人将它发送出去，以及保证它是一个新的非重播的数据报。这种情况下的 AH 报头如图 4.16 所示。

⑤ AH 处理

a）发送处理

对外发数据报，在利用 SA 构建一个 AH 头之前，计算器就开始递增。这样就保证了每个 AH 头中的序列号都是一个独一无二的、非零的和单向递增的。AH 头的其余字段都将填满恰当的值。SPI 字段分配的值是取自 SA 的 SPI，鉴别数据字段设为 0。AH 将安全保护扩展到外部 IP 头的原有的或预计有的字段。因此，要将完整性检查值（ICV）之前的不定字段调成零。对没有包含在身份认证 ICV 中的 IPv4 头来说，它的不定字段包括：Type of service（服务类型）、Flags（标志）、Fragment offset（分段偏移）、Time to live（存活时间）和 Header checksum（头校验和）。

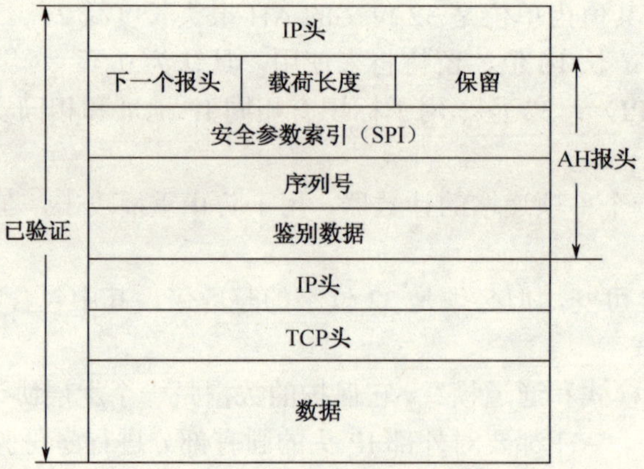

图 4.16　通道模式的 AH 报头

对 IPv4 选项或 IPv6 扩展头来说，如果它们是固定的或预定的，都会包含在 ICV 计算之中；否则，必须在计算 ICV 之前，把它们调成零。身份认证可能要求进行适当的填充。对有些 MAC 来说，例如 DES-CBCMAC，要求在其上面应用 MAC 的数据必须是算法的块大小的倍数。因此，必须进行填充，以便正确地使用 MAC。这个填充项是隐式添加的，它必须一概为零，其大小不包括在载荷长度中，并且不随数据报一起传送。对于 IPv4，AH 头必须是 32 字节的倍数，IPv6 则是 64 字节的 1 倍。若 MAC 的输出与这项要求不符，就必须添加 AH 头。对于填充项的值，必须包括在 ICV 计算中，并在载荷长度中反映出填充项的大小。如果强制实施身份认证程序正确对齐，在用 HMAC-MD5-96 或 HMAC-SHA-96 时，就不再需要填充项。

通过把密钥从 SA 和整个 IP 数据报（包括 AH 头）传到特定的算法（它被认作 SA 中的身份认证程序）这一方式，对 ICV 进行计算。由于不定字段已设成零，因此不会包括在 ICV 计算中。接下来，ICV 值被复制到 AH 的“鉴别数据”字段中，IP 头中的不定字段就可根据 IP 处理的不同得以填充。最后，IP 数据报就可以输出了。

b）接收处理

由 IP 头的目的地址、特定协议（这里是 51）和取自 AH 头的 SPI 这三者对 SAD 进行检索，查找 SA。如果没有找到合适的 SA，这个数据报就会被丢弃。找到 SA 之后，进行序列号检查。这一步是可选的，但这样做收效甚微，以致没有理由不执行抗重播检查。抗重播检查会决定这个数据报是新收到的还是以前收到的。如果检查失败，这个数据报就会被丢弃。现在必须检查 ICV 了。首先将 AH 头的鉴别数据字段中的 ICV 值保存下来，然后将那个字段清零。IP 中的所有不定字段也被清零（如前所述，这些其实是先于 ICV 计算清零的相同的字段）。填充取决于验证算法以及载荷长度，可能还要进行隐式填充，使验证数据的长度符合算法的要求。隐式填充包含的值必须全为零。随后，对整个数据报应用验证算法进行计算，并将获得的摘要与保存下来的 ICV 值进行比较。如果相符，则 IP 数据报通过身份验证；如果不符，则丢弃该数据报。通过 ICV 验证，接收窗口的序列号可以递增。这样便结束了一次 AH 处理过程。随后，保存下来的 IP 头可被恢复。记住，不定字段已经置零，所以能防止对其做进一步的处理，而且验证通过的整个数据报可传递给下一步的 IP 处理。

（2）ESP 协议

① ESP 协议作用

ESP（Encapsulating Security Payload，封装安全载荷）用于为 IP 报文提供保密性业务和

可选的数据完整性保护。和 AH 一样，ESP 也可通过其序列号的单调性来防重播攻击。

② ESP 协议报文格式

ESP 协议报头格式如图 4.17 所示，其中相关字段的说明如下。

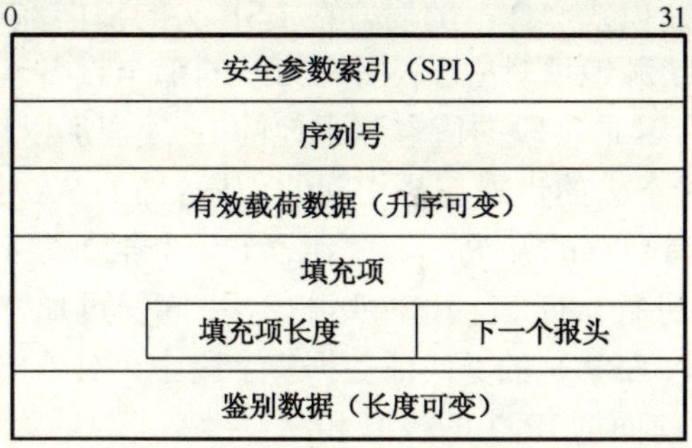

图 4.17　ESP 报头格式

有效载荷数据（Payload Data）：包括被加密保护的 IP 包或传输层数据段（传输模式）。

填充项（Padding）：0～255 字节，该字段用于当加密算法要求明文长度为某一长度整数倍时，可通过填充达到所需长度等。

填充项长度（Pad Length）：长 8 位，指明填充项的长度，接收端利用它恢复载荷数据的真实长度。

鉴别数据（Authentication Data）：长度必须为 32 位字的整数，这是将验证算法（通常是散列函数）应用于 ESP 包所得出的完整性检查值（ICV）。该字段是可选的。

ESP 协议中加密保护验证的范围如图 4.18 所示。

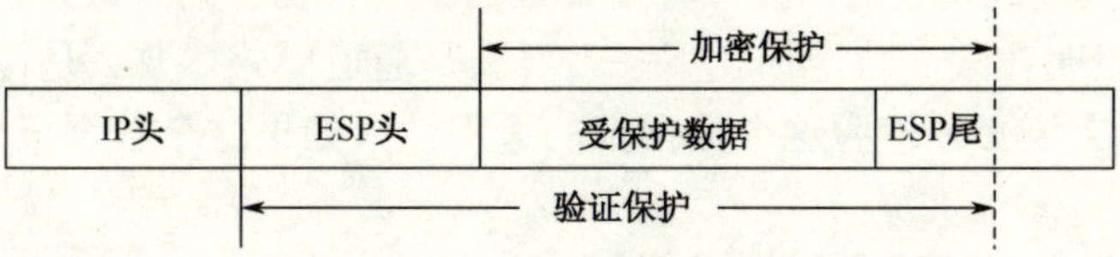

图 4.18　ESP 加密保护范围

③ ESP 的运行模式

ESP 也可选用两种方式中的一种来应用于 IP 数据报：传输模式或通道模式。它们的差别决定了 ESP 保护的真正对象是什么。在传输模式下，ESP 头插在 IP 头和 IP 数据报的上层协议头之间；在通道模式下，整个受保护的 IP 数据报都封装在一个 ESP 头中，还增加了一个新的 IP 头。

④ ESP 处理

a）发送处理

对在 IPv4 上运行的传输模式应用来说，ESP 头紧跟在 IP 头（包括 IP 头可能有的任何选项）之后，插在一个外出的 IP 数据报中。IP 头的协议字段被复制到 ESP 头的“下一个报头”字段中，ESP 头的其余字段则被填满。SPI 字段分配到的是来自 SAD 的、用来对这个数据报进行处理的特定 SA 的 SPI；填充序列号字段的是序列中的下一个值。填充数据会被插入，其值被分配，同时分配的还有填充长度值。随后，IP 头的协议字段得到的是 ESP 的值，或者 5 0。除了头插入位置不同之外，IPv6 处理规则基本上类似于 IPv4。ESP 头可插在任意一个扩展头之后。

对通道模式应用来说，ESP头是加在IP数据报前面的。如果封装的是一个IPv4数据报，那么ESP头的下一个报头字段分配到值4；如果封装的是一个IPv6数据报，则分配到值41。其他字段的填充方式与传输模式一样。随后，在ESP头的前面新增了一个IP头，并对相应的字段进行填充（赋值）：源地址对应于应用ESP的那个设备本身，目标地址取自于应用ESP的SA；协议设为50；其他字段的值参照本地的IP处理加以填充。

不管在哪种模式下，接下去的步骤都是相同的。从恰当的SA中选择加密器（加密算法），对数据报进行加密（从载荷数据的开头，一直到“下一个报头”字段）。随后，使用恰当的SA中的认证器，对数据报进行认证（自ESP头开始，中间经过加密的密文，一直到ESP尾）。随后，将认证器的结果插入ESP尾的“认证数据”字段中。对外出数据报进行处理的最后一步是，重新计算位于ESP前面的IP头的校验和。

b）接收处理

接收方在收到一个ESP数据报之后，若不对这个数据报进行处理，就无法得知它究竟处于通道模式，还是传输模式。根据对这个数据报进行处理的SA，便可知道它到底处于什么模式。但是，除非完成了对它的解密，否则不可能知道ESP保护的是什么。收到ESP数据报后，首先要检查处理这个数据报的SA是否存在——这是基本的IPSec要求，而不是ESP专有的。如果没有SA，这个数据报就会被丢弃。一旦认证通过了一个有效的SA，就可以用它开始对数据报进行处理。首先，检查序列号。由于ESP身份认证是密文而不是明文，因此接下来进行的便是对这个数据报进行身份认证。然后是解密。通过取自SA的密钥和密码算法，就可对ESP数据报进行解密，这个ESP数据报从载荷数据开始到下一个报头结束。传送身份认证和解密检查成功之后，就可对结果数据报进行初步的有效性检验。如果用来处理这个数据报的SA表明在某一特定模式下——要么是通道模式，要么是传输模式——只能处理ESP数据报，那么还必须检验这个数据报的适用性。如果这个数据报与要求的模式不符，就必须把它丢弃。

对于传输模式，上层协议头与IP头是同步的，ESP头的下一个报头字段被复制到IP头的协议字段中，并计算出一个新的IP校验和。

对于通道模式，可以抛开外部IP头和ESP头——我们需要的是这个解开封装的数据报。为进行下一步的处理，可将一个经过改造和认证的数据报转发出去。如果它是一个传输模式数据报，就会转发到一个高一级的协议层（如TCP或UDP），由它们对这个数据报进行处理；如果它是一个通道模式数据报，就会重新插入到IP处理流中，继续转发到它的最终目的地。

（3）ESP和AH的比较

总地来说，AH可证明数据的起源地，保障数据的完整性，防止相同数据报的重播。而ESP除具有AH的所有能力之外，还可选择保障数据的机密性，以及为数据流提供有限的机密性保障。

2. 安全关联

（1）SA简介

安全关联（Security Association，SA）记录每条IP安全通路的策略和策略参数。安全关联是 IPSec 的基础，是通信双方建立的一种协定，决定了用来保护数据报的协议、转码方式、密钥以及密钥有效期等。所谓安全关联，就是通信双方协商好的安全通信的构建方案，是通信双方共同签署的“协定”。

一个关联就是发送与接收者之间的一个单向关系。如果需要一个对等关系，即双向安全交换，则需要两个 SA。

（2）SA 的参数

SA 由如下三个参数唯一确定。

- 安全参数索引（Security Parameters Index，SPI）：SPI 是一个长度为 32 位的数据，接收方用 AH 和 ESP 报头的 SPI 唯一地确定一个 SA 并在其下处理一个收到的报文。
- IP 目的地址：即 SA 中接收方的 IP 地址。它可以是一个最终用户系统或一个网络系统，如防火墙或路由器。
- 安全协议标识符：用以标识通信双方采用的是 AH 协议还是 ESP 协议。

除以上三个参数外，SA 还包含以下参数。

顺序号计数器（Sequence Number Counter）：用来产生 AH 或 ESP 报头中的顺序号（Sequence Number），达到防止重播攻击的目的。

顺序号溢出标志（Sequence Counter Overflow）：表示顺序号的溢出是否能产生一个可审核的事件，并防止这个 SA 上的数据报的进一步传送。

防重播窗口（Anti-replay Window）：用来判断入站 AH 或 ESP 数据报是否重播。

AH 信息（AH Information）：所采用 AH 的身份鉴别算法、密钥、密钥生命周期和其他相关参数。

ESP 信息（ESP Information）：所采用 ESP 的身份鉴别算法、密钥、密钥生命周期和其他相关参数。

SA 的生命周期（Life Time of this SA）：表示一个时间间隔，在该间隔以后，此 SA 或者结束或者被一个新的 SA 所替代。同时，这一参数中还有一个标识符用来标识此 SA 是被结束还是被替代。

IPSec 协议模式（IPSec Protocol mode）：通道、传输、通配符。

路径最大传输单元（Path MTU）：指能传输的最大数据报的长度。

以上参数除了 AH 信息和 ESP 信息分别仅为采用 AH 协议或 ESP 协议时要求以外，其他参数在两种协议中都被要求。在每个 IPSec 的执行过程中，都有一个标准的安全关联数据库（Security Association Database，SAD），其中存放了每个 SA 的相关参数。

（3）SA 的创建

SA 的创建分两步进行：先协商 SA 参数，再用 SA 更新安全策略数据库。协商 SA 参数可采用人工协商或 Internet 标准密钥管理协议（如 IKE）来完成。人工密钥协商是必须支持的，在 IPSec 的早期开发及测试过程中，人工协商是一项非常有用的方式。在人工密钥协商过程中，通信双方都需要离线同意 SA 的各项参数。但人工协商过程非常容易出错，既麻烦，又不安全。因此，在已经有一种稳定、可靠的密钥管理协议的前提下，在已经配置好 IPSec 的环境中，SA 的建立通过一种 Internet 标准密钥管理协议来完成。如果安全策略要求建立安全、保密的连接，但却找不到相应的 SA，IPSec 的内核便会自动调用 IKE（Internet 密钥交换，Internet Key Exchange），由 IKE 与目标主机协商具体的 SA。

3．密钥管理协议

IPSec 的密钥管理是指对密钥的产生、登记、认识、注册、分发、安装、存储、归档、注解等服务的实施和运用。而密钥协商是密钥管理的一个重要的组成部分，它主要处理密钥的生成、分发，二者的关系可用图 4.19 描述。

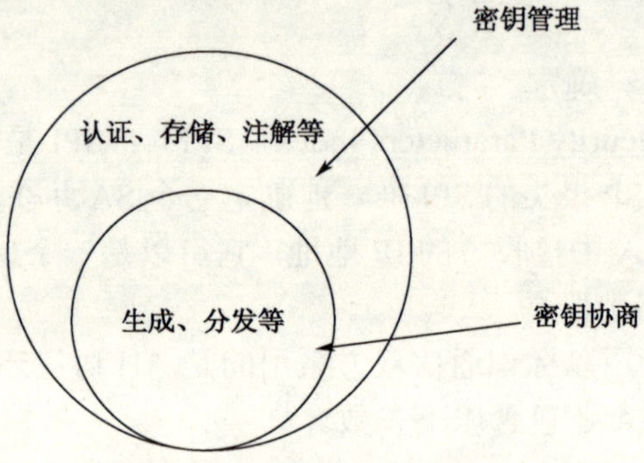

图 4.19　密钥管理与密钥协商

（1）ISAKMP 概述

Internet 安全关联和密钥管理协议（Internet Security Association and Key Management Protocol，ISAKMP）用定义的程序和信息包的格式来建立、协商、修改和删除安全关联（SA）。ISAKMP 结合了加密安全的概念，还定义了交换密钥生产的有效载荷和认证数据。另外，ISAKMP 为 IPSec 提供了一个密钥管理框架，并为安全属性的协商提供了协议支持，不同的密钥管理算法都可以集成到这个框架中。

（2）ISAKMP 的协商阶段

ISAKMP 采用两个阶段的协商机制。阶段 1，在通信双方间建立 ISAKMP SA，即建立一个通过身份验证和安全保护的通道。阶段 2，使用阶段 1 建立起来的通道为另一个不同的协议（如 IPSec）协商安全服务。

ISAKMP SA 实际上是安全策略的一个抽象和一个密钥，它和 IPSec SA 既有某些共同之处，也有很大区别。在建立这个 SA 之前，通信双方必须先协商好规则、验证方法、所需参数等，ISAKMP SA 必须用来对后续阶段 2 的信息交换提供验证。

阶段 2 交换可为其他协议建立安全关联。完成一次阶段 2 交换以后，在 ISAKMP 处理过程中和它关联在一起的状态便不复存在，但 ISAKMP SA 继续存在，以确保阶段 2 交换的安全。

ISAKMP 定义了 5 种密钥交换，然而这些交换不能算是完整的交换，因为它们既未定义一次特定的验证密钥交换如何完成，也未定义建立 SA 所需的属性。对于 IPSec 而言，这部分工作交给 IKE 去完成。

（3）ISAKMP 的交换类型

1）基本交换（Base Exchange）

基本交换过程如图 4.20 所示，分为 4 步，在第一条消息中，发起者请求建立一个 SA，并在 SA 中提出自己的 proposal，然后产生一个伪随机数（包含在 NONCE 载荷中），此随机数不仅提供对话双方参与通信的证明，而且因为每次产生的随机数都不一样，所以也是抗重播攻击的好方法。

① A ——→ B：头部；SA；NONCE　　//请求建立SA并出示自己的随机数

② B ——→ A：头部；SA；NONCE　　//同意建立SA并出示自己的随机数

③ A ——→ B：头部；KE；ID；AUTH　　//开始交换密钥并出示自己的身份和验证数据

④ B ——→ A：头部；KE；ID；AUTH　　//交换密钥并出示自己的身份和验证数据

图 4.20　基本交换过程

基本交换允许密钥交换和身份验证信息在一起传送，都是明文传送，这样就减少了交换的消息量，但这种交换无法提供身份保护。

前两条消息建立 SA，后两条消息交换密钥信息和用户 ID，使用 AUTH 有效载荷来鉴别来自前两条消息的密钥、身份和一次性随机数。

2）身份保护交换

身份保护交换过程如图 4.21 所示，其中，密钥交换和身份、鉴别信息分开，因此提供了对身份的保护，但同时也增加了交换的消息量。前两条消息建立 SA，后两条消息用于密钥交换，最后两条消息用于交换包含鉴别信息的加密数据，鉴别信息包括数字签名、公钥证书等。

① A ——→ B：头部；SA　　// 请求与应答

② B ——→ A：头部；SA　　// 请求与应答

③ A ——→ B：头部；KE；NONCE　　// 发密钥和随机数

*④ B ——→ A：头部；KE；NONCE　　// 发密钥和随机数

*⑤ A ——→ B：头部；ID；AUTH　　// 出示身份，彼此验证，建立起ISAKMP SA

*⑥ B ——→ A：头部；OD；AUTH

注：加"*"号表示加密数据

图 4.21　身份保护交换过程

3）身份验证交换

身份验证交换在不提供身份保护的代价下最小化交换的消息量。它只需要传输与鉴别有关的信息，最终形成 SA，并通过验证确认对方正是自己需要交流的对象。

身份验证交换过程如图 4.22 所示，其用于完成相互的鉴别，不用于密钥交换。前两条消息建立 SA，响应者在第二条消息中还向发起者发送自己的 ID，并使用鉴别来保护该报文。发起者在第三条消息中向响应者传输它的已鉴别的 ID。

① A ——→ B：头部；SA；NONCE

② B ——→ A：头部；SA；NONCE；ID；AUTH

③ A ——→ B：头部；ID；AUTH

图 4.22　身份验证交换过程

4）野蛮交换

在野蛮交换（Aggressive Exchange）中，发起者不能发送多个提议，这是因为发起者必须在第一条消息中提供 Diffie-Hellman 的公共值及其随机数。

野蛮交换过程如图 4.23 所示，第一条消息，发起者提议建立 SA，同时还开始了密钥交换过程并向响应者提供自己的 ID。

第二条消息，响应者表示接受建立 SA 的提议，并完成密钥交换及鉴别传输的信息。

第三条消息，发送者向响应者传送鉴别加密结果，使用共享的密钥加密，其中鉴别的范围覆盖了以前的信息。

① A ——→ B：头部；SA；KE；NONCE；ID

② B ——→ A：头部；SA；KE；NONCE；ID；AUTH

③ A ——→ B：头部；AUTH

图 4.23　野蛮交换

4.2.3　IPSec 运行模式

IPSec 协议（包括 AH 和 ESP）既可用来保护一个完整的 IP 载荷，也可用来保护某个 IP 载荷的上层协议。这两方面的保护分别是由 IPSec 两种不同的模式来提供的。其中，传输模式用来保护上层协议，而通道模式用来保护整个 IP 数据报。

1．传输模式

在传输模式中，IPSec 先对上层协议进行封装，增加一个 IPSec 头，对上层协议的数据进行保护，然后才由 IP 协议对封装的数据进行处理，增加 IP 头。传输模式如图 4.24 所示。

IP头	IPSec头	TCP头	数据

图 4.24　传输模式

在传输模式下，IPSec 模块运行于通信的两端的主机中。传输模式的实施如图 4.25 所示。

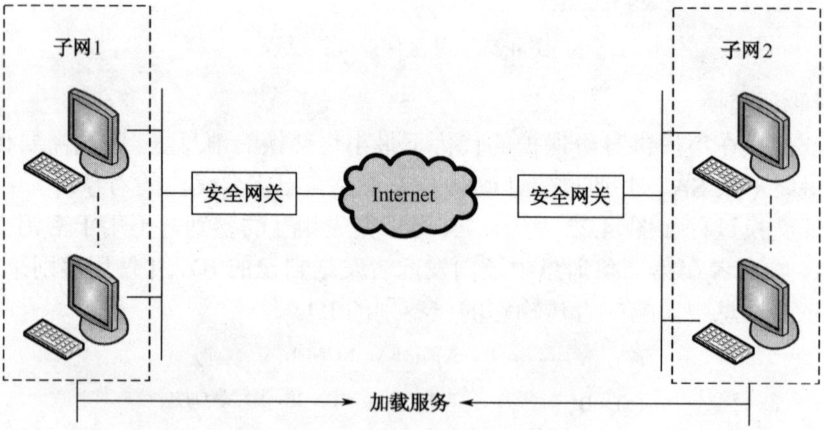

图 4.25　传输模式的实施

传输模式有如下优点。

① 即使位于同一子网内的其他用户，也不能非法修改通信双方的数据内容。

② 分担安全网关的处理负荷。

但同时也具有以下缺点。

① 每个需要实现传输模式的主机都必须安装并实现 IPSec 模块，因此端用户无法得到透明的安全服务，并且端用户为获得 AH 服务必须付出内存、处理时间等方面的代价。

② 不能使用私有的 IP 地址，必须使用公有地址资源。

2. 通道模式

在通道模式中，IPSec 对 IP 协议处理后的数据进行封装，增加一个 IPSec 头，对 IP 数据报进行保护，然后再由 IP 协议对封装的数据进行处理，增加 IP 头。通道模式如图 4.26 所示。

新IP头	IPSec头	IP头	TCP头	数据

图 4.26　通道模式

采用通道模式，IPSec 模块运行于安全网关或主机中。通道模式的实施如图 4.27 所示。

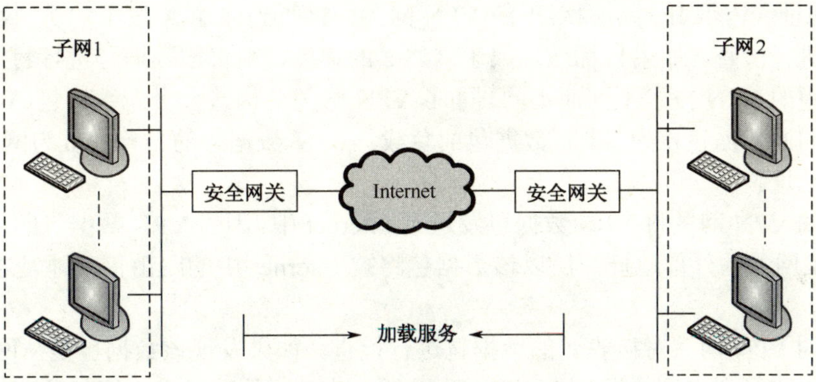

图 4.27　通道模式的实施

通道模式具有以下优点：

① 子网内部的各主机凭借安全网关的 IPSec 处理透明地得到安全服务。

② 可以在子网内部使用私有 IP 地址，无须占用公有地址资源。

但同时也具有以下缺点：

① 增加安全网关的处理负载。

② 无法控制来自子网内部的攻击者。

4.3 VPN

4.3.1 VPN 简介

虚拟专用网（Virtual Private Network，VPN）是指在公用网络上建立专用网络的技术。它是两个专用网络通过一个公用网络相互连接的一种方法。其之所以称为虚拟网，主要是因为整个 VPN 网络的任意两个节点之间的连接并没有传统专网所需的端到端的物理链路，而是架构在公用网络服务商所提供的网络平台（如 Internet、ATM（异步传输模式）、Frame Relay（帧中继）等）之上的逻辑网络，用户数据在逻辑链路中传输。它涵盖了跨共享网络或公共网络的封装、加密和身份验证链接的专用网络的扩展。VPN 技术原来是路由器具有的重要技术之一，目前交换机、防火墙设备及 Windows 等软件都支持 VPN 功能。一句话，VPN 的核心就是在利用公共网络建立虚拟私有网。

因此，VPN 被定义为通过一个公用网络（通常是 Internet）建立一个临时的、安全的连接，是一条穿过混乱的公用网络的安全、稳定的通道。

4.3.2 VPN 的工作原理及应用

1. VPN 工作原理

通常，VPN 网关采取双网卡结构，外网卡使用公网 IP 接入 Internet。

如果网络 1 的终端 A 需要访问网络 2 的终端 B，则其发出的访问数据包的目标地址为终端 B 的 IP 地址（内部 IP）。网络 1 的 VPN 网关在接收到终端 A 发出的访问数据包时，对其目标地址进行检查。如果目标地址属于网络 2 的地址，则将该数据包进行封装，封装的方式根据所采用的 VPN 技术不同而不同。同时，VPN 网关会构造一个新数据包（VPN 数据包），并将封装后的原数据包作为 VPN 数据包的负载，VPN 数据包的目标地址为网络 2 的 VPN 网关的外部地址。

网络 1 的 VPN 网关将 VPN 数据包发送到 Internet 中，因为 VPN 数据包的目标地址是网络 2 的 VPN 网关的外部地址，所以该数据包将被 Internet 中的路由正确地发送给网络 2 的 VPN 网关。

网络 2 的 VPN 网关对接收到的数据包进行检查，如果发现该数据包是从网络 1 的 VPN 网关发出的，即可判定该数据包为 VPN 数据包，并对该数据包进行解包处理。解包的过程主要是，先将 VPN 数据包的包头剥离，再将数据包反向处理还原成原始的数据包。

网络 2 的 VPN 网关将还原后的原始数据包发送至目标终端 B，因为原始数据包的目标地址是终端 B 的 IP，所以该数据包能够被正确地发送至终端 B。在终端 B 看来，它收到的数据包就和从终端 A 直接发过来的一样。

从终端 B 返回终端 A 的数据包的处理过程和上述过程一样，这样两个网络内的终端就可以相互通信了。

通过上述说明可以发现，在 VPN 网关对数据包进行处理时，有两个参数对于 VPN 通信十分重要：原始数据包的目标地址（VPN 目标地址）和远程 VPN 网关地址。根据 VPN 目标地址，VPN 网关能够判断对哪些数据包进行 VPN 处理，对于不需要处理的数据包通常可直接转发到上级路由；远程 VPN 网关地址则指定了处理后的 VPN 数据包发送的目标地址，即 VPN 通道的另一端 VPN 网关地址。由于网络通信是双向的，因此在进行 VPN 通信时，通道两端的 VPN 网关都必须知道 VPN 目标地址和与此对应的远端 VPN 网关地址。

2. VPN 的应用

虚拟专用网是对企业内部网的扩展。虚拟专用网可以帮助远程用户、公司分支机构、商业伙伴及供应商同公司的内部网建立可信的安全连接，并保证数据的安全传输。虚拟专用网可用于不断增长的移动用户的全球 Internet 接入，以实现安全连接；可用于实现企业网站之间安全通信的虚拟专用线路，用于经济、有效地连接商业伙伴和用户的安全外连网虚拟专用网。VPN 的应用如图 4.28 所示。

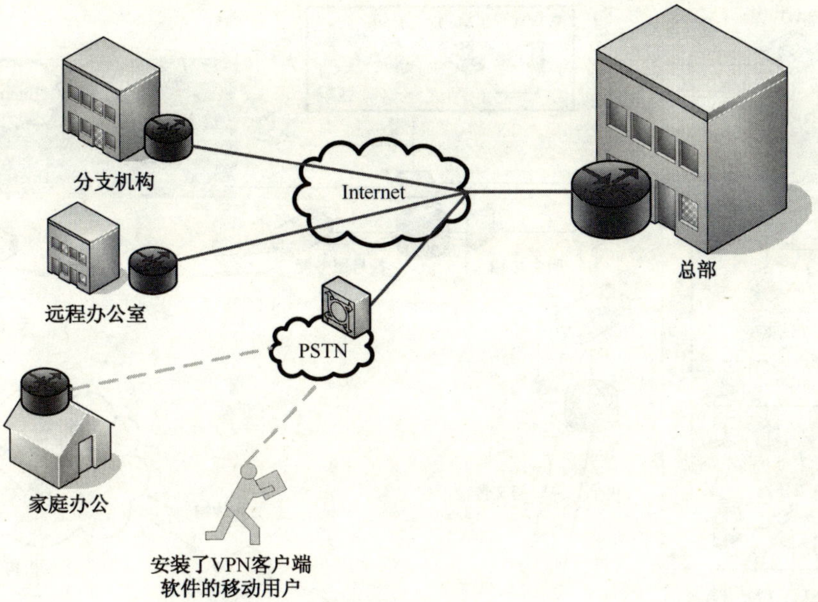

图 4.28　VPN 的应用

3. VPN 的优点

（1）降低费用

远程用户可以通过 VPN 进行网络通信，通信费用大幅度降低，企业可以节省购买和维护通信设备的费用。

（2）增强的安全性

VPN 通过使用点到点协议（PPP）用户级身份验证的方法进行验证，并通过重加密算法对数据进行加密。

（3）易用性

VPN 支持最常用的网络协议，处在基于 IP、IPX 和 NetBEUI 协议的网络中的客户机都可以很容易地使用 VPN。

（4）IP 地址安全

由于 VPN 是加密的，VPN 数据包在 Internet 中传输时，Internet 上的用户只看到公用的 IP 地址，看不到数据包内包含的专有网络地址，因此，远程专用网络上指定的地址是受到保护的。

4. 基本功能

（1）数据机密性保护，即在传输过程中对数据进行加密。数据机密性保护的传输过程如图 4.29 所示。

（2）数据完整性保护，即在数据通信的接收端具有对接收到的数据进行数据包完整性校验。数据完整性保护的传输过程如图 4.30 所示。

（3）数据源身份验证，是指 VPN 通信中在接收端可以验证确认收到的数据包是否是拥有权限的发送端发送的，主要是防止网络中的伪装攻击等事件。数据源身份验证的传输过程如图 4.31 所示。

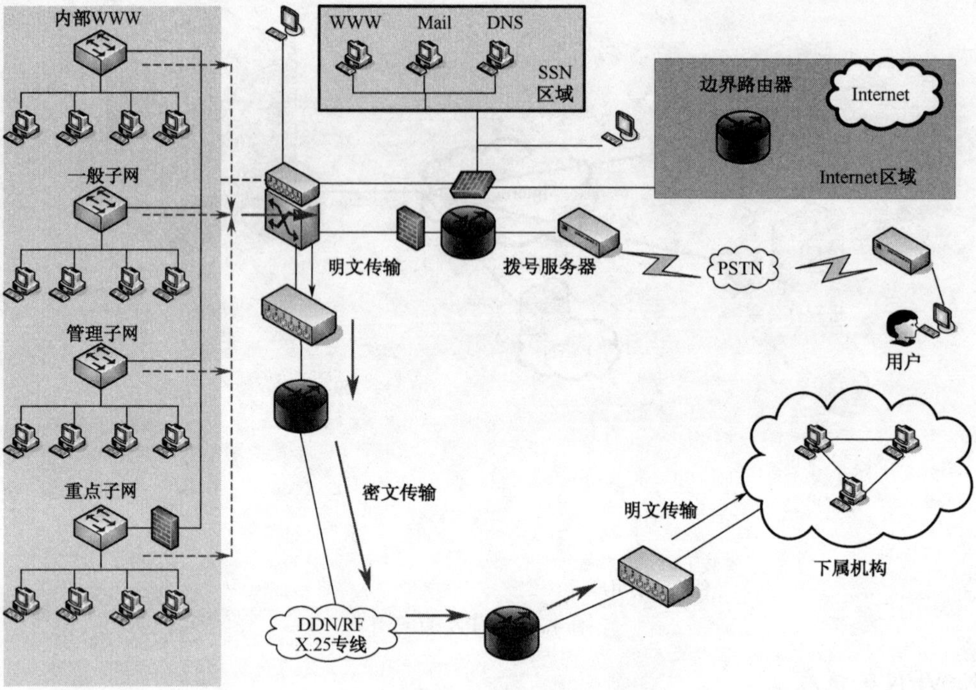

图 4.29　数据机密性保护的传输过程

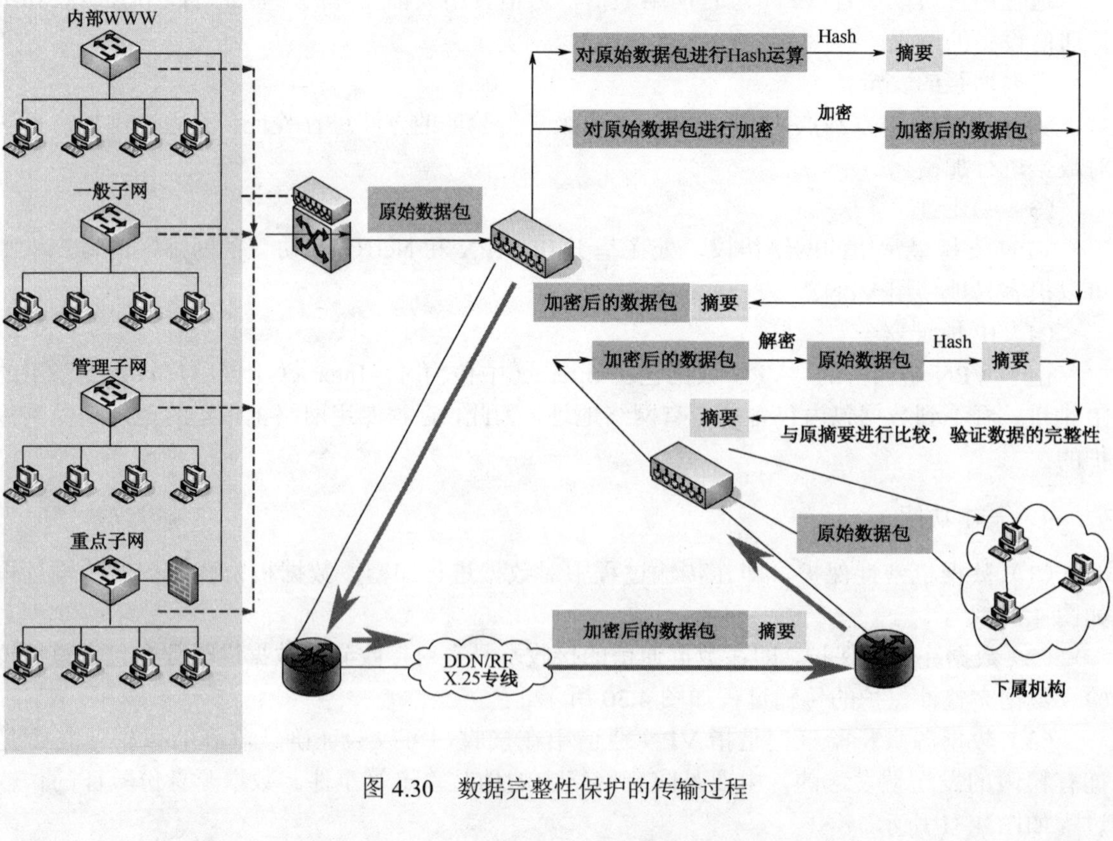

图 4.30　数据完整性保护的传输过程

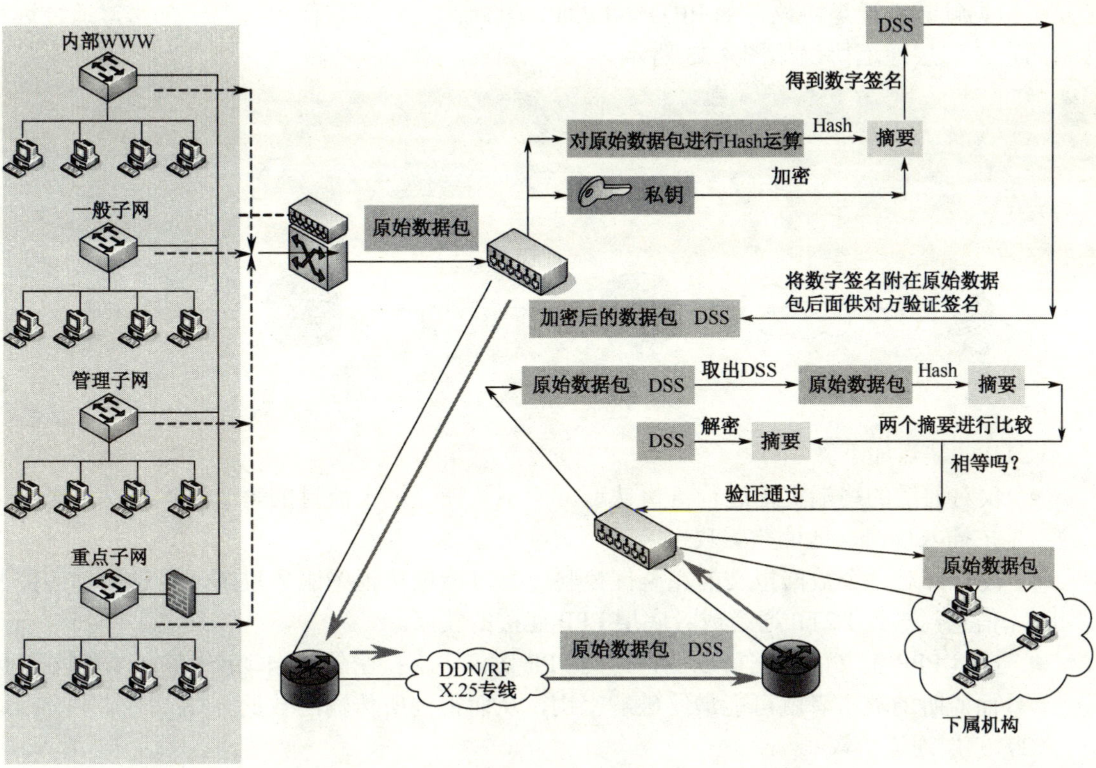

图 4.31　数据源身份验证的传输过程

4.3.3　VPN 的分类

根据不同的划分标准，VPN 分类如下。

1．按协议分类

根据协议来划分的 VPN 主要有 4 种：PPTP、L2TP、IPSec 和 SSL VPN。其中，PPTP 和 L2TP 工作在 OSI 模型的第二层，又称为二层通道协议；IPSec 是三层通道协议，也是最常见的协议；SSL 协议工作在 OSI 模型的第七层（应用层）。L2TP 和 IPSec 配合使用是目前性能最好、应用最广泛的一种选择。VPN 按协议分类如图 4.32 所示。

OSI参考模型	VPN实现技术
应用层	SSL
表示层	
会话层	SOCKS v5
传输层	
网络层	IPSec
数据链路层	PPTP、L2TP
物理层	

图 4.32　VPN 按协议分类

实现 VPN，最关键的部分是在公网上建立虚信道，而建立虚信道是利用通道技术实现的，IP 通道的建立可以在数据链路层和网络层。通道是利用一种协议传输另一种协议的技术，即用通道协议来实现 VPN 功能。为创建通道，通道中的客户机和服务器必须使用同样的通道协议。

（1）二层通道协议

二层通道协议主要是 PPP 连接，先把各种网络协议（IP、IPX 等）封装到 PPP 帧中，再把整个数据帧装入通道协议，如 PPTP、L2TP。其特点是：协议简单，易于加密，适合远程拨号用户。二层通道协议如图 4.33 所示。

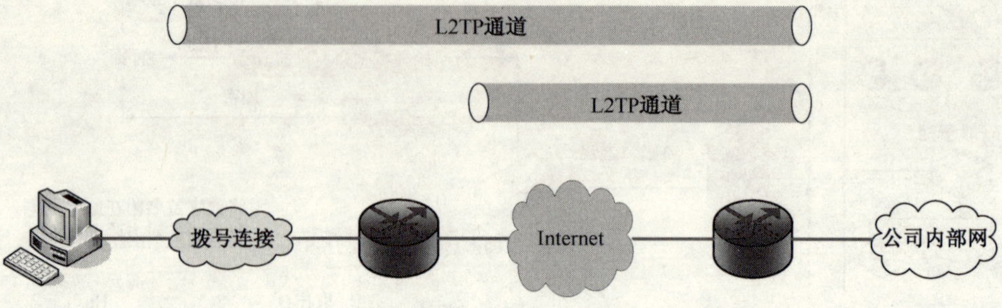

图 4.33　二层通道协议

L2TP 的缺点如下。

- 仅对通道的终端实体进行身份认证，而不认证通道中流过的每个数据报文，无法抵抗插入攻击、地址欺骗攻击。
- 没有针对每个数据报文的完整性校验，有可能进行拒绝服务攻击，发送假冒的控制信息，导致 L2TP 通道或者底层 PPP 连接的关闭。
- 虽然 PPP 报文的数据可以加密，但 PPP 协议不支持密钥的自动产生和自动刷新，因而监听的攻击者就可能最终破解密钥，从而得到所传输的数据。

（2）三层通道协议

三层通道协议主要是 IPSec 协议，是一个标准的第三层安全协议，它是在隧道外面再封装，保证传输过程的安全。IPSec 在 4.2 节中有详细的介绍。IPSec 的主要特征在于它可以对所有 IP 级的通信进行加密，其可靠性及扩展性优于二层通道协议，但没有前者简单直接。三层通道协议如图 4.34 所示。

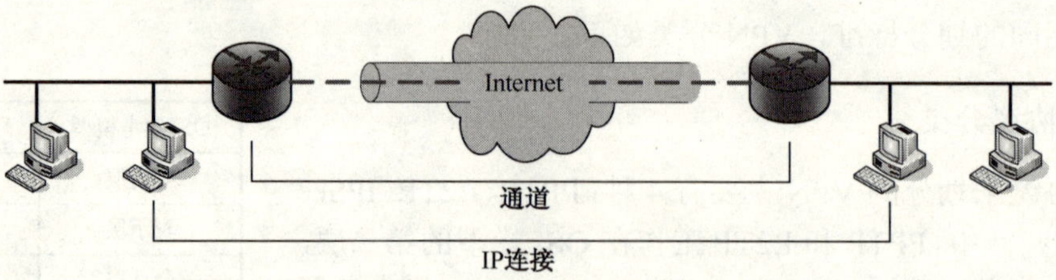

图 4.34　三层通道协议

三层通道协议解决的问题如下。

① 数据源身份认证：证实数据报文是所声称的发送者发出的。

② 数据完整性：证实数据报文的内容在传输过程中没被修改过，无论是被故意改动或是发生了随机的传输错误。

③ 数据保密：隐藏明文的消息，通常靠加密来实现。

④ 重播攻击保护：保证攻击者不能截获数据报文，且在稍后某个时间再发放数据报文。

⑤ 自动的密钥管理和安全关联管理：可尽量减少手工配置，便于网络的扩展。

（3）SSL VPN

SSL VPN 是在应用层实现的 VPN，基于 HTTPS 协议来访问受保护的应用。当客户端需要访问一个应用服务器时，首先，客户端和 SSL VPN 网关通过证书互相验证双方；其次，客户端和 SSL VPN 网关之间建立 SSL 通道；然后，SSL VPN 网关作为客户端的代理和应用服务器之间建立 TCP 连接，在客户端和应用服务器之间转发数据。HTTPS 使用 TCP 端口 443。

SSL VPN 的特点如下。

- 零客户端是 SSL VPN 最大的优势。由于浏览器内嵌了 SSL 协议，因此可以随时作为 SSL VPN 的客户端在任何时间、任何地点对应用资源进行访问，也就是说，对那些基于 B/S 结构的业务，可以直接使用浏览器完成 SSL 的 VPN 建立。
- SSL 的低成本优势使得它迅速得到广泛应用，但至少像视频会议这样的非 B/S 结构的业务是无法通过 SSL VPN 建立和开展的。

（4）MPLS VPN

目前中国电信、中国网通等运营商在国内较大的城市内及城市之间提供了 MPLS VPN 业务。对于那些分支机构主要分布在较大城市的企业集团，MPLS VPN 是一个较理想的选择。

MPLS（Multiprotocol Label Switch，多协议标签交换），起源于 Cisco 的 Tag Switching（标签交换），最终由 IETF 提出成为标准。MPLS 曾经是继 RFC1483.MPOA 之后，IP OVER ATM 的解决方案。MPLS 的基本思想就是在三层数据报中，例如，IP 报头之前，打上标签，根据这个标签实现快速交换。随着网络设备硬件技术的发展，如交换矩阵等的发展，速度提高主要依靠硬件来完成。

MPLS 应用也逐步转向 MPLS 流量工程和 MPLS VPN 等。MPLS VPN 也越来越被运营商看好，成为 IP 网络运营商提供增值业务的重要手段。MPLS VPN 方案如图 4.35 所示。

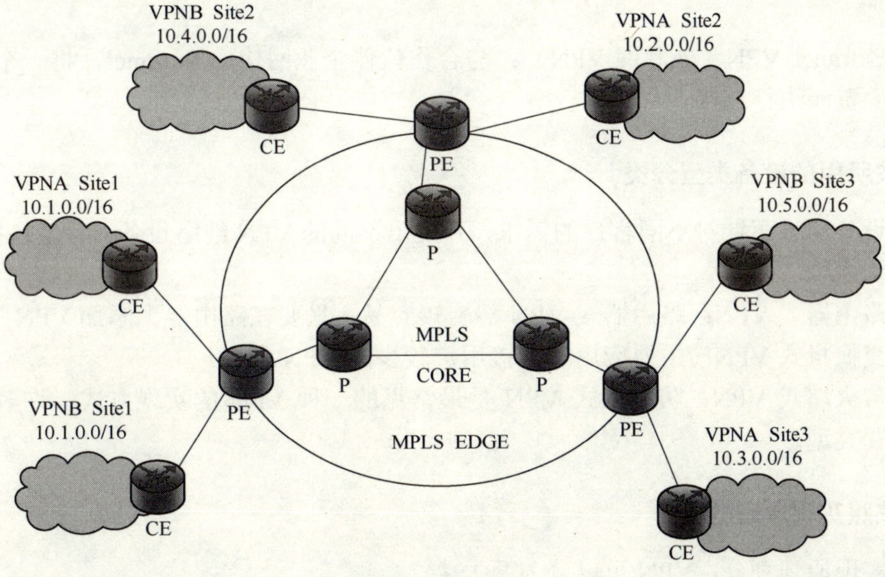

图 4.35 MPLS VPN

图 4.35 中的 P、PE 及 CE 含义说明如下。

- P（Provider router，提供商路由器）负责转发数据，不与 CE 直接相连。
- PE（Provider Edge router，提供商边缘路由器）设备与用户的 CE 相连，负责 VPN 业务的接入。

- CE（Custom Edge router，用户边缘路由）设备直接与服务提供商网络连接。

MPLS VPN 的特点如下。

- MPLS 同其他 VPN 解决方案的区别是，它的实现是由运营商网络完成的，用户端设备可以是路由器、防火墙、三层交换机甚至是一台 PC，而这些设备都无须提供对 MPLS 的支持。
- MPLS VPN 提供了灵活的地址管理。由于采用了单独的路由表，允许每个 VPN 使用单独的地址空间，因此采用私有地址的用户不必再进行地址转换（NAT）。NAT 只有在两个有冲突地址的用户需要建立 Extranet 进行通信时才需要。

MPLS VPN 解决的问题如下。

- 数据源身份认证：证实数据报文是所声称的发送者发出的。
- 数据完整性：证实数据报文的内容在传输过程中没被修改过，无论是被故意改动或是由于发生了随机的传输错误。
- 数据保密：隐藏明文的消息，通常靠加密来实现。
- 重播攻击保护：保证攻击者不能截获数据报文，且稍后某个时间再发放数据报文。
- 自动的密钥管理和安全关联管理：可尽量减少手工配置，便于网络的扩展。

2. 按应用分类

（1）Access VPN（远程接入 VPN）：客户端到网关，使用公网作为骨干网在设备之间传输 VPN 的数据流量。

（2）Intranet VPN（内联网 VPN）：网关到网关，通过公司的网络架构连接来自同公司的资源。

（3）Extranet VPN（外联网 VPN）：与合作伙伴企业网构成 Extranet，将一个公司与另一个公司的资源进行连接。

3. 按所用的设备类型分类

网络设备提供商针对不同客户的需求，开发出不同的 VPN 网络设备，主要包括交换机、路由器和防火墙。

（1）路由器式 VPN：路由器式 VPN 部署较容易，只要在路由器上添加 VPN 服务即可。

（2）交换机式 VPN：主要应用于连接用户较少的 VPN 网络。

（3）防火墙式 VPN：防火墙式 VPN 是最常见的一种 VPN 的实现方式，许多厂商都提供这种配置类型。

4. 按照实现原理分类

按照实现原理划分，VPN 可以分为两大类。

（1）重叠 VPN：此 VPN 需要用户自己建立节点之间的 VPN 链路，主要包括：GRE、L2TP、IPSec 等众多技术。

（2）对等 VPN：由网络运营商在主干网上完成 VPN 通道的建立，主要包括 MPLS、VPN 技术。

4.3.4 VPN 通道的建立方式

VPN 通道的建立方式分为 4 种：Host 对 Host、Host 对 VPN 网关、VPN 对 VPN 网关和 Remote User 对 VPN 网关。

1. Host 对 Host

该方式要求两边主机都支持 IPSec，VPN 网关可支持也可不支持 IPSec，如图 4.36 所示。

2. Host 对 VPN 网关

该方式要求一边的主机支持 IPSec，而另一边的 VPN 网关必须支持 IPSec，如图 4.37 所示。

3. VPN 网关对 VPN 网关

该方式不要求两边主机都支持 IPSec，而两边的 VPN 网关必须都支持 IPSec，如图 4.38 所示。

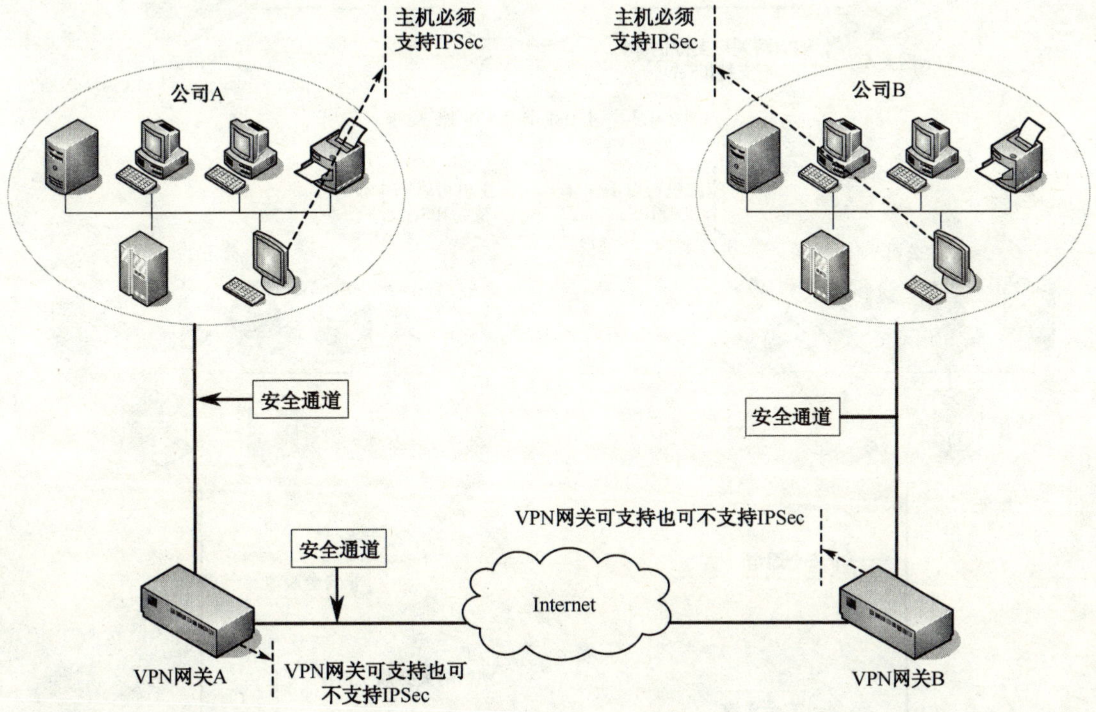

图 4.36 Host to Host

4. Remote User 对 VPN 网关

该方式要求 Remote User 端主机和 VPN 网关必须支持 IPSec，如图 4.39 所示。

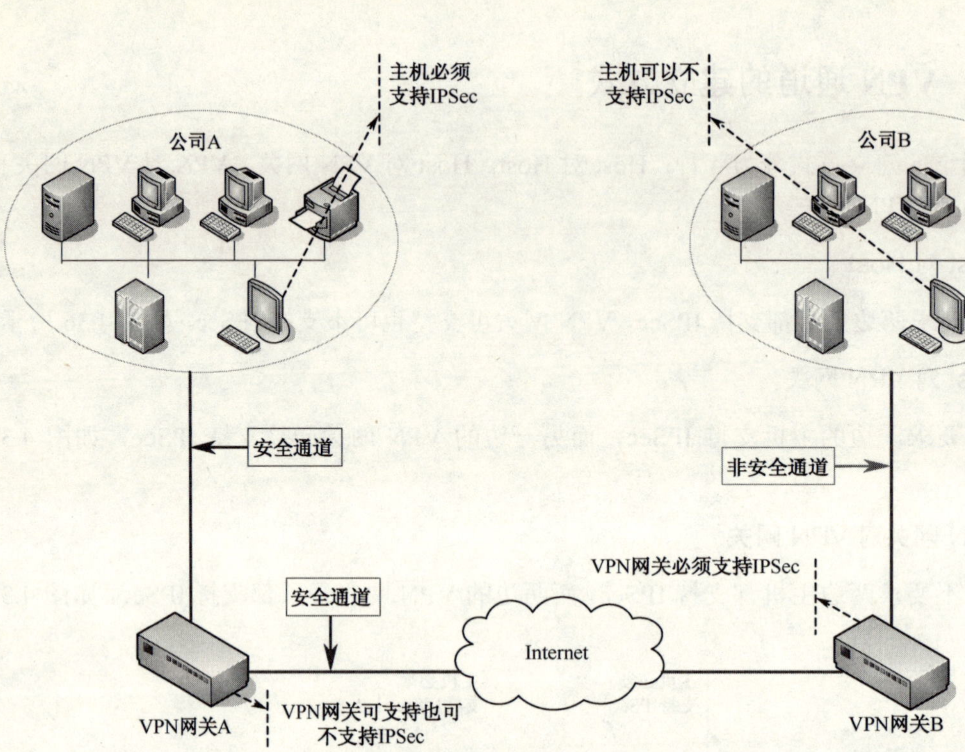

图 4.37　Host 对 VPN 网关

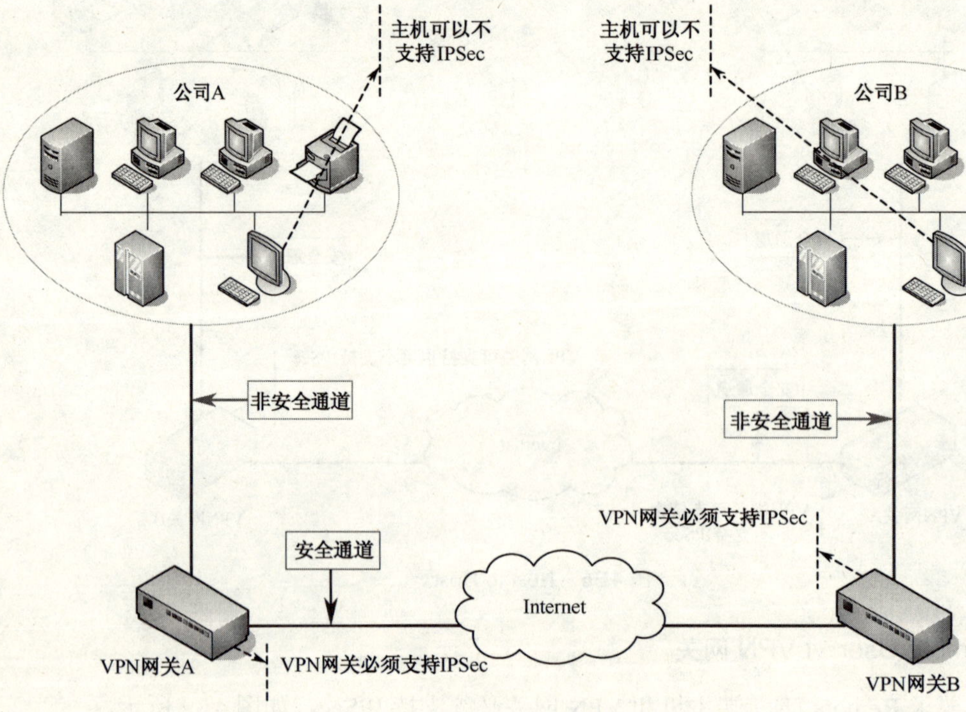

图 4.38　VPN 对 VPN

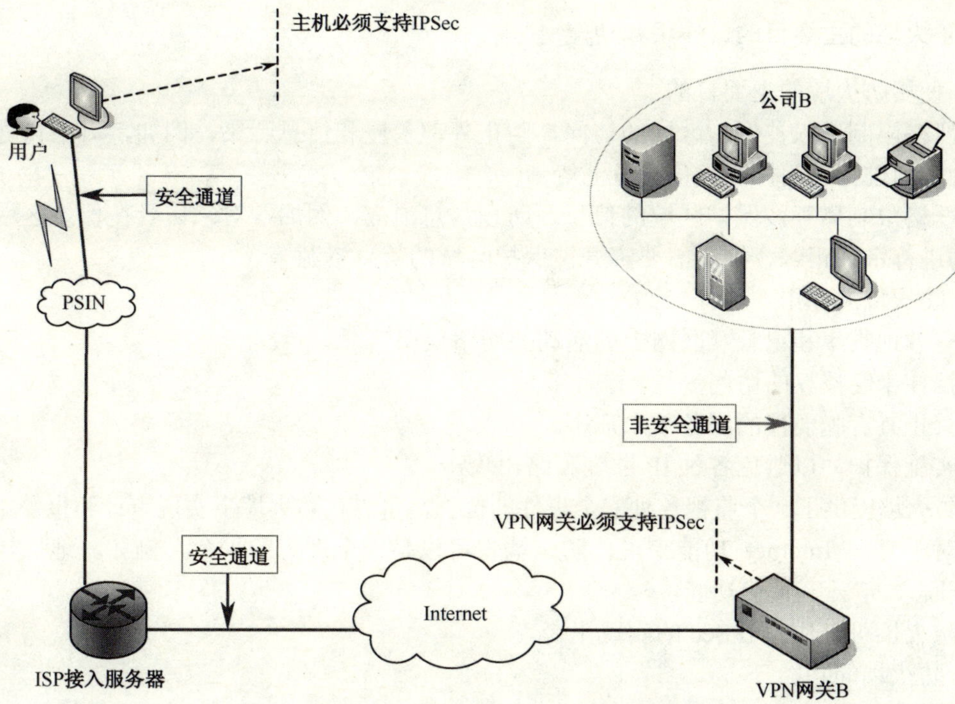

图 4.39　Remote User 对 VPN 网关

4.4　防火墙

4.4.1　防火墙的概述

1. 防火墙定义

所谓“防火墙”，是指一种将内网和外网分开的方法，是在内部网和外部网之间实施安全防范的系统。它实际上是一种隔离技术，同时也是一种访问控制机制，能够限制用户进入一个被严格控制的点。它是一种高级访问控制设备，置于不同网络安全域之间的一系列部件的组合，它是不同网络安全域之间通信流的唯一通道，能根据有关的安全策略控制（允许、拒绝、监视、记录）进出网络的访问行为，如图 4.40 所示。

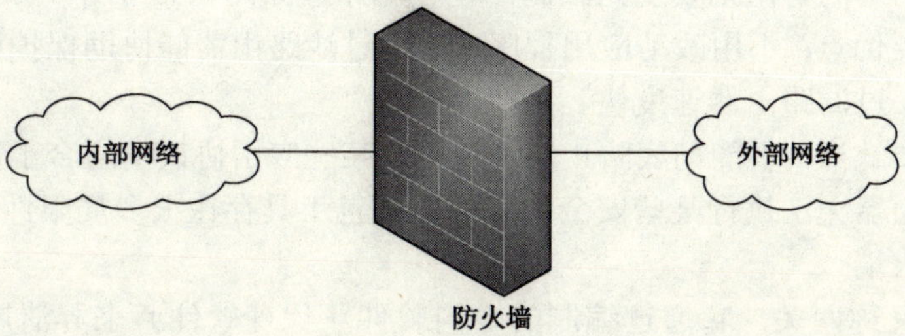

图 4.40　防火墙

2．防火墙的主要目的、作用和功能

（1）使用防火墙的主要目的

① 严格限制进入被保护区域的访问，防止外部入侵和信息污染，例如，对来自外部网络的各种访问进行访问控制、信息过滤等。

② 严格限制离开被保护区域的信息，防止信息泄露，例如，对来访者在保护区域内的各种活动进行审计跟踪、检查需要离开被保护区域的信息资源等。

（2）防火墙的作用

① 有效地收集和记录互联网上的活动和网络误用情况。

② 挡住未经授权的访问流量。

③ 禁止具有脆弱性的服务带来危害。

④ 实施保护，以避免各种 IP 欺骗和路由攻击。

⑤ 防火墙提供了一个监视各种安全事件的位置，可以在防火墙上实现审计和报警。

⑥ 对于有些 Internet 功能来说，防火墙也可以是一个理想的平台，例如，地址转换、Internet 日志、审计、计费功能。

⑦ 防火墙可以作为 IPSec 的实现平台。

（3）防火墙的功能

① 监控和审计网络的存取和访问，过滤进出网络的数据，管理进出网络的访问行为。

② 部署于网络边界，兼备提供网络地址翻译（NAT）、虚拟专用网（VPN）等功能。

③ 防病毒、入侵检测、认证、加密、远程管理、代理等。

④ 深度检测，对某些协议进行相关控制。

⑤ 攻击防范，扫描检测等。

3．防火墙的分类

根据防火墙的应用与发展与技术上可将其分为以下 6 种类型。

（1）包过滤防火墙

包过滤型防火墙（Packet Filter Firewall）中的包过滤器一般安装在路由器上，工作在网络层（IP）。它基于单个包实施网络控制，根据所收到数据包的源地址、目的地址、TCP/UDP、源端口号及目的端口号、包出入接口、协议类型和数据包中的各种标志位等参数，与用户预定的访问控制表进行比较，决定数据是否符合预先制定的安全策略，决定数据包的转发或丢弃，即实施信息过滤。实际上，它一般允许网络内部的主机直接访问外部网络，而外部网络上的主机对内部网络的访问则要受到限制。包过滤原理如图 4.41 所示。

包过滤的主要优点：不用改动应用程序；一个过滤路由器能协助保护整个网络；数据包过滤对用户透明；过滤路由器速度快、效率高。

包过滤的主要缺点：不能彻底防止地址欺骗；某些应用协议不适合于数据包过滤；正常的数据包过滤路由器无法执行某些安全策略；数据包工具存在很多局限性。

（2）代理防火墙

代理防火墙又称网关，它通过编制的专门软件（代理软件）来弄清用户应用层的信息流量，并能在用户层和应用协议层间提供访问控制，而且还可用来保存所有应用程序使用的记录。

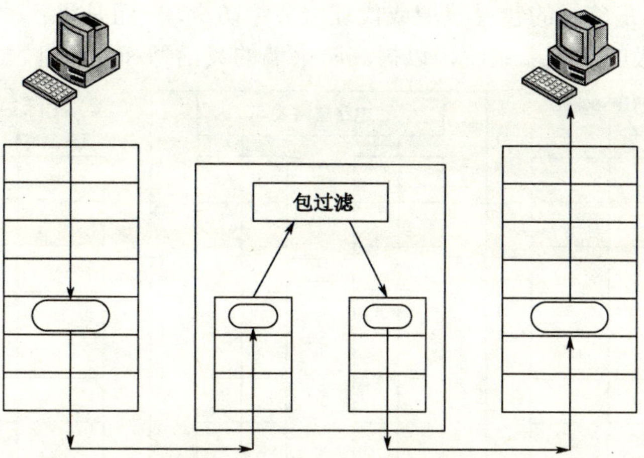

图 4.41　包过滤防火墙原理

代理防火墙工作在应用层或会话层上，使用代理软件来完成对数据包的检测判断，最后决定其能否穿过防火墙。这种代理软件主要由代理服务器、客户代理和协议分析三部分构成。代理防火墙的工作原理如图 4.42 所示。

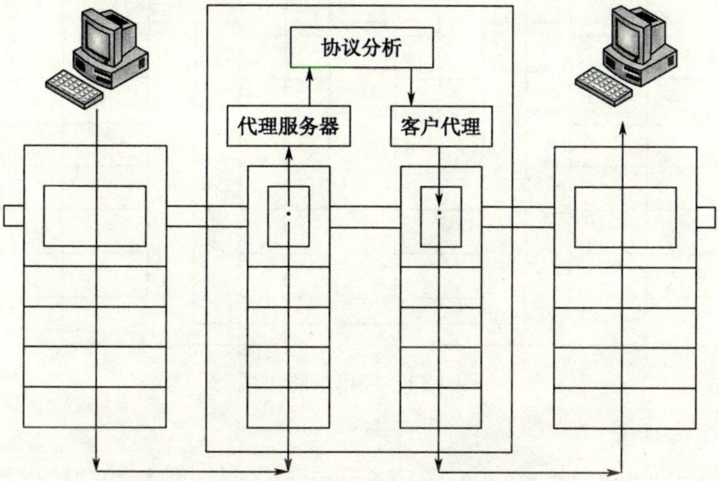

图 4.42　代理防火墙原理

（3）电路层防火墙

电路层防火墙（称电路层网关）工作在会话层上，主要实现两个通信节点间的包转换任务，并将包提交给应用层进行处理，其工作原理如图 4.43 所示。

（4）应用层防火墙

应用层防火墙（称应用层网关）工作在应用层上，主要保存 Internet 上那些最常用和最近访问过的内容。应用层代理增强了网络安全性，并为用户提供方便快捷的访问，其工作原理如图 4.44 所示。

（5）混合型防火墙

混合型防火墙（Hybrid Firewall）把包过滤和代理服务等功能结合起来，形成新的防火墙结构，所用主机称为堡垒主机，负责代理服务。各种类型的防火墙，各有其优缺点。当前的防火墙产品，已不是单一的包过滤型或代理服务型防火墙，而是将各种安全技术结合起来，形成一个混合的多级的防火墙系统，以提高防火墙的灵活型和安全性。

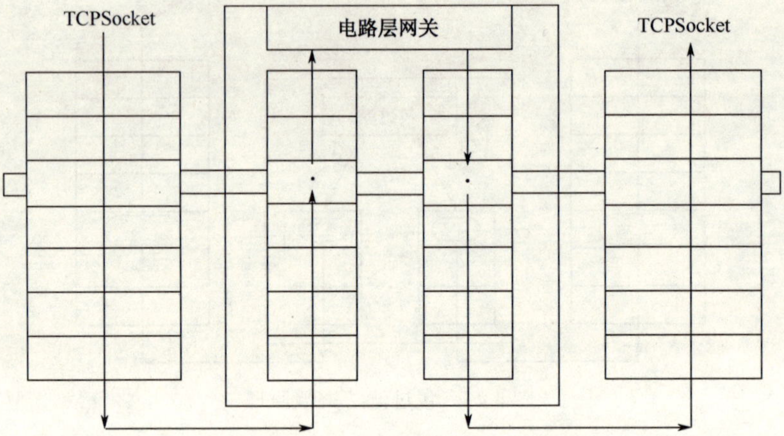

图 4.43　电路层防火墙

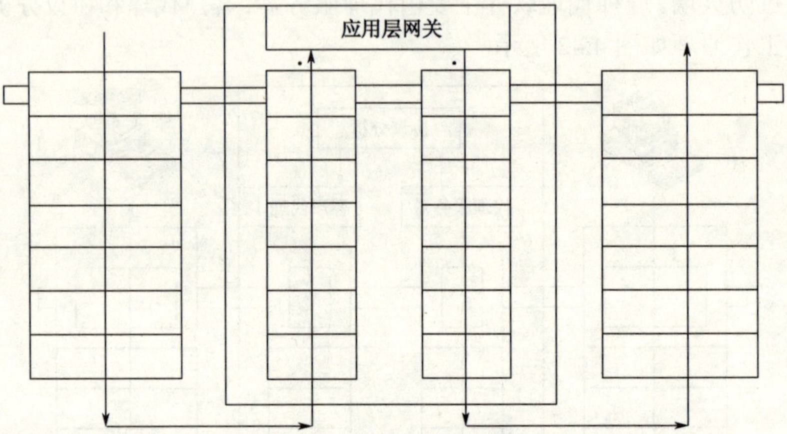

图 4.44　应用层防火墙

（6）自适应代理技术

自适应代理技术（Self-Adaptive Agent Technology）是一种新颖的防火墙技术，在一定程度上反映了防火墙目前的发展状态。该技术可以根据用户定义的安全策略，动态适应传送中的分组流量。如果安全要求较高，则安全检查应在应用层完成，以保证代理防火墙的最大安全性；一旦代理明确了会话的所有细节，其后的数据包就直接到达速度快得多的网络层。该技术兼备了代理技术的安全性和其他技术的高效性。

4.4.2　防火墙的体系模式

目前，防火墙的体系模式主要有三种：双宿/多宿主机模式、屏蔽主机模式和屏蔽子网模式。

1. 双宿/多宿主机模式

这种模式是通过在堡垒主机上配置两块或两块以上的网卡实现的。其中，一块网卡用于外部网络，而其余网卡则用于内部网络，并通过代理服务系统来实现防火墙的各种功能。其网络拓扑结构如图 4.45 所示。

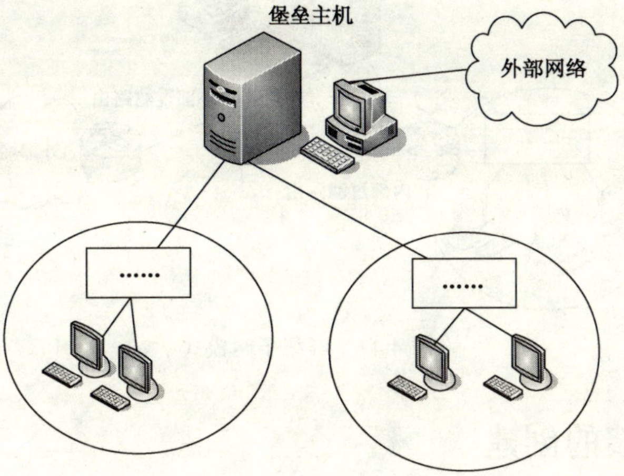

图 4.45　双宿/多宿主机模式

2．屏蔽主机模式

这种模式是在双宿/多宿主机模式的基础上增加外部过滤路由设备实现的。堡垒主机通过一个外部过滤路由器与外部网络进行连接，再通过代理服务系统将外部过滤路由器传来的信息与内部网络联系在一起，从而起到保护内部网络的作用。屏蔽主机体系模式易于实现，安全性好，应用更广泛。其网络拓扑结构如图 4.46 所示。

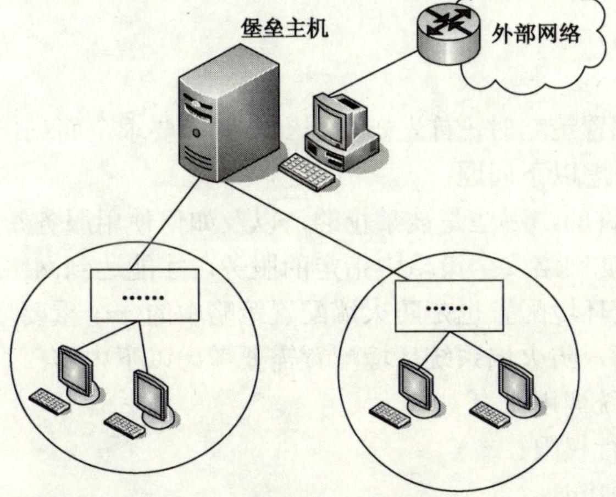

图 4.46　屏蔽主机模式

3．屏蔽子网模式

这种模式是在屏蔽主机模式的基础上增加内部过滤路由设备实现的。堡垒主机使用两个过滤路由器，分别与内部网络和外部网络连接，再通过代理服务系统处理经过过滤路由器的信息。其网络拓扑结构如图 4.47 所示。

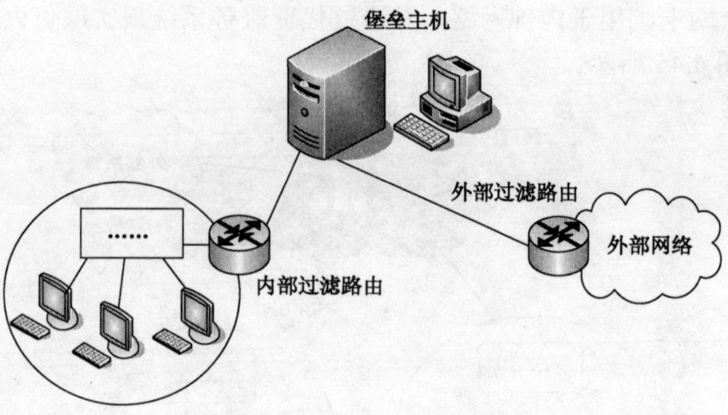

图 4.47　屏蔽子网模式

4.4.3　防火墙的创建

创建一个防火墙系统一般需要 6 个步骤：制定安全策略、搭建安全体系结构、确定规则次序、落实规则集、注意更换控制和做好审计工作。

建立一个防火墙需要考虑防火墙的安全性、高效性、实用性和可管理性问题，同时，还应考虑防火墙设备的完善性和及时的售后服务体系等一系列可靠的规则。这些规则对于实现一个成功的、安全的防火墙来说是非常关键的。如果防火墙规则和配置错误，再好的防火墙也只是摆设。在安全审计中，经常能看到一个巨资购入的防火墙由于某个规则配置的错误而将机构暴露于巨大的危险之中。

1. 制定安全策略

（1）配置策略

在制定防火墙的配置策略时，首先要根据安全目标要求全面列出策略要点，然后认真分析和配置，通常需要考虑以下问题：

- 哪些服务是允许的，哪些是被禁止的，以及如何使用服务？
- 如何限制和过滤网络安全策略中指定的服务，才能达到网络安全的目标？

另外，防火墙系统环境配置也是防火墙配置策略中的一个重要环节。

依据网络安全目标，防火墙系统环境配置需要考虑以下内容：

- 取消危险的系统调用；
- 限制命令的执行权限；
- 取消 IP 的转发功能；
- 检查每个分组的接口；
- 采用复杂的随机连接序号；
- 驻留分组过滤模块；
- 取消动态路由功能；
- 采用多个安全内核等可能导致安全问题发生的内容。

（2）服务访问策略

防火墙的一般服务访问策略是：严格限制或禁止外部用户对网络的访问，在特殊情况下，可通过强认证方式允许外部用户访问某些内部主机和服务；严格限制内部用户对外部网络的访问，必要时，严格控制访问所规定的外部主机和服务。

（3）防火墙设计策略

通常，有三种设计策略：① 安全策略中明确禁止的服务一律关闭，其余服务全部开放；② 安全策略中明确允许的服务一律开放，其余服务全部关闭；③ 安全策略中有明确规定的服务一律按规定执行，其余服务均酌情考虑。

2．搭建安全体系结构

创建防火墙时需要将安全策略转化为安全体系结构，搭建安全的体系结构可以参考4.4.2节中的内容。

3．确定规则次序

在建立规则集时，需要注意规则的次序，哪些规则放在前面是非常关键的。同样的规则以不同的次序放置，可能会完全改变防火墙的运转情况。

很多防火墙以顺序方法检查信息包，当防火墙接收到一个信息包时，它先与第一条规则相比较，然后是第二条、第三条……当它发现一条匹配规则时，就停止检查并应用这条规则。通常的顺序是，较特殊的规则在前，较普通的规则在后，这样可以防止在找到一个特殊规则之前使一个普通规则便被匹配。

4．落实规则集

选择好素材后就可以建立规则集。一个典型的防火墙的规则集包括以下方面。

（1）切断默认。第一步需要切断数据包的默认设置。

（2）允许内部出网。允许内部网络的任何人出网，与安全策略中所规定的一样，所有的服务都被许可。

（3）添加锁定。添加锁定规则，阻塞对防火墙的访问，这是所有规则集都应有的一条标准规则。除了防火墙管理员外，任何人都不能访问防火墙。

（4）丢弃不匹配的信息包。在默认情况下，丢弃所有不能与任何规则匹配的信息包，但这些信息包并没被记录。把它添加到规则集末尾来改变这种情况，这是每个规则集都应有的标准规则。

（5）丢弃并不记录。通常，网络上大量被防火墙丢弃并记录的通信通话会很快将日志填满，应创立一条规则丢弃或拒绝这种通话但不记录它。

（6）允许DNS访问。允许Internet用户访问内部的DNS服务器。

（7）允许邮件服务。允许Internet用户和内部用户通过SMTP协议访问邮件服务器。

（8）允许Web访问。允许Internet用户和内部用户通过HTTP协议访问Web服务器。

（9）阻塞DMZ。禁止内部用户公开访问DMZ区。

（10）允许内部的POP访问。允许内部用户通过POP协议访问邮件服务器。

（11）强化DMZ的规则。DMZ区域应该从不启动与内部网络的连接。

（12）允许管理员访问。允许管理员以加密方式访问司令部网络。

5．注意更换控制

当规则组织好后，应该写上注释并经常更新，注释可以帮助理解每条规则是做什么用的。对规则理解得越好，错误匹配的可能性越小。对那些有多重防火墙管理员的大机构来说，建议当规则被修改时，把下列信息加入注释中，这可以帮助管理员跟踪谁修改了哪条规则及修改的原因。

① 规则更改者的名字。

② 规则变更的日期和时间。

③ 规则变更的原因。

6．做好审计工作

建立好规则集后，检测是否可以安全工作是关键的第一步。防火墙实际上是一种隔离内外网的工具。在 Internet 中，很容易犯一些配置上的错误。通过建立一个可靠的、简单的规则集，可以在防火墙之后创建一个更安全的网络环境。

需要注意的是，规则越简单越好。网络的头号敌人是错误配置，应尽量保持规则集简洁和简单，因为规则越多，就越可能犯错误，而规则越少，理解和维护就越容易。规则最好不要超过 30 条，一旦规则超过 50 条，可能会以失败而告终。

4.5 黑客攻击技术

4.5.1 攻击方法概述

今天，计算机已经深入人们的生活，并产生了越来越重要的影响。同时，网络安全问题日益突出，黑客侵扰和网络攻击现象越来越频繁，就像“幽灵”一样游荡于网络中各个角落，对网络安全构成威胁，造成破坏。为了维护计算机网络和信息的安全，就要认真研究黑客技术，分析黑客入侵及攻击原理，找出对策，最终维护网络的安全环境。

一般黑客的攻击大体分为以下三个步骤：信息收集、对系统的安全弱点探测与分析、实施攻击。

1．信息收集

信息收集的目的是进入所要攻击的目标网络的数据库。黑客会利用下列公开协议或工具，收集驻留在网络系统中的各个主机系统的相关信息。

SNMP 协议：用来查阅网络系统路由器的路由表，从而了解目标主机所在网络的拓扑结构及其内部细节。

tracert 程序：通过 tracert 程序可以获得到达目标主机的路由跳数和网络参数。

whois 协议：该协议的服务信息能提供所有有关的 DNS 域及相关的管理参数。

DNS 服务器：该服务器提供系统中可以访问的主机的 IP 地址表和它们所对应的主机名。

finger 协议：可以用 finger 协议来获取一个指定主机上的所有用户的详细信息（如用户注册名、电话号码、最后注册时间以及用户有没有读邮件等）。

ping 实用程序：可以用来确定一个指定的主机的位置。

自动 Wardialing 软件：可以向目标站点一次连续拨出大批电话号码，直到遇到某一正确的号码使其 Modem 响应。

2．系统安全弱点的探测与分析

通过前期收集到的一些网络及主机信息，黑客会使用扫描软件探测每台主机，寻找该系统的安全漏洞和弱点。这些软件能够对整个网络或主机进行扫描，主要扫描目标主机上某范围内的典型端口，收集目标主机的哪些端口开放，还有的直接根据已知的系统漏洞进行探测扫描，并将扫描出来的结果形成详细的报表，以便下一步实施攻击。黑客可能使用下列方式自动扫描驻留在网络上的主机。

自编程序：对某些产品或者系统，已经发现了一些安全漏洞，该产品或系统的厂商或组织会提供一些“补丁”程序给予弥补。但是用户并不一定及时使用这些“补丁”程序。黑客发现这些“补丁”程序的接口后会自己编写程序，通过该接口进入目标系统，这时该目标系统对于黑客来讲就变得一览无余了。

利用公开的工具：像 Internet 安全扫描程序（Internet Security Scanner，IIS）、审计网络用的安全分析工具（Security Analysis Tool for Auditing Network，SATAN）等这样的工具，可以对整个网络或子网进行扫描，寻找安全漏洞。这些工具有两面性，就看是什么人在使用它们。系统管理员可以使用它们，以帮助发现其管理的网络系统内部隐藏的安全漏洞，从而确定系统中哪些主机需要用“补丁”程序去堵塞漏洞。而黑客也可以利用这些工具，收集目标系统的信息，获取攻击目标系统的非法访问权。

3．实施攻击

当扫描出系统的漏洞和弱点后，黑客就会对目标系统实施攻击。一般会在目标系统中安装探测器软件或后门程序，包括特洛伊木马程序和病毒程序，用来窥探系统的所有活动和信息，从而得到自己所感兴趣的信息，例如，FTP 账号、系统管理员口令、Web 站点管理员口令等。

4.5.2 口令破解

1．口令破解的方法

口令破解是入侵系统比较常用的方法。常见的口令破解方法如下。

（1）直接猜解简单口令

很多人使用自己或家人的生日、电话号码、房间号码、简单数字或者身份证号码中的几位，也有的人使用自己、孩子、配偶或宠物的名字，还有的系统管理员直接使用英文单词 password，甚至不设密码，这样黑客可以很容易通过猜想得到密码。

（2）字典攻击

如果猜解简单口令攻击失败，黑客可能会试图字典攻击，即利用程序尝试字典中单词的每种可能组合。字典攻击利用重复的登录或者搜集加密的口令，并且试图与加密后的字典中的单词匹配。

（3）强力破解

同字典攻击类似，黑客会尝试所有可能的字符组合方式。一个由 4 个小写字母组成的口令可以在几分钟内被破解，而一个较长的由大、小写字母组成的口令，包括数字和标点，其可能的组合达 10 万亿种。如果每秒钟可以试 100 万种组合，则可以在一个月内破解。

一种新型的强行攻击称为分布式暴力破解，如果攻击者希望在尽量短的时间内破解口令，他不必购买大批昂贵的计算机，而是把一个大的破解任务分解成许多小任务，然后利用互联网上的计算机资源来完成这些小任务，加快口令破解的进程。

（4）组合攻击

组合攻击是在使用字典单词的基础上在单词的后面串接几个字母和数字进行攻击的攻击方式。

（5）Web 欺骗

Web 欺骗是一种电子信息欺骗，攻击者在其中创造整个 Web 世界的一个令人信服但是完全错误的副本。错误的 Web 站点看起来十分逼真，它拥有相同的网页和链接。然而，攻击者控制着错误的 Web 站点，这样受攻击者浏览器和 Web 之间的所有网络信息完全被攻击者所截获，其工作原理就好像是一个过滤器。

（6）社会工程学

社会工程学是一种让人们顺从你的意愿、满足你的欲望的一门艺术与学问，并不直接运用技术手段，而是一种利用人性的弱点、结合心理学知识，通过对人性的理解和人的心理的了解来获得目标系统敏感信息的技术。简单来说，就是欺骗人们去获得本来无法访问的信息。

2．口令暴力破解机制

口令的破解过程首先是将字符表送到加密进程加密，通常是一次加密一个单词。在加密过程中使用了各种规则，每加密一个单词，就把它与目标口令（同样是加密的）对比，如果不匹配，就开始处理下一个单词。有些破解软件的破解过程与此不同，它们取出整个字符表，应用一条规则进行加密，从而生成下一个字符表，这个字符表再加密，再与目标口令匹配。这两种方法没有实质性的区别，只是第二种方法可能更快些。

4.5.3 端口扫描

1．端口扫描简介

一个端口就是一个潜在的通信通道，也就是一个入侵通道。对目标计算机进行端口扫描能得到许多有用的信息。进行扫描的方法很多，可以是手工进行扫描，也可以用端口扫描软件进行。手工扫描需要熟悉各种命令，对命令执行后的输出进行分析。用扫描软件进行扫描时，许多扫描器软件都有分析数据的功能。通过端口扫描，可以得到许多有用的信息，从而发现系统的安全漏洞。

首先介绍几个常用网络命令，对端口扫描原理进行介绍。

常用的网络相关命令有 ping、tracert、rusers 和 finger。其中 ping 命令和 tracert 命令在 4.1 节中做过介绍，这里只简单介绍一下 rusers 命令和 finger 命令。

rusers 和 finger 这两个都是 UNIX 命令。通过这两个命令，能搜集到目标计算机中有关用户的消息。

使用 rusers 命令，产生的结果如下：

gajake snark.wizard.com:ttyp1 Nov 13 15:42 7:30(remote)

root snark.wizard.com:ttyp2 Nov 13 14:57 7:21(remote)

robo snark.wizard.com:ttyp3 Nov 15 01:04 01(remote)

其中，最左边的是通过远程登录的用户名，还包括上次登录时间，使用的 shell 类型等信息。

使用 finger 命令可以产生类似下面的结果：

user S00 PPP ppp-122-pm1.wiza Thu Nov 14 21:29:30 - still logged in

user S15 PPP ppp-119-pm1.wiza Thu Nov 14 22:16:35 - still logged in

user S04 PPP ppp-121-pm1.wiza Fri Nov 15 00:03:22 - still logged in

…

这个命令能显示用户的状态。该命令是建立在客户-服务器模型之上的。用户通过客户端软件向服务器请求信息，服务器解释这些信息，提供给用户。在服务器中一般运行一个称为 fingerd 的程序，根据服务器的机器配置，向客户提供某些信息。如果要保护这些个人信息，应设置服务器不提供这个服务，或者只提供一些无关的信息。可见，任何人通过在命令行里输入一个命令，就能搜集到一个域里的所有计算机的重要信息，而且只花了 3 秒时间。利用上述有用的网络命令，可以搜集到许多有用的信息，例如，一个域里的名字服务器的地址，一台计算机中的用户名，一台服务器中正在运行什么服务，这个服务是哪个软件提供的，计算机中运行的是什么操作系统等。如果知道目标计算机中运行的操作系统和服务应用程序，就能利用已经发现的漏洞来进行攻击。如果目标计算机的网络管理员没有及时修补这些漏洞，入侵者就能轻而易举地闯入该系统，获得管理员权限，并留下后门。如果入侵者得到目标计算机中的用户名，就能使用口令破解软件多次试图登录目标计算机。经过尝试后，就有可能进入目标计算机。得到了用户名，就等于得到了一半的进入权限，剩下的只是使用软件进行攻击而已。

2．端口扫描的原理

（1）扫描器的定义

扫描器是一种自动检测远程或本地主机安全弱点的程序，通过使用扫描器，黑客可以不留痕迹地发现远程服务器的各种 TCP 端口的分配和提供的服务及它们的软件版本，这样就能间接地或直观地了解远程主机所存在的安全问题。

（2）扫描器的工作原理

扫描器可以选用远程 TCP/IP 不同端口的服务，并记录目标给予的回答，通过这种方法，可以搜集到很多关于目标主机的各种有用的信息（例如，是否能用匿名登录，是否有可写的 FTP 目录，是否能用 telnet、HTTP，是 root 还是一般用户在运行）。

（3）扫描器的功能

扫描器并不是一个直接的攻击网络漏洞的程序，它仅能帮助人们发现目标主机中某些内在的弱点。一个好的扫描器能对它得到的数据进行分析，帮助人们查找目标主机的漏洞，但它不会提供进入一个系统的详细步骤。

扫描器应该有三项功能：发现主机或网络；对于某台已知的主机，发现运行在这台主机上的服务；通过测试这些服务，发现漏洞。

编写扫描器程序必须要具有很多 TCP/IP 程序编写和 C、Perl 或 shell 语言方面的知识，需要 Socket 编程的背景。

（4）常用的端口扫描技术

① TCP connect()扫描

这是最基本的 TCP 扫描。操作系统提供的 connect()系统调用用来与每个感兴趣的目标计算机的端口进行连接。如果端口处于侦听状态，connect()就能成功；否则，这个端口是不能用的，也就是说，没有提供服务。这种技术的一个最大的优点是，不需要任何权限，系统中的任何用户都有权利使用这个调用。另一个好处就是速度。如果对每个目标端口以线性的方式使用单独的 connect()调用，那么将会花费相当长的时间。可以通过同时打开多个套接字来加速扫描，使用非阻塞 I/O 允许设置一个低的时间用尽周期，同时观察多个套接字。但这种方法的缺点是很容易被发觉，并且被过滤掉。目标计算机的 Logs 文件会显示一连串的连接和连接时出错的服务消息，并且能很快地使它关闭。

② TCP SYN 扫描

这种技术通常被认为是“半开放”扫描，这是因为扫描程序不需要打开一个完全的 TCP 连接。扫描程序发送的是一个 SYN 数据包，好像准备打开一个实际的连接并等待反应一样（参考 TCP 的三次握手建立一个 TCP 连接的过程）。一个 SYN | ACK 的返回信息表示端口处于侦听状态，而一个 RST 返回信息表示端口没有处于侦听态。如果收到一个 SYN | ACK 返回信息，则扫描程序必须再发送一个 RST 信号来关闭这个连接过程。这种扫描技术的优点在于一般不会在目标计算机中留下记录。但这种方法的缺点是，必须要有 root 权限才能建立自己的 SYN 数据包。

③ TCP FIN 扫描

有时可能使用 TCP SYN 扫描不够隐秘。一些防火墙和包过滤器会对一些指定的端口进行监视，有的程序能检测到这些扫描。相反，FIN 数据包可能会没有任何麻烦地通过。这种扫描方法的思想是，关闭的端口会用适当的 RST 来回复 FIN 数据包。另一方面，打开的端口会忽略对 FIN 数据包的回复。这种方法和系统的实现有一定的关系。有的系统不管端口是否打开，都回复 RST，这样，这种扫描方法就不适用了。并且这种方法在区分 UNIX 和 Windows NT 时是十分有用的。

④ IP 段扫描

这不能算是新方法，只是其他技术的变化。它并不是直接发送 TCP 探测数据包，而是将数据包分成两个较小的 IP 段。这样就将一个 TCP 头分成好几个数据包，过滤器很难探测到。但必须小心，一些程序在处理这些小数据包时会有些麻烦。

⑤ TCP 反向 Ident 扫描

Ident 协议允许（rfc1413）看到通过 TCP 连接的任何进程的拥有者的用户名，即使这个连接不是由这个进程开始的。例如，连接到 HTTP 端口，然后用 Ident 来发现服务器是否正在以 root 权限运行。这种方法只能在与目标端口建立了一个完整的 TCP 连接后才能看到。

⑥ FTP 返回攻击

FTP 协议的一个有趣的特点是它支持代理（Proxy）FTP 连接。即入侵者可以从自己的计算机 a.com 和目标主机 target.com 的 FTP server-PI（协议解释器）连接，建立一个控制通信连接。然后，请求这个 server-PI 激活一个有效的 server-DTP（数据传输进程）来给 Internet 上任何地方发送文件。

对于一个 user-DTP，这是一个推测，尽管 RFC 明确地定义请求一个服务器发送文件到另一个服务器中是可以的。但现在这种方法好像不行了。这个协议的缺点是："能用来发送不能跟踪的邮件和新闻，给许多服务器造成打击，用尽磁盘，企图越过防火墙"。利用它的目的是从一个代理的 FTP 服务器来扫描 TCP 端口。这样，能在一个防火墙后面连接到一个 FTP 服务器，然后扫描端口（这些原来有可能被阻塞）。如果 FTP 服务器允许从一个目录读/写数据，就能发送任意的数据到发现的打开的端口。对于端口扫描，这个技术是使用 port 命令来表示被动的 user-DTP 正在目标计算机上的某个端口侦听。然后入侵者试图用 list 命令列出当前目录，结果通过 server-DTP 发送出去。如果目标主机正在侦听某个端口，传输就会成功（产生一个 150 或 226 的回应）；否则，会出现 425 Can't build data connection: Connection refused。然后，使用另一个 port 命令，尝试目标计算机上的下一个端口。这种方法的优点很明显：难以跟踪，能穿过防火墙。主要缺点是：速度很慢，有的 FTP 服务器最终能得到一些线索，关闭代理功能。

⑦ UDP ICMP 端口不能到达扫描

这种方法与上面几种方法的不同之处在于使用的是 UDP 协议。由于这个协议很简单，所以扫描变得相对比较困难。这是由于打开的端口对扫描探测并不发送一个确认，关闭的端口也并不需要发送一个错误数据包。幸运的是，许多主机在有人向一个未打开的 UDP 端口发送一个数据包时，会返回一个 ICMP 不可到达（ICMP_PORT_UNREACH）错误。因此大多数 UDP 端口扫描的方法就是向各个被扫描的 UDP 端口发送零字节的 UDP 数据包，如果收到一个 ICMP 不可到达的回应，则认为这个端口是关闭的；对于没有回应的端口，则认为是开放的。由于大部分系统都限制了 ICMP 差错报文的产生速度，因此针对特定主机的 UDP 大量端口扫描速度缓慢。此外，由于 UDP 协议和 ICMP 协议都是不可靠协议，未收到回应可能是由于数据包未送达造成的，因此扫描程序需要针对同一端口多次尝试后才能确定其状态。

⑧ UDP recvfrom()和 write()扫描

当非 root 用户不能直接读到端口不能到达错误时，Linux 能间接地在它们到达时通知用户。例如，对一个关闭的端口的第二个 write()调用将失败。在非阻塞的 UDP 套接字上调用 recvfrom()时，如果 ICMP 出错还没有到达时会返回 EAGAIN 重试。如果 ICMP 到达时，则返回 ECONNREFUSED 连接被拒绝。这就是用来查看端口是否打开的技术。

⑨ ICMP Echo 扫描

这并不是真正意义上的扫描。但有时通过 ping 命令，在判断在一个网络中的主机是否开机时非常有用。

（5）常用端口扫描工具

① Nmap

Nmap（Network Mapper）是 Linux 下的网络扫描和嗅探工具包。其基本功能有三个：① 探测一组主机是否在线；② 扫描主机端口，嗅探所提供的网络服务；③ 可以推断主机所用的操作系统。Nmap 可用于扫描仅有两个节点的 LAN，直至 500 个节点以上的网络。Nmap 还允许用户定制扫描技巧。

② Superscan

Superscan 是功能强大的端口扫描工具，其功能如下：

- 通过 ping 命令来检验 IP 是否在线；
- IP 和域名相互转换；
- 检验目标计算机提供的服务类别；
- 检验一定范围目标计算机是否在线和端口情况；
- 自定义列表检验目标计算机是否在线和端口情况；
- 自定义要检验的端口，并可以保存为端口列表文件；
- 软件自带一个木马端口列表 trojans.lst，通过这个列表可以检测目标计算机中是否有木马，同时，也可以自己修改这个木马端口列表。

4.5.4 网络监听

1. 网络监听的原理

要发送的数据包一般会被发往连接在一起的所有主机，包中包含应该接收数据包主机的正确地址，只有与数据包中目标地址一致的那台主机才能接收。

然而，当主机工作在监听模式下，所有的数据帧都将被交给上层协议软件处理。而且，当连接在同一条电缆或集线器上的主机被逻辑地分为几个子网时，如果一台主机处于监听模式下，它还能接收到发往与自己不在同一子网（使用了不同的掩码、IP 地址和网关）内的主机的数据包。也就是说，在同一条物理信道上传输的所有信息都可以被接收到。

2. 网络监听的实现

要使主机工作在监听模式下，需要向网络接口发出 I/O 控制命令，将其设置为监听模式。在 UNIX 系统中，发送这些命令需要超级用户的权限。在 Windows 系列操作系统中，则没有这个限制。要实现网络监听，可以自己用相关的计算机语言和函数编写出功能强大的网络监听程序，也可以使用一些现成的监听软件，在很多黑客网站或从事网络安全管理的网站都有此类软件下载。

3. 网络监听的检测

网络监听是很难被发现的，因为运行网络监听的主机只是被动地接收在局域网上传输的信息，不主动地与其他主机交换信息，也没有修改在网上传输的数据包。对可能存在的网络监听的检测有以下 5 种。

（1）在 UNIX OS 下，可以用 ps-aun 或 ps-augx 命令查看系统所有进程的清单，通过清单可以看到每个进程占用的 CPU 时间与内存等。在 Windows 2000 平台下，除了可以通过“任务管理器”查看进程信息外，还可以在命令行模式下用 netstat –a 命令查看当前系统的哪些 TCP 端口正在使用或被监听。

（2）可以用正确的 IP 地址和错误的物理地址去探测（如 ping）被怀疑的主机，运行监听程序的机器会有响应。

（3）被监听的计算机向网上发大量不存在的物理地址的包，由于监听程序要分析和处理大量的数据包会占用很多的 CPU 资源，这将导致性能下降。这可以通过比较前后该机器性能加以判断。

（4）许多网络监听软件都会尝试进行地址反向解析，在怀疑有网络监听发生时，可以在 DNS 系统中观测有没有明显增多的解析请求。

（5）使用反监听工具（如 Anti-Sniffer）等进行检测。

4．网络监听的防范措施

（1）从逻辑或物理上对网络分段

网络分段通常被认为是控制网络广播风暴的一种基本手段，但其实也是保证网络安全的一项措施。其目的是将非法用户与敏感的网络资源相互隔离，从而防止可能的非法监听出现。

（2）以交换式集线器代替共享式集线器

对局域网的中心交换机进行网络分段后，局域网监听的危险仍然存在。这是因为网络最终用户的接入往往通过分支集线器而不是中心交换机，而使用最广泛的分支集线器通常是共享式集线器。这样，当用户与主机进行数据通信时，两台机器之间的数据包（称为单播包，Unicast Packet）还是会被同一台集线器上的其他用户所监听。因此，应该以交换式集线器代替共享式集线器，使单播包仅在两个节点之间传送，从而防止非法监听的出现。当然，交换式集线器只能控制单播包而无法控制广播包（Broadcast Packet）和多播包（Multicast Packet）。但广播包和多播包内的关键信息要远远少于单播包。

（3）使用加密技术

数据经过加密后，通过监听仍然可以得到传送的信息，但显示的是乱码。使用加密技术的缺点是影响数据传输速度以及使用一个弱加密技术比较容易被攻破。系统管理员和用户需要在网络速度和安全性上进行折中选择。

（4）划分 VLAN

运用 VLAN（虚拟局域网）技术，将以太网通信变为点到点通信，可以防止大部分基于网络监听的入侵。

网络监听技术作为一种工具，总是扮演着正反两方面的角色。对于入侵者来说，最喜欢的莫过于用户的口令，通过网络监听可以很容易地获得这些关键信息。而对于入侵检测和追踪者来说，网络监听技术又能够在与入侵者的斗争中发挥重要的作用。鉴于目前的网络安全现状，人们应该进一步挖掘网络监听技术的细节，从技术基础上掌握先机，才能在与入侵者的斗争中取得胜利。

4.5.5 缓冲区溢出攻击

1．基本概念

缓冲区是指程序运行期间，在内存中分配的一个连续的存储空间，用于存放各种类型的数据。

缓冲区溢出是指向固定长度的缓冲区写入超出预先分配长度的内容，造成缓冲区数据溢出，而覆盖了缓冲区相邻的内存空间。

缓冲区溢出攻击是指利用缓冲区溢出漏洞所进行的攻击行动。缓冲区溢出是一种非常普遍、非常危险的漏洞，在各种操作系统、应用软件中广泛存在。利用缓冲区溢出攻击，可能导致程序运行失败、系统关机、重新启动等后果。更为严重的是，可以利用它执行非授权指令，甚至可以取得系统特权，进而进行各种非法操作。

2．缓冲区溢出攻击的分类

（1）缓冲区溢出攻击的方式与缓冲区属于哪个内存区域密不可分，因此，按照溢出位置可将缓冲区溢出分为栈溢出、堆溢出和 BSS 段溢出。

（2）按攻击者欲达到的目标分类，可以分为在程序的地址空间里植入适当的代码，或者，通过适当的初始化寄存器和存储器从而控制程序转移到攻击者安排的地址空间去执行。

（3）按攻击目标分类，可以分为攻击栈中的返回地址、攻击栈中保存的旧框架指针、攻击堆或 BSS 段中的局部变量或参数、攻击堆或 BSS 段中的长跳转缓冲区等。

不管哪种类型的缓冲区溢出攻击，所产生的后果都相同：利用它们以某种方式破坏进程的内存空间，进而控制程序执行流程。缓冲区溢出攻击的最终目标都是从漏洞中收集任何有用的信息以控制进程的执行。

3．缓冲区溢出攻击原理

缓冲区溢出攻击的原理是，通过往程序的缓冲区中写入超出其长度的内容，造成缓冲区的溢出，从而破坏程序的堆栈，使程序转而执行其他指令，以达到攻击的目的。造成缓冲区溢出的原因是程序中没有仔细检查用户输入的参数。

缓冲区溢出攻击之所以成为一种常见安全攻击手段，其原因在于缓冲区溢出漏洞太普遍了，并且易于实现。缓冲区溢出漏洞给予了攻击者他所想要的一切：植入并且执行攻击代码。被植入的攻击代码以一定的权限运行有缓冲区溢出漏洞的程序，从而得到被攻击主机的控制权。

4．缓冲区溢出的攻击代码构造

（1）shellcode

shellcode 是实施攻击所要植入的攻击代码的核心部分，其功能是为攻击者提供主机系统的一个 shell。

（2）填充数据

编写的 shellcode 能否得到执行，关键是让被覆盖的函数地址指向 shellcode 在堆栈中的入口地址。攻击者并不能够准确地估计出 shellcode 在其堆栈中的位置，为了提高 shellcode 的命中率，往往需要在 shellcode 的前面安排一段填充数据（seledge）用于占位。

（3）定位 shellcode 的返回地址

在植入的攻击代码中必须存在一段返回地址 RA，以便将程序跳转到指定的位置继续运行。返回地址是指 shellcode 的入口地址。如果希望目标主机改变原来的程序执行流程，转向执行 shellcode，就必须设法用 shellcode 的入口地址覆盖某个跳转指令。

5．缓冲区溢出攻击的防范方法

对付缓冲区溢出攻击的方法不少，但常见的也是最重要有以下 4 种。

（1）编写严格的代码

编写正确严格的代码是一件有意义但非常耗时的工作，有 C 语言程序设计或汇编语言经验的人会深有体会，尽管软件的发展经历的时间并不短，但漏洞程序依旧存在，因此人们开发了一些工具和技术来帮助经验不足的程序员编写安全的程序，例如，高级查错工具，如FaultInjection等。这些工具的目的在于通过人为随机地产生一些缓冲区溢出来寻找代码的安全漏洞。但由于C语言的特点，这些工具不可能找出所有的缓冲区溢出漏洞。所以，侦错技术只能用来减少缓冲区溢出漏洞，并不能完全地消除其存在。错误的消除还是要靠程序员自己。

（2）不可执行堆栈数据段

通过操作系统使得缓冲区不可执行，从而使得攻击者不能执行被植入的攻击代码，但攻击者不一定非要植入攻击代码来实现缓冲区溢出的攻击，所以这种方法还是存在很多弱点的。

（3）利用程序编译器的边界检查

植入代码是引起缓冲区溢出的一个方面，改变程序执行流程是另一个方面。可以利用编译器边界检查使得缓冲区溢出不可能实现，从而完全消除缓冲区溢出的威胁，但相对而言代价较大。

（4）程序指针完整性检查

程序指针完整性检查和程序编译器的边界检查略微不同。程序指针完整性检查在程序指针被改变之前检测，因此，即便攻击者成功地改变了程序的指针，也会因先前检测到指针的改变而失效，这样虽然不能解决所有问题，但它的确阻止了大多数的缓冲区攻击，而且这种方法在性能上有很大的优势，兼容性也很好。

4.5.6 特洛伊木马

1. 特洛伊木马概述

特洛伊木马是一种恶意的程序，它隐藏在正常的程序中。一旦被引入到用户的系统中，木马程序便会在系统中运行。一般的木马程序包括客户端和服务器端两个程序，其中客户端程序用于攻击者远程控制植入木马的机器，服务器端程序即是木马程序。攻击者要通过木马攻击用户的系统，需要先将程序植入到用户的计算机里面。

“中了木马”就是指安装了木马的服务器端程序。若用户的计算机中被安装了服务器端程序，则拥有控制器程序的人就可以通过网络控制用户的计算机，为所欲为，用户计算机中的各种文件、程序，以及在计算机中使用的账号、密码也都无安全可言。

当服务端程序在被感染的机器中成功运行以后，攻击者就可以使用客户端与服务端建立连接，并进一步控制被感染的机器。在客户端和服务端通信协议的选择上，绝大多数木马使用的是TCP/IP协议，但是也有一些木马由于特殊的原因，使用UDP协议进行通信。当服务端在被感染机器中运行以后，它一方面尽量把自己隐藏在计算机的某个角落里面，以防被用户发现；同时监听某个特定的端口，等待客户端与其取得连接；另外为了下次重启计算机时仍然能正常工作，木马程序一般会通过修改注册表或者其他的方法让自己成为自启动程序。

2. 特洛伊木马的隐藏方式

（1）在任务栏中隐藏

这是最基本的隐藏方式。

（2）在任务管理器中隐藏

查看正在运行的进程最简单的方法就是按 Ctrl+Alt+Del 组合键，打开任务管理器。如果在任务管理器中可以看见一个木马程序在运行，那么这肯定不是“优秀”的木马。所以，木马会千方百计地伪装自己，使自己不出现在任务管理器中。因此，希望通过任务管理器发现木马是不大现实的。

（3）端口

一台机器有 65536 个端口，大多数木马使用的端口在 1024 以上，而且呈越来越大的趋势；当然也有占用 1024 以下端口的木马，但这些端口是常用端口，占用这些端口可能会造成系统不正常，这样的话，木马就会很容易暴露。如果知道一些木马占用的端口，可以经常扫描这些端口，但现在的木马都提供端口修改功能，可能需要扫描 65536 个端口。

（4）隐藏通信

木马常用的隐藏通信方法是对传输内容进行加密，但这只能隐藏通信内容，无法隐藏通信信道。采用网络隐蔽通道技术，不仅可以成功地隐藏通信内容，还可以隐藏通信信道。传统的隐蔽通道是定义在操作系统进程之间的，相关研究表明，隐蔽通道也适用于网络。在 TCP/IP 协议族中，有许多信息冗余可用于建立网络隐蔽通道。木马可以利用这些网络隐蔽通道突破网络安全机制。交换数据包顺序也可以实现通信隐藏。对于传输 n 个对象的通信，可以用 $n!$ 种传输顺序，总共可以表示 $\log_2(n!)$ 比特位的信息。但是该方法对网络传输质量要求较高，接收方应能按照数据包发送的顺序接收。这种隐藏通信方式具有不必修改数据包内容的优点。采用网络隐蔽通道技术，如果选用一般安全策略都允许的端口通信，如 80 端口，则可轻易穿透防火墙和避过入侵检测系统等安全机制的检测，从而具有很强的隐蔽性。

（5）隐藏加载方式

木马加载的方式可以说是千变万化、无奇不有，但殊途同归，都为了达到一个共同的目的，那就是使得运行木马的服务端程序隐藏其加载方式。随着网站互动化进程的不断进步，越来越多的东西可以成为木马的传播介质，JavaScript、VBScript、ActiveX.xlm……几乎 WWW 的每个新功能都会导致木马的快速进化。

3. 特洛伊木马的工作原理

特洛伊木马的工作原理分为三部分。① 木马服务端程序的植入。② 木马将入侵主机信息发送给攻击者。木马在被植入攻击主机后，它一般会通过一定的方式把入侵主机的信息，如主机的 IP 地址、木马植入的端口等发送给攻击者，这样攻击者就可以与木马里应外合控制受攻击主机。③ 木马程序启动并发挥作用。

特洛伊木马要能发挥作用必须具备三个因素：木马需要一种启动方式，一般在注册表启动组中；木马需要在内存中才能发挥作用；木马会打开特别的端口，以便黑客通过这个端口和木马联系。

4. 特洛伊木马的执行方式

（1）集成到程序中

其实木马也是一个服务-客户端程序，它为了不让用户轻易地把它删除，常常会集成到程序里。一旦用户激活木马程序，木马文件就和某个应用程序捆绑在一起，上传到服务端覆盖原文件。这样即使木马被删除了，只要运行捆绑了木马的应用程序，木马又会被安装。如果绑定到系统文件，那么每次 Windows 启动均会启动木马。

（2）隐藏在配置文件中

如果用户平时使用的是图形化界面的操作系统，对于那些已经不太重要的配置文件大多会不闻不问，这正好给木马提供了一个藏身之处。而且利用配置文件的特殊作用，木马很容易就能在计算机中运行、发作，从而偷窥或者监视用户。不过，这种方式不是很隐蔽，容易被发现，所以在 autoexec.bat 和 config.sys 中加载木马程序的并不多见，但也不能因此而掉以轻心。

（3）潜伏在 win.ini 中

木马要想达到控制或者监视计算机的目的，就必须要运行，然而没有人会自愿在自己的计算机中运行这个木马。因此，木马需要找一个既安全又能在系统启动时自动运行的地方，于是就会潜伏在 win.ini 中。打开 win.ini，在它的 windows 字段中有启动命令"load="和"run="，一般"="后面是空白的，如果后跟有程序，例如，run=C:\Windows\file.exe load=C:\Windows\file.exe，那么这个 file.exe 很可能是木马。

（4）伪装在普通文件中

这个方法出现得比较晚，不过现在很流行，不熟练的 Windows 操作者很容易上当。具体方法是：把可执行文件伪装成图片文件或文本文件，例如，在程序中把文件图标改成 Windows 的默认图片文件图标，再把文件名改为*.jpg.exe，由于 Windows 98 默认设置是"不显示已知的文件后缀名"，因此文件将会显示为*.jpg，不注意的人双击这个图标就"中"木马了。

（5）内置到注册表中

注册表比较复杂，木马常常喜欢藏身在这里，因此需要检查以下内容：

- 检查 HKEY_LOCAL_MACHINE\SOFTWARE\Microsoft\Windows\CurrentVersion 下所有以 run 开头的键值；
- 检查 HKEY_CURRENT_USER\SOFTWARE\Microsoft\Windows\CurrentVersion 下所有以 run 开头的键值；
- 检查HKEY_USERS\.DEFAULT\Software\Microsoft\Windows\CurrentVersion下所有以 run 开头的键值。

（6）在 system.ini 中藏身

Windows 安装目录下的 system.ini 文件也是木马喜欢藏身的地方。打开这个文件，如果发现在该文件的 boot 字段中，有 shell=explorer.exe file.exe 这样的内容，这里的 file.exe 就是木马服务端程序！另外，在 system.ini 文件的 386Enh 字段中，要注意检查"driver=路径\程序名"，这里也有可能被木马所利用。再有，在 system.ini 中的 mic、drivers、drivers32 这三个字段，起到加载驱动程序的作用，但也是隐藏木马程序的好场所。

（7）隐形于启动组中

有时木马会自动加载到系统中，一旦木马加载到系统中，很难被删除。因此启动组也是木马可以藏身的好地方，因为这里是自动加载运行的好场所。启动组对应的文件夹为：C:\Windows\start menu\programs\startup。在注册表中的位置为：HKEY_CURRENT_USER\SOFTWARE\Microsoft\Windows\CurrentVersion\Explorer\shellFolders 下的 Startup=C:\Windows\start menu\programs\startup。要注意经常检查启动组。

（8）隐蔽在 winstart.bat 中

winstart.bat 也是一个能自动被 Windows 加载运行的文件，它在多数情况下是应用程序及 Windows 自动生成的，在执行 win.com 并加载多数驱动程序之后开始执行（这一点可通过启动时按 F8 键再选择逐步跟踪启动过程的启动方式得知）。由于 autoexec.bat 的功能可以由 winstart.bat 代替完成，因此木马完全可以像在 autoexec.bat 中那样被加载运行，危险由此而来。

（9）捆绑在启动文件中

启动文件就是应用程序的启动配置文件，控制端利用这些文件能启动程序的特点，将制作好的带有木马启动命令的同名文件上传到服务端并覆盖这些同名文件，这样就可以达到启动木马的目的了。

（10）设置在超链接中

木马的主人在网页上放置恶意代码，引诱用户单击，其结果不言而喻，因此不要随便单击网页上的超链接。

5．特洛伊木马的特性

（1）隐蔽性

木马包含于正常程序中，当用户执行正常程序时启动自身，在用户难以察觉的情况下，完成一些危害用户的操作。

（2）自动运行性

木马为了控制服务端，必须在系统启动时一起启动，所以必须潜入启动配置文件中，如 win.ini、system.ini、winstart.bat 以及启动组等文件或注册表的启动运行项中。

（3）功能的特殊性

有些木马不仅可以对文件进行增、删、修改等操作，而且还具有一般远程控制软件所没有的搜索缓存中的密码、设置密码、扫描目标机器的 IP 地址、进行键盘记录、远程注册表操作以及锁定鼠标等功能。

（4）自动恢复功能

目前，很多木马程序中的功能模块不再由单一的文件组成，而是具有多重备份，可以相互恢复。当删除了其中的一个木马程序后，其他木马程序又会对它进行恢复，无法斩草除根。

（5）能自动打开特别的端口

特洛伊木马程序潜入目标系统的目的主要是获取系统中有用的信息，而不是破坏对方系统。当用户上网时，能与远端客户进行通信，这样木马程序就会用 C/S 的通信模式把信息告诉黑客，以便黑客控制本机，或实施进一步的入侵企图。

6．特洛伊木马种类

（1）破坏型特洛伊木马

这类木马唯一的功能就是破坏并且删除文件，可以自动地删除计算机中的 DLL、INI、EXE 文件，造成部分软件不能正常使用或使系统崩溃，这类木马一旦进入系统会严重威胁数据的安全。

（2）密码发送型特洛伊木马

这类木马可以找到隐藏的密码并把它们发送到指定的信箱。有人喜欢把自己的各种密码以文件的形式存放在计算机中，认为这样方便；还有人喜欢用 Windows 提供的密码记忆功能，这样就可以不必每次都输入密码了。许多黑客软件可以寻找到这些文件，把它们送到黑客手中。

（3）远程访问型特洛伊木马

这类木马使用最广泛，只需有人运行了服务端程序，如果黑客知道服务端的 IP 地址，就可以实现远程控制。

（4）键盘记录特洛伊木马

这类木马非常简单，它们只做一件事情，就是记录受害者的键盘输入并且在 LOG 文件里查找密码。

（5）DoS 攻击特洛伊木马

随着 DoS 攻击越来越广泛的应用，被用作 DoS 攻击的木马也越来越流行起来。当黑客入侵一台机器，给它种上 DoS 攻击木马后，这台计算机就成为黑客 DoS 攻击的最得力助手了。黑客控制的机器数量越多，发动 DoS 攻击取得成功的几率就越大。所以，这种木马的危害不是体现在被感染计算机上，而是体现在攻击者可以利用它来攻击一台又一台计算机，给网络造成很大的伤害和损失。还有一种类似 DoS 的木马叫作邮件炸弹木马，一旦机器被感染，木马就会随机生成各种各样主题的信件，对特定的邮箱不停地发送邮件，直到对方瘫痪，不能接收邮件为止。

（6）代理特洛伊木马

黑客在入侵的同时会掩盖自己的足迹，防止别人发现自己的身份，因此，给被控制的机器种上代理木马，让其变成攻击者发动攻击的跳板就是代理木马最重要的任务。通过代理木马，攻击者可以在匿名的情况下使用 Telnet、ICQ、IRC 等程序，从而隐蔽自己的踪迹。

（7）FTP 特洛伊木马

这种木马可能是最简单和古老的木马了，它的唯一功能就是打开 21 端口，等待用户连接。现在新 FTP 木马还加上了密码功能，这样，只有攻击者本人才知道正确的密码，从而进入对方计算机。

（8）程序杀手特洛伊木马

前面介绍的木马功能虽然形形色色，不过要在对方机器中发挥作用，还要过防木马软件这一关才行。常见的防木马软件有 ZoneAlarm、Norton Anti-Virus 等。程序杀手木马的功能就是关闭对方机器中运行的这类程序，让其他木马更好地发挥作用。

（9）反弹端口型特洛伊木马

与一般的木马相反，反弹端口型木马的服务端（被控制端）使用主动端口，客户端（控制端）使用被动端口。木马定时检测控制端的存在，发现控制端上线立即弹出端口主动连接控制端打开的主动端口。为了隐蔽起见，控制端的被动端口一般为 80，即使用户使用扫描软件检查端口，发现类似 TCP UserIP:1026 ControllerIP:80ESTABLISHED 的情况，稍微疏忽一点，就会以为是自己在浏览网页。

4.5.7 拒绝服务攻击

1. 拒绝服务攻击概述及原理

拒绝服务（Denial of Service，DoS）攻击，由于它的不易觉察性和简易性，因而一直是网络安全的重大隐患。它是一种技术含量低、攻击效果明显的攻击方法，受到攻击时，服务器在长时间内不能提供服务，使得合法用户不能得到服务。特别是分布式拒绝服务 DDoS，它的效果很明显，并且难以找到真正的攻击源，很难找到行之有效的解决方法。

拒绝服务攻击是一种广泛的系统漏洞，黑客们热衷于对它的研究，而无数的网络用户已成为这种攻击的受害者。它是一种简单的破坏性攻击，通常黑客利用 TCP/IP 中的某种漏洞，或者系统存在的某些漏洞，对目标系统发起大规模的攻击，使攻击目标失去工作能力，使系统不可访问因而合法用户不能及时得到应得的服务或系统资源，如 CPU 处理时间与网络带宽等。它最本质的特征是延长正常的应用服务的等待时间。

根据 TCP/IP 协议的原理，当客户端要和服务器进行通信时，会使用请求/确认的方式进行联系，如用户登录服务器时，首先用户传送信息要求服务器确认，服务器给予响应回复客户端请求，当被确认后，客户端才能正式和服务器交流信息。在拒绝服务攻击情况下，黑客凭借虚假地址向服务器提交连接请求，当然服务器回复信息时就送到这个虚假地址，但是服务器回传时却无法找到这个地址，根据 TCP/IP 连接原理，此时服务器会进行等待，达到超时设置时才会断开这个连接。如果攻击者传送多个这样的请求或利用多个站点同时传送这样的请求，那么服务器就会等待更长时间，这个过程周而复始，最终会导致服务器资源用尽，网络带宽用完，正常的服务请求不能被服务器处理及回复从而形成服务器的拒绝服务。拒绝服务并不是服务器不接受服务，而是服务器太忙，不能及时地响应请求，相对于客户来说就认为是服务器拒绝给予服务，严重时会造成服务器死机，甚至导致整个网络瘫痪。

拒绝服务攻击的目的不在于闯入一个站点或更改数据，而在于使站点无法服务于合法的请求。入侵者并不单纯为了进行拒绝服务而入侵，拒绝服务往往是为了完成其他入侵的必需的前提。例如，在目标主机中放置了木马等恶意程序，需要让目标主机重启；为了完成 IP 欺骗，要使被冒充的主机瘫痪；在正式入侵之前，使目标主机的日志系统不能正常工作；还有可能是出于政治或经济上的目的而发动的拒绝服务。

2．拒绝服务的攻击方法与防范措施

网络对拒绝服务攻击的抵抗力很有限，黑客可以阻止合法的用户使用网络和服务。常见的针对网络的拒绝服务攻击方式有以下几种。

（1）死亡之 ping

这是最简单的攻击方式，攻击者通过 ping 命名向被攻击者发送大量超大字节的 ICMP 报文来进行攻击。在许多操作系统中，ICMP 数据包默认的大小为 64KB，当然用户也可以利用这个命令发送大字节的数据包，但是如果发送的包大小超过 65535B，则在服务器重组包时会造成内存分配错误，发生缓冲区溢出，严重时会使服务器崩溃而拒绝服务。

对这类攻击的防范比较容易，可以安装防火墙拒绝对 ICMP 数据包的响应，就会把这样的数据包拦住，另外也可在操作系统里修改设置，如在 Windows 2000 中在 IP 安全策略中设定把 ICMP 数据包过滤掉就可以解决。

（2）SYN Flood 攻击

在 TCP/IP 协议标准中，要完成一个 TCP 连接需要客户端和服务器端三次握手。首先，客户端发一个有 SYN 标志的包给服务器请求服务，然后服务端返回一个 SYN+1 的 ACK 响应包，客户端收到后再发一个确认包给服务端。这时，客户端与服务端建立连接成功，这样

就为以后的通信做好了准备工作。但在进行攻击时，攻击者利用假冒的 IP 地址只发伪造的包而不接收响应，从而让服务器产生大量的“半开连接”，由于对每个包服务器都有一定的等待响应时间，而且当一定时间没有收到响应时，还会多次重发，因此服务器在重发与等待过程中形成大量的半开连接。这样，攻击者可通过多台计算机发送大量的虚假 IP 源地址的 SYN 数据包，造成服务器 CPU 的过度占用，当达到一定量时，就形成了拒绝服务。同时由于合法用户的请求大多被攻击包淹没，即便服务器此时没有死机，也无力再响应合法用户的请求了。

用户可以使用 netstat 命令来检查连接线路的目前状况，看看是否有 SYN Flood 攻击。只要线路处于 SYN-Received 状态下，则表明系统可能正遭到攻击。

实施这种攻击的黑客无法取得系统中的任何访问权。但是对于大多数的 TCP/IP 协议栈来说，处于 SYN-Received 状态的连接数量非常有限。针对这种攻击，可以减少服务器重发包的次数和等待的时间，由于 SYN Flood 入侵的效果取决于服务器中保持的 SYN 半连接数据请求量，这个值等于 SYN 入侵的频度乘以 SYN 超时时间，所以通过缩短从接收 SYN 报文到确定这个报文无效并丢弃该连接的时间，可以成倍地降低服务器的负荷。在 Windows 2000 中可修改注册表的相应设置来防范这种攻击。

（3）Land 攻击

这类攻击利用 TCP/IP 的漏洞，发送大量的源地址与目的地址相同的数据包，从而造成服务器解析 Land 包时占用大量的处理资源，当收到的包达到一定程度时，就会形成拒绝服务攻击。在 Land 攻击中，一个特别制定的 SYN 包中的源地址和目的地址都被设置成某一个服务器地址，这时将导致接收服务器向它自己的地址发送 SYN-ACK 消息，结果这个地址发回 ACK 消息并创建一个空连接，每个这样的连接都将被保留直到超时。

对这类攻击的防范可通过防火墙解决，将那些在外部接口上入站的源地址是内部地址的数据包丢掉不做处理，这就是简单的防火墙的包过滤功能，另外要打上最新的补丁。

（4）Smurf 攻击

Smurf 攻击结合了 IP 欺骗和 ICMP 回复方法，使大量网络传输充斥目标系统，导致目标系统拒绝为正常系统服务。在这种攻击中，入侵者从远程的网络地址发送 IP 广播地址的 ICMP Echo 报文，当它收到此类数据包再转发出去时，该网络上所有的计算机都将收到此数据包再传回 ICMP Echo 报文，这将使网络拥塞不通。而且，入侵者在传送 ICMP Echo 报文时，使用目标主机的 IP 地址作为源地址，这样，整个网络的所有计算机在回复 ICMP Echo 报文时所传回的目的地址是目标主机，造成目标主机的网络因涌入大量的 ICMP 报文而无法使用。这种方法的可怕之处在于利用体积很小的网络数据包在很短时间里创造出大量的数据包流。

对这种攻击，可以采取一些隔离设备，使之不能进行广播。例如把网络划分成多个 VLAN，每个 VLAN 中的广播不会传播到其他广播域中，以此来解决这样的攻击。解决本问题的主要思路就是防止计算机以 IP 广播请求做出响应。

（5）Teardrop 攻击

数据链路层的最大传输单元 MTU 限制了数据帧的最大长度，不同的网络类型都有一个上限值。可以用 netstat-i 命令查看这个值，以太网的 MTU 是 1500。如果 IP 层有数据包要传，而且数据包的长度超过了 MTU，那么 IP 层就要对数据包进行分片操作，使每片的长度都小于或等于 MTU。每个 IP 分片都各自发送，到达目的主机后在 IP 层重组，IP 数据包头部中的数据能够正确完成分片的重组。若在 IP 分组中指定一个非法的偏移值，将可能造成某些协议软件出现缓冲区覆盖，导致系统崩溃。

针对这种攻击的解决办法就是对系统打上最新的补丁，禁止防火墙的重组碎片功能。在 Windows 2000 中，可以自定义 IP 安全策略并设置碎片检查。

（6）UDP Flood 攻击

在 UDP Flood 攻击中，攻击者可发送大量伪造源 IP 地址的小字节 UDP 包。由于 UDP 协议是无连接性的，所以只要打开了一个 UDP 的产品并提供相关服务，那么就可针对相关的服务进行攻击。例如，QQ 是基于 UDP 协议的，网上有些工具就可以发送大量的包对目标进行攻击，从而让在线 QQ 因资源不足而被迫下线，如果是对其他服务进行攻击，严重时还可能使服务器死机。

对这种攻击，建议安装具有入侵检测功能的防火墙，但防火墙只能通过避免数据报文的回应来减少服务器的负荷，无法避免网络的拥塞。由于 UDP 具有无连接服务的本质特性，因此很难防范。

3. 分布式拒绝服务概念及原理

分布式拒绝服务（DDoS，Distributed Denial of Service）攻击指借助于客户-服务器技术，将多个计算机联合起来作为攻击平台，对一个或多个目标发动拒绝服务攻击，从而成倍地提高拒绝服务攻击的威力。通常，攻击者使用一个偷窃账号将 DDoS 主控程序安装在一台计算机中，在一个设定的时间，主控程序将与大量代理程序进行通信，而这些代理程序已经事先被安装在 Internet 上的许多计算机中。代理程序收到指令时就发动攻击。利用客户-服务器技术，主控程序能在几秒钟内激活成百上千次代理程序的运行。

4. 分布式拒绝服务攻击出现的现象

被分布式拒绝服务攻击时主要出现以下几种现象：被攻击主机中有大量等待的 TCP 连接；网络中充斥着大量的无用的数据包，而且源地址都是伪造的；制造高流量无用数据，造成网络拥塞，使受害主机无法正常和外界通信；利用受害主机提供的服务或传输协议上的缺陷，反复高速地发出特定的服请求，使受害主机无法及时处理所有正常请求。

5. 分布式拒绝服务攻击的防范

到目前为止，对 DDoS 攻击的防御还是比较困难的。首先，这种攻击的特点是利用了 TCP/IP 协议的漏洞，要完全抵御 DDoS 攻击从原理上讲不太现实。虽然人们不能完全杜绝 DDoS，但可以尽量避免它给系统带来更大的危害。防范措施如下。

（1）关闭不必要的服务，限制同时打开的 SYN 半连接数目，缩短 SYN 半连接的超时时间，及时更新系统补丁。

（2）在防火墙方面，禁止对主机的非开放服务的访问，限制同时打开的 SYN 最大连接数，启用防火墙的防 DDoS 的属性，严格限制对外开放的服务器的向外访问以防止自己的服务器被当作傀儡机。

（3）在路由器方面，使用访问控制列表（ACL）过滤，设置 SYN 数据包流量速率，升级版本过低的操作系统，为路由器做好日志记录。

（4）ISP/ICP 要注意自己管理范围内的客户托管主机不要成为傀儡机，因为有些托管主机的安全性较差。

（5）骨干网络运营商在自己的出口路由器上进行源 IP 地址的验证，如果在自己的路由表中没用到这个数据包源 IP 的路由，就丢掉这个包。这种方法可以阻止黑客利用源 IP 来进行分布式拒绝服务攻击。当然这样做可能会降低路由器的效率，这也是骨干运营商非常关注的问题，所以这种做法真正实施起来还很困难。

对分布式拒绝服务的原理与应付方法的研究一直在进行中，找到一个既有效又切实可行的方案不是一朝一夕的事情。但目前至少可以做到把自己的网络与主机维护好，首先让自己的主机不成为被人利用的对象去攻击别人；其次，在受到攻击的时候，要尽量保存证据，以便事后追查，一个良好的网络和系统日志是必要的。无论分布式拒绝服务攻击的防御向何处发展，这都将是一个社会工程，需要 IT 界人士共同努力、通力合作。

4.5.8 IP 欺骗

1. IP 欺骗概述

IP 地址欺骗是指行动产生的 IP 数据包为伪造的源 IP 地址，以便冒充其他系统或发件人的身份。

IP 地址欺骗常见于拒绝服务攻击，大量伪造来源的信息被发送到目标计算机或系统中。攻击者制造大量伪造成来自于不同 IP 的数据请求，这些 IP 地址任选自服务器可以提供的 IP 段，同时隐藏真实 IP，就像一个蒙面杀手。现在，一般将 IP 地址欺骗作为其他攻击方法的辅助方法，使得依靠禁用特定 IP 的防御方法失效。

有时这种方法用于突破网络安全防御而侵入系统，不过需要一次制造大量数据包，因此这种侵入手段显得笨拙费劲。在安全措施不完备的网络内，例如，互相信任的企业局域网，是这种攻击的高发地。

2. IP 欺骗的实施

实际上，仅仅简单地通过修改 IP 数据包中的源 IP 地址是实现不了 IP 欺骗的，IP 欺骗的技术非常复杂，这是因为 TCP 协议会对 IP 数据包进行进一步的封装。TCP 协议的通信双方需要在正式传输数据之间采用“三次握手”的方式建立一个稳健的连接。而对于 IP 欺骗的状态下，三次握手会是下面这种情况。

第 1 步：黑客假冒 A 主机 IP 向服务方 B 主机发送 SYN，告诉 B 主机是其所信任的 A 想发起一次 TCP 连接，序列号为数值 X，这一步实现比较简单，黑客将 IP 包的源地址伪造为 A 主机 IP 地址即可。

第 2 步：服务方 B 产生 SYN ACK 响应，并向请求方主机 A 发送 ACK，ACK 的值为 X+1，表示数据成功接收到，并且告知下一次接收到字节的 SEQ 是 X+1。同时，B 向请求方 A 发送自己的 SEQ，这个数值对黑客是不可见的。

第 3 步：黑客再次向服务方发送 ACK，表示接收到服务方的回应——虽然黑客实际上并没有收到服务方 B 的 SYN ACK 响应，这次的 SEQ 值为 X+1，同时黑客必须猜出 ACK 的值，并加 1 后发送给主机 B。

如果黑客能够成功猜出 B 的 ACK 值，那么 TCP 就通过三次握手成功建立，主机 B 会将黑客看作主机 A。黑客主机这种连接是“盲人”式的，因为主机 B 的数据包都被路由转发到主机 A 中，而黑客永远不会收到来自主机 B 的包。

需要注意的是，在整个攻击的过程中，黑客必须使主机 A 中断与网络的正常连接。因为 SYN 请求中 IP 包的源地址是 A 主机的地址，当主机 B 收到 SYN 请求时会根据 IP 包中源地址反馈 ACK SYN 给主机 A，但事实上主机 A 并没有向主机 B 发送 SYN 请求。所以如果主机 A 没有与网络断开连接，主机 A 会在收到数据包后认为这是一次错误的连接，从而向主机 B 反馈 RST 来中断连接。

3．IP 欺骗的防范

IP 欺骗之所以可以实施，是因为信任服务器的基础建立在网络地址的验证上，IP 地址是可以进行简单欺骗的，在整个攻击过程中最难的是进行序列号的估计，估计精度的高低是欺骗成功与否的关键。针对这些，可采取如下的对策。

（1）使用加密法

阻止 IP 欺骗的一个明显的方法是在通信时要求加密传输和验证。当有多个手段并存时，加密方法最为适应。通信时要求双方对数据进行加密传输和验证，使得欺骗者无法获取有用信息，从而无法完成欺骗功能。

（2）禁止基于 IP 地址的信任关系

IP 欺骗的原理是冒充被信任主机的 IP 地址，这种信任关系是建立在基于 IP 地址的验证上的，如果禁止基于 IP 地址的信任关系、不允许 R*类远程调用命令的使用、删除.rhosts 文件、清空/etc/hosts.equiv 文件，使所有的用户通过其他远程通信手段，如 Telnet 等进行远程访问，则可以预防基于 IP 地址的欺骗。

（3）安装过滤路由器

如果计算机用户的网络是通过路由器接入 Internet 的，那么可以利用计算机用户的路由器来进行包过滤。确信只有计算机用户的内部 LAN 可以使用信任关系，而内部 LAN 上的主机对于 LAN 以外的主机要慎重处理。计算机用户的路由器可以帮助过滤掉所有来自于外部而希望与内部建立连接的请求。通过对信息包的监控来检查 IP 欺骗攻击将是非常有效的方法：使用 netlog 或类似的包监控工具来检查外接口上包的情况，如果发现包的两个地址即源地址和目的地址都是本地域地址，就意味着有人要试图攻击系统。

（4）防止 IP 地址伪造

IP 地址伪造技术是进行 IP 欺骗采取的基本技术。具有伪造 IP 地址的数据包可能发生在 Internet 上的任何区域。因此要防止 IP 地址伪造就需要在 Internet 的各级网络采用包过滤技术，截获这些伪造 IP 地址的数据包。

4.6 入侵检测技术

4.6.1 入侵概述

在众多安全技术中，入侵检测是一门相对年轻的技术。这个概念提出已经 20 余年但是直到近年才又被广泛提出来并整合到整个信息安全基础架构中。

1. 入侵检测的概念

入侵：是指任何企图危及资源的完整性、机密性和可用性的活动。

入侵检测：指识别非法用户未经授权使用计算机系统，或合法用户越权操作计算机系统的行为，通过对计算机网络中若干关键点或计算机系统资源信息的收集并对其进行分析，从中发现网络或系统中是否有违反安全策略的行为和攻击的迹象。

入侵检测技术是为保证计算机系统和计算机网络系统的安全而设计与配置的、能够及时发现并报告系统中未授权或异常现象的一种技术。

入侵检测系统 IDS（Intrusion Detection System）：完成入侵检测功能的软件、硬件组合，该系统对系统资源的非授权使用能够做出及时的判断、记录和报警。

2. 入侵检测系统的作用

入侵检测系统的作用主要分为实时检测、安全审计和主动响应三个方面。

（1）实时检测：实时地监视、分析网络中所有的数据包，发现并实时处理所捕获的数据包。

（2）安全审计：对系统记录的网络事件进行统计分析；发现异常现象；得出系统的安全状态，找出所需要的证据。

（3）主动响应：主动切断连接或与防火墙联动，调用其他程序处理。

3. 入侵检测系统的目的

入侵检测系统的目的同样包含三个方面的内容。

（1）防范透过防火墙的入侵：利用应用系统漏洞及后门实施的入侵，利用防火墙配置失误实施的入侵。

（2）防范来自内部网的入侵：内部网的攻击占总的攻击事件的 80%，没有监测的内部网是内部人员的“自由王国”。

（3）对网络行为的审计：防范无法自动识别的恶意破坏。

4.6.2 IDS 基本结构

入侵检测是监测计算机网络和系统，以发现违反安全策略事件的过程。简单地说，入侵检测系统包括三个功能部件：信息收集（时间生成器）、信息分析（事件分析器）和结果处理（响应单元），其基本结构如图 4.48 所示。

1. 信息收集

入侵检测的第一步是信息收集，收集内容包括系统、网络、数据及用户活动的状态和行为。需要在计算机网络系统中的若干不同关键点（不同网段和不同主机）处收集信息，从一个来源的信息有可能看不出疑点，应尽可能扩大检测范围。

入侵检测很大程度上依赖于收集信息的可靠性和正确性，因此要保证用来检测网络系统的软件的完整性，特别是入侵检测系统软件本身应具有相当强的坚固性，防止被篡改而收集到错误的信息。

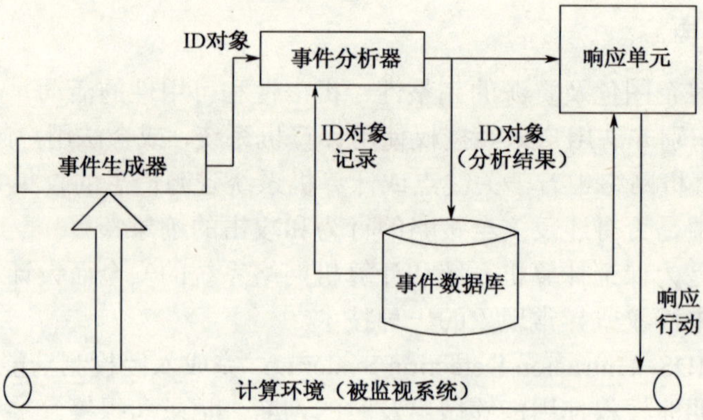

图 4.48　IDS 基本结构

在信息收集过程中，信息的来源主要包括系统日志文件、网络流量、系统目录和文件的异常变化及程序执行中的异常行为。

这是因为黑客经常会在系统日志文件中留下他们的踪迹，因此，充分利用系统日志文件信息是检测入侵的必要条件。日志文件中记录了各种行为类型，每种类型又包含不同的信息。例如，记录“用户活动”类型的日志，包含登录、用户 ID 改变、用户对文件的访问、授权和认证信息等内容。另外，网络环境中的文件系统包含很多软件和数据文件，而包含重要信息的文件和私有数据文件经常是黑客修改或破坏的目标。因此，目录和文件中的不期望的改变（包括修改、创建和删除），特别是那些正常情况下限制访问的，很可能就是一种入侵产生的指示和信号。入侵者经常替换、修改和破坏他们获得访问权的系统上的文件，同时为了隐藏系统中他们的表现及活动痕迹，都会尽力去替换系统程序或修改系统日志文件。

2．信息分析

信息分析主要是将收集到的信息进行模式匹配、统计分析和完整性分析。其中，模式匹配和统计分析是实时的入侵检测，而完整性分析是针对事件发生后进行分析。

模式匹配就是将收集到的信息与已知的网络入侵和系统误用模式数据库进行比较，从而发现违背安全策略的行为。一般来讲，一种进攻模式可以用一个过程（如执行一条指令）或一个输出（如获得权限）来表示。该过程可以很简单（如通过字符串匹配以寻找一个简单的条目或指令），也可以很复杂（如利用正规的数学表达式来表示安全状态的变化）。

统计分析方法首先给系统对象（如用户、文件、目录和设备等）创建一个统计描述，统计正常使用时的一些测量属性（如访问次数、操作失败次数和延时等）。测量属性的平均值将被用来与网络、系统的行为进行比较，如果任何观察值在正常值范围之外，就认为有入侵发生。

完整性分析主要关注某个文件或对象是否被更改，这经常包括文件和目录的内容及属性，它在发现被更改的、被安装木马的应用程序方面特别有效。

3．结果处理

对收集到的信息进行分析后得到的结果进行处理，主要由图 4.48 中的响应单元完成。分析后做出的处理结果可以是切断连接、改变文件属性等强烈反应，也可以只是简单的报警。

4.6.3 入侵检测系统的分类

入侵检测技术按照数据来源可以分为基于主机的入侵检测系统（HIDS）和基于网络的入侵检测系统（NIDS）两类。

1. 基于主机的入侵检测系统

HIDS 是在系统一级进行的入侵检测，检测目标是主机系统和系统本地用户，如图 4.49 所示。检测系统安装在被检测的主机中，主要分析主机内部活动，对被检测主机的网络实时连接以及对系统审计日志进行智能分析和判断，发现不寻常的改动后采取相应的措施。

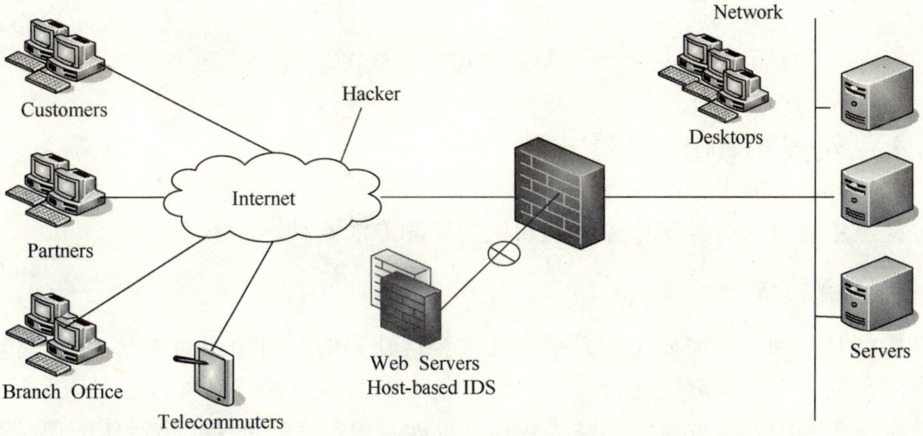

图 4.49 HIDS 入侵检测

HIDS 入侵检测的优势：监视特定的系统活动，接近实时的检测和响应，不需要额外的硬件设备。

HIDS 入侵检测的不足：降低应用系统的效率，全面部属 HIDS 的代价大，依赖于服务器固有的日志和监视能力，无法进行网络上的入侵检测。

2. 基于网络的入侵检测系统

NIDS 通过硬件或软件对网络上的数据包进行实时检查，并与系统的网络安全数据库的入侵特征进行比较、分析。一旦发现有被攻击的迹象，立刻根据用户所定义的动作做出反应，如切断网络连接，或通知防火墙系统对访问控制策略进行调整，将入侵的数据包过滤掉，如图 4.50 所示。基于网络的入侵检测系统由遍及网络的传感器（Sensor）组成，传感器会向中央控制台报告。传感器通常是独立的检测引擎，能获得网络分组、找寻误用模式，然后告警。

NIDS 入侵检测的优势：能够检测基于主机的入侵检测漏掉的攻击，攻击者不易转移证据，实时检测和响应，与操作系统无关。

NIDS 入侵检测的不足：不能检测到所有的数据包，不容易实现一些复杂的需要大量计算与分析时间的攻击检测。

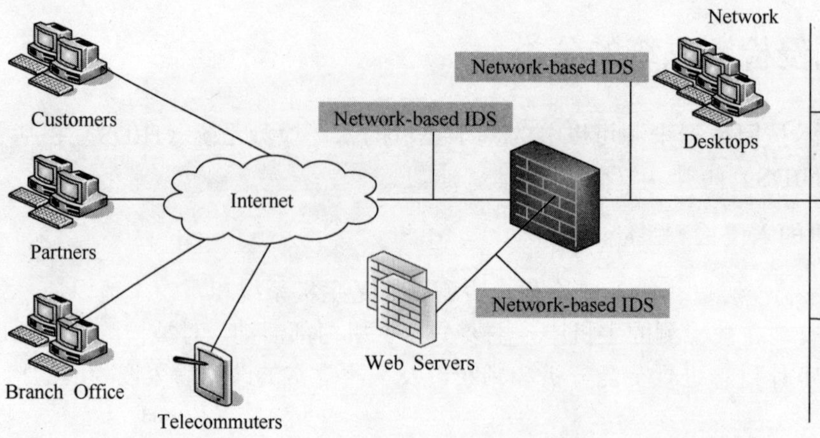

图 4.50　NIDS 入侵检测

4.6.4　入侵检测的主要方法

入侵检测主要方法有异常检测方法和误用检测方法两种。

1．异常检测方法

异常检测是一种在不需要操作系统及其安全性缺陷的专门知识的情况下，就可以检测入侵者的方法，同时也是检测冒充合法用户的入侵者的有效方法。这种方法对正常行为建模，所有不符合这个模型的事件就被怀疑为攻击，也就是说，首先总结正常操作应该具有的特征（用户轮廓），当用户活动与正常行为有重大偏离时即被认为是入侵。

异常检测采用的方法主要有统计分析方法等。对于网络流量，可以使用统计分析的方法进行监控，这样可以防止拒绝服务攻击（DDoS）等攻击的发生。

异常检测的特点是：异常检测系统的效率取决于用户轮廓的完备性和监控的频率，因为不需要对每种入侵行为进行定义，所以能有效地检测未知的入侵。系统能针对用户行为的改变进行自我调整和优化，但随着检测模型的逐步精确，异常检测会消耗更多的系统资源。

2．误用检测方法

误用检测方法对不正常的行为进行建模，这些行为是以前确认的误用或攻击。误用检测器分析系统的活动，发现那些与预先定义好的攻击特征相匹配的事件或事件集，因此误用检测往往也称为基于特征的检测。这种方法收集非正常操作的行为特征，建立相关的特征库，当监测的用户或系统行为与库中的记录相匹配时，系统就认为这种行为是入侵。

误用检测方法采用的常用方法是模式匹配。模式匹配建立一个攻击特征库，检查发过来的数据是否包含这些攻击特征（如特定的命令等），然后判断它是不是攻击。

异常检测的特点是：只收集相关的数据集合，显著减少系统负担，且技术已相当成熟，检测准确率和效率都相当高。但是需要不断升级以对付不断出现的攻击手法，不能检测到从未出现过的攻击手段。

4.6.5 IDS 相关产品介绍

IDS 的相关产品主要有安氏、启明星辰、金诺网安、联想、东软、绿盟科技、中科网威、思科、CA 等，下面进行简单介绍。

（1）安氏

产品名称：领信 IDS。

主要产品：2600 型 Professional 系列、1600 型 Professional 系列、200 型 Professional 系列、100 型 Professional 系列。

优点：基于状态保持的应用协议分析技术，支持取证和分析功能。

缺点：支持的攻击特征数少（1200），病毒蠕虫检测能力弱，升级周期长（平均每两周更新一次）。

（2）启明星辰

产品名称：天阗。

主要产品：天阗 S1100、天阗 S500、天阗 S120、天阗 S220、天阗 S320、天阗 S420、天阗 S520、天阗 NS500、天阗 NS 2800。

公司网址：www.venustech.com.cn。

优点：误报率低；攻击特征数有 2600 多种；运行和天镜网络漏洞扫描器联动。

缺点：管理和控制端口采用私有协议，存在安全隐患；实时监控能力弱，不能监视网络流量，实时会话；对系统资源监控能力弱，仅支持有限层的级联部署；对病毒蠕虫检测能力弱。

（3）金诺网安

产品名称：金诺网安。

主要产品：KIDS 1250-1700-TX、KIDS-SW100-L1.金诺网安 V8.2B。

公司网址：www.kingnet.biz。

优点：系统存储于光盘，稳定性好；支持和榕基网络隐患扫描器联动。

缺点：不提供报文回放，误报率高；无病毒蠕虫检测能力，不支持智能协议分析；异常检测能力差；不提供基于状态的检测。

（4）联想

产品名称：联想网御 IDS。

主要产品：网御 IDS N800、网御 IDS N2000、网御 IDS N5000、网御 IDS N200。

公司网址：www.infosec.com.cn。

优点：基于硬件的管理员身份认证；支持 IDS 和 IPS 双模式检测。

缺点：支持的攻击特数少（1500）；N200 和 N2000 管理方法和特征库不兼容；支持定制报表数量少。

（5）东软

产品名称：NetEye。

优点：系统集成扫描器；监控的 TCP 连接数多。

缺点：阻断连接方面功能欠缺；攻击特征数少（1500）；不支持千兆位高端，不支持病毒蠕虫检测。

（6）绿盟科技

产品名称：冰之眼。

主要产品：200 系列、600 系列、1200 系列等。

公司网址：www.nsfocus.com。

优点：支持较多的应用层协议；升级更新速度快（重大安全问题 3 日内）；多点备份，多监听接口。

缺点：产品功能简单；不支持病毒蠕虫检测。

（7）中科网威

产品名称：天眼 IDS。

主要产品：NPIDS-N-HP-SB、NPIDS-N-HP-GB。

公司网址：www.netpower.com.cn。

优点：使用浏览器就可以访问控制台。

缺点：攻击特征数少；升级支持不到位；IP 碎片生组能力差；不支持病毒蠕虫检测。

（8）思科

产品名称：Cisco IDS。

主要产品：4200 系列设备检测器（4210、4235.4250）、Cisco Catalyst 6500 系列（IDSM-2）服务模块。

公司网址：www.cisco.com。

优点：针对 6500 服务器的专用模块；具有启发式检测功能。

缺点：攻击特征数少（1000）；升级周期长（每月更新）；管理界面差，不符合国人使用习惯；各方面功能少，不具备实时监控能力。

（9）CA

产品名称：eTrust IDS。

优点：可以检测/阻止包含病毒的网络数据流；支持 URL/关键字过滤。

缺点：攻击特征数少；性能较差。

4.7 漏洞扫描技术

4.7.1 漏洞概述

1. 漏洞的概念

漏洞是指在硬件、软件、协议的具体实现或系统安全策略上存在的缺陷，从而可以使攻击者在未授权的情况下访问或破坏系统。

2. 漏洞与网络安全

漏洞的存在是网络攻击成功的必要条件之一，攻击者成功入侵的关键在于及早发现和利用目标网络系统的漏洞。

漏洞对网络系统的安全威胁有：普通用户权限提升、获取本地管理员权限、获取远程管理员权限、本地拒绝服务、远程拒绝服务、服务器信息泄露、远程非授权文件访问、读取受限文件、欺骗等。

3. 漏洞存在的原因

网络安全漏洞是“不可避免”的，这是由网络系统的高度复杂性所决定的。主要存在的漏洞有网络协议漏洞、应用软件系统漏洞和配置不当引起的漏洞。

网络协议漏洞：TCP/IP 协议族是目前使用最为广泛的网络互连协议族，但 TCP/IP 协议在设计时是将它置于可信任的环境之下的，并将网络互连和开放性作为首要考虑的问题，而没有过多考虑安全性，这就造成了 TCP/IP 协议族本身的不安全性，并导致一系列基于 TCP/IP 的网络服务的安全性也相当脆弱。

应用软件系统漏洞分为两种：一种是由于操作系统本身设计缺陷带来的安全漏洞，这种漏洞将被运行在该系统上的应用程序所继承；另一种是应用软件程序的安全漏洞。

配置不当引起的漏洞：在一些网络系统中，忽略了安全策略的制定，即使采取了一定的网络安全措施，但由于系统的安全配置不合理或不完整，安全机制没有发挥作用；或者在网络环境发生变化后，由于没有及时更改系统的安全配置而造成安全漏洞。

4. 漏洞的危害

漏洞对系统安全特性造成的危害：主要从系统的完整性、系统的可用性、系统的机密性、系统的可控性和系统的可靠性 5 个方面来评估攻击者利用漏洞入侵系统，对系统数据进行篡改，从而破坏数据的完整性（Integrity）；攻击者利用漏洞破坏系统或者网络的正常运行，导致信息或网络服务的可用性（Availability）被破坏，合法用户的正常服务要求得不到满足；攻击者利用漏洞给非授权的个人和实体泄露受保护信息，很多时候，机密性（Confidentiality）和完整性是交叠的；攻击者利用漏洞使得系统对于合法用户而言处于“失控”状态，使系统的可控性（Controllability）被破坏；攻击者利用漏洞对用户认可的质量特性（信息传递的迅速性、准确性以及连续地转移等）造成危害，使系统的可靠性（Reliability）被破坏。

4.7.2 扫描技术的分类

用户可以从不同角度对扫描技术进行不同的分类。按扫描对象来分，可以分为基于网络的扫描（Network-based Scanning）和基于主机的扫描（Host-based Scanning）；按扫描方式来分，又可以分为主动扫描（Active Scanning）和被动扫描（Passive Scanning）。

1. 按扫描对象分类

（1）基于网络的漏洞扫描

基于网络的漏洞扫描，就是通过网络来扫描远程计算机中的漏洞。一般来说，基于网络的漏洞扫描工具可以看作漏洞信息收集工具，它根据不同漏洞的特性，构造网络数据包，发给网络中的一个或多个目标服务器，以判断某个特定的漏洞是否存在。

基于网络的漏洞扫描器，一般由漏洞数据库、用户配置控制台、扫描引擎、当前活动的扫描知识库及结果存储器和报告生成工具 5 个模块组成，其体系结构如图 4.51 所示。

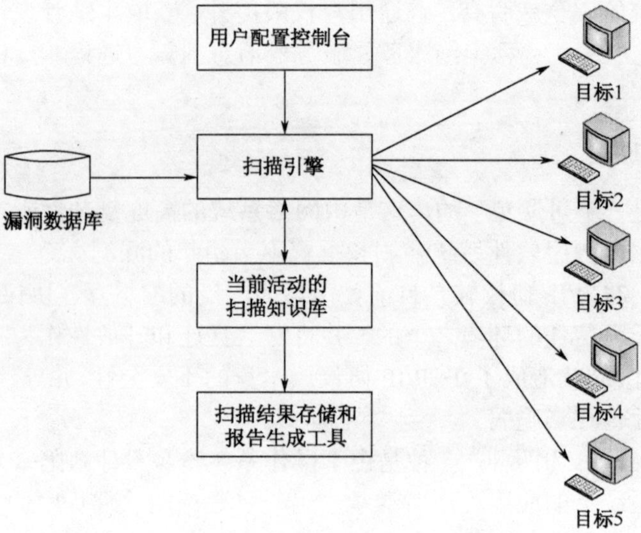

图 4.51　漏洞扫描器体系结构

① 漏洞数据库模块：漏洞数据库包含了各种操作系统的各种漏洞信息，以及用于检测漏洞的指令。由于新的漏洞会不断出现，因此该数据库需要经常更新，以便能够检测到新发现的漏洞。

② 用户配置控制台模块：用户配置控制台与安全管理员进行交互，用来设置要扫描的目标系统，以及扫描哪些漏洞。

③ 扫描引擎模块：扫描引擎是扫描器的主要部件。根据用户配置控制台部分的相关设置，扫描引擎组装好相应的数据包，发送到目标系统中，将接收到的目标系统的应答数据包与漏洞数据库中的漏洞特征进行比较，来判断所选择的漏洞是否存在。

④ 当前活动的扫描知识库模块：通过查看内存中的配置信息，该模块监控当前活动的扫描，将要扫描的漏洞的相关信息提供给扫描引擎，同时还接收扫描引擎返回的扫描结果。

⑤ 结果存储器和报告生成工具：报告生成工具利用当前活动扫描知识库中存储的扫描结果，生成扫描报告。扫描报告将告诉用户配置控制台设置了哪些选项，根据这些设置，扫描结束后，报告在哪些目标系统中发现了哪些漏洞。

基于网络的漏洞扫描器具有以下特点：运行于单个或多个主机，扫描目标为本地主机或者单/多个远程主机；扫描器的设计和实现与目标主机的操作系统无关；通常的网络安全扫描不能访问目标主机的本地文件（具有目标主机访问权限的扫描除外）；扫描项目主要包括目标的开放端口、系统网络服务、系统信息、系统漏洞、远程服务漏洞、特洛伊木马检测和拒绝服务攻击等。

（2）基于主机的漏洞扫描

基于主机的漏洞扫描器，其扫描目标系统的漏洞的原理与基于网络的漏洞扫描器的原理类似，但是，两者的体系结构不一样。基于主机的漏洞扫描器通常在目标系统中安装一个代理（Agent）或者服务（Services），以便能够访问所有的文件与进程，这也使得基于主机的漏洞扫描器能够扫描更多的漏洞。

现在流行的基于主机的漏洞扫描器在每个目标系统中都有个代理，以便向中央服务器反馈信息。中央服务器通过远程控制台进行管理。

基于主机的漏洞扫描器通常是一个基于主机的Client/Server三层体系结构的漏洞扫描工具，这三层分别为：漏洞扫描器控制台、漏洞扫描器管理器和漏洞扫描器代理。

基于主机的漏洞扫描评估分析文件内容，对系统中不合适的设置、脆弱的口令以及其他同安全规则抵触的对象进行检查。它具有以下特点：运行于单个主机，扫描目标为本地主机；扫描器的设计和实现与目标主机的操作系统相关；可以在系统中任意创建进程；扫描项目主要包括用户账号文件、组文件、系统权限、系统配置文件、关键文件、日志文件、用户口令、网络接口状态、系统服务、软件脆弱性等。

（3）基于主机和基于网络的漏洞扫描比较

基于主机的脆弱性评估可以更准确地定位系统的问题，发现系统的漏洞；然而其缺点是与平台相关、升级复杂，而且扫描效率较低（一次只能扫描一台主机）。

基于网络的脆弱性评估从入侵者的角度进行检测，能够发现系统中最危险、最可能被入侵者渗透的漏洞，扫描效率更高，而且由于与目标平台无关，通用性较强、安装简单。其缺点是不能检查不恰当的本地安全策略，另外也可能影响网络性能。

2．按扫描方式分类

（1）主动扫描

主动扫描是传统的扫描方式，拥有较长的发展历史，它通过给目标主机发送特定的包并收集回应包来取得相关信息。当然，无响应本身也是信息，它表明可能存在过滤设备将探测包或探测回应包过滤了。主动扫描的优点在于：通常能较快获取信息，准确性也比较高。缺点在于：易于被发现，很难掩盖扫描痕迹；而且要成功实施主动扫描通常需要突破防火墙，但突破防火墙是很困难的。

（2）被动扫描

被动扫描通过监听网络包来取得信息。被动扫描具有很多优点，近年来备受重视，其主要优点是对它的检测几乎是不可能的。被动扫描一般只需要监听网络流量而不需要主动发送网络包，也不易受防火墙影响。而其主要缺点在于速度较慢，而且准确性较差，当目标不产生网络流量时就无法得知目标的任何信息。

4.7.3 常用扫描工具介绍

（1）NetCat

NetCat是一款使用多年，现在仍很实用的软件。因为它短小精悍现在有人已经将该工具修改成大约10KB左右，而且功能不减少），由Hobbit编写，通过使用TCP或UDP协议的网络连接去读/写数据。它被设计成一个稳定的后门工具，能够直接由其他程序和脚本轻松驱动。同时，它也是一个功能强大的网络调试和探测工具，能够建立用户需要的几乎所有类型的网络连接。其原始版本是一个UNIX程序，Weld Pond将其移植到Windows NT平台上。它能执行的任务是如此之多，以至于被称为网络工具箱中的“瑞士军刀”。

（2）Nmap

由Fyodor编写的Nmap（Network Mapper，网络映射器）是一款开放源代码的网络探测和安全审核的工具。它的设计目标是快速地扫描大型网络，当然用它扫描单个主机也没有问题。

Nmap 主要作用是发现网络主机，主机提供的服务和服务运行在什么操作系统上（包括版本信息），使用什么类型的报文过滤器/防火墙。

系统管理员和网络管理员可以使用 Nmap 查看整个网络的信息、管理服务升级计划和监视主机和服务的运行。

（3）SATAN

SATAN（Security Administrator Tool for Analyzing Networks）是一个软件包，是为 UNIX 环境编写的，主要用 C 和 Perl 语言编写。SATAN 是一个分析网络的安全管理和测试、报告工具。它用来搜集网络上主机的许多信息，并可以识别且自动报告与网络相关的安全问题。

（4）Nessus

Nessus 是一个功能强大而又易于使用的网络漏洞扫描工具。它是免费的，而且功能更强大。该系统被设计为客户-服务器模式，服务器端负责进行安全扫描，客户端用来配置、管理服务器端，客户端和服务器端之间的通信使用 SSL 加密。

（5）X-Scan

X-Scan 是由“安全焦点”开发的一个免费的漏洞扫描工具，运行于 Windows 操作系统上。它采用多线程方式对指定 IP 地址段（或单机）进行安全漏洞检测，具有插件功能，提供图形界面和命令行两种操作方式。

（6）PScan

虽然 PScan 不属于网络扫描工具的范畴，但是它非常有用。它能够扫描 C 源代码文件存在的某些缓冲区溢出缺陷（例如，格式化字符串安全缺陷），帮助程序员发现这类编程错误，防止应用程序出现某些安全漏洞。

（7）LANguard 网络扫描器

LANguard 网络扫描器允许使用者扫描局域网内部的计算机，搜集它们的 NetBIOS 信息、打开端口、共享情况和其他相关资料，这些资料可以被管理员用来进行安全维护，通过它可以强行关闭指定端口和共享目录。

4.8 病毒与蠕虫防范技术

4.8.1 概述

1. 计算机病毒的产生、发展与演变

（1）计算机病毒的产生和发展

随着计算机应用的普及，早期就有一些科普作家意识到可能会有人利用计算机进行破坏，提出了“计算机病毒”这个概念。不久，计算机病毒便在理论和程序上都得到了证实。

1949 年，计算机的创始人冯·诺依曼发表《复杂自动机器的理论和结构》的论文，提出了计算机程序可以在内存中进行自我复制和变异的理论。此后，许多计算机技术人员在自己的研究工作中应用和发展了程序自我复制的理论。

1959 年，AT&T 贝尔实验室的三位成员设计出具有自我复制能力，并能探测到别的程序，在运行时能将其销毁的程序。

1983 年，Fred Cohen 博士研制出一种在运行过程中可以复制自身的破坏性程序，并在全美计算机安全会议上提出和在 VAX II/150 机上演示，从而证实计算机病毒的存在，这也是

公认的第一个计算机病毒程序的出现。

1986年年初，在巴基斯坦的拉合尔（Lahore），巴锡特（Basit）和阿姆杰德（Amjad）两兄弟编写了Pakistan病毒，即Brain。在一年内流传到了世界各地。

1988年3月2日，一种苹果机病毒发作，感染的苹果机停止工作，只显示“向所有苹果计算机的使用者宣布和平的信息”，以庆祝苹果机的生日。

1988年11月2日Cornell大学的罗伯特·莫里斯（Robert T.Morris）编写的Worm病毒袭击美国约6000台计算机，直接损失近9600万美元。

1988年年底，在我国的国家统计部门发现小球病毒。病毒开始传入我国。

（2）计算机病毒的演变

1990年，第一个多态病毒被开发出来。多态病毒是一种恶意软件，它使用不限数量的加密例程以防止被检测出来。多态病毒具有在每次复制时都可以更改其自身的能力，这使得用于“识别”病毒的基于签名的防病毒软件程序很难检测出这种病毒。

1991年，在“海湾战争”中，美军第一次将计算机病毒用于实战。

1996年，出现针对微软公司Office软件的“宏病毒”。1997年公认为计算机反病毒界的“宏病毒年”。

1998年，首例破坏计算机硬件的CIH病毒出现，引起人们的恐慌。

2000年5月4日，爱虫病毒开始在全球各地迅速传播。该病毒通过Microsoft Outlook电子邮件系统传播，令全球为此损失100亿美元。

2001年完全可以被称为“蠕虫之年”，出现了Nimda（尼姆达）、CodeRed（红色代码）、Badtrans（坏透了）……蠕虫病毒不仅数量众多，而且危害极大，感染了数百万台计算机。

在2002年新生的计算机病毒中，木马、黑客病毒以61%的绝对数量占据头名。网络病毒越来越成为病毒的主流。

2003年的8月12日，名为“冲击波”的病毒在全球袭击Windows操作系统，据估计可能感染了全球一、两亿台计算机，在国内导致上千个局域网瘫痪。

2005年由国内作者编写的“灰鸽子”木马成为该年度头号病毒，它危害极大，变种极多（共有4257个变种），是国内非常罕见的恶性木马病毒。

2007年，以“熊猫烧香”为代表的病毒/木马，进入了产业化运作、传播模式，形成了互联网的黑色产业，标志着计算机病毒发展进入了利益驱动期。

2009—2010年，震网是一种在Windows平台上针对工业控制系统的计算机蠕虫，它是首个旨在破坏真实世界，而非虚拟世界的计算机病毒，利用西门子公司控制系统（SIMATIC WinCC/Step7）存在的漏洞感染数据采集与监控系统（SCADA），向可编程逻辑控制器（PLCs）写入代码并将代码隐藏。这是有史以来第一个包含PLC Rootkit的计算机蠕虫，也是已知的第一个以关键工业基础设施为目标的蠕虫。据报道，该蠕虫病毒可能已感染并破坏了伊朗纳坦兹的核设施，并最终使伊朗的布什尔核电站推迟启动。不过西门子公司表示，该蠕虫事实上并没有造成任何损害。

2. 计算机病毒的概念、组成及分类

（1）计算机病毒的概念

病毒是一段具有自我复制能力的代理程序，它将自己的代码写入宿主程序的代码中，以

感染宿主程序，每当运行受感染的宿主程序时病毒就自我复制，然后其副本感染其他程序，如此周而复始。它一般隐藏在其他宿主程序中，具有潜伏能力、自我繁殖能力、被激活产生破坏的能力。

我国在《中华人民共和国计算机信息系统安全保护条例》中明确定义，计算机病毒是指“编制或者在计算机程序中插入的破坏计算机功能或者破坏数据，影响计算机使用并且能够自我复制的一组计算机指令或者程序代码”。

（2）计算机病毒产生的原因及特征

计算机病毒是高技术犯罪，具有瞬时性、动态性和随机性，不易取证，风险小，破坏大。主要产生原因有：寻求刺激（自我表现、恶作剧、出于报复心理）；恶意目的（一般以金钱、政治、军事目的为主）；实验室研究。

计算机病毒的主要特征是传染性、隐蔽性、潜伏性和表现性。

传染性：计算机病毒会通过各种媒体从已被感染的计算机中扩散到未被感染的计算机中。这些媒体可以是程序、文件、存储介质甚至网络，并在某些情况下造成被感染的计算机工作失常甚至瘫痪。这就是计算机病毒最重要的特征——传染和破坏。

隐蔽性：不经过程序代码分析或计算机病毒代码扫描，计算机病毒程序与正常程序是不容易区别的。在没有防护措施的情况下，计算机病毒程序一经运行取得系统控制权后，可以迅速传染其他程序，而在屏幕上没有任何异常显示。传染操作完成后，计算机系统以及被感染的程序仍能执行。这种现象就是计算机病毒传染的隐蔽性。

潜伏性：计算机病毒具有依附其他媒体寄生的能力，它可以在磁盘、光盘或其他介质中潜伏几天，甚至几年，不满足其触发条件时，除了传染以外不做其他破坏。触发条件一旦得到满足，病毒就四处繁殖、扩散、破坏。

表现性：当触发条件满足时，病毒在被感染的计算机中开始发作，表现出一定的症状和破坏性。根据计算机病毒的危害性不同，病毒发作时表现出来的症状可能有很大差别。从显示一些令人讨厌的信息，到降低系统性能、破坏数据（信息），直到永久性地摧毁计算机硬件和软件，造成系统崩溃、网络瘫痪等。

（3）计算机病毒的组成

计算机病毒技术正以惊人的速度在发展，不断有新的病毒出现。不同类型的计算机病毒采用的机制和表现手法不尽相同，但计算机病毒的结构基本相似，一般来说是由以下三个程序模块组成的。

- 引导模块：在合适的条件下，引导模块作为整个病毒程序的组成部分，首先得到执行，它负责把病毒程序加载到内存合适的区域，并潜入正在执行的操作系统或其他宿主程序中，至此病毒程序已经完成激活前的全部工作。
- 传染模块：主要负责捕捉传染的条件和传染的对象，在保证被传染程序正常运行的情况下，完成计算机病毒的复制传播任务。
- 破坏与表现模块：这里的破坏不单指毁坏系统的软/硬件和磁盘中的数据、文件，同时还指明显降低整个系统的运行效率。该部分程序负责捕捉进入破坏程序的条件，在条件满足时开始进行破坏系统或数据的工作，甚至可以毁掉包括病毒程序本身在内的系统资源。

（4）计算机病毒的分类

① 按感染对象分类：引导型病毒、文件型病毒和混合型病毒。

引导型病毒的感染对象是计算机存储介质的引导区。病毒用自身的全部或部分逻辑取代正常的引导记录，而将正常的引导记录隐藏在介质的其他存储空间中。由于引导区是计算机系统正常启动的先决条件，因此此类病毒可在计算机运行前获得控制权，其传染性较强，如Bupt、Monkey、CMOS dethroner 等。

文件型病毒的感染对象是计算机系统中独立存在的文件。这类病毒在文件运行或被调用时驻留内存传染、破坏，如 Honking、宏病毒、CIH 等。

混合型病毒的感染对象是引导区或文件，该病毒具有复杂的算法，采用非常规方法入侵系统，同时使用加密和变形算法，如 One half、V3787 等。

② 按感染系统分类：DOS 病毒、宏病毒和 Windows 病毒。

DOS 病毒是侵入 DOS 系统环境，针对 DOS 内核而编制的病毒，如黑色星期五、米开朗基罗等。

宏病毒可跨越 DOS、Windows 3.X/95/98/ME/NT/2000/2003/XP 等多种系统环境，感染 Office 文件，如 Taiwan NO.1.FormatC、Hot Macro 等。

Windows 病毒侵入 Windows 系统环境，感染 PE 格式文件，如 CIH 病毒等。

③ 按感染方式分类：源码型病毒、入侵型病毒、操作系统型病毒和外壳型病毒。

源码型病毒非常难编写，比较少见。它主要攻击由高级语言编写的源程序，在源程序编译之前插入其中，并随源程序一起编译、连接成可执行文件，因此刚生成的可执行文件编译文件就已经带毒了。

入侵型病毒用自身代替正常程序中的部分模块或堆栈区。这类病毒只攻击某些特定的程序，针对性比较强，在一般情况下难以被发现，清除起来也比较困难。

操作系统型病毒可以把自身部分加入或替代操作系统的部分功能，因为其直接感染操作系统，所以此类病毒危害较大。

外壳型病毒将自身附在正常程序的开头或结尾，相当于给正常程序加了一个外壳。大部分的文件型病毒都属此类。

④ 按照病毒恶意操作的类型分类：分区表（Partition Sector）病毒、引导区（Boot Sector）病毒、文件感染（File Infecting）病毒、变形（Polymorphic）病毒、复合型（Multi-Partite）病毒、特洛伊木马（Trojan）病毒、蠕虫（Worm）病毒和宏（Macro）病毒。

4.8.2 计算机病毒的工作原理及传播途径

1. 计算机病毒的工作原理

（1）文件型病毒

文件型的病毒将自身附着到一个文件当中，通常是附着在可执行的应用程序上。通常文件型的病毒是不会感染数据文件的，然而数据文件可以包含嵌入的可执行的代码。例如，宏可以被病毒使用或被特洛伊木马的编写者利用。办公软件 Word 尤其易受到宏病毒的威胁。文本文件，如批处理文件、Post-Script 语言文件和那些可被其他程序编译或解释的含有命令的文件都是怀有恶意的软件潜在的攻击目标。

（2）引导扇区病毒

引导扇区病毒改变每个用 DOS 格式来格式化的磁盘的第一个扇区里的程序。通常引导扇区病毒先执行自身的代码，然后再继续计算机的启动进程。在大多数情况下，在这台染有引导型病毒的机器上对新的磁盘进行读/写操作，那么这块磁盘也会被感染。

（3）混合型病毒

混合型病毒有上述两类病毒的某些特征。例如，执行一个被感染的文件，它将感染硬盘的引导扇区或分区扇区，并且感染在机器上使用过的磁盘，或感染使用带毒系统进行格式化操作的磁盘。

（4）宏病毒

宏病毒主要感染一般的设置文件，如 Word 模板，导致以后所编辑的文档都会带有可感染的宏病毒。

（5）欺骗病毒

这种病毒能够以某种长度存在，从而将自己从可能被注意的程序中隐蔽起来。

（6）多形性病毒

多形性病毒又名“多态病毒”、“变形病毒”或“幽灵病毒”，是指采用特殊加密技术编写的病毒。这种病毒在每次感染一个对象时采用随机方法对病毒主体进行加密，因而完全多形性病毒的主要不同样本中甚至不存在连续两个相同的字节。这种病毒主要是针对查毒软件而设计的，使得查毒软件的编写更困难，并且还会带来许多误报甚至错报。

（7）伙伴病毒

伙伴病毒又名“伴随型病毒”，这种病毒通过一个文件传播，首先该文件将代替用户本来希望运行的文件被执行，之后再运行原始的文件。例如，myapp.exe 文件可能通过创建名为 myapp.com 的文件被感染。因为根据 DOS 系统的工作方式，当用户在 C:\>提示符下输入 myapp 时，myapp.com 将代替 myapp.exe 文件而运行。myapp.com 首先运行它带有感染性的程序，然后再默默地执行 myapp.exe 文件。

2. 计算机病毒的传播途径

计算机病毒一般通过某个入侵点进入系统来感染该系统。在网络系统中，可能的入侵点包括服务器、E-mail 附加部分、BBS 下载的文件、FTP 文件下载、共享网络文件及常规的网络通信、盗版软件、示范软件、计算机实验室以及其他共享设备等。

特别注意：即使在网络隔离的情况下也可能出现病毒。

4.8.3 计算机病毒的危害及症状

1. 计算机病毒的危害

计算机病毒的危害主要有：降低计算机或网络系统正常的工作效率，计算机病毒一旦侵入了系统或网络，往往会掌握一部分系统操作的控制权，导致系统正常工作效率的严重降低；破坏计算机系统与用户的数据，删除或修改计算机的系统文件和参数及用户的主要数据和文件，造成大量的数据丢失，致使计算机系统无法正常运行；窃取重要信息，计算机病毒程序可以在网上传播的同时寻找它所感兴趣的信息，如用户的口令、重要的数据、敏感文件或硬盘中的所有文件。

2. 计算机病毒的症状

计算机感染病毒以后通常表现为以下几种症状，根据这些症状可以初步判断计算机是否感染病毒：系统启动或引导速度减慢，运行速度明显变慢；计算机系统经常无故发生死机或异常重新启动；文件大小、长度、日期、时间、属性等发生变化；莫名其妙地丢失文件或文件损坏；计算机磁盘空间存储的容量异常减少；磁盘卷标发生变化；系统不识别硬盘；对存储系统异常访问；有规律地出现异常信息；Windows 操作系统无故频繁出现错误；键盘输入异常；计算机屏幕上出现异常显示；计算机系统的蜂鸣器出现异常声响，虚假报警；自动生成一些特殊文件；文件读取、复制或打开异常；命令执行出现错误；无故切换当前盘，有些病毒会将当前盘切换到 C 盘；时钟倒转，有些病毒会使系统时间倒转，逆向计时；一些外部设备工作异常；无缘无故地出现打印故障；异常要求用户输入密码；Word 或 Excel 提示执行“宏”；使不应驻留内存的程序驻留内存等。

4.8.4 计算机病毒的检测和防范

1. 检测计算机病毒的基本方法

（1）外观检测法

外观检测法是病毒防治过程中起着重要辅助作用的一个环节。病毒入侵计算机系统后，会使计算机系统的某些部分发生变化，引起一些异常现象，如屏幕显示的异常现象、系统运行速度的异常、打印机并行端口的异常、通信串行口的异常等。可以根据这些异常现象来判断病毒的存在，尽早发现病毒并做适当处理。

（2）特征代码法

将各种已知病毒的特征代码串组成病毒特征代码数据库。这样，可以通过各种工具软件检查、搜索可疑计算机系统（可能是文件、磁盘、内存等），用特征代码数据库中的病毒特征代码逐一进行比较，就可以确定被检测计算机系统感染了何种病毒。

（3）虚拟机技术

多态病毒每次感染后都会改变其病毒密码，这类病毒的代表是幽灵病毒。这一特征让传统的特征值查毒技术无能为力。这是因为特征值查毒技术是对于静态文件进行查杀的，而多态病毒只有在开始运行后才能显露原形。

多态病毒一般采用以下几种操作来不断变换自己：采用等价代码对原有代码进行替换；改变与执行次序无关的指令的次序；增加许多垃圾指令；对原有病毒代码进行压缩或加密。但是，无论病毒如何变化，每个多态病毒在其自身执行时都要对自身进行还原。

针对这一特性，利用虚拟机技术（软件模拟法，一种软件分析器），在机器的内存中用软件方法模拟和分析不明程序的运行，而程序的运行不会对系统各部分起实际的作用（仅仅是模拟），因而不会对系统造成危害。在执行的过程中，从虚拟机环境内截获文件数据，如果含有可疑病毒代码，则杀毒后将其还原到原文件中，从而实现对各类可执行文件内病毒的查杀。

（4）启发式代码扫描技术

病毒和正常程序的区别可以体现在许多方面。例如，通常一个应用程序最初的指令是检查命令行输入有无参数项、清屏和保存原来屏幕显示等，而病毒程序则不会这样做，它通常最初的指令是直接写盘操作、解码指令，或搜索某路径下的可执行程序等相关操作指令序列。这些显著的不同之处，对于有病毒调试经验的专业人士来说，在调试状态下一目了然。

启发式代码扫描技术实际上就是把这种经验和知识移植到一个查病毒软件中的具体程序体现。因此，在这里，启发式指的是“自我发现的能力”或“运用某种方式或方法去判定事物的知识和技能”。一个运用启发式扫描技术的病毒检测软件，实际上就是以特定方式实现的动态高度器或反编译器，通过对有关指令序列的反编译逐步理解并确定其蕴藏的真正动机。

2．病毒的防治

如果怀疑计算机中毒，可采用以下步骤进行查找。

（1）查进程

首先排查进程，注意开机后什么都不要启动。

第 1 步：直接打开任务管理器，查看有没有可疑的进程，不认识的进程可以上网查一下加以识别。

第 2 步：打开进程查看安全类软件（如冰刃等），先查看有没有隐藏进程，然后查看系统进程的路径是否正确。

第 3 步：如果进程全部正常，则利用 Wsyscheck 等工具，查看是否有可疑的线程注入正常进程中。

（2）查自启动项目

进程排查完毕，如果没有发现异常，则开始排查自启动项目。

第 1 步：用 msconfig 命令查看是否有可疑的服务，选择菜单命令“开始”→“运行”，在对话框中输入 msconfig，确定，切换到“服务”选项卡，勾选“隐藏所有 Microsoft 服务”复选框，然后逐一确认剩下的服务是否正常（可以凭经验识别，也可以利用搜索引擎查阅）。

第 2 步：用 msconfig 命令查看是否有可疑的自启动项，切换到“启动”选项卡，逐一排查。

第 3 步：用 autoruns 等命令查看更详细的自启动项信息（包括服务、驱动和自启动项、IEBHO 等信息）。

（3）查网络连接

这个时候可以连接到 Internet，然后查看是否有可疑的连接，查看 IP 地址有否异常。如果发现异常，则立刻关掉系统中可能使用网络的程序（如迅雷等下载软件、杀毒软件的自动更新程序、IE 浏览器等），再次查看网络连接信息，并记下异常点。

（4）查安全模式

重启，直接进入安全模式，如果无法进入，并且出现蓝屏等现象，则应该引起警惕，可能是病毒入侵的后遗症，也可能病毒还没有清除。

（5）查映像劫持

打开注册表编辑器，定位到 HKEY_LOCAL_MACHINESOFTWARE\Microsoft\WindowsNT\

CurrentVersion\ImageFileExecutionOpti，查看有没有可疑的映像劫持项目，如果发现可疑项，很可能已经中毒。

（6）查 CPU 时间

如果开机以后，系统运行缓慢，还可以用 CPU 时间作为参考，找到可疑进程，方法如下：打开任务管理器，切换到“进程”选项卡，选择菜单命令“查看”→“选择列”，在弹出的对话框中勾选“CPU 时间”项并确定。单击“CPU 时间”列标题，进行排序，除 SystemIdleProcess 和 SYSTEM 之外，如果有 CPU 时间值较大的进程，则需要对这个进程进行观察。

3．病毒的清除

通过以上步骤发现病毒后就可以手工或利用软件进行杀灭。病毒处理可参考下述方法。

（1）利用安全软件

一般大范围传播的病毒都会在用户重新启动计算机的时候自动运行病毒，来达到长时间感染计算机并扩大病毒的感染能力。

通常，病毒感染计算机的第一件事情就是杀掉它们的天敌——安全软件，如卡巴斯基、360 安全卫士等。这样，用户就不能通过使用杀毒软件的方法来处理已经感染病毒的计算机。

（2）简单手动杀毒方法

要解决病毒首先要解决其在计算机重启以后自动启动问题。通常病毒会通过以下方式自动启动。

直接自启动：引导扇区、驱动、服务、注册表。

间接自启动：镜像劫持、autorun.inf 文件、HOOK、感染文件。例如，放置一个诱惑图标让用户单击执行等。

（3）针对病毒的启动原理的清除方法

首先删掉注册表文件中病毒的启动项。最常见的启动位置为：

[HKEY_LOCAL_MACHINE\SOFTWARE\Microsoft\Windows\CurrentVersion\Run]

需要删除所有该子项内的字符串等，只留下 cftmon.exe。注意，此操作要足够快，然后立即按机箱上的重启键，不让病毒回写注册表（正常关机可能会激活病毒回写启动项目）。

如果病毒仍然启动，就要怀疑有服务或者驱动还在运作。这个时候就需要用户有一定的计算机知识，能够用批处理或者其他的程序同时找到并关闭病毒的服务和删除注册表，然后快速关机。驱动一般在系统下很难删除，可以用 xdelete 或者 wsyscheck 命令，或者进入 DOS 等其他系统进行删除。

（4）直接删除病毒文件的方法

在病毒正在运行的系统中，直接删除病毒文件会很难。如果在网上找到该病毒机理，进入 DOS，找到所有病毒文件路径，可以很轻松地删除病毒文件（除了感染型病毒之外）。最好用 PE（Windows Preinstallation Enviroment，Windows 预安装环境），用有一个可以启动计算机的装有 PE 的 U 盘或者光盘启动计算机，可以进入完全无毒的系统，然后使用绿色版的杀毒软件（绿色卡巴和 nod32 等，可以在 PE 下运行）全盘查杀。杀毒完以后，先不要急着重新启动计算机，要看看到底删除了什么，如果有被感染的系统文件被删掉了，应注意从相同系统中复制一个，否则可能无法启动。接下来就可以重启，进入系统用其他安全软件修复系统。

对于普通用户而言，计算机感染上棘手的病毒，最简单有效的方法就是重装系统（前提是磁盘格式化，甚至重新分区）。如果C盘（系统盘）有重要资料应先进行备份。不能开机的，可以进入PE备份。

注意：有时系统重装后还是有病毒，这种情况是由于其他分区盘仍然有病毒残留，例如，如果存在 autorun.inf 类型的病毒，双击打开 D、E、F 等磁盘时就会启动病毒，或者病毒感染了其他分区盘中的文件，重装系统以后，运行这个文件的时候，又会启动病毒。正确的方法有两种：一种方法最彻底，全盘磁盘格式化，甚至重新分区，然后再重做系统；另外一种方法是在不打开除系统盘C以外的任何盘的前提下，彻底全盘杀毒后再重做系统。

4．防止感染病毒的措施

（1）建立良好的安全习惯

例如，对来历不明的邮件及附件不要打开，不要浏览不太了解的网站、不要执行从 Internet 下载后未经杀毒处理的软件等，这些必要的习惯会使计算机更安全。

（2）关闭或删除系统中不需要的服务

在默认情况下，许多操作系统会安装一些辅助服务，如 FTP 客户端、Telnet 和 Web 服务器。这些服务为攻击者提供了方便，而又对用户没有太大用处，如果删除它们，就能大大减少被攻击的可能性。

（3）经常升级安全补丁

据统计，有80%的网络病毒是通过系统安全漏洞进行传播的，像蠕虫、冲击波、震荡波等，所以我们应该定期到微软网站去下载最新的安全补丁，以防范于未然。

（4）使用复杂的密码

有许多网络病毒就是通过猜测简单密码的方式攻击系统的，因此使用复杂的密码，将会大大提高计算机的安全系数。

（5）迅速隔离受感染的计算机

当计算机发现病毒或异常时应立刻断网，以防止计算机受到更多的感染，或者成为传播源，再次感染其他计算机。

（6）经常了解一些新的病毒知识

这样就可以及时发现新病毒并采取相应措施，在关键时刻使自己的计算机免受病毒破坏。了解一些注册表知识，可以定期看看注册表的自启动项是否有可疑键值；了解一些内存知识，可以经常看看内存中是否有可疑程序。

（7）最好安装专业的杀毒软件进行全面监控

在病毒日益增多的今天，使用杀毒软件进行防毒，是越来越经济的选择。用户在安装了反病毒软件之后，应该经常进行升级，将一些主要监控经常打开（如邮件监控），进行内存监控等，并且遇到问题要上报，这样才能真正保障计算机的安全。

（8）用户还应该安装个人防火墙软件进行防黑

由于网络的发展，用户计算机面临的黑客攻击问题也越来越严重，许多网络病毒都采用了黑客的方法来攻击用户计算机，因此，用户还应该安装个人防火墙软件，将安全级别设为中或高，这样才能有效地防止网络上的黑客攻击。

5．常用软件

常用的防治病毒软件有以下几种。

- 杀毒软件：卡巴斯基、NOD32、avast5.0、360 杀毒等。
- U 盘病毒专杀：AutoGuarder2 等。
- 安全软件：360 安全卫士（可以查杀木马）等。
- 单独的防火墙：天网、COMODO，或者杀毒软件自带的防火墙。内网用户可使用 antiARP、防范内网 ARP 欺骗病毒（例如，磁碟机、机械狗）。
- 超级巡警免疫工具。
- SSM（system safety monitor）。

在使用计算机过程中可将安全软件合理组合使用，以达到防治病毒的最佳效果。

4.8.5 蠕虫病毒与普通病毒的异同

凡是能够引起计算机故障，破坏计算机数据的程序统称为计算机病毒。所以，从这个意义上说，蠕虫也是一种病毒。但与传统的计算机病毒不同，网络蠕虫病毒以计算机为载体，以网络为攻击对象，其破坏力和传染性不容忽视。

蠕虫病毒和普通病毒有很大区别。一般认为，蠕虫是一种通过网络传播的恶性病毒，它具有病毒的一些共性，如传播性、隐蔽性、破坏性等，同时具有自己的一些特征，如不利用文件寄生（有的只存在于内存中），对网络造成拒绝服务，以及和黑客技术相结合等。在产生的破坏性上，蠕虫病毒也不是普通病毒所能比拟的，网络的发展使得蠕虫可以在短短的时间内蔓延整个网络，造成网络瘫痪。

普通病毒是需要寄生的，它可以通过自己指令的执行，将自己的指令代码写到其他程序的体内，而被感染的文件就称为“宿主”。例如，当病毒感染 Windows 可执行文件时，就在宿主程序中建立一个新节，将病毒代码写到新节中，并修改程序的入口点等，这样，当宿主程序执行时会先执行病毒程序，然后再把控制权交给原来的宿主程序指令。

可见，普通病毒主要是感染文件。当然，也有像 DIR II 这样的链接型病毒和引导区病毒等。

蠕虫一般不采取插入文件的方法，而是在因特网环境下通过复制自身进行传播，普通病毒的传染主要针对计算机内的文件系统，而蠕虫病毒的传染目标是因特网内的所有计算机。局域网条件下的共享文件夹、电子邮件、网络中的恶意网页、存在着大量漏洞的服务器等，这些都成为蠕虫传播的良好途径。

网络的普及与发展也使得蠕虫病毒可以在几小时内蔓延全球，而且其主动攻击性和突然爆发性将使人们手足无策。

4.8.6 网络蠕虫病毒分析和防范

1．蠕虫病毒的分析

蠕虫病毒需要利用的漏洞或者称为缺陷，缺陷分为两种，即软件缺陷和人为缺陷。软件缺陷，如远程溢出，微软 IE 和 Outlook 的自动执行漏洞等，需要软件厂商和用户共同配合，不断升级和改进软件；而人为缺陷，主要是指计算机用户的疏忽，这属于所谓的社会工程学范畴。对企业用户来说，威胁主要集中在服务器和大型应用软件的安全上；而对个人用户而言，则主要是防范第二种缺陷。

2．蠕虫病毒的防范

（1）企业防范蠕虫病毒

企业网络主要应用领域包括文件和打印服务共享、办公自动化系统、管理信息系统（MIS）、因特网应用等。网络具有便利信息交换的特性，蠕虫病毒也可以充分利用网络快速传播达到其阻塞网络的目的。企业在充分利用网络进行业务处理时，必须考虑病毒防范问题，以保证关乎企业命运的业务数据完整不被破坏。

企业防治蠕虫病毒的时候需要考虑几个问题：病毒的查杀能力，病毒的监控能力，新病毒的反应能力，而企业防毒的另一个重要方面就是管理和策略。

（2）个人防范蠕虫病毒

就个人而言，威胁较大的蠕虫病毒采取的传播方式一般为电子邮件和恶意网页等。

恶意网页确切地讲是一段黑客破坏代码程序，它内嵌在网页中，当用户在不知情的情况下打开含有病毒的网页时，病毒就会发作。这种病毒代码镶嵌技术的原理并不复杂，常常采取 VBScript 和 JavaScript 编程形式。由于编程方式十分简单，所以在网上非常流行，这也使得此类病毒的变种繁多，破坏力极大，同时也非常难以根除，会被某些怀有不良企图者利用。

其实无论对于企业还是个人，采用的蠕虫防范措施都与防范普通病毒的措施基本一样，除了平时使用计算机时需要注意的防范措施之外，还要结合各种安全软件及杀毒软件的应用，才能更好地保护好计算机不被病毒感染。

习　题　4

1．OSI 的定义是什么？它从逻辑上把网络协议分了几层？分别是哪几层？

2．TCP/IP 代表了哪两个协议？简述其层次结构和工作流程。

3．IP 数据包首部中固定部分的总长度是多少？

4．请简述 TCP 首部的格式。

5．在 TCP/IP 协议中，TCP 协议提供可靠的连接服务，采用几次握手建立连接？简述其握手过程。

6．UDP 是 OSI 参考模型中哪层协议？它支持哪几种交互通信？

7．哪种协议是提供 DNS 服务的？它的端口号是多少？

8．请简述 Web 服务器的工作原理。

9．通过 ping 目标地址，怎样判断目标主机的系统类型？

10．tracert 命令的作用是什么？

11．IPSec 的定义是什么？它的作用目标是什么？它具有哪些优缺点？

12．请简述 AH 协议原理。

13. ESP 协议作用是什么？ESP 处理的流程是怎样的？
14. 安全关联是由哪几个参数唯一确定的？
15. 请简述 VPN 的原理及应用。
16. 请简述 VPN 对数据机密性和完整性保护过程。
17. 三层隧道协议解决的问题有哪些？
18. VPN 通道的建立方式有哪几种？
19. 防火墙的定义是什么？主要作用有哪些？
20. 防火墙体系结构有哪几种？
21. 防火墙系统创建一般需要几个步骤？基本流程是怎样的？
22. 一般黑客攻击大体包括哪几个步骤？
23. 常见的口令破解方法有哪些？
24. 端口扫描器的定义和工作原理是什么？
25. 网络监听的原理和防范措施是什么？
26. 缓冲区是什么？简述缓冲区溢出攻击的原理。
27. 请简述特洛伊木马的工作原理。
28. 特洛伊木马的种类有哪些？
29. 请简述 DoS 的攻击方法和防范措施。
30. 在 IP 欺骗状态下，TCP 协议的通信双方在正式传输数据之间的“三次握手”是怎样进行的？
31. 计算机病毒的定义和基本特征是什么？
32. 计算机病毒大致有哪几种？
33. 请简述蠕虫病毒和普通病毒的差别。

参 考 文 献

[1] Douglas Lewan，H Garrett.The OSI file service.Proceedings of the IEEE.1983(12)，71：1414-1419.

[2] [RFC793]Marina delRey.Transmission Control Protocol，1981.

[3] 胡道元. TCP/IP 协议机制及应用服务.微型机与应用.1992(12)：30-34.

[4] 陈鹏，傅丰林. TCP/IP 协议安全性分析.电子科技.2005(7)：61-64.

[5] [RFC768]Postel J. User Datagram Protocol，1980.

[6] 李鹏，蔡洋. UDP 协议可靠性验证及改进. 信息网络安全. 2004(9)：53-56.

[7] 黄智，龚向阳，阙喜戎等. IPsec 协议的研究和分析. 计算机工程与应用. 2002(11)：160-164.

[8] 张扬，基于 IPsec 的 VPN 研究. 重庆工学院学报（自然科学版），2008(1).

[9] 蒋东毅，吕述望，罗晓广. VPN 的关键技术分析. 计算机工程与应用，2003(15)：173-177.

[10] 宿洁，袁军鹏. 防火墙技术及其发展. 计算机工程与应用，2004(9)：147-149.

[11] 杨路明，肖潇. 网络安全与防火墙技术. 电脑与信息技术，2004(3)：49-52.

[12] 陈巍. 黑客攻击的防范措施和黑客技术应用的思考. 湖南科技学院学报，2010(7)：79-81.

[13] 李振汕. 黑客攻击与防范方法研究. 网络安全技术与应用，2008(1)：16-18.

[14] 王业君，倪惜珍，文伟平等. 缓冲区溢出攻击原理与防范的研究. 计算机应用研究，2005(10)：101-104.

[15] 蔡洪民，伍乃骐，滕少华. 特洛伊木马攻击分析与检测技术研究. 计算机安全，2007(4)：65- 67.
[16] 朱良根，张玉清，雷振甲. DoS 攻击及其防范. 计算机应用研究，2004(7)：82-84.
[17] 蒋卫华，李伟华，杜君. IP 欺骗攻击技术原理、方法、工具及对策. 西北工业大学学报，2002，20(4)：544-548.
[18] 许奕芸. 黑客入侵技术的分析和检测. 网络安全技术与应用，2011(2)：14-15.
[19] 洪宏，张玉清，胡予濮等. 网络安全扫描技术研究.计算机工程，2004，30(10)：54-56.
[20] 蔺聪，黑霞丽. 蠕虫病毒的特点、原理及应用对方法. 网络安全技术与应用，2008(5)：30-31.

第5章 Web服务安全

5.1 Web服务

万维网（World Wide Web，WWW，或简称 Web）是欧洲粒子实验室最先开发的一个分布式超媒体信息查询系统，目前它是 Internet 上最为先进、交互性能最好、应用最为广泛的信息检索工具，万维网包括各种各样的信息，如文本、声音、图像、视频等。万维网采用“超文本”技术，使得用户以通用而简单的办法就可获得 Internet 上的各种信息。

随着万维网的迅猛发展，万维网已变成一个巨大的全球化的信息仓库，现在人们不仅可以通过网络发布和共享各种信息，而且还可以在网络上提供和获得各种应用，例如网上购物、聊天、网络教育、电子商务等。但是伴随而来的是用户对网络提供服务能力的新要求，其中更方便的跨平台的信息交互就是众多要求之一，而 Web 服务的提出可以有效地解决这一问题。由于在分布式系统中，基于 Web 的数据交互在 Internet 上传输时可能会遭受窃取、伪装、恶意欺骗、篡改等安全威胁，因而如何有效地防御各种安全威胁、保证机密数据的安全性就成为一个需要解决的实际问题。

5.1.1 Web服务的定义和基本结构

Web 服务（Web Services）主要是为了使原来各孤立的站点之间的信息能够相互通信、共享而提出的一种接口，通过借鉴和利用现有的 Internet 开发互连标准在各种平台基础上构建一个通用的、与平台无关的、与语言无关的技术层规范，来实现不同平台应用的互连和操作，为进一步信息共享、推广和开发各类 Internet 应用提供最佳手段，也为网格计算等技术注入新的活力。

然而，Web 服务目前还没有一个公认的确切定义。从表面上看，Web 服务就是一个应用程序，它向外界暴露出一个能够通过 Web 进行调用的应用程序编程接口（API），就是说，用户能够用编程的方法通过 Web 调用来实现某个功能的应用程序。大致上，Web 服务有以下两种表述。

1．Web服务是一组应用程序

W3C 将 Web 服务定义为：Web 服务是由统一资源指示符（URI）标识的软件应用程序，其接口和绑定可以通过可扩展标记语言（XML）进行定义、描述和发现，Web 服务通过基于 Internet 的协议与其他软件直接交互。

2．Web服务是一组服务

Web 服务是一个集自包含、自描述、模块化于一体的应用，可以发布、定位，通过 Web 调用，可以执行从简单请求到复杂商务处理的任何功能。一旦部署，用户或者其他应用程序就可以发现并调用它部署的服务。

其中，自包含意味着一个服务不应该依赖其他服务而存在，服务和服务之间是松散耦合的；自描述指服务本身提供描述自身的详细信息，如通信所需的数据类型、消息结构、传输协议等；模块化揭示了 Web 服务的内部实现仍然是基于对象和组件的。

因此，Web 服务具有完好的封装性、松散耦合，使用标准协议规范，高度可集成能力、可跨越防火墙等特征，因而具有广阔的应用前景。它为 B2B 通信和系统整合提供了巨大的可能性，但因缺乏一个有效的安全解决方案，使得 Web 服务不能方便地应用于企业业务。

而 Web 服务的基本架构由三个角色和三个基本操作构成。三个角色分别为服务提供者（Service Provider）、服务请求者（Service Request）和服务注册中心（Service Registry），三个基本操作分别为发布（Publish）、查找（Find）和绑定（Bind）。

这些角色和操作一起作用于 Web 服务构件：Web 服务软件模块及其描述。服务提供者定义 Web 服务的服务描述并把它发布给服务请求者或服务注册中心。服务请求者使用查找操作来从本地或服务注册中心检索服务描述，然后使用服务描述与服务提供者进行绑定，并调用 Web 服务实现或与它交互。服务提供者和服务请求者是逻辑结构，因而服务可以表现两种特性。这些操作和提供这些操作的组件以及它们之间的交互，如图 5.1 所示。

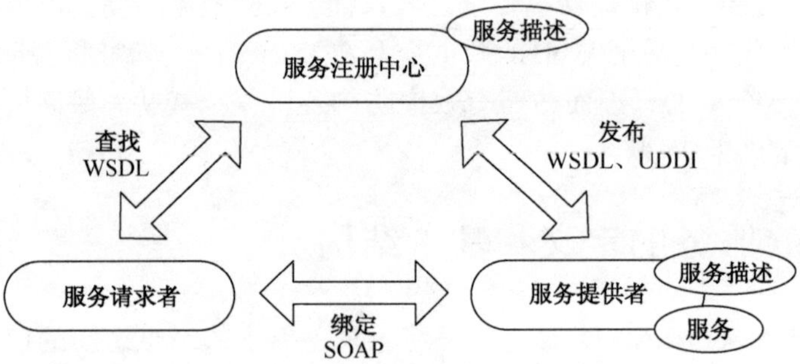

图 5.1　Web 服务组件交互

其中，各角色的功能描述如下。

（1）服务提供者。从企业的角度看，这是服务的所有者。从体系结构的角度看，这是托管访问服务的平台。服务提供者用 WSDL 描述 Web 服务的接口。

（2）服务请求者。从企业的角度看，这是要求满足特定功能的企业。从体系结构的角度看，这是寻找并调用服务，或启动与服务交互的应用程序。服务请求者角色可以由浏览器来担当，由人或无用户界面的程序（例如，另外一个 Web 服务）来控制它。服务请求者使用 SOAP 来调用 Web 服务对象提供的接口。

（3）服务注册中心。这是可搜索的服务描述注册中心，服务提供者在此发布他们的服务描述。在静态绑定开发或动态绑定执行期间，服务请求者查找服务并获得服务的绑定信息（在服务描述中）。对于静态绑定的服务请求者，服务注册中心是体系结构中的可选角色，因为服务提供者可以把描述直接发送给服务请求者。同样，服务请求者可以从服务注册中心以外的其他来源得到服务描述，例如本地文件、FTP 站点、Web 站点、广告和服务发现（Advertisement and Discovery of Services，ADS）或发现 Web 服务（Discovery of Web Services，DWS）。

三个基本操作说明如下。

（1）发布。为了使服务可访问，需要发布服务描述以使服务请求者可以查找它。发布服务描述的位置可以根据应用程序的要求而变化。

（2）查找。在查找操作中，服务请求者直接检索服务描述或在服务注册中心中查询所要求的服务类型。对于服务请求者，可能会在两个不同的生命周期阶段中牵涉查找操作：在设计时为了程序开发而检索服务的接口描述及在运行时为了调用而检索服务的绑定和位置描述。

（3）绑定。因为最终目的是为了绑定服务，所以在绑定操作中，服务请求者使用服务描述中的绑定细节来定位、联系和调用服务，从而在运行时调用或启动与服务的交互。Web服务使用动态绑定方式，这说明使用 Web 服务的应用程序可以是动态设计，并在运行时将客户绑定到指定服务器上。

由图 5.1 可以看出，Web 服务构件包括服务和服务描述两类。

（1）服务。在这里，Web 服务是一个由服务描述来描述的接口，服务描述的实现就是该服务。服务是一个软件模块，它部署在由服务提供者提供的可以通过网络访问的平台上。服务存在的原因就是要被服务请求者调用或者与服务请求者交互。当服务的实现中利用到其他的 Web 服务时，它也可以作为请求者。

（2）服务描述。服务描述包含服务的接口和实现的细节，其中包括服务的数据类型、操作、绑定信息和网络位置等。服务描述可以发布给服务请求者或服务注册中心。

5.1.2 Web 服务相关技术

要以一种可互操作的方式执行发布、发现和绑定这三个操作，必须有一个包含每层标准的 Web 服务协议栈。其中最重要的三个协议分别是简单对象访问协议（Simple Object Access Protocol，SOAP）、Web 服务描述语言（Web Services Description Language，WSDL）和统一描述、发现和集成（Universal Discovery, Description and Integration，UDDI）

其中具体的 Web 服务协议栈，见表 5.1。

表 5.1 Web 服务协议栈

Management 管理界面	五、服务发布/发现：UDDI
	四、服务描述：WSDL
	三、XML 消息：SOAP
	二、传输协议：HTTP、SMTP
	一、Internet：IPv4、IPv6

注：HTTP 为 Hyper TextTransfer Protocol，超文本传输协议

SMTP 为 Simple Mail Transfer Protocol，简单邮件传输协议

其中，第一、二层是已经定义好的并且广泛使用的传输层和网络层的标准，如 IP、HTTP、SMTP 等。而第三、四、五层这三层是目前开发的 Web 服务的相关标准协议，包括 SOAP、WDSL 和 UDDI。表 5.1 中左侧部分是各个协议层的公用机制，这些机制一般由外部的正交机制来完成。

1. XML

XML 是由 W3C 于 1998 年 2 月发布的一种标准。与 HTML（Hypertext Markup Language，超文本置标语言）一样，XML 基于 SGML（Standard Generalized Markup Language，标准通用置标语言），是一种显示数据的置标语言，它能使数据通过网络无障碍地进行传输，并显示在用户的浏览器上。XML 是一套定义语义标记的规则，这些标记将文档分成许多部件并对这些部件加以标识。它也是元标记语言，即定义了用于定义其他与特定领域有关的、语义的、结构化的标记语言的句法语言。但 XML 克服了 HTML 的很多局限。与 HTML 相比，XML 具有以下明显的特点。

（1）使用有意义的标记（Tag）。HTML 给浏览器读取，不能传达数据的语义，但 XML 具有语义。

（2）数据的语义与显示方式分开。HTML 是决定数据显示方式的语言，XML 是描述数据内容的语言，本身并不决定数据该如何显示，数据的显示由 XSL（Extensible Stylesheet Language，可扩展样式表语言）决定。

（3）可自定义的标记。HTML 标记由少数权威团体制定，种类有限且不能随意添加。XML 可由用户按需要增加标记，如数学置标语言（MATHML）、财经置标语言（FPML）、电子商务置标语言（EBXML）等。

（4）严格的语法控制。HTML 语法规则比较多元化，具有较大灵活性。其文件结构比较松散，不能很容易地转换为其他类型格式，比较难用程序来做大量而有效的处理，数据再利用的潜力大为降低。XML 对语法有严格的要求，所有的 XML 文件都必须经过严格的“验证”过程才算完成，文件格式容易转换。

XML 最大的优势在于对各种数据的管理。任何系统都可以通过 XML 的解析器来读取 XML 数据，因此它的数据可以通行各处，而不用担心系统不支持的问题。

- 数据的检索。Internet 上主要的数据检索方式有分类检索和全文检索。数据检索效率低，或找不到。XML 将语义标记作为搜索索引，在文件中截取关键部分，所有标记内的数据都可视为一个元素，而每个元素都可以作为数据的索引。
- 数据的显示。XML 将数据保存的格式与数据显示的方式分开，使得 XML 文件可以轻易地更换数据显示的方式。仅需改变 XSL 的设置，用户就可以将同一数据制作成 HTML、PDF、WML（Wireless Markup Language）、HDML（Hand-Held Device Markup Language）等不同格式，供不同的硬件显示。
- 数据的交换。XML 语法简单，可以被所有的机器解读，又可以在各种平台上使用，使得 XML 有潜力成为一个通行通用的置标语言。

在 XML 1.0 标准中，文档类型声明是通过 DTD（Document Type Definition，文档类型定义）来描述的。DTD 是一系列对元素类型、属性实体和注释的定义，它说明哪些在文档里是合法的，并且在什么位置才合法，一个 XML 文档可以在其中指定符合某个特定的 DTD。DTD 的一个缺点是采用的语法不直观，另外一个缺点是不能够让用户规定不同元素的类型。XML 需要一种更具表达能力的解决方案，而不仅仅是 DTD。在这种需求下，W3C 推出了 XML Schema。Schema 对 DTD 功能做了很多的改进和增强，使得它最终必定会终结 DTD，作为 XML 的一个标准出现。

与 DTD 相比，XML Schema 相对于 DTD 的明显好处是，XML Schema 文档本身也是 XML 文档，而不像 DTD 一样使用自成一体的语法。这就方便了用户和开发者，因为可以使用相同的工具来处理 XML Schema 和其他 XML 信息，而不必专门为 XML Schema 使用特殊工具。XML Schema 简单易懂，懂得 XML 语法、规则的人都可以立刻理解它。总之，XML Schema 具有一致性、扩展性、规范性、互换性等诸多优点。

2．简单对象访问协议（SOAP）

由于跨平台的应用程序在数据共享方面能力有限，因此人们努力建立有关数据格式和数据交换方面的标准，来实现不同系统间的自由通信和共享数据，而 SOAP 就是实现这个目标的核心协议之一。

SOAP 是 XML Web 服务的通信协议，是描述 XML 如何调用的一种规范，SOAP 兼容多种底层接口，例如 HTTP 和 SMTP。SOAP 的功能主要是帮助请求者调用 Web 服务操作，先用 UDDI 把请求者和 WSDL 联系起来，然后应用 SOAP 来访问被调用 Web 服务中的任何操作。

SOAP 协议包含以下 4 个部分。

（1）SOAP 封装（SOAP Envelope）。在 SOAP 封装中定义了一个有关消息的框架，该框架规定了消息的具体内容是什么，发送者是谁，接收和处理者是谁，以及处理操作是可选的还是强制的等。

（2）SOAP 编码规范（SOAP Encoding Rules）。它定义了一种数据编码机制，表示如何把应用程序的数据类型实例进行编码。

（3）SOAP 绑定（SOAP Binding）。它定义了一个使用底层传输协议来完成在节点间交换 SOAP 封装的约定。

（4）SOAP RPC 表示（SOAP RPC Representation）。SOAP PRC 定义了两方面内容，是一个关于远程调用过程和远程过程如何应答的规范。

SOAP 为在一个松散的、分布的环境中使用 XML 对等地交换结构化的和类型化的信息提供了一个简单的轻量级机制。SOAP 消息的传输大多数是单向模式，即只能从发送端到接收端进行单向传输，与之结合的还有一些其他的通信模式（如 Request/Response 模式）。SOAP 消息的描述框架格式是以 SOAP Envelope（SOAP 信封）为根元素，内含 SOAP 头部和 SOAP 体块子元素的一个 XML 文档。所有的 SOAP 消息都使用 XML 格式来编码。

SOAP 协议实现的是底层协议，定义了服务请求者和服务提供者之间的 SOAP 消息传输的规范。SOAP 用 XML 的形式来描述消息，用 HTTP 协议来承载消息。SOAP 机制同时也是一种简单的轻量级传输机制，用于在网络应用程序之间进行结构化数据交换。

图 5.2 描述的是使用 SOAP 的 XML 消息传递原理的示意图。

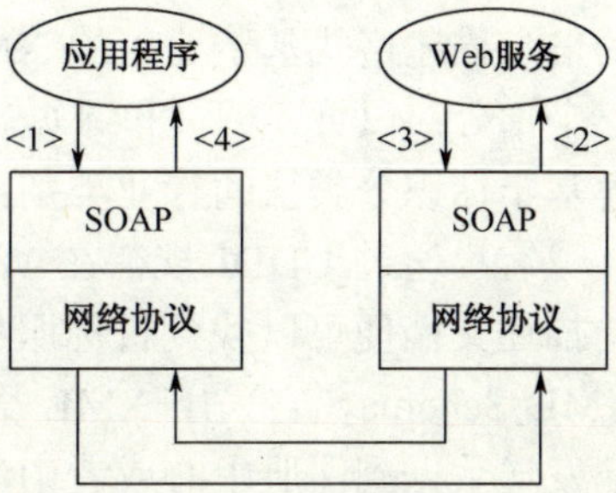

图 5.2　SOAP 的 XML 消息传递

图 5.2 中，<1>表示服务请求者的应用程序创建一条 SOAP 消息，服务请求者通过 SOAP 结构和网络协议把 SOAP 消息发送出去；<2>表示 SOAP 基础结构将 XML 转换成特定的编程语言对象发送给 Web 服务；<3>表示

Web 服务响应请求信息；<4>表示响应消息通过 SOAP 基础结构和网络协议回传给服务请求者。

3. Web 服务描述语言（WSDL）

WSDL 文件是一个 XML 文档，其主要功能是描述一组 SOAP 消息，定义 SOAP 消息交换的规范，能为服务提供者提供以 XML 格式描述服务请求的标准格式，将网络服务描述为能够进行消息交换的通信断点的集合，可以由软件自动生成和使用。WSDL 是 Microsoft 公司的 SDL 和 IBM 公司的 NASSL 的合成版本，最终由 W3C 接纳这个协议并形成权威标准。

WSDL 文件包含以下元素。

（1）Type。Type 是关于数据类型的定义，这些数据类型定义可以很全面地描述 SOAP 中是如何进行消息交换的。

（2）Message。这是 SOAP 中消息的结构模型，代表 SOAP 消息的数据结构，也可以表示为要传递的数据的模型。一个 Message 元素包含数个 Part 逻辑元素。

（3）Part。消息参数，逻辑元素。

（4）Operation。服务操作，每个操作包含一个或者多个 Message 元素。

（5）Port Type / Interface。这个元素是针对端口定义的一类操作集，它表示的是在特定端口能够进行的所有操作的一个集合，在一些较旧的版本中也称为 Interface，二者表示的是同一个元素。

（6）Binding。将特定端口类型的具体协议，以及该端口的数据格式规范相结合。

（7）Port（End Point）。把 Binding 和 Web 服务的 URL 相结合。在一些较旧的版本中也称为 End Point，二者表示的是同一个元素。

（8）Service。一些能够提供服务访问的 Point 组合。

4. 统一描述、发现和集成协议（UDDI）

UDDI 在 Microsoft 提出的 DWS 和 IBM 提出的 ADS 的基础上发展而来。UDDI 主要解决 Web 服务注册访问问题，最初起源于商业需求。Web 服务提供商为了交易的方便，便构想出一个类似于市场的交易中心，在这个交易中心注册的 Web 服务能够被其他客户使用，同时也能够寻找到自己需要的 Web 服务，于是 UDDI 注册中心便应运而生。

因此，UDDI 是一套基于 Web 的、分布式的、面向 Web 服务的信息注册中心的实现标准规范，它定义了 Web 服务的发布和发现的方法。UDDI 提供了一种基于分布式的商业注册中心的方法，该商业注册中心维护了一个企业及其提供的 Web 服务的全球目录，而且其中的信息描述格式基于通用的 XML 格式。从概念上来说，UDDI 商业注册所提供的信息分为三个部分：白页、黄页和绿页。白页包含企业的地址、联系方法和已知的企业标识；黄页包含基于标识分类法的行业类别；绿页则包括关于该企业所提供的 Web 服务的技术信息。

客户通过 UDDI 规范在 Web 服务注册中心查找自己所需要的服务，只需要有发布服务的描述文档便可以找到目标服务。UDDI 实现机制包含两部分：第一部分是 SOAP 消息的 XML Schema，它采用 XML 格式来封装各种不同类型的数据，并且负责消息交换，从客户端发送数据到注册中心或者由注册中心来返回数据；第二部分是应用程序接口 API，主要功能是发布和查找 Web 服务，客户可以通过发布接口来把自己的 Web 服务发布到 Web 服务注册中心，还可以对自己发布的服务进行删除或修改。它们两者一起建立了基础的信息模型和交互框架，用来支持对各种 Web 服务描述信息的发布和查找。

由图 5.3 可以看出 UDDI 消息的输出，通过 HTTP 从客户机的 SOAP 请求传到注册中心节点，处理后再反向传输。注册中心服务器的 SOAP 服务器接收 UDDI、SOAP 消息进行处理，然后把 SOAP 响应返回给客户机。

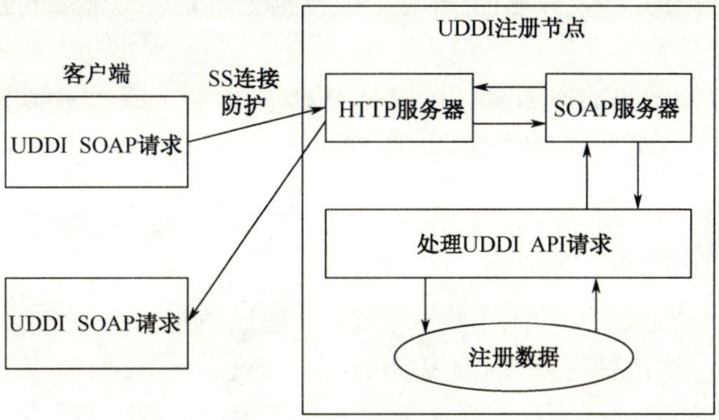

图 5.3 UDDI 消息在客户端和注册中心之间流动示意图

5.2 网络服务安全隐患

为了构建安全的 Web 服务，需要了解 Web 服务面临的相关威胁。针对 Web 服务的主要威胁有：未授权访问、参数操作、网络侦听、配置数据的泄露、消息重播。

1. 未授权访问（Unauthorized Access）

提供敏感或者受限信息的 Web 服务应该对其调用方进行身份验证和授权。脆弱的身份验证和授权会被人利用，以获取对敏感信息和操作的未授权访问。

可能导致未授权访问的原因有：未使用身份验证；在 SOAP 头中以明文传递密码；在未加密的通信信道中使用基本身份验证。

2. 参数操作（Parameter Manipulation）

所谓参数操作是指对 Web 服务使用者和 Web 服务之间发送的数据进行未授权的修改。例如，在通过一个中间节点向目的地传输的途中，攻击者可截获一个 Web 服务消息，然后在消息发送到预期终节点之前将其修改。

可能导致参数操作的原因有：消息没有进行数字签名以提供防篡改功能；消息没有进行加密以提供私密性和防篡改。

3. 网络侦听（Network Eavesdropping）

通过网络侦听，攻击者能够在 Web 服务消息跨网络传输时查看这些消息。例如，攻击者可以使用网络监视软件获取 SOAP 消息中包含的敏感数据，可能是敏感的应用程序级数据或者凭据信息。

导致网络侦听可能成功实施的原因包括：在 SOAP 头中以明文传递凭据，未使用消息级加密，未使用传输级加密。

4. 配置数据的泄露（Disclosure of Configuration Data）

Web 服务泄露配置数据有两种主要方式。第一，Web 服务可以支持 WSDL 的动态生成或者可支持在 Web 服务器上的可下载文件中提供 WSDL 信息。这取决于用户所处的场景，也许这并不是用户希望的。第二，由于不适当的异常处理，Web 服务可能泄露对攻击者有用的敏感的内部实现细节。

可能导致配置数据泄露的原因有：可以从 Web 服务器下载无限制的 WSDL 文件；存在受限的 Web 服务支持 WSDL 的动态生成，而且允许未授权的使用者获取 Web 服务特性以及脆弱的异常处理。

5. 消息重播（Message Replay）

Web 服务消息可能通过多个中间服务器传递。通过消息重播攻击，攻击者可捕获和复制一个消息，并将其重播给模拟客户端的 Web 服务。消息可能会被修改，也可能不会。

可能导致消息重播的原因有：消息未加密；消息未进行数字签名以防止篡改；没有检测到重复消息，因为未使用唯一消息 ID。

最常见的消息重播攻击类型如下。

（1）基本重播攻击。攻击者捕获并复制一个消息，然后重播同一消息，并模拟客户端。这种重播攻击不需要攻击者知道消息的内容。

（2）中间人攻击。攻击者捕获消息然后修改部分内容，例如，发货地址，然后将其重播给 Web 服务。

5.3 SSL/TLS

5.3.1 SSL/TLS 简介和基本特性

Secure Sockets Layer（安全套接字层，SSL）协议是由网景（Netscape）公司为在网络传输层之上的数据安全性所开发的通信协议。1995 年，网景公司提出 SSL2.0 之后，被很多厂商采用。1996 年，网景公司发布了 SSL3.0，该版本增加了除 RSA 算法以外的其他算法支持和一些安全特性，并且在之前版本的基础上改善了很多。1999 年 1 月，IETF 基于 SSL3.0 协议发布了 TLS1.0（Transport Layer Security）版本（RFC2246 就是有关 TLS 的文档），因此 TLS1.0 和 SSL3.0 差别很小。

SSL 协议是基于 TCP/IP 的客户-服务器应用程序提供了客户端和服务器的鉴别、数据完整性及信息机密性等安全措施。SSL 协议使用 X.509 认证，RSA 作为公钥算法，可选用 RC4-128、RC-128、DES 或 IDES 作为数据加密算法。

SSL 协议提供的安全连接具有以下三个基本特性。

① 连接是安全的，在初始化握手结束后，SSL 使用对称密码（如 DES、RC4 等）加密数据。

② 可以通过非对称公钥加密技术（如 RSA、DSA 等）认证对方身份。

③ 连接是可靠的，传输的数据包含有数据完整性的校验码，使用安全 Hash 函数（如

SHA、MD5 等）计算校验码。

为确保数据安全性，SSL 协议还提供了以下功能。

1．数据加密（Data Encryption）

以加密的方式提供数据的隐秘性，常见的加密算法有 RSA 算法、Diffie-Hellman 算法。

2．数字签名（Digital Signature）

SSL 也支持数字签名，其主要目的在于确保发送信息者确实为发送该信息的来源，以防止网络非法者利用他人身份或假造的服务器发送假信息而误导收信人。

3．SSL 建立完整的安全性连接

SSL 与 HTTP 通信协议的最大的不同在于，HTTP 属于无状态连接。每个客户端请求都需要建立客户端与服务端的通信连接，待服务器端将执行结果返回客户端后，便立即停止此连接。因此即使客户端通过浏览器连续发送 HTTP 请求至同一个 Web 服务器，服务器端仍无法判别其是否来自同一客户端。而 SSL 为了确保客户端的安全性，提供客户端与服务器端完整的连接，直至客户端离开此安全网站为止。

这些协议在浏览器方面也得到广泛的支持，IE 浏览器的 SSL/TLS 设置如图 5.4 所示。

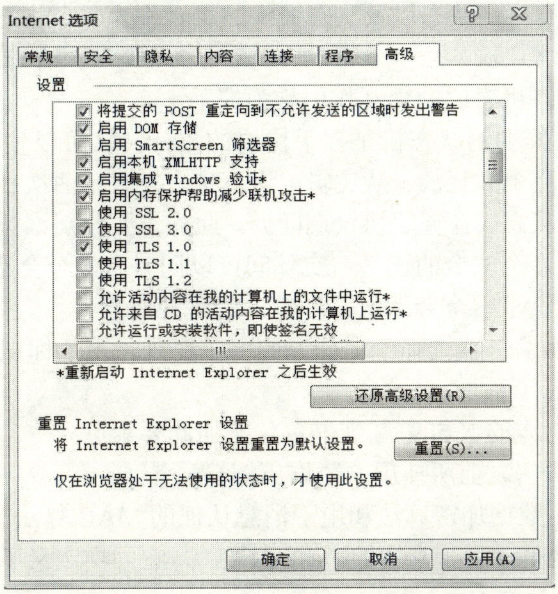

图 5.4　IE 浏览器的 SSL/TLS 设置

SSL 被设计用来提供一个可靠的端到端的安全服务，为两个通信个体之间提供保密性和完整性。

5.3.2　SSL/TLS 协议组成和结构

SSL/TLS 可运行在任何可靠的通信协议之上，并可运行在 HTTP、FTP、Telnet 等应用层协议之下，并且 SSL/TLS 协议又可以分为两层：记录层、握手层，每层使用下层服务，

并为上层提供服务，介于 OSI（Open System Interconnection，开放式系统互连）参考模型的应用层和传输层之间。而处于较低层的为 SSL/TLS 记录层协议，位于某一可靠的传输协议（例如 TCP 协议）之上。SSL/TLS 记录层协议用来对其上层的协议进行封装。较高层的协议主要包括握手协议、修改密码约定协议、警告协议等。SSL/TLS 协议与 OSI 模型对应关系如图 5.5 所示。

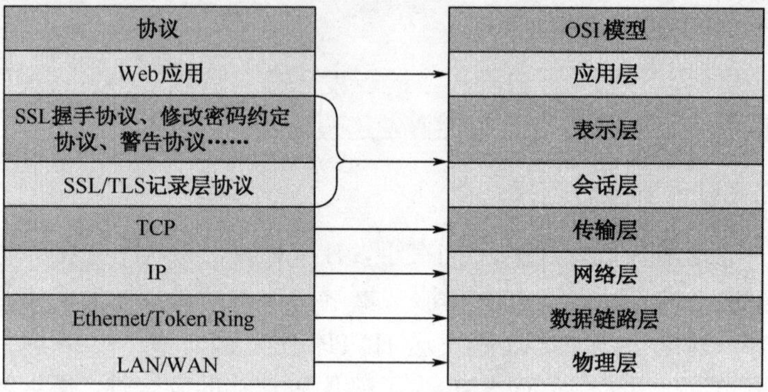

图 5.5　SSL/TLS 协议与 OSI 模型对应关系

系统的状态描述了一个特定时间点的系统。状态变换是从一个状态到另一个状态的过程。一个特定对象的所有可能状态以及状态变换的组合称为一个状态机。SSL/TLS 有两个状态机：一个用于协议的客户端，另一个用于协议的服务器端。每个端点必须实现协议且有与之匹配的端点，因此状态机之间的交互作用称为握手。

协调客户端和服务器端的状态机是握手协议的责任，这可以使得每方的状态机持续运行，尽管状态机并不是完全并行的。从逻辑上讲，状态要表示两次：一次用于当前的运行状态，第二次用于未决的状态（在握手协议期间）。此外，要分别维护读状态和写状态。一个 SSL/TLS 会话可以包括多个安全的连接，实体间可以同时有多个会话。

SSL/TLS 规范中定义了一个会话状态所包含的要素如下。

① 会话标识符：由服务器选择一个任意的字节序列，用于标识一个活动的或可重用的会话状态。

② 对方的证书：对方的 X.509 v3 证书。状态的此要素可为空。

③ 压缩方法：在加密之前所使用的数据压缩算法。

④ 密码规范：指定数据加密算法和用于消息认证的 MAC 算法（Message Authentication Codes，消息认证码，也是一种带密钥的 Hash 函数），它同样定义了注入散列长度这样的密码属性。

⑤ 主密值：在客户端和服务器之间共享的一个 48 字节的密值。

⑥ 可重用否：一个标志，用于指明该会话是否可以用来发起一个新的连接。

此外，SSL/TLS 规范中也定义了一个连接状态所包含的要素，说明如下。

① 服务器和客户端随机数：由客户端和服务器独立选择的用于各自连接的字节序列。

② 服务器写 MAC 秘密：用于对服务器写的数据进行 MAC 操作的秘密密钥。

③ 客户端写 MAC 秘密：用于对客户端写的数据进行 MAC 操作的秘密密钥。

④ 服务器写密钥：对于由客户端加密并由客户端解密的数据的对称密码密钥。

⑤ 客户端写密钥：对于由客户端加密并由服务器解密的数据的对称密码密钥。

⑥ 初始化向量（Initialization Vector，IV）：每个使用 CBC 模式的分组密码都需要一个初始化向量。该域首先由 SSL 握手协议对其进行初始化。此后，每个记录的最后的密文块将被保留，以用于其后的记录。

⑦ 序列号：对于每个连接，每方都分别维护用于传出和收到消息的序列号。当一方收到或者收到一个 Change Cipher Spec 消息时，就将适当的序列号置为 0。序列号的类型为 unit 64，它不可能超过 $2^{64}-1$。

5.3.3 SSL/TLS 记录层协议

SSL/TLS 记录层协议可为 SSL/TLS 连接提供保密性业务和消息完整性业务。保密性业务是指，通信双方通过握手协议建立一个共享密钥，用于对 SSL/TLS 负载的单钥加密。消息完整性业务是指，通过握手协议建立一个用于计算 MAC 的共享密钥。

SSL/TLS 记录层协议将被发送的数据分为可供处理的数据段，接着对这些数据进行压缩、增加 MAC、加密、增加首部，然后把密文交给下一层网络传输协议处理。对收到的数据，处理过程与前面相反，即解密、验证、解压缩、重新拼装，然后发送给更高层的用户。SSL/TLS 记录层协议执行过程如图 5.6 所示。

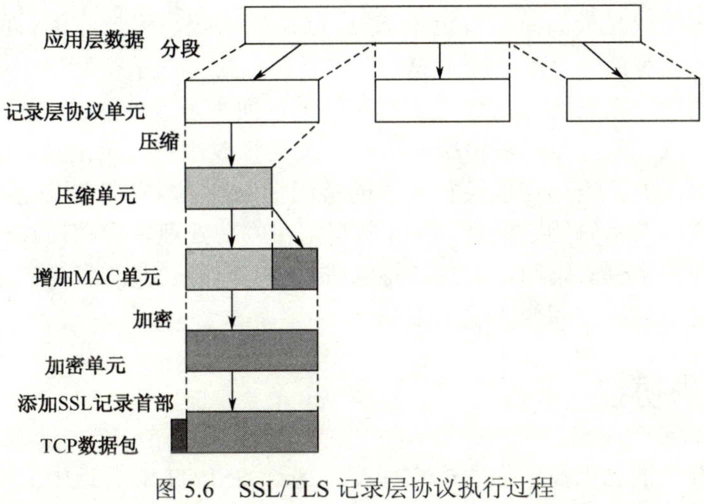

图 5.6　SSL/TLS 记录层协议执行过程

记录层主要执行下列 5 步操作。

① 当记录层从上面的应用层收到不间断的数据流时，将对数据进行分段，或者将其分割成可管理的明文块（也成记录）。每个记录长度为 16KB 或者更小。

② 作为一种选择，可使用当前会话状态中定义的压缩算法对明文块记录进行压缩。

③ 对每个明文记录，计算 MAC 值，为此目的，需要使用先前建立的共享秘密。

④ 使用前面达成共识的用于该会话的对称密码来压缩的（或者明文）数据以及与之相关联的 MAC 加密。压缩必须是无损压缩，加密不能使记录的整个长度的增加超过 1024 字节。

⑤ 将包含有下面各域的头作为一个前缀添加到每个记录中。

内容类型（8 位）：该域表明用于处理在下一个高层协议中被封装的记录的协议。

主版本（8 位）：该域表明使用的 SSL 协议的主版本号，SSL/TLS 的字段值为 3。

次版本（8 位）：该域表明使用的 SSL 协议的次版本号，SSL/TLS 的字段值为 1。

压缩长度（16 位）：该域表明以字节计的明文记录的总长度。

接收到这些信息的实体要将该过程逆置，也就是说，简单地将解密和认证函数反过来执行。

在 SSL/TLS 中，所有数据被封装在记录中，一个记录由两部分组成：记录头和非零长度的数据。所有的 SSL/TLS 通信，包括握手消息、安全空白记录和应用数据在内，都使用 SSL/TLS 记录层。记录协议包括记录头和记录数据格式的规定。SSL/TLS 记录头的格式如图 5.7 所示。

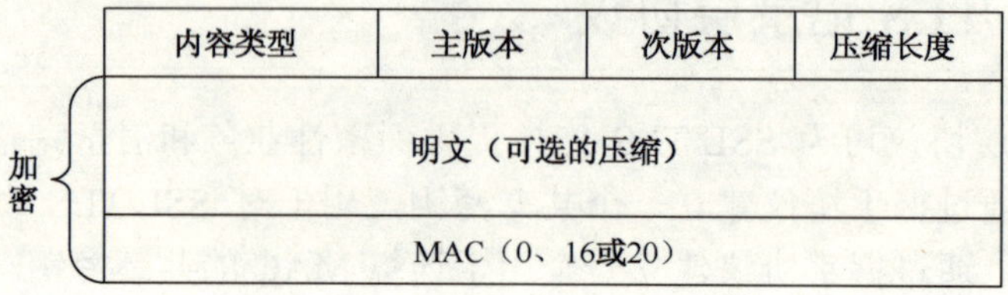

图 5.7　SSL/TLS 记录头的格式

5.3.4　修改密码约定协议

修改密码约定协议是最简单的特定于 SSL/TLS 的协议，设计它的目的是为了表示密码策略的变化。该协议包括一个单一的消息，该消息由值为 1 的单个字节组成，它告知记录层按照当前密码约定中所指定的方式进行加密和压缩，而不是改变后的加密约定。

在完成握手协议之前，客户端和服务器都要发送修改密码约定消息，以便通知对方其后的记录将用刚刚协商的密码约定以及相关联的密钥来保护。客户端在发送握手密钥交换和证书检验消息后发送修改密码约定消息，服务器端则在成功处理客户端接收到的密钥交换消息后发送。对于意外的修改密码约定消息，将生成一个“意外消息”警告。当恢复之前的会话时，修改密码约定消息将在问候消息后发送。

5.3.5　警告协议

警告协议将警告消息以及它们的严重程度传递给 SSL/TLS 会话中的主体，它的每个消息由两个字节组成，第一个字节表示警告的级别，其值为 1（表示警告）或 2（表示致命的警告），第二个字节包含指出特定警告的代码。就像由记录层处理的应用层数据一样，警告消息也用当前连接状态所指定的方式来压缩和加密。

当任何一方检测到一个错误时，检测的一方就向另一方发送一个消息。如果警告消息有致命的后果，则通信的双方立即关闭连接。双方都需要忘记任何与该失败的连接相关联的会话标识符、密钥和秘密。对于所有的非致命的错误，双方可以缓存信息以重用该连接。

下面的错误警告是致命的。

（1）意外消息（unexpected-message）：如果收到一个不适合的消息，就返回该消息。

（2）错误的记录 MAC（bad-record mac）：如果收到一个带有不正确消息认证码的记录，就返回该消息。

（3）解密失败（decryption-failed）：对密文解密不合法，或者密文不是分组长度的偶数倍，或者在检查时发现它的填充值不正确。

（4）解压缩失败（decompression-failure）：如果解压缩函数收到一个不正确的输入（例如，数据不能解压缩或者数据解压缩至一个超出长度），将返回该消息。

（5）握手失败（handshake-failure）：返回该消息表明在给定的可用选项下，发送者无法协商一个可以接受的安全参数集。

（6）非法参数（illegal-parameter）：握手中的某个数据超出范围或者与其他的数据不一致。

（7）记录溢出（record-overflow）：收到 SSL/TLS 记录的载荷（密文）长度超过了 214+2048 字节，或者密文解密后的长度大于 214+1024 字节。

（8）未知 CA（unknown-ca）：收到了合法的证书链或部分证书链，但无法接受证书，因为 CA 证书不能被定位或者不能和已知的、可信的 CA 相匹配。

（9）访问拒绝（access-denied）：收到了合法的证书，但当应用于访问控制时，发送者决定不再继续执行该协商。

（10）译码错误（decode-error）：消息不能被译码，因为某些字段超出了指定的范围，或者消息的长度不正确。

（11）输出限制（export-restriction）：检测出协商与输出限制不兼容，例如，企图为 RSA-ECPORT 握手方法传输一个 1024 位的临时 RSA 密钥。

（12）协议版本（protocol-version）：客户企图协商的协议版本被识别出，但不被支持，例如，由于安全原因，旧的协议版本已被避免使用。

（13）不充分安全（insufficient-security）：当由于服务器要求比客户支持的更安全的密码而使得协商失败时，返回该警告而不是“握手失败”警告。

（14）内部错误（internal-error）：与对等实体或协议的正确性无关的内部错误使得协商不能继续。

其余警告说明如下。

（1）错误证书（bad-certificate）：返回该消息表明证书已损坏（也就是说，它包含有一个无法通过验证的签名）。

（2）不支持证书（unsupported-certificate）：返回该消息表明证书是一个不被支持的类型的证书。

（3）证书吊销（certificate-revoked）：返回该消息表明证书已被其签发者吊销。

（4）证书过期（certificate-expired）：返回该消息表明证书已经过期。

（5）证书未知（certificate-unknown）：返回该消息表明在处理证书的过程中出现一些其他（未指明）问题，这是不可接受的。

（6）关闭通知（close-notify）：该消息通知接收者，发送者将不再通过该连接发送任何信息。

（7）解密错误（decrypt-error）：握手加密操作失败，包括不能正确地验证签名，解密密钥改变或者不能确定所完成的消息的合法性。

（8）用户中止（user-canceled）：这个握手由于某个与协议失败无关的原因而被中止。

（9）不能重新协商（no-renegotiation）：在初始握手之后，客户发送 hello 请求的响应或者服务器发送的作为客户 hello 的响应警告。

5.3.6 握手协议

SSL/TLS 握手协议在 SSL/TLS 记录层协议之上，是 SSL 协议中最复杂的协议。服务器和客户端使用这个协议相互鉴别对方的身份、协商加密算法和 MAC 算法，以及在 SSL/TLS 记录层协议中加密数据的加密密钥和初始向量。这些过程在握手协议中进行。握手协议是建立 SSL/TLS 连接首先应该执行的协议，必须在传输任何数据之前完成。根据功能，握手过程基本上可以分成 4 个阶段。

第 1 阶段是建立安全能力阶段。所谓安全能力，是指将要在通信中使用的加密算法、签名算法、密钥交换算法、MAC 算法以及其他一些记录层协议需要使用的必要参数如初始向量等。这个阶段由两个参数相同的报文组成，一个是 Client_hello 报文，另一个是 Server_hello 报文，协议的发起由客户端执行。这个阶段完成后，就完成了安全能力的建立。

第 2 阶段是服务器鉴别和密钥交换阶段。如果服务器需要被鉴别，这个阶段将以服务器给客户端发送自己的证书开始执行。在这个阶段，服务器可能向客户端发送的信息包括证书或证书链报文、密钥交换报文、客户证书请求报文以及证书完成报文。除了最后一个报文之外，并非所有报文都是必需的，很多情况，可能只要发送其中的一两个报文即可完成这个握手阶段。

第 3 阶段是客户鉴别和密钥交换阶段。收到服务器证书完成报文后，客户端首先验证服务器是否提供合法的证书，检测服务器的参数是否可以接受，如果这些都满足条件，客户端就向服务器发送客户证书报文（或者无证书告警信息）、客户密钥交换报文和证书验证报文中的一个或多个。除了客户密钥交换报文之外，其他两个报文在某些情况下不是必需的。

第 4 阶段是完成握手阶段。这个阶段完成安全连接的建立。首先，客户通过修改密码协议发送改变算法定义报文，将挂起的算法族定义复制到当前的算法族定义中。然后，客户立刻发送在新的算法、密钥和密码下的完成报文。服务器对这两个报文的响应是发送自己的改变算法定义报文，将挂起状态复制到当前状态，并发送完成报文。到此为止，握手协议完成，客户端和服务器建立了安全连接，应用层协议可以使用 SSL/TLS 连接进行安全的数据通信。

握手协议流程如图 5.8 所示，下面详细介绍握手协议中发送的各类信息。

1. Hello Request（问候请求）

服务器可在任何时候发送该消息，如果客户端正在一次会话中或者不想重新开始会话，客户端可以忽略这条信息。如果服务器没有和客户端进行会话，发送了 Hello Request，而客户端没有发送 Client Hello，那么就发生致命错误，关闭同客户端的连接。

2. Client Hello（客户端问候）

当客户端第一次连接到服务器时，客户端必须初始化一个 Client Hello 消息，将 Client Hello 作为第一条信息发给服务器。该消息的内容是向服务器提供关于客户端所支持的可变数据，其中有版本、随机值、会话 ID、可接受的密码以及可接受的压缩方法。该消息也可以作为客户端对一个 Hello 请求（来自服务器）的响应，或者由客户端主动用它在一个已有的连接中重新协商安全参数。

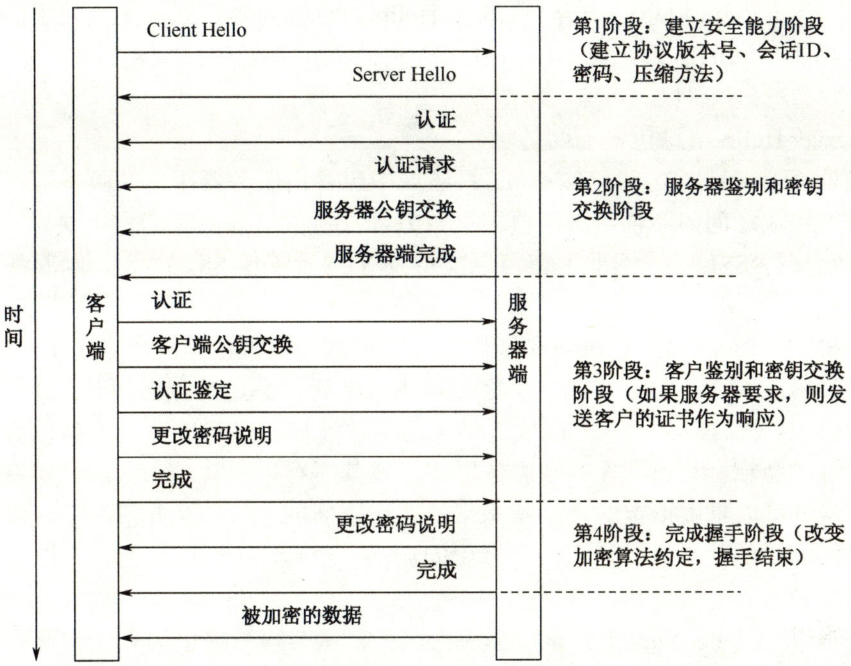

图 5.8　握手协议流程

一个 Client Hello 消息包含下面的域。

（1）客户端版本号（Client Version）：该域提供了客户端所能支持的最高 SSL 版本号。

（2）随机数（Random）：该域中包含一个由客户端生成的随机结构，它将用于 SSL 协议中后面的密码学计算。这个 32 字节的随机结构并不全部都是随机的，它包含一个 4 字节的日期/时间戳，其余的 28 字节数据是随机生成的。日期/时间戳有助于防止重播攻击。

（3）会话 ID（Session ID）：该域中包含一个可变长度的会话标识符。如果没有可用的会话标识符，或者客户端希望生成新的安全参数，则该域应该为空。然而，如果会话标识符确实包含有一个值，则该值应该标识同一个客户端与服务器之间的一个以前的会话，客户端希望重用该会话的安全参数。

（4）密码组（Cipher Suite）：该域中包含一个客户端支持的密码算法组合的列表。该列表按照客户端优先选择的次序排列（也就是第一选择优先）。该列表用于使服务器了解客户端所支持的密码组，但是最终应由服务器来决定使用何种密码算法。如果服务器没有从该列表中找到一个可以接受的选择，则返回一个握手失败警告并关闭该连接。

（5）压缩算法（Compression Methods）：与密码组域相似，该域列出客户端已知的所有压缩算法。同样，如果服务器没有从该列表中找到一个可以接受的选择，则返回一个握手失败警告并关闭该连接。发送一个 Client Hello 消息之后，客户端将等待一个 Server Hello 消息。如果服务器返回除了 Server Hello 消息之外的任何其他握手消息，将会导致一个致命的错误，然后通信将终止。

3．Server Hello（服务器问候）

Server Hello 信息的结构类似 Client Hello，它是服务器对客户端的 Client Hello 信息的回复。服务器处理了 Client Hello 消息之后，可以用一个握手失败警告或者一个 Server Hello 消息来响应。Server Hello 消息的内容与 Client Hello 消息的内容相似。区别在于，Client Hello 消息用于列出客户端的能力，而 Server Hello 消息则用于做出决定，并将该决定传输回客户端。

一个 Server Hello 消息包含下面的域。

（1）服务器版本号（Server Version）：该域中包含由服务器决定的版本号，该版本号将用于以后与客户端之间的通信。服务器根据双方都支持的最高版本来做出决定。例如，如果客户端声明它支持 SSL3.0，而服务器可以支持到 TLS（或者 SSL3.1），则服务器决定使用 SSL3.0。

（2）随机数（Random）：该域在结构上与客户端的随机数相同，它用于 SSL 协议中后面的密码学计算。然而，它必须独立于客户端生成的随机数，并且必须与之不同。

（3）会话 ID（Session ID）：该域提供了与当前连接相对应的会话的标识信息。如果从客户端接收到的会话标识符非空，则服务器将查找其缓存以便找一个匹配。如果找到了一个匹配，服务器就可以重用指定的会话状态来建立一个新的连接。在此情况下，服务器返回由客户端提供的同样的值，用以标识一个重用的会话。否则，该域中将包含一个不同的值，标识一个新的会话。

（4）密码组（Cipher Suite）：该域标识由服务器从客户端提供的列表中选择出来的一个单独的密码组。

（5）压缩方法（Compression Method）：与密码组消息相似，该域标识由服务器从客户端提供的列表中选择出来的一个单独的压缩方法。

4．Server Certificate（服务器证书）

如果要求验证服务器，紧接在 Server Hello 消息之后，服务器可以发送它的证书或者证书链以便用于认证。

在所有的协商式密钥交换（匿名的 Diffie-Hellman 交换除外）中都需要认证。对于所选定的密码组的密钥交换算法，必须使用合适的证书类型，通常是 X.509 v3 Certificate 或改进型的 X.509 Certificate。该消息也可以使客户端得到服务器的公钥。客户端将用该公钥加密实际的会话密钥。

5．Server Key Exchange（服务器公钥交换）

仅当没有现存的证书，或者当证书仅用于签名，或者使用 Fortezza 密钥交换时，服务器才发送一个 Server Key Exchange 消息。该消息补充以前在 Server Hello 消息声明中的密码组，它向客户端提供为继续通信而需要的算法变量。这些值依赖于所选定的算法。

6．Certificate Request（证书请求）

为了认证的目的，可以用一个可选的 Certificate Request 消息来向客户端请求一个证书。它由两个参数组成：第一个参数表明可以接受的证书类型；第二个参数表明可以接受的 CA 的特定名称（DN）。该消息仅用于非匿名服务器（没有使用匿名 Diffie-Hellman 的服务器）。如果服务器是匿名的，则在请求客户端 Certificate 时会导致致命错误。

7. Server Hello Done（服务器问候结束）

服务器向客户端发送 Server Hello Done 消息，以表明 Server Hello 的结束，表示不会再有进一步相关的 Server Hello 消息了。发送该消息后，服务器等待客户端的响应。接收到 Server Hello Done 消息后，客户端应该验证服务器发送的证书和任何证书链（如果需要），应该验证接收到的所有 Server Hello 参数是否是可以接受的。

8. Client Certificate（客户端证书）

Client Certificate 消息是客户端在接收到一个 Server Hello 消息之后可以发送的第一个消息，并且仅仅在服务器请求一个证书时才发送该消息。如果客户端没有一个合适的证书可供发送，客户端就应该发送一个无证书（No Certificate）警告，如果服务器要求有“客户端验证”，则收到警告后宣布握手失败。尽管该警告仅仅是一个警示，但究竟是继续还是中断通信将由服务器来决定。

9. Client Key Exchange（客户端密钥交换）

与 Server Key Exchange 消息相似，Client Key Exchange 消息允许客户端向服务器发送密钥信息。然而与 Server Key Exchange 消息不同，本密钥信息是关于双方在会话中使用的对称密钥算法的。如果该消息中不包含任何信息，则通信无法继续。该消息的内容取决于密钥交换的类型。

RSA：客户端生成一个 48 字节的预主密值（Pre-Master Secret），它要么使用服务器证书中的公钥加密，要么使用一个 Server Key Exchange 中的临时 RSA 密钥加密，然后将结果发送给服务器用来计算主密值密钥。

临时或者匿名 Diffie-Hellman：客户端向服务器提供它自己的 Diffie-Hellman 的公开参数。

Fortezza：客户端使用服务器证书中的公钥以及客户端令牌中的私有参数来计算公开参数，然后将这些参数发送给服务器（注：TLS 不支持此密码）。

10. Certificate Verify（证书检查）

Certificate Verify 消息用于提供对客户端证书的显式认证。它仅在具有签名能力的客户端 Certificate 之后发送。当使用客户端认证时，服务器使用其私钥来对客户端进行认证，该消息中包含有经客户端私钥签名的预主密值密钥。服务器不需要向客户端认证它自己，因为预主密值是使用服务器的公钥发送给服务器的，只有合法的服务器使用相应的私钥才可以解密它。

11. Finished（结束）

接下来，客户端发送一个 Change Cipher Spec 消息，后面紧跟一个 Finished 消息。当服务器接收到该 Finished 消息时，它同样发送一个 Change Cipher Spec 消息，然后发送它的 Finished 消息。此时握手协议完成，双方可以安全地传输应用数据了。

发送 Finished 消息时，使用刚刚协商的算法、密钥和秘密来保护的消息。因此，通信的双方就可以验证密钥交换和认证过程是否成功。不需要对 Finished 消息进行确认，紧接在发送 Finished 消息之后，双方就可以开始发送加密的数据了。Finished 消息的接收者必须验证其内容的正确性。

12. 结束会话和连接

在通信结束之前，客户端和服务器必须共享如下信息：该连接将结束。这种安排可以防止可能的截断攻击，利用这种攻击，一个攻击者可以试图通过过早地结束通信来危及安全性。任何一方在关闭自己的写会话之前，都可以通过发送一个 Close Notify 消息来终止会话。当收到这样的一个警告时，另一方必须发送它自己的 Close Notify 警告并立即关闭会话，同时丢弃任何未决的写操作。

5.3.7 SSL 与 TLS 的差别

SSL 与 TLS 的协议流程大致一样，虽然它们差别虽小，但是不能互相操作。从标准化角度看，TLS 要更胜一筹，相对 SSL，它增强了一些功能。首先从两者差别上进行比较。

① 版本号：TLS 记录格式与 SSL 记录格式相同，但版本号的值不同，TLS1.0 使用的版本号为 SSL3.1。

② 报文鉴别码：SSL3.0 和 TLS 的 MAC 算法及 MAC 计算的范围不同。TLS 使用 RFC-2104 定义的 HMAC 算法。SSL3.0 使用相似的算法，两者差别在于：SSL3.0 中，填充字节与密钥之间采用的是连接运算，而 HMAC 算法采用的是异或运算。但是两者的安全程度是相同的。

③ 伪随机函数：TLS 使用称为 PRF 的伪随机函数来将密钥扩展成数据块，是更安全的方式。

④ 报警代码：TLS 支持几乎所有的 SSL3.0 报警代码，而且 TLS 还补充定义了很多报警代码，如解密失败（decryption_failed）、记录溢出（record_overflow）、未知 CA（unknown_ca）、拒绝访问（access_denied）等。

⑤ 密文族和客户证书：SSL3.0 和 TLS 存在少量差别，即 TLS 不支持 Fortezza 密钥交换、加密算法和客户证书。

⑥ certificate_verify 和 finished 消息：SSL3.0 和 TLS 在用 certificate_verify 和 finished 消息计算 MD5 和 SHA-1 散列码时，计算的输入有少许差别，但安全性相当。

⑦ 加密计算：SSL3.0 与 TLS 在计算主密值（Master Secret）时采用的方式不同。

⑧ 填充：用户数据加密之前需要增加的填充字节。在 SSL 中，填充后的数据长度要达到密文块长度的最小整数倍。而在 TLS 中，填充后的数据长度可以是密文块长度的任意整数倍（但填充的最大长度为 255B），这种方式可以防止基于对报文长度进行分析的攻击。

TLS 的主要目标是使 SSL 更安全，并使协议的规范更精确和完善。TLS 在 SSL3.0 的基础上，提供了以下增强内容。

① 更安全的 MAC 算法。

② 更严密的警报。

③“灰色区域”规范的更明确的定义。

同时，TLS 在安全性方面也做出相关改进。

① 对于消息认证使用密钥散列法：TLS 使用消息认证代码的密钥散列法（HMAC），当记录在开放的网络（如因特网）中传输时，该代码确保记录不会被变更。SSL3.0 还提供

键控消息认证，但 HMAC 比 SSL3.0 使用的（消息认证代码）MAC 功能更安全。

② 增强的伪随机功能（PRF）：PRF 生成密钥数据。在 TLS 中，HMAC 定义 PRF。PRF 使用两种散列算法保证其安全性。如果任意一种算法暴露了，只要第二种算法未暴露，那么数据仍然是安全的。

③ 改进的已完成消息验证：TLS 和 SSL3.0 都对两个端点提供已完成的消息，该消息认证交换的消息没有被变更。然而，TLS 将此已完成消息基于 PRF 和 HMAC 值之上，这也比 SSL3.0 更安全。

④ 一致证书处理：与 SSL3.0 不同，TLS 试图指定必须在 TLS 之间实现交换的证书类型。

⑤ 特定警报消息：TLS 提供更多的特定和附加警报，以指示任一会话端点检测到的问题。TLS 还对何时应该发送某些警报进行记录。

5.4 S-HTTP

HTTP（HyperText Transfer Protocol，超文本传输协议）是一种以文档描述为基础的协议，以页面为传输单位。它适用于组织各种静态的文档类型元素，如图片、文字及文档间的链接。并且 Web 服务器使用的主要协议是 HTTP 协议。它是 Web 协议族中的重要协议，是从客户-服务器模型发展起来的。客户机与服务器连接时，首先向服务器提出请求，服务器根据客户机的请求，完成处理并给出响应，如图 5.9 所示。浏览器就是与 Web 服务器（其端口为 TCP 的 80 端口）发生连接的客户端程序。浏览器与 Web 服务器之间所遵循的协议就是 HTTP，因此用户看到的网页地址都是以“http://”开头的。

此外，每次 HTTP 会话都要建立一个新的 TCP 连接，并执行一次握手协议，而每次握手都要进行如下的操作。

① 客户机和服务器交换 X.509 证书，以便双方相互确认。本过程可以交换全部的证书链，也可以有选择地交换底层一些证明。其目的是检验有效日期和验证证书的签名权限。

② 客户机随机地产生一组密钥，它们用于信息加密和 MAC（折中密钥计算信息认证码）计算。这些密钥需要先通过服务器的公开密钥加密后再送往服务器。

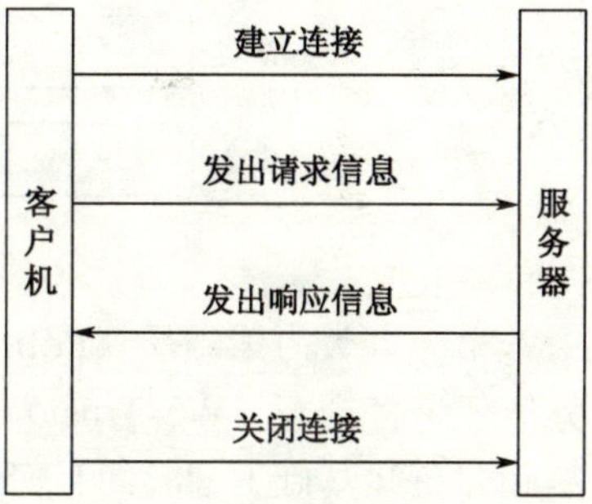

图 5.9　HTTP 连接图

③ 信息加密算法和 Hash 函数混杂在一起使用。这些操作会导致通信效率低下，这无疑是系统和网络资源的浪费。因为可以在一次 TCP 连接中实现多个会话过程，不同的会话用标识位来区分。

但是，现在的 HTTP 已经被扩展得越来越难以控制和使用，于是由 EIT 公司开发出了 S-HTTP（Secure Hypertext Transfer Protocol，安全超文本传输协议），主要目的是保证商业贸易的传输安全。

S-HTTP 是一种结合 HTTP 而设计的消息的安全通信协议。S-HTTP 的设计与 HTTP 信息样板共存并易于与 HTTP 应用程序相整合。

相对于 HTTP，S-HTTP 协议添加了基于消息的安全规范，可以签名、加密、验证进程间通信（Inter Process Communication，IPC），即 S-HTTP 可以采用多种方式对信息进行封装，封装的内容包括加密、签名和基于 MAC 的认证。同时一个消息可以被反复封装加密。此外，S-HTTP 还定义了包头信息来进行密钥传输、认证传输和相似的管理功能。

S-HTTP 客户机和服务器是与某些加密消息格式标准相结合的。S-HTTP 支持多种兼容方案并且与 HTTP 相兼容。有 S-HTTP 性能的客户机能够与没有 S-HTTP 的服务器连接，但是这样的通信明显地不会利用 S-HTTP 的安全特征。

目前，S-HTTP 支持 RSA、带内（占用网络带宽，即 TELNET 方式）和带外（不占用网络带宽，即拨号方式）以及 Kerberos 密钥交换。

5.5 Web 服务安全规范协议族

为了解决 Web 服务领域中的一些缺陷，Microsoft 和 IBM 共同制定了 Web 服务安全模型的安全特征框架。这个安全特征框架包括一套能够创建信任环境的规范，从而提高通过 Internet 传递信息的安全性能。

Web 服务安全规范协议以一致的方式处理消息的安全性，描述了把安全性机制集成到 Web 服务中的方法，能够提供安全上下文的端到端传输，为 Web 服务提供一个全面的安全解决方案。

协议族包含一个称为 WS-Security 的基本标准，以及其他依赖于 WS-Security 的安全性标准，这些规范包括两大类，如图 5.10 所示。

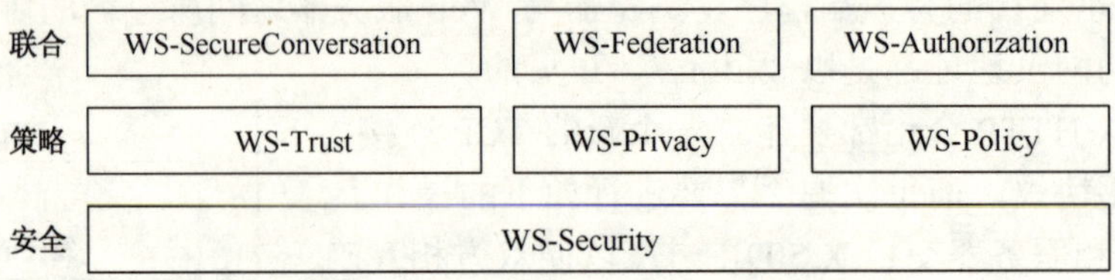

图 5.10　Web 服务安全规范协议族分类

第一大类为策略层（Policy Layer），包括：Web 服务策略规范（WS-Policy）、Web 服务信任语言规范（WS-Trust）、Web 服务私有语言规范（WS-Privacy）。它们用来提供安全基础并在此基础上建立跨信任域的、综合的、安全的、互操作的 Web 服务。

第二大类为联合层（Federation Layer），包括联合安全（Federated Security）规范，该规范又包括：Web 服务联合语言规范（WS-Federation）、Web 服务授权语言规范（WS-Authorization）、Web 服务安全会话语言规范（WS-SecureConversation）。这些安全规范的结合能够提供许多安全场景，使客户能够建立一个安全的沟通环境，并提供单点登录以及联合认证功能。

5.5.1 WS-Security（WSS）

WS-Security 是一种提供在 Web 服务上应用安全方法的网络传输协议。2004 年 4 月 19 日，OASIS 组织发布了 WS-Security 标准的 1.0 版本，作为后续完善又于 2006 年 2 月 17 日发布了 1.1 升级版。最初，IBM、Microsoft、VeriSign 和 Forum Systems 为了统一 Web 服务安全标准，共同发表了安全指南，指南中定义了 WS-Security 的相关规范，形成统一标准以后，该规范协议划归由 Oasis-Open 下的一个委员会进行维护，官方名定为 WSS。

WS-Security 规范本身并没有定义新的加密算法和安全模型，而是在已存在的安全标准和规范中强调安全性。它提供了一个可以扩展的框架，用来在 SOAP 消息中嵌入安全性机制，包含数字签名、消息摘要和数据加密等。这些安全性信息都是作为附加的控制信息以消息的形式传递的，不依赖于任何传输协议。因而，WS-Security 规范具有传输中立性，能保证端到端的安全性。这种基于消息级的安全模式，如图 5.11 所示。消息级安全模式相对于传统 SSL/TLS（点到点）的安全模式而言，更适合用于异构环境，还能有效地防止消息在经过中间节点时遭到第三方的破坏。

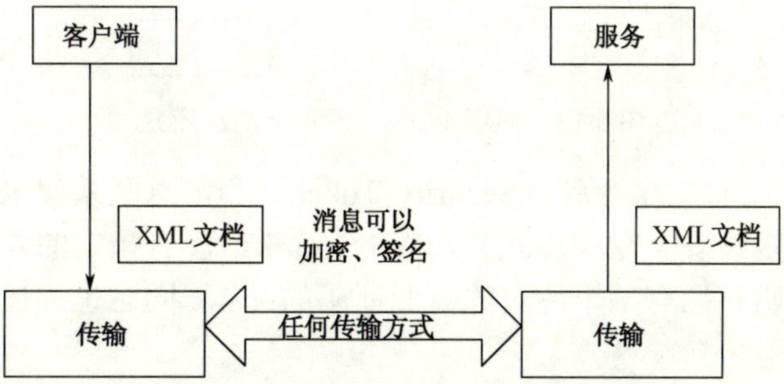

图 5.11　消息级安全模式

服务提供者可以根据自己的需要制定相关的安全策略，并要求所有服务请求者提供相应的声明和证书，其中声明是指有关主体的语句，如身份等。如果服务请求者无法提供，则可以拒绝提供服务。为了得到相应的声明和证书，服务请求者或服务提供方可以从第三方获取信任令牌。在图 5.12 中，第三方也是一个服务的提供者，它所提供的服务称为安全令牌服务。由于第三方的服务提供者也具有自己的安全策略，因而不同安全域的服务提供者之间需要相互信任，为了取得这种相互信任，它们之间可以制定相互认可的安全策略。这样即使跨多个不同的安全域，WS-Security 也能够保证消息传递的安全性。当服务请求者具备相应的声明和证书之后，在请求服务时，它们会将声明和证书随同 SOAP 报文一起发送给服务提供者。

具体的操作由 WS-Security 定义的一些元素实现，而它定义所有元素都包含在<Security>报头块中，<Security>报头块提供了向 SOAP 报头中附加安全相关信息机制。WS-Security 还定义了<Security>的几个子元素：<UsernameToken>用于表示用户名和密码；<BinarySecurityToken>用于表示二进制安全令牌，如 X.509 证书和 Kerberos 票据等；<SecurityTokenReference>用于对安全令牌的引用；<ds:KeyInfo>和<ds:Signature>是在 XML 签名中定义的，<ds:KeyInfo>用于携带密钥信息，<ds:Signature>用于嵌入符合 XML 签名规范的 XML 格式的数字签名；<xenc:ReferenceList>、<xenc:EncryptedKey>、<xenc:EncryptedData>是在 XML 加密中定义的，<xenc:ReferenceList>用于在 Security 报头块中指向在 SOAP 信封中的加密部分，<xenc:EncryptedKey>用于携带加密过的密钥，<xenc:EncryptedData>则用于嵌入加密过的数据。

通过上述的定义，WS-Security 描述了对 SOAP 消息的增强以提供对消息的一致性、机密性的质量保证和单一消息验证，即在 Web 服务环境下，如何利用 XML 签名和 XML 加密来对 SOAP 消息进行签名和加密，保证端到端的消息的一致性和机密性。这些机制可以用于广泛的安全模型和加密技术。

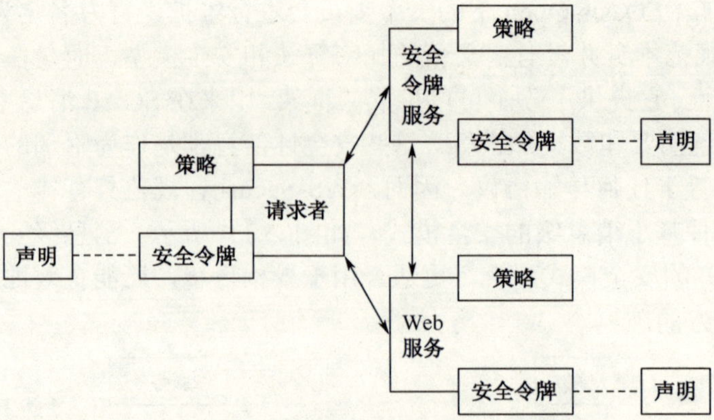

图 5.12 通用 Web 服务安全消息模式

WS-Security 提供了将安全令牌（Security Token）和消息联系起来的通用机制。为了可以扩展（例如，支持多种安全令牌格式），WS-Security 没有指定的安全令牌类型。例如，用户可以提供身份证明和拥有某个特定的商业证明的证据。同时也描述了如何用二进制安全令牌进行编码。

WS-Security 本身并不保证安全，也不提供一个完整的安全解决方案。WS-Security 只是一个灵活的构件块，用于与其他 Web 服务和特定应用的协议协作以适应广泛的安全模型和加密技术。实现了 WS-Security 并不意味着一个应用系统不会被攻击，也不意味着安全不会被危害。

5.5.2 WS-Policy

WS-Policy 提供了通用目标框架以及相应的语法以描述和沟通 Web 服务的策略，同时定义了构架的基本集，其他 Web 服务规范能够使用和扩展该集合以便描述更大范围的服务需求、个性化服务和性能。

表 5.2 给出了 WS-Policy 规范集，它包括以下内容。

表 5.2 WS-Policy 规范集

WS-Policy	
WS-PolicyAttachment	WS-SecurityPolicy
	WS-PolicyAssertion

WS-Policy 文档：WS-Policy 文档定义了表示 Web 服务策略的通用文法。

WS-PolicyAttachment（Web 服务策略连接规范）：定义了如何连接这些策略至 Web 服务。

两个 PolicyAssertion 文档：一个是 Web 服务通用策略断言语言规范（Web Services General Policy Assertion Language Specification）WS-PolicyAssertion，另一个是 Web 服务安全策略语言规范（Web Services Security Policy Language Specification）WS-SecurityPolicy。

人们设计 WS-Policy 用来提供可扩展性。策略是一个宽泛的概念，它包含了多种要求，例如安全性、可靠性和私有性。类似地，表达策略的能力并不仅限于通用策略或安全策略的表达。基本策略框架的目标是调节域特定的策略语言表达，在某种程度上也平衡了一致性Web服务框架中的域知识。

WS-PolicyAttachment 提供了多种方法以声明 Web 服务策略断言。它构建于已知 WSDL 和 UDDI 协议基础上，同时还支持可扩展性。它允许合并 Web 服务的域特定策略和通用策略。例如，当请求 Web 服务时，就会寻求提供特定人类语言（如英语、汉语等）处理的服务提供者。因此所请求的 Web 服务会提供策略断言，该断言是支持英语或者汉语所必需的。提供者还可以通过声明他能够提供这些语言服务，从而做出断言。通过定义 Web 服务策略断言，WS-PolicyAssertion 语言就能够提供这种类型的通用策略表示。

WS-SecurityPolicy 表示支持必要的断言：在 WS-Security 中定义了安全令牌、完整性、机密性。

5.5.3 WS-Trust

WS-Trust 描述了一个用于信任模型的框架，它使 Web 服务能够通过请求、发布和交换安全令牌安全地互操作。

通常，Web 服务都拥有已提供的策略，它能够接收来自请求者的、可能包含安全令牌的消息。Web 服务还拥有已提供的保护策略，这样它就能够使用 Web 服务的安全机制。例如，为了访问其服务的增强功能，Web 服务安全配置需要服务请求者提供授权令牌，并且可以使用安全令牌服务生成授权，而安全令牌服务要求拥有身份的证据、已签名声明的请求，这样已命名的身份就拥有了特定业务证书。在请求 Web 服务时就会提供授权令牌，而在已签名的声明中 Web 服务已经表示了信任。

5.5.4 WS-Privacy

WS-Privacy 描述一个模型，该模型用于描述 Web 服务和请求者如何宣称隐私偏好和组织隐私实践声明。

通过使用 WS-Policy、WS-Security 和 WS-Trust 的组合，组织可以声明并指出遵守声明的隐私权策略。这个规范将描述一个关于如何把隐私权语言嵌入到 WS-Policy 描述中以及如何使用 WS-Security 把隐私权声明与消息关联起来的模型。最后，这个规范将描述如何使用 WS-Trust 机制同时为用户首选项和组织实践声明评价这些隐私权声明。

5.5.5 WS-SecureConversation

WS-SecureConversation描述 Web 服务如何认证请求者消息、请求者如何认证服务、如何互相建立认证的安全性上下文、如何建立会话密钥、派生密钥和消息令牌密钥。

最后，还描述服务如何安全地交换上下文（关于安全性属性和相关数据的声明的集合）。为完成这个工作，该规范将描述 WS-Security 和 WS-Trust 中定义的安全令牌签发和交换机制概念，并以它们为基础。例如，使用这些机制，服务可以支持使用弱对称密钥技术的安全性令牌，还可以签发使用非共享（不对称）密钥的更强壮些的安全性令牌。

WS-SecureConversation被设计在 SOAP 消息层中运作，这样消息就可以通过多种传输器和中介体传输。这并不排除在其他消息传递框架中使用它。为进一步增加系统的安全性，可以跨选中的多个链接把传输级安全性与 WS-Security 和WS-SecureConversation一起使用。

5.5.6 WS-Federation

WS-Federation 描述了如何在一个异构的联合环境中管理和代理信任关系，包括对联合身份、属性共享和假名管理的支持。同时还引入一个信任策略来指出并限制和确定被代理的信任类型。

WS-Federation 规范包括以下三个功能部件：① Web 服务联盟语言。它定义不同安全领域如何在 Web 服务之间安排身份、用户属性和身份验证。② 主动请求者文档规范。它定义了如何通过活动请求者（如由 SOAP 启用的应用程序）使用 Web 服务联盟定义的跨越不同安全域进行身份、属性、验证和授权联盟的机制。③ 被动请求者文档规范。它的主要目标是为被动请求者进行身份确定、证明鉴定以及授权联盟定义一个文档。

此规范的主要目标是定义对那些应用于活动请求方的身份、身份验证和授权信息进行联合的机制，在活动请求方之间支持身份、身份验证和授权数据的共享代理活动，请求方环境中的信任和安全性令牌交换活动，请求方环境中身份信息和其他属性的可选隐藏或保护。

它定义的机制和过程可将用户的信任信息从一个安全域映射到资源需要的认证和授权信息中，或映射到来自于另一个安全域的服务提供者。同时此规范定义了如何使用 WS-Security、WS-Policy、WS-Trust 和 WS-SecureConversation 等规范构建联合信任案例。

5.5.7 WS-Authorization

WS-Authorization的目的是描述如何访问 Web 服务所规定和管理的策略。另外，它还用于描述在安全令牌中如何规定声明，以及如何在端点处解释这些声明。

WS-Authorization的目标是提供关于授权格式和授权语言的灵活性和可扩展性，来保证安全框架的长久性。

习　题　5

1．Web 服务的定义有哪些？

2．Web 服务的基本结构是怎样构造的？

3．XML 具有哪些特点？

4．SOAP 包含了哪几个部分？简述 SOAP 的 XML 消息传递过程。

5．简述 UDDI 消息在客户端和注册中心之间的流动过程。

6．网络服务的安全隐患有哪些？

7．SSL 的工作原理是什么？

8．SSL/TLS 的记录层协议主要执行哪几步操作？

9．SSL/TLS 的警告协议的每个消息由几个字节组成？每个字节代表什么？

10．SSL/TLS 的握手协议是在 OSI 模型的哪一层？说明该协议由哪几个阶段组成，并简述握手协议流程。

11．TLS 针对 SSL 做了哪些改进？

12．HTTP 与 S-HTTP 有什么区别？

13．Web 服务安全规范协议族包含哪些协议？

14．WS-Policy 规范集有哪些？各自有什么作用？

参考文献

[1] W3C Note，Web Services Architecture，2004(2). http://www.w3.org/TR/2004/NOTE- ws-arch-20040211.

[2] 夏敏，陈平. Web 服务安全关键技术研究综述. 网络安全技术与应用，2009(3):69-71.

[3] 金键，张鸿等. Web 服务安全性分析. 微电子学与计算机，2004，21(3):19-24.

[4] W3C Recommendation，Extensible Markup Language（XML）1.0（Fourth Edition），2006(8). http://www.w3.org/TR/2006/REC-xml-20060816.

[5] Martin Gudgin，Marc Hadley，Jean-Jacques Moreau 等. SOAP Version 1.3. W3C.http:// www.w3.org/TR/SOAP.

[6] 曾铮，吴明晖，应晶. 简单对象访问协议 SOAP 综述. 计算机应用研究，2002(2):5-8

[7] 王楠，刘心雄，陈和平. Web Service 技术研究. 计算机与数字工程，2007，10(34)，88-90，100.

[8] 柴晓璐. Web 服务架构与开放互操作技术. 北京：清华大学出版社，2002.

[9] 沈海波. Web 服务中的关键安全技术研究. 华中科技大学，2007:29-31

[10] 王克苑，张维勇，王建新.SSL 安全性分析研究.合肥工业大学学报（自然科学版），2004，1(27)，87-91.

[11] 冯登国. 网络安全原理与技术. 北京：科学出版社，2003.

[12] 徐健，王涛. HTTP/1.1 的分析. 西南师范大学学报（自然科学版），2004，4(29):315-319.

[13] 张维勇，程俊，王建新. 基于 WS-Security 安全规范的 Web 服务设计. 合肥工业大学学报（自然科学版），2006，8(29)，972-975.

[14] 郑东曦，唐韶华，黎绍发. XML Web 服务安全技术纵览. 计算机工程与应用，2004(7)，38-41.

[15] Web Services Secure Conversation（WS-SecureConversation）v1. 0，2002(12). http://www- 106.ibm.com/ developerworks/library/wssecon.

[16] WS-Federation: Active Requestor Profile version 1.0. 2003(7).http://msdn. microsoft.com/ ws/2003/07/ ws-active-profile.

[17] Marco Pistoia，Nataraj Nagaratnam 等. 企业级 JAVA 安全性，北京：清华大学出版社，2005，371-377.

[18] Web Services Policy Framework（WS-Policy）v1. 5. 2007(9).http://www.w3.org/TR/2007/ REC-ws-policy-20070904.

[19] Web Services Trust Language（WS-Trust）v1.0. 2002(12).http://msdn.microsoft.com/en-us/ library/ ms951260.aspx.

第 6 章　实用安全系统

6.1　PGP

6.1.1　PGP 原理

如今互联网普及的速度非常快，而电子邮件和网络文件传输已经成为人们生活的一部分，同时，安全问题日益突出。

由于一般在互联网上传输数据是没有加密的，所以邮件通过网络在机器设备之间传输的过程中，其所经网络的系统管理员或者黑客都有可能截获、更改该邮件，甚至伪造邮件。因此电子邮件本身的安全性是以邮件经过的网络系统的安全性和管理人员的诚实以及对信息的漠不关心为基础的。正是因为这些因素，电子邮件在传输过程中最重要的防线就是加密。因为邮件本身的安全首先要保证邮件不被无关的人窃取或更改，同时接收者也必须能确定该邮件是由合法发送者发出的，即安全邮件的主要问题是解决身份鉴别和保密性的问题，PGP（Pretty Good Privacy）由此产生。

PGP 是美国菲利普・齐默曼（Philip R. Zimmermann）提出来的。他创造性地把 RSA 公钥体系的方便和传统加密体系的高速度结合起来，并且在数字签名和密钥认证管理机制上进行巧妙的设计，从而使 PGP 成为流行的公钥加密软件包。PGP 是一个基于 RSA 公钥加密体系的邮件加密软件，可以用于邮件保密，防止非授权者阅读，还能对邮件加上数字签名，从而使收信人可以确信邮件是谁发来的。它让用户可以安全地和用户从未见过的人通信，事先并不需要任何保密的渠道来传递密钥。

PGP 加密由一系列散列、数据压缩、对称密钥加密，以及公钥加密的算法组合而成。每个步骤支持几种算法，可以选择其中一种使用。基本上包含了 4 个密码单元：单钥密码 IDEA、双钥密码 RSA、单向散列算法 MD5、一个随机数生成算法。这些密码单元在本书第 2 章中都有相关介绍。需要注意的是，随机数生成是指 PGP 提供两个伪随机数发生器（PRNG）：一个是 ANSI X9.17 发生器，采用 IDEA 算法，以 CFB（密码反馈模式）生成；另一个是从用户击键的时间和序列中计算熵值，从而引入随机性。

PGP 在安全上的业务有：认证、加密、压缩、Base-64 变换、分段和重组。

1．认证

PGP 可以只签名而不加密。这适用于公开发表声明、声明人为了证实自己的身份，可以用自己的私钥签名，这样就可以让收件人确认发信人的身份，也可以防止发信人抵赖自己的声明。PGP 认证流程如图 6.1 所示。

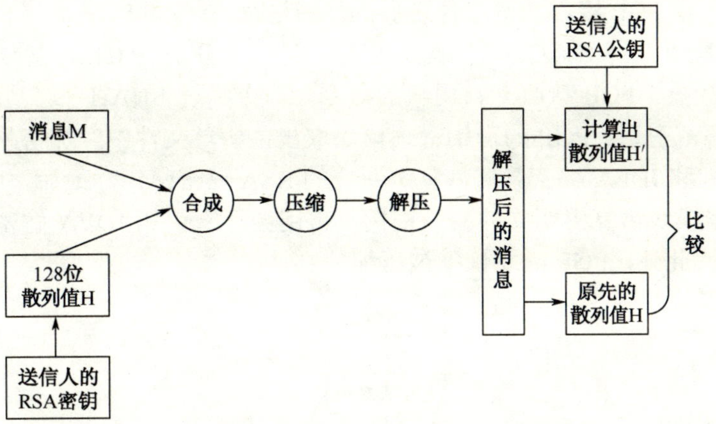

图 6.1　PGP 认证流程

送信人编制消息 M 准备发出，用 MD5 算法产生一个 128 位的散列值 H，并且用送信人的 RSA 密钥对 H 签字，然后将 M 和 H 合成压缩发送出去，接收端对收到的数据进行解压，并用发送人公钥解出 H，用接收的 M 计算散列值得 H'，与 H 值进行比较签字。

2. 加密

加密过程如图 6.2 所示，密钥管理模块根据用户输入的收信人标识信息，找到收件人的公钥。随机数生成器产生仅使用一次的 128 位会话密钥，IDEA 算法利用这个会话密钥对经压缩后的明文信件进行加密，生成密文信件。同时，RSA 算法模块利用收件人的公钥对会话密钥再加密。最后，PGP 把 RSA 加密后的会话密钥与 IDEA 加密后的密文信件合并在一起，形成一个新的文件并输出在磁盘中。由于 PGP 在调用 IDEA 算法模块加密文件之前，已对文件做了压缩处理，因此，输出的文件的容量不会增大。

由于 PGP 每次加密都使用一个随机的 128 位会话密钥，因此同一个文件两次加密后的结果是截然不同的。图 6.2 中的 randseed.bin 文件就是用来构造这个随机会话密钥的。由于每次使用不同的会话密钥，因此，进一步增加了 PGP 加密的可靠性，也防止了窃取者获悉双方是否在传送同一内容的文件的可能性。

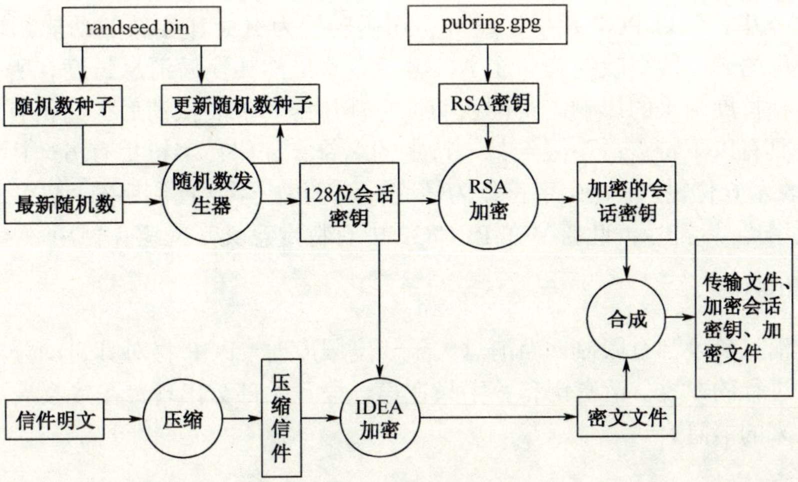

图 6.2　加密过程

如图 6.3 所示是 PGP 接收加密邮件之后的解密过程。首先，PGP 把接收到的密文分成两部分：第一部分是经 RSA 算法加密的会话密钥，另一部分是经 IDEA 算法和会话密钥加密的原文件内容。接着，PGP 接收来自用户的口令。口令经过 SHA-1 报文分解函数产生一个 128 位的 IDEA 解密密钥。PGP 的密钥管理模块取出密钥环文件中经加密的 RSA 解密密钥，用 IDEA 解密钥匙和 IDEA 解密算法恢复出明文的 RSA 秘密密钥。最后，PGP 用 RSA 秘密密钥和 RSA 解密模块恢复出明文的会话密钥，再用会话密钥和 IDEA 解密算法一起解密加密的原文件内容。此外，PGP 需要恢复被压缩的文件。

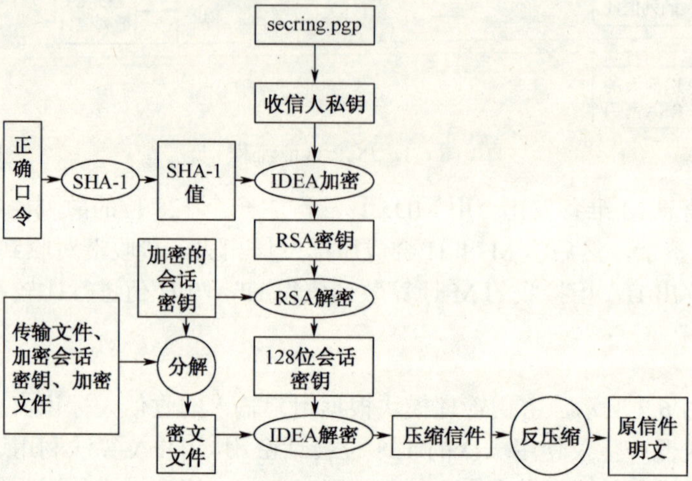

图 6.3　解密过程

3．压缩

压缩可以节省通信时间和存储空间，而且在加密前进行压缩可以降低明文的冗余度，增强机密效果。PGP 中采用 ZIP 算法进行压缩。

4．Base64 编码变换

Base64 编码变换是为了提高电子邮件的兼容性而设置的。因为许多电子邮件系统只允许使用 ASCII 文本串，所以 PGP 提供了将 8 位组串转换为 ASCII 字符的功能。转换方法是将每 3 个 8 位组串的二元数据映射为 4 个 ACSII 字符。虽然转换后消息长度有所扩展，但压缩的效果足以弥补扩展带来的影响。实例表明，总体压缩和扩展抵消后大约仍有 1/3 的压缩。

同时它还具有以下特点：不限于某一特定的字符集编码；字符集有 65 个可以打印的字符，每个字符表示 6 位输入，一个字符作为填充；字符集中不含控制字符，故可通行于 E-mail 系统；不要使用“_”符号，此符号在 RFC832 中有特定意义，应避免使用。

5．分段和重组

E-mail 对消息长度都有限制。当消息大于长度限度时，PGP 将对其自动分段。分段是在所有处理之后进行的，故会话密钥和签字只在第一段开始部分出现。在接收端，PGP 将各段自动重组为原来的消息。

6.1.2 PGP 信任模型

PGP 的开发是密码学应用的一个重要的里程碑，它是第一个将公钥密码服务于大众的工具。PGP 主要针对电子邮件加密，从计算角度来看，PGP 是足够安全的，但是不恰当的信任假设往往是 PGP 的隐患，最终导致秘密的泄露。理解 PGP 的信任模型，正当使用软件，是获得 PGP 安全性的重要前提。

信任模型是指建立在信任关系和验证证书时寻找和遍历信任路径的模型。信任模型分为三种。

直接信任（Direct Trust）。指两个实体之间曾经有过直接的交易，它们之间建立了一种直接信任关系，信任值来源于根据双方的交易情况得出的直接经验。

等级信任（Hierarchical Trust）。又称推荐信任，指两个实体之间没有进行直接的交易，而是根据其他实体的推荐建立的一种信任关系，它们之间的信任值是根据其他实体的评估得出的结果。在 PGP 中，等级信任分为 4 个等级：绝对信任（用户本人）、完全信任、一般信任以及不信任。

网络信任（A Web of Trust）。网络信任模型是 PGP 所用到的信任模型，它包含了其他两种模型，另外增加了第三方监督者的概念。

在 PGP 中，存在两种密钥环：私钥环和公钥环。其中，公钥环为 PGP 信任模型提供了实现方式，形成了信任网（Web of Trust）结构。在信任网中，没有大家都信任的中心权威机构，而是用户以各自为中心，相互认证公钥，相互签名公钥证书。这些签名使得用户的公钥彼此相连，形成自然的网状结构，就是信任网[4]。

为了更好地理解信任网，我们假设 Alice 和 Bob 是两个同事，他们彼此熟悉，通过某种方式，Alice 获得了 Bob 的公钥，并且确认 Bob 的公钥是真实的，因此，Alice 就在 Bob 的公钥证书上签名。此时，Alice 认为 Bob 的公钥是有效的，并可以利用 Bob 的公钥将加密后的信息传给 Bob，加密后的信息只有 Bob 能够解读。这种信任关系用实线箭头表示，如图 6.4 所示。相互信任的用户之间分别为对方的公钥签名，使他们之间建立了某种联系，这种联系就是信任网的基础结构。

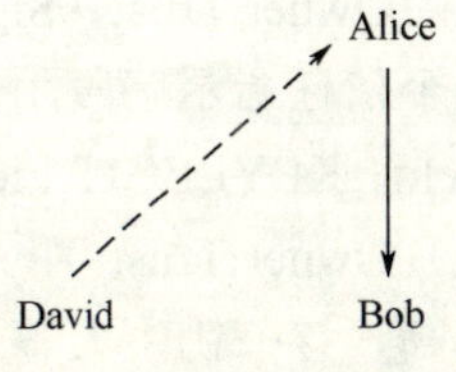

图 6.4　信任网的基础结构

假设 David 和 Bob 并不认识，David 想与 Bob 进行安全通信，必须要解决的问题是：David 如何获得 Bob 的有效公钥？在 PGP 中是这样解决的：假设 David 知道 Alice，并有 Alice 的有效公钥。David 相信 Alice 不会欺骗她，就将 Alice 设为可信介绍人，并从 Alice 那里得到 Bob 的公钥（或者由 Bob 传给 David）。因为 Bob 的公钥证书中有 Alice 的签名，所以 David 可以相信 Bob 的公钥是有效的。图 6.4 中用虚线箭头来表示 David 对 Alice 的信任。

如果 David 在 Bob 传给他的公钥中找不到一个可信的介绍人，则不能相信 Bob 的公钥，Bob 的公钥将被认为是无效的。因此，为了使他们之间能够相互信任，Bob 必须找到 David 的一个可信介绍人为其证书签名。

其中，PGP 证书由以下三部分组成。

① 用户 ID：由用户名及其邮箱地址组成。

② 公钥：由公钥 ID（全局唯一）、公钥数据和创建时间组成。

③ 若干签名：由一些对前两项关系认同的中间人的签名组成。

PGP 为公钥附加信任和开发信任信息提供了一种方便的方法来使用信任。公钥环的每个实体都是一个公钥证书。与每个实体相联系的是密钥合法性字段，用来指示 PGP 信任“这是这个用户合法的公钥”的程度。信任程度越高，这个用户 ID 与这个密钥的绑定越紧密。这个字段由 PGP 计算。与每个实体相联系的还有用户收集的多个签名。反过来，每个签名都带有签名信任字段，用来指示该 PGP 用户信任签名者对这个公钥证书的程度。PGP 公钥环结构如图 6.5 所示。

Time Stamp	KeyID	Public Key	Owner Trust
T_i	KU_i mod 2^{64}	KU_i	Trust $Flag_i$
......	......	......	......
UserID	Key Legitimacy	Signature	Signature Trust
$User_i$	legitimacy $Flag_i$		
......	......	......	......

图 6.5　PGP 公钥环结构

图 6.5 说明如下。

Time Stamp：公钥生成的时间。

KeyID：用户公钥标识，它由公钥的最低 64 位组成（KU_i mod 264），这个长度足以使密钥 ID 的重复概率非常小。

Public Key：公钥值。

UserID：用户标识。二元组（KeyID、UserID）唯一确定一个公钥项。

Signature：用户收集的对该 PGP 公钥进行的一个或多个签名。

Owner Trust、Signature Trust、Key Legitimacy：与用户公钥相关的三个信任指示字段。每个信任指示字段用一个 Trust Flag 字节表示，分别为 OWNER-TRUST Field、SIGTRUST Field、KEYLEGIT Field，并加上 1 位警示位。这三个指示字段共同决定一种 PGP 信任关系。

Owner Trust 字段表明 PGP 用户对“公钥主人对其他公钥签名”的信任程度。信任程度越高，该公钥主人签名的密钥越可信。这个信任程度是由用户给出的。

Signature Trust 字段表明 PGP 用户信任签名者对这个公开密钥证明的程度。信任程度越高，该公钥越可信。

而 Key Legitimacy 字段用来指示 PGP 信任“这是这个用户合法的公钥”的程度。信任程度越高，这个用户 ID（UserID）与这个密钥的绑定越紧密。这个字段值由 PGP 计算出来。

假定正在处理用户 YOU 的公钥环，上述三个指示字段的值按如下方式确定。

（1）Owner Trust 字段：当 YOU 向公钥环中插入一个新公钥时，如果公钥主人是 YOU，则 Owner Trust 字段对应的 OWNER-TRUST Field 的值为终极信任（Ultimate Trust）。否则，PGP 询问用户，让用户给出信任级别：未知（Unknown）、不可信任（Untrusted）、通常可信（Usually Trusted）和总是可信（Always Trusted）等。

（2）Signature Trust 字段：当新公钥有一个或多个签名时，以后的多个签名需要逐个加入。当插入一个签名时，PGP 将查找公钥环，看该签名人是否是已知公钥的主人。如果是，则该签名对应的 SIGTRUST Field 的值为该已知公钥主人对应的 OWNER-TRUST Field 的值。否则，为 Unknown User，表示 PGP 不认识签名人。因此可以把 Signature Trust 字段看成是来自于其他 Owner Trust 字段的副本。

（3）Key Legitimacy 字段：KEYLEGIT Field 的值基于该条目中 Signature Trust 字段来计算。如果至少一个 Signature 对应的 SIGTRUST Field 的值为 Ultimate Trust，则 KEYLEGIT Field 的值设为 Complete Trust。否则，PGP 计算 SIGTRUST Field 的值的加权和。

假设对于 Always Trusted 值的签名赋以权值 $1/x$，对于 Usually Trusted 值的签名赋以权值 $1/y$，当密钥用户 ID 绑定的权重总和达到 1 时，绑定被认为是值得信任的，则 KEYLEGIT Field 的值被设置为 Complete Trust。因此，在没有 Ultimate Trust 的情况下，需要至少有 x 个 Signature Trust 字段为 Always Trusted，或者至少有 y 个 Signature Trust 字段为 Usually Trusted，或者是上述两种情况的某种组合。

PGP 信任模型图如图 6.6 所示。

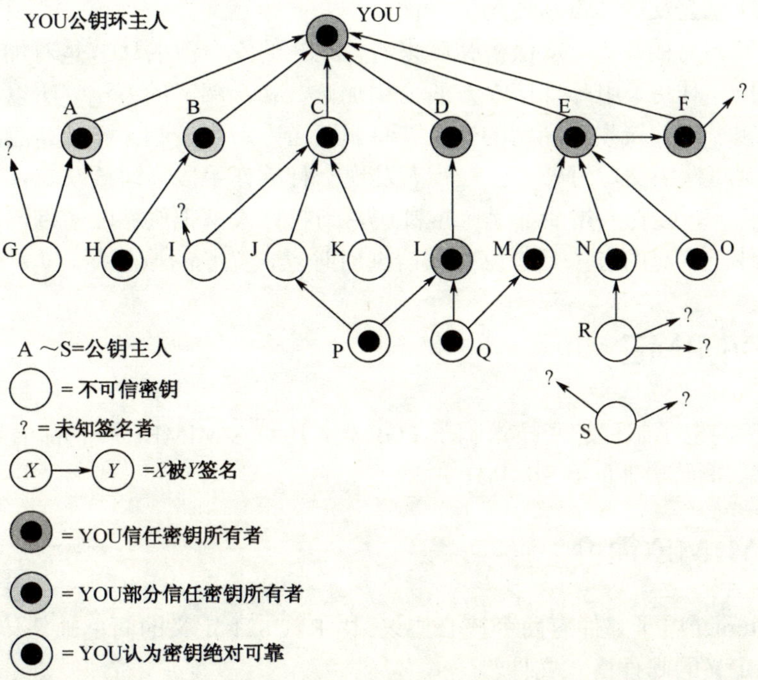

图 6.6　PGP 信任模型图

保证公钥的真实有效，是正确应用 PGP 的基础。证书为保证公钥的真实性提供了一种有效的机制，而在 PGP 中缺乏有效的证书管理体系，证书的管理完全由用户自己完成。错误的信任假设和管理的不当，会影响到 PGP 的安全性。

PGP 推荐用两种方式来保证证书的有效性：一是直接从所有者那里获得磁盘拷贝，二是通过中间人获取。磁盘拷贝的方式不适用于地理范围较大的场合，对中间人没有任何信任等级认定，很容易造成安全隐患。在公钥系统中，证书吊销是使公钥无效的有效方式。在 PGP 中提供了两种吊销证书的方式：中间人吊销和拥有者自行吊销，二者具有同等的效力，均被认为使相关的密钥对无效。但证书吊销问题的真正难点不在于吊销本身，而在于将吊销信息通知每个潜在的使用者。用户使用被吊销的证书是一件很危险的事情，很有可能造成泄密，因此在每次使用证书前都应该确信该证书没有被吊销。PGP 中虽然提供了吊销证书的功能，但没有提供任何将吊销信息通知其他用户的方式，这是 PGP 的一个致命弱点。

6.1.3 PGP 安全分析

通过 PGP 的介绍，可以看出 PGP 在信息加密之前都会进行数据压缩，这样可以大大减少数据的冗余度和加/解密所花费的时间。PGP 不是去推广一个全局的 PKI，而是让用户自己建立自己的信任网，即在 PGP 系统中，信任是双方直接的关系，或者是通过第三方、第四方的间接关系，但任意两方之间是对等的，整个信任关系构成网状结构。这样的结构既有利于系统的扩展，又有利于其他系统安全模式的兼容并存。

但这种信任模型中，没有建立完备的信任体系，不存在完全意义上的信任权威，缺乏有效的信任表达方式，所以它只适合小规模的用户群体。当用户数量逐渐增多时，管理将变得非常困难，用户也会发现其不易使用的一面。

PGP 也有其固有的缺点，从保密强度来看，PGP 的安全薄弱环节是对加密算法 IDEA 的加密密钥的保护，对其采用邮件接收方的公钥加密、私钥解密的方法。所以，整个邮件内容的保密完全依赖于邮件接收方私钥的安全，而非发送方所能控制。一旦其他人得到此加密密钥，就可以得到邮件明文。另外，已经有人发现一种欺诈手段，即截获邮件后，对邮件重新包装并发给收件人，收件人得到的是一堆乱码，当收件人携带原件回信询问时，就可以破译加密的电子邮件。应对的方法是避免在回信询问时包含完整的原邮件。

6.2 S/MIME

目前，主流的电子邮件加密技术除了 PGP 外，还有 S/MIME，两者都沿用 IETF 的标准，但彼此不兼容。下面详细介绍 S/MIME。

6.2.1 MIME 简介

早期的 Internet 电子邮件有两个核心协议：由 RFC821 定义的简单邮件传输协议（SMTP）和由 RFC822 定义的邮件格式文件。

SMTP 是一种 TCP 协议支持的提供可靠且有效电子邮件传输的应用层协议。SMTP 是建立在 TCP 协议上的一种邮件服务，主要用于传输系统之间的邮件信息并提供来信有关的通知，并且独立于特定的传输子系统，只需要可靠有序的数据流信道支持。SMTP 的重要特性之一是，其能跨越网络传输邮件，即“SMTP 邮件中继”。SMTP 规定了在 Internet 节点间的传送或接力传送电子邮件的协议，TCP 端口 25 就是为此保留的。SMTP 简单而且高效，从 1982 年 RFC821 发布至今，不曾有任何改动。

RFC822 定义了一种十分简单的邮件格式，这种格式的邮件只能包含纯文本信息，而且只能是 ASCII 字符，这显然影响了电子邮件的用途。RFC822 明确地把邮件分为两部分：第一部分为邮件头，其作用是标识邮件；第二部分是邮件体。邮件头中包含若干数据字段，可以在需要附加信息时使用。邮件头字段应出现在邮件体之前，两部分之间使用一个空行分隔。邮件头最常用的字段是：From、To、Subject 和 Date。From 标识发信人的电子邮箱地址，To 标识收信人的电子邮箱地址，Subject 标识邮件的主题，Date 用来给邮件加上时间戳。如图 6.7 所示为一封 RFC822 兼容邮件的格式。

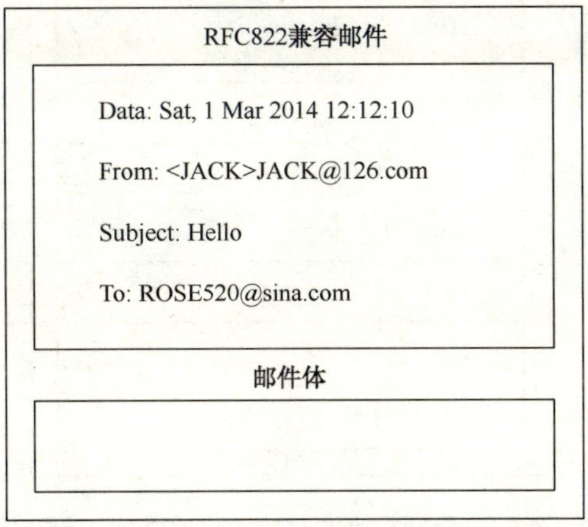

图 6.7　RFC822 兼容邮件的格式

由于 SMTP 和 RFC822 模式都只能传输 ASCII 文本信息，因此在运用时存在一定的局限性，MIME（Multipurpose Internet Mail Extensions，多用途互联网邮件扩展）就是针对这一点对 RFC822 进行扩充，并且约定二进制数据进行编码的协议。

表 6.1 可以看出关于 RFC822 邮件和 MIME 邮件的对比。

表 6.1　RFC822 邮件和 MIME 邮件的对比

	RFC822 邮件	MIME 邮件
可以携带的内容	纯文本信息	HTML、图像、声音、文件
可采用的字符	US-ASCII	多种字符集
其他应用场合	无	可应用于 HTTP 协议

MIME 协议定义了 5 个新的可以包含在 RFC822 报文首部的字段，分别是：MIME-Version、Content-Type、Content-Transfer-Encoding、Content-ID 和 Content-Description。

MIME-Version（MIME 版本）：其值必须为 1.0，表明该消息符合 RFC2045 和 RFC2046。

Content-Type（内容类型）：描述正文中包含的数据类型，使得接收方代理可以选择合适的代理或机制来表示数据或正确处理数据。

Content-Transfer-Encoding（内容转换编码）：描述将消息正文转换为可以传输的类型转换方式。

Content-ID（内容 ID）：在多重上下文中唯一地标识 MIME 实体。

Content-Description（内容描述）：正文对象的文本描述，在该对象不可读时使用（如音频数据）。

图 6.8 显示了新的字段同标准邮件中 RFC822 字段是如何结合在一起的。

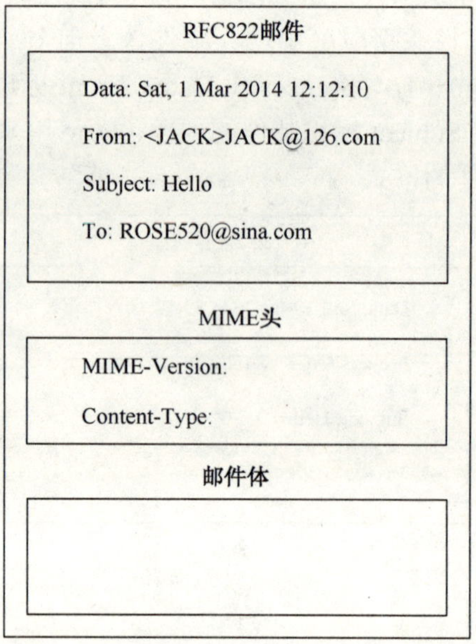

图 6.8　新的字段同标准邮件中 RFC822 字段结合在一起

同时，MIME 中有大量关于内容类型定义的说明，体现了在多媒体环境下需要提供多种信息表示方法的需求，表 6.2 列出了 RFC2046 中说明的内容类型，主要有 7 种不同类型和 15 种子类型。一般来说，用内容类型来描述数据的通用类型，用子类型描述该数据类型的特殊格式。

表 6.2　RFC2046 中说明的内容类型

类　型	子 类 型	描　述
Text	Plain	无格式文本，为 ASCII 码或 ISO8859 码
	Enriched	提供丰富的文档信息
Multipart	Mixed	各部分相互独立但一起传送。接收方看到的形式与邮件消息中的形式相同
	Parallel	除了在传送时各部分无序外，其余与 Mixed 相同
	Alternative	不同部分是同一消息的不同表现形式，按增序排列，接收方系统将按照最佳方式显示
	Digest	与 Mixed 相似，但每部分默认的类型/子类型为 Message/rfc822
Message	rfc822	封装消息的正文与 RFC822 一致
	Partial	允许按接收方透明的方式对大邮件分段
	Extended-body	包含指向存在于某个其他地方对象的指针
Image	jpeg	JFIF 编码的 JPEG 图像
	gif	图像为 GIF 格式
Video	mpeg	MPEG 格式的视频
Audio	Basic	单通道 8 bit ISDN 编码的音频，采样率为 8kHz
Application	PostScript	Adobe PostScript
	Octet-stream	一般 8bit 组成的二进制数据

对于报文主体的 Text（正文）类型，除了需要对指定字符集的支持外，不需要专门的软件来获得正文的含义。主要的子类型是 Plain（纯文本），就是简单的由 ASCII 字符或 ISO 8859 字符组成的字符串。Enriched 子类型允许更大的格式灵活性。

Multipart 类型指示报文主体包含多个独立的部分。content-type 首部字段包含称为 boundary（边界）的参数，定义了在报文的不同部分之间的分隔符，这个边界不应该出现在报文的任何一个部分内。每个边界开始于一个新行，由两个字符后跟着一个分隔符组成，用于指示最后一个部分结束的最后一个边界还有两个连字符作为后缀。在报文主体的每个部分，可以存在可选的普通的 MIME 首部。

Message 类型提供了 MIME 的一个重要功能。Message/rfc822 子类型指示报文主体是完整的报文，包括首部和主体。尽管使用了这种子类型名，但包装的报文可以不仅仅是简单的 RFC822 报文，而是任何 MIME 报文。

Application 类型指的是其他类型的数据，典型的是邮件应用程序不理解的二进制数据或信息。

6.2.2 S/MIME 基本概念

S/MIME（Secure Multipurpose Internet Mail Extension，安全的多用途互联网邮件扩展）是基于 RSA 数据安全技术的 MIME Internet 电子邮件格式的安全扩展，是一种用于发送和接收安全 MIME 数据的协议。

在 MIME 协议的基础上，S/MIME 增加了以下两类安全特性。

① 通过数字签名，可以验证数据来源的真实性、检查数据的完整性，并且签名具有不可抵赖的特点。

② 通过加密，可以保证数据的保密性。

S/MIME 也支持以上两种安全特性的复合。

S/MIME 是通过在 RFC1847 中定义的多部件媒体类型在 MIME 中打包安全服务的一种技术，可以提供验证、信息完整性、数字签名和加密服务。S/MIME 是在 PEM（Privacy Enhanced Mail，保密增强邮件）的基础上建立起来的，它选择 RSA 实验室开发的 PKCS（Public-key Cryptography Standard，公共密钥加密标准）作为它的数据加密和签名的基础，它使用 PKCS#7 数据格式作为数据报文，并使用 X.509v3 的数字证书。

MIME 允许对其 content-type 进行扩充，而 S/MIME 在其基础上增加了三种新的 MIME 子类型[5]：multipart/signed、application/x-pkcs7-signature、application/x-pkcs7-mime。前两种类型的组合支持签名邮件，后一种类型支持加密邮件。如果将签名邮件再进行一次加密，封装成后一种类型，就生成了签名加密邮件，理论上这种封装是没有限制的。因此，仅依靠这种对 MIME 类型的简单扩充，便可以实现复杂的安全应用。

MIME 协议的良好扩展性使得新特性的引入对原有结构的影响很小，事实上，虽然不支持 S/MIME 的系统不能处理安全电子邮件，但是 MIME 协议要求它的实现能够预见到可能出现的新的 MIME 类型，并且在处理时应尽量灵活。因此，当使用旧的邮件系统处理 S/MIME 邮件时，如签名电子邮件，虽然无法验证签名，但是被签名的内容还是可以阅读的。图 6.9 是加密和签名的 S/MIME 电子邮件的格式示意图。当 MIME 类型为 application/ x-pkcs7-mime;

mime-type=enveloped-data 时，表示加密邮件；当 MIME 类型为 multipart/signed 时，表示签名邮件。

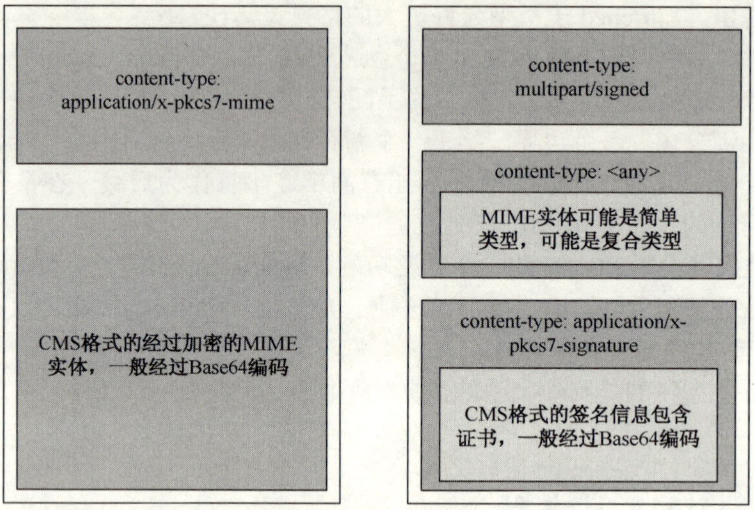

图 6.9　加密和签名的 S/MIME 电子邮件的格式

需要说明的是，上述安全电子邮件的格式并不是 S/MIME 给出的唯一格式，实际上 S/MIME 定义了一种加密邮件的格式，以及多种签名和加密签名邮件的格式。例如签名邮件的另一种格式是使用参数为 smime-type=signed-data 的 application/x-pkcs7-mime 类型，不过更普遍的情况使用 multipart/signed 类型。两者的区别是，在使用非 S/MIME 系统处理邮件时，前一种完全无法识别，后一种至少可以识别出被签名的内容，尽管系统不知道加在后面的签名是什么东西。这就是 S/MIME 系统喜欢采用这两种格式的原因。

6.2.3　S/MIME 功能

S/MIME 提供了以下的功能。

加密数据：这一功能允许用对称密码加密一个 MIME 消息中的任何内容类型，从而支持保密性服务，然后用一个或多个接收者的公钥加密对称密钥，接着将加密的数据和加密后的对称密钥以及任何必要的接收者标识符和算法标识符一起附加在数据结构的后面。

签名数据：这一功能提供完整性服务。发送者对选定的内容计算消息摘要，然后用签名者的私钥加密，初始的内容以及它的相应签名用 Base64 编码。

透明签名的数据：和签名数据一样形成内容的数字签名。但是这种情况只有数字签名部分使用 Base64 进行编码，因此没有 S/MIME 功能的接收者也可以看到报文的内容，尽管他不能验证签名。

签名且加密的数据：这一功能允许签名已加密的数据或者加密已签名的数据来提供保密性和完整性服务。

S/MIME 中使用表 6.3 中列出的术语（来源于 RFC2119）来说明需求级别。

表 6.3　S/MIME 中的需求级别

功　能	要　求
创建用于数字签名的数字摘要	必须支持 SHA-1，接收方应该支持 MD5，以便以后兼容
加密数字摘要形成数字签名	发送代理和接收代理必须支持 DSS 发送代理应该支持 RSA 加密 接收代理应该支持验证密钥大小在 512～1024 位之间的 RSA 签名
为传送消息加密会话密钥	发送代理和接收代理必须支持 Diffie-Hellman 发送代理应该支持密钥大小在 512～1024 位之间的加密 接收代理应该支持 RSA 解密
用一次性会话密钥加密消息	发送代理应该支持 3DES 和 RC2/40 加密 接收代理必须支持用 3DES 解密，应该支持 RC2/40 解密

MUST：在规格说明书中表示一定要满足的需求。实现时，必须包括其修饰的特性或与规格说明中的功能一致。

SHOULD：如果在特定条件下有合理的理由，则可以忽略其修饰的特性或功能，但推荐其实现包含其特性或功能。

S/MIME 组合三种公钥算法。DSS（Digital Signature Standard）是其推荐的数字签名算法。Diffie-Hellman 是其推荐的密钥交换算法，实际上，在 S/MIME 中使用的是其能加密/解密的变体 ElGamal。RSA 既可以用作签名，也可以加密回话密钥。规格说明推荐使用 160 位的 SHA-1 算法作为数字签名的 Hash 函数，但要求接收方能支持 128 位的 MD5 算法。

S/MIME 规格说明包括如何决定采用何种加密算法。从本质上说，一个发送方代理需要进行如下两个抉择：

- 发送方代理必须确定接收方代理是否能够解密该加密算法。
- 如果接收方代理只能接收弱加密的内容，那么发送方代理必须确定弱加密方式是否可以接受。

为达到上述要求，发送方代理可以在它发送消息之前先宣布它的解密能力，由接收方代理将该消息存储，留给将来使用。

发送方代理必须按照如下顺序遵守如下规则：

- 如果发送方代理有一个接收方解密性能表，则它应该选择表中的第一个（即优先级最高的）性能。
- 如果发送方代理没有接收方的解密性能表，但曾经接收到一个或多个来自于接收方的消息，则应该使用与最近接收到的消息一样的加密算法，对将要发送给接收方的消息进行加密。
- 如果发送方代理没有接收方的任何解密性能方面的知识，并且想冒险一试（接收方可能无法解密消息），则应该选择 3DES。
- 如果发送方代理没有接收方的任何解密性能方面的知识，并且不想冒险，则发送方代理必须使用 RC2/40。
- 如果消息需要发给多个接收方，并且它们没有一个可以接受的、共同的加密算法，则发送方代理需要发送两条消息。此时，该消息的安全性将由于安全性低的一份拷贝而易受到攻击。

6.2.4 S/MIME 证书的处理

S/MIME 使用符合 X.509 版本 3 标准的公开密钥证书。S/MIME 使用的密钥管理方法是严格的 X.509 证明层次和 PGP 的信任网络的混合。S/MIME 的管理者必须为用户配置可信任的密钥表和废除证书的列表。证书是由认证机构签名的。

S/MIME 用户可以完成如下密钥管理功能。

① 密钥的生成：与管理有关的使用程序的用户必须能够生成单独的 Diffie-Hellman 和 DSS 密钥对，并且应该能够生成 RSA 密钥对。每个密钥对必须从一个好的不确定的随机输入源生成并且采用安全的方式进行保护。用户代理应该生成 768～1024 位之间的密钥对，并且一定不能生成小于 512 位的密钥对。

② 注册：用户的公开密钥和认证一起注册获得 X.509 公开密钥证书。

③ 证书的存储和查询：用户需要访问证书的本地列表来验证进入的签名和输出的报文加密，这张表可以让用户进行维护。

X.509 是一个重要的标准，基于公开密钥加密和数字签名，这个标准没有专门指定使用的加密算法，但推荐使用 RSA。其核心部分是与每个用户联系的公开密钥证书，实际上 X.509 证书是一种有发布者数字签名的用于绑定某种公开密钥和其持有者身份的数据结构。证书、数字证书、电子证书等都是 X.509 证书的同义词，有时也称为公钥证书，是一种权威性的电子文档，由具有权威性、可信任性及公正性的第三方机构（CA）颁发。

6.2.5 S/MIME 增强的安全服务

目前，可以使用三种可选的增强的安全服务来扩展当前的 S/MIME v3 安全以及证书处理服务。

1. 签名收据

签名收据是一种可选的服务，它考虑的是消息发送的证明。收据为发送者提供了一种向第三方出示证明的手段：接收者不仅收到了消息，而且验证了初始消息的数字签名。最后，接收者对整个消息以及相应的签名进行签名作为接收的证明。该服务仅仅用于签名的数据。

2. 安全标签

安全标签可以通过两种方式来使用。第一种方式，也可能是最容易识别的方式，就是描述数据的敏感级。这可以使用一个分级的标签列表（机密、秘密，限制等）。第二种方式是使用标签来控制授权和访问，描述哪类接收者可以访问数据。

3. 安全邮件列表

当 S/MIME 协议提供它的服务时，发送代理必须为每个接收者创建特定于接收者的数据结构。随着某个特定消息的接收者的数目的增加，这一处理可能会削弱发送消息的性能。这样，邮件列表代理可以接收一个单独的消息并针对每个接收者完成特定于接收者的加密。

6.2.6 PGP 和 S/MIME 的比较

通过这两节的学习，可以大致了解 PGP 和 S/MIME 这两种保护电子邮件的协议，它们也是目前电子邮件加密的两大主流技术，都沿用 IETF 的标准，但两者不兼容。PGP 采用分布式的认证模式，使用比较方便，适合于公众领域和内部网络用户之间的安全信息交流；而 S/MIME 则采用基于 CA 的集中式认证模式，更适合于电子商务、政府机关、公司企业之间等对身份认证要求比较高的领域。PGP 保留了用户的个人电子邮件安全服务的选择。国际电子邮件标准管理组织（IMC）希望形成安全邮件的统一标准，但 IMC 的成员意见并不一致，因此 IMC 只好同时发展这两种标准，直到大家有了统一的迫切要求时，再考虑统一标准。但从实际应用情况来看，S/MIME 几乎是电子邮件厂商的首选协议，许多产品支持 S/MIME，它能让用户很容易地发送和接收安全电子邮件。支持 S/MIME 的产品包括 Microsoft 的 Outlook Express、Netscape Communicator 中的 Messager 邮件程序，Lotus 开发的 Lotus Domino 同样支持 S/MIME，它还能存储数字证书，Notes 客户端可以发送和接收加密或签过名的邮件等。因此 S/MIME 协议可能作为商业和组织使用的工业标准而出现。相对来说，支持 PGP 的电子邮件厂商少一些。但 PGP 被广大的个人用户所支持和信赖，尤其是它的网状信任模型，具有很大的灵活性和适应性，大大简化了部署操作，因此对许多用户来说仍然具有很大的吸引力。

6.3 Secure Shell

为了克服传统的 Telnet、FTP、Rlogin 等远程服务存在的各种严重安全缺陷，SSH（Secure Shell，安全外壳）协议 1995 年由 Tatu Ylonen 正式提出。2006 年，RFC4250～RFC4254 一系列文档的推出标志着 SSH 成为标准化的网络安全协议。

SSH 是一种应用层的安全通信协议。它通过建立一个加密的、安全的底层通道完成对双方交互数据的保护，通过其认证协议提供的若干种认证方式，增加防止非授权用户登录的能力，并通过连接协议为各种应用层协议提供安全性保护，使得 SSH 加密的口令及数据可以在不安全的网络中透明地提供强认证和安全通信。

相对于 Telnet 而言，SSH 提供的安全性服务主要包括以下几个方面。

① 密文传输：在 SSH 连接建立初期，双方会通过协商的方式得出双方通信的加密算法和会话密钥，此后双方的通信就以密文的方式进行，这样非法用户很难窃取到合法用户的账户信息。

② 支持基于公钥的认证：极大地提高了认证的安全性。

③ 支持对服务器的认证：SSH 协议可以通过验证服务器端公钥的方式来对服务器的身份进行认证，从而避免“伪服务器”这种方式的攻击。

④ 支持对交互数据的校验：SSH 协议支持对数据的完整性和真实性的校验，使用的校验方法是 CRC（SSH1.5）和基于 MD5 的 MAC 算法（SSH2.0）。使用数据校验可以有效地防止类似于“中间人”的攻击。

6.3.1 SSH 协议结构

如图 6.10 所示为 SSH 协议的结构示意图，从图中可以看出 SSH 的协议层可以分成三层，即传输层、认证层和连接层。三层一起在底层 TCP（或者其他类型）连接的基础上为上层应用提供一条安全的通信链路。

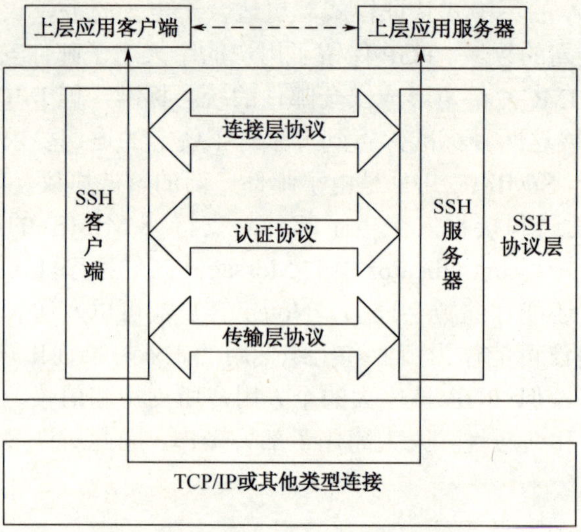

图 6.10　SSH 协议结构

1. 传输层协议（SSH-TRANS）

传输层协议是一种安全的底层的传输协议，它为 SSH 连接提供强大的基于密钥的服务器认证以及数据完整性、真实性检查。双方通信所需要的密钥交换方式、公钥密码算法、对称密钥密码算法、消息认证算法和哈希算法等都可以进行协商。传输层协议的主要目标是实现两台主机间认证时和认证后安全与保密的通信，通常运行于 TCP/IP 之上。

传输层协议中的认证是基于主机的，并不涉及客户端用户的身份认证，传输层产生口令认证和其他服务需要的（共享）秘密数据。用户认证可以通过基于该协议之上、单独设计的协议来完成，这样，既保证了通信的安全性，又提供了协议的灵活性和扩展性。

SSH 连接的可靠性由底层来保证，所以首先必须保证一个可靠的底层连接。TCP/IP 连接就是一种可靠的连接，如果采用这种连接，服务器一般在 22 端口侦听 SSH 连接。这个端口是 IANA（the Internet Assigned Numbers Authority，互联网数字分配机构）为 SSH 正式分配的端口号。

2. 用户认证协议（SSH-USERAUTH）

在传输层构建了一个安全隧道以在两个系统间传送信息后，服务器将告诉客户机它所支持的认证算法，客户机将用服务器支持的算法向服务器证明自己的身份。认证由服务器主导，客户端可以根据服务器提供的方法列表自由地进行选择，这样一方面使服务器对认证有完全的控制权，另一方面也给客户端足够的灵活度。

3. 连接层协议（SSH-CONNECT）

连接层协议主要的功能是完成用户请求的各种具体的网络服务，而这些服务的安全性是由底层的传输层协议和用户认证协议实现的。在 SSH 传输层成功认证后，多个信道通过复用到两个系统间的单个连接而打开，每个信道处理不同的终端会话。

客户基于服务器可以建立新的信道，每个信道在每端被编排以不同的号码。在一方试图打开一个新的信道时，该信道在该端的号码随请求一起传送，并被对方存储，用于指示特定类型业务的通信给该信道。这样做，可以使不同类型的会话不会彼此影响，而在关闭信道时也不会影响系统间建立的初始 SSH 连接。

利用连接层协议提供的信道，可以方便地扩展更广范围的应用。标准方法提供了安全的交互式 Shell 会话、任意 TCP/IP（Tunneling）端口和 X11 连接转发等。

6.3.2 SSH 协议相关概念

1. 服务器主机密钥

每台服务器主机都应该有一个主机密钥，也可以同时拥有多个采用不同密钥算法的密钥，多台主机也可以共享（同时使用）一个密钥。但 SSH 协议要求：如果一台主机拥有密钥（一个或者多个），则其中至少要有一个密钥采用 DSS 公钥算法。

服务器主机密钥用在客户端与服务器端进行密钥交换期间，用以验证用户所连接的服务器，为此，协议要求客户端事先要知道服务器主机密钥对中的公钥。

2. 可扩展性

为了满足扩展性的要求，协议规范了所采用的密码算法、密钥协商方式和认证方式等的命名规则，并统一协议中消息的格式。协议也允许在各个方向上充分协商加密、完整性、密钥交换、压缩及公钥算法和格式等。新的算法、扩展协议等可以自由地添加，只要它们符合协议规定的命名规则以及消息格式。

3. 安全性考虑

（1）SSH 协议的主要目的是提高网络应用的安全性，以容易部署和使用为原则来实现这个目标，而以牺牲一些绝对安全作为代价。

（2）所有的数据加密、身份认证、完整性校验及公钥算法都采用相对成熟的、经过时间检验的且被人们广泛使用的一些算法。

（3）所有的算法都选用目前普遍认为安全的密钥长度，在相当长的一段时期内能够抵御很高强度的密码分析。

（4）所有的算法都是可以协商的，这样即使某种算法被攻破，也可以很容易地切换到另外一种算法而不用更改整个基础协议。

4. 包长度和包头开销

因为引入了新的协议包头、填充项以及完整性校验码，所以整个数据包的长度被加长了。最小的包长度为 28 位（与协商采用的算法有关），这种增加量对于大尺寸的数据包来说几乎可以忽略，但是对于像 Telnet 那样的单字节交互会话来说，这种开销就显得很不合适。

在连接层建立起来的逻辑信道中，每个信道上允许的最大数据包长度也是可以协商的。

在传输层中传输的所有数据包的格式如下：

Unit32	length
Byte	type
Unit32	request-id
Byte[length−5]	data payload

说明如下。

length：包的总长度，包括包的长度域。即使包中没有数据，报长度字段也为 5（length 字段本身和类型域）。

在实际应用中，最大数据包长度是由客户端决定的。所有的服务器必须至少支持客户端最大 32768 字节的数据读/写请求（由于还有包头部分，因此需要支持的最大数据包长度应该是 34000 字节）。

type：包中的数据类型编码。

request-id：每个从客户端来的请求都有一个 request-id 域，服务器回应的报文中也有一个相应的 request-id（有两种类型的报文不需要使用 request-id，即初始化的报文和携带版本信息的报文）。

数据段中数据内容的格式解析都是基于数据包类型的，也就意味着各种数据包类型的解析都是相互独立的。

5．消息编号

SSH 的消息编号 1～255，分配如下。

（1）传输层协议

1～19：传输层常用消息（如断开、忽略、调试等）。

20～29：算法协商消息。

30～49：与密钥交换方法相关的消息（不同的认证方式可能会重用）。

（2）用户认证协议

50～59：用户认证常用消息。

60～79：与用户认证方法相关的消息（不同的认证方法可能会重用）。

（3）连接层协议

80～89：连接层常用消息。

90～127：信道相关消息。

128～191：为客户协议保留。

192～255：本地扩展用。

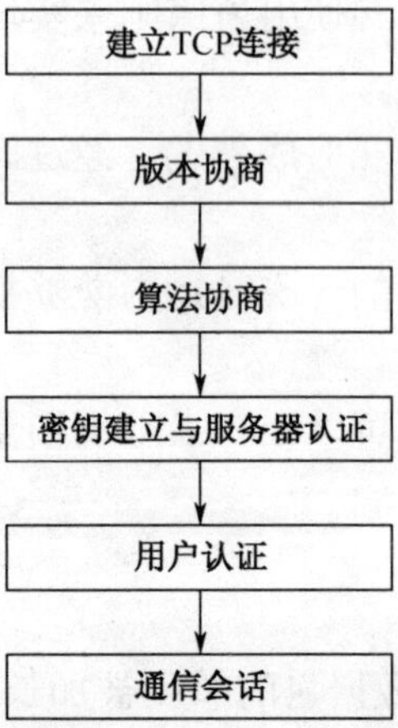

图 6.11　SSH 协议的通信流程

6.3.3　SSH 协议的通信流程

SSH 协议的通信流程如图 6.11 所示，其中，版本协商和算法协商体现了 SSH 协议的灵活性和可扩展性，密钥建立与服务器认证和用户认证体现了 SSH 的可靠性和安全性。由于 SSH 是建立在 TCP 协议基础上的，因此首先要建立 TCP 连接。

1. 版本协商

在目前实现的 SSH 中，比较普遍的版本是 SSH2.0，当然也有一些网络设备使用的是老的版本号。但是这两类版本 SSH1 和 SSH2 并不兼容，通过表 6.4 可以看出两类版本的区别。

表 6.4 SSH1 和 SSH2 的区别

	SSH1	SSH2
认证方式（分先后顺序）	/etc/hosts.equiv 及.rhosts 认证 .rhosts 认证结合 RSA 主机认证 RSA 主机认证基于口令的认证	基于公钥的用户认证 传统口令认证
加密方法	（1）3DES、BLOWFISH （2）客户从服务器所提供的算法中选择	（1）3DES、BLOWFISH、CBC 和 Arcfour CAST 128 （2）客户从服务器所提供的算法中选择
会话密钥产生方式	（1）客户连接服务器，服务器返回公用主机密钥和服务器密钥 （2）客户方检查该主机密钥是否存在于本地数据文件中，若存在，则检查是否改变过 （3）客户产生 256 位的随机数，用主机密钥和服务器密钥加密，返回服务器 （4）双方将此随机数作为会话密钥加密后来的会话内容	通过 Diffie-Hellman 密钥交换协议共享会话密钥
公钥认证过程	基于 RSA 算法的认证： （1）当用户登录后，SSH 告诉服务器希望使用的公钥服务器来检查该密钥是否存在于本地数据的文件中，若有，则向客户端发送一个该公钥加密过的质询随机数 （2）客户方用自己的私钥解开此随机数并响应服务器，从而证明自己的身份是基于质询响应模式的	基于 DSA 或 RSA 算法： （1）客户使用 ID-dsa 签名 Diffie-Hellman 密钥交换产生的会话 ID，将结果发给服务器 （2）服务器检查对应的公钥是否存在本地数据文件中，若有，则检查签名正确性 （3）会话 ID 从 Diffie-Hellman 产生的一个共享数据衍生而来，只有通信双方知道
主机密钥	（1）每台主机拥有一个特别的 RSA（1024 位）密钥，用于验证主机 （2）服务器每次启动，都产生一个服务器 RSA 密钥（768 bit），每隔 1 小时重新产生，从不保存在硬盘中	每台主机拥有一个特别的 DSA 密钥，用于验证主机
完整性校验	缺少足够强度完整性校验	HMAC-SHA1 HMAC-MD5

版本协商包括两种情况：旧的客户端和新的服务器端之间，以及新的客户端和旧的服务器端之间。

新的服务器端实现时，必须有一个可以配置的兼容选项，用来控制是否兼容旧版本的客户端登录。如果兼容，则这个服务器端在版本协商阶段向对端发送的协议版本号就是 1.99。如果是 2.0 的客户端登录，则 1.99 和 2.0 的服务器端对于它来说应该是一致的，而对于 1.5 以及以下的客户端来说，1.99 意味着这台服务器兼容 1.5 的版本，版本协商可以通过。如果服务器配置成不兼容 2.0 的协议，那么它向对端发送的协议版本号就是 2.0，当 1.5 的客户端登录时，发现对端的协议版本号是 2.0，版本协商不成功，双方断开 TCP/IP 连接。

当新的客户端登录旧的服务器时，由于客户端不能去兼容服务器，因此遇到旧的服务器的时候，客户端必须断开连接，使用旧的版本再去登录。

在版本协商阶段，双方交互的数据都是以明文方式传输的。

2．算法协商

版本协商成功后，双方就开始采用二进制数据包进行通信。由服务器向客户端发送第一个包，内容包括：自己的 RSA 主机密钥（Host Key）的公钥部分、RSA 服务密钥（Server Key）的公钥部分、支持的加密方法、支持的认证方法、此协议版本标志，以及一个 64 位的随机数（Cookie）。这个包是没有加密的，以明文方式发送。

客户端选定各种算法的原则是，依次从自己支持的算法列表中取出一种算法，在服务器端发送过来的加密算法中进行匹配。如果匹配成功，这种算法就是协商出来的算法；如果匹配不成功，客户端再取自己支持的算法列表中的下一个算法进行匹配。如果最后也没有匹配成功，算法协商就失败了。

3．密钥建立与服务器认证

算法协商成功后双方进入密钥交换阶段。密钥交换的目的是生成一个双方公钥的密钥，用于后续数据的加密。这个密钥是经过双方协商产生的，双方中的任意一方都不能单独生成这个密钥。目前支持的密码交换算法属 Diffie-Hellman 体系。同时，客户端将完成对服务器的认证。

如图 6.12 所示为“伪服务器欺骗”，当客户端主机需要连接服务器时，第三方攻击者冒充真正的服务器，与客户端进行数据交互，窃取客户端主机的安全信息，并利用这些信息去登录真正的服务器，获取服务器资源，或对服务器进行攻击。

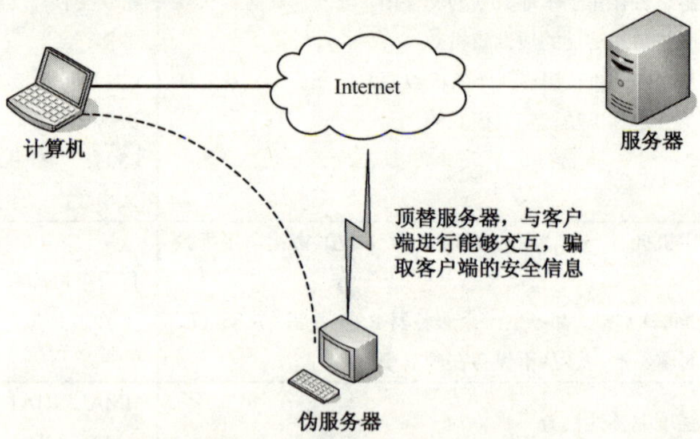

图 6.12　伪服务器欺骗示意图

为了防止类似这样的伪服务器欺骗，SSH 协议支持对服务器端进行认证。客户端实现中一般都有一个可选选项，控制客户端首次登录时是否对服务器进行认证。如果设置成首次登录不认证，客户端自动将服务器的公钥保存到本次，如果设置成首次登录认证，在服务器发送自己的主机公钥和服务器公钥过来时，客户端就需要提示用户，是否认可对端，由用户完成对服务器的合法性的检查，以及决定是否保存对端的公钥。

当客户端以后再次进行登录时，如果本地保存了服务器的公钥，就需要用这个保存的公钥来完成对对端服务器的验证。具体的验证过程如下。

首先，客户端比较对端（服务器端）发送过来的主机公钥与本地保存的主机公钥的模数，如果模数不一致，则直接认为对端服务器不合法，退出登录过程，并提示用户。

如果验证两个公钥的模数一致，则客户使用服务器的主机公钥将用于生成会话密钥的32B随机字符串加密发往对端（服务器端）。如果对端是合法的服务器，就能解密出这个32B的随机字符串，并成功生成会话密钥。从客户端发送加密的32B随机字符串开始，双方的通信都是以密文的方式进行的。

4. 用户认证

在一定的限度内，客户端可以选择多种方法向服务器提供自己的身份证明直至成功为止。可以采用的方法有：公钥认证、口令认证、基于主机的认证、键盘交互式认证。下面简单介绍前三种用户认证方法。

（1）公钥认证：是 SSH 协议唯一要求的必须提供的认证方法。在这种方法中，用户用私钥来表明自己的身份。简单说，就是用户向服务器发送一个用自己私钥处理过的数字签名，服务器首先检查该用户的私钥是否可以作为一个有效的认证凭证（通过检查本地数据库中是否存有与之对应的公钥实现），然后检查该签名的有效性。如果两个条件都满足，用户的认证请求就可以被接受，否则拒绝。

（2）口令认证：所有的应用都应该支持由服务器确定怎样编译口令以及根据口令数据库验证口令。在此过程中，客户机和服务器都应该检验传输层所提供的机密性。如果没有提供加密，则口令认证不能完成；如果没有机密性或 MAC，则不能改变口令。

（3）基于主机的认证：根据用户来自的主机及远端主机上的用户名来认证。这种方法不适用于安全性要求较高的站点，但是可以选择。

另外，可以混合使用几种不同认证特征的用户认证方法。由服务器的本地策略决定使用哪一种方法（或混合方法），使每个用户都愿意接受。采用多种认证方法时，认证强度取决于最弱的方法。

5. 通信会话

用户认证结束后，SSH 连接基本完成，通信双方可以开始正常的会话。

在连接过程中，通信双方相互发送的数据包内容如图 6.13 所示。

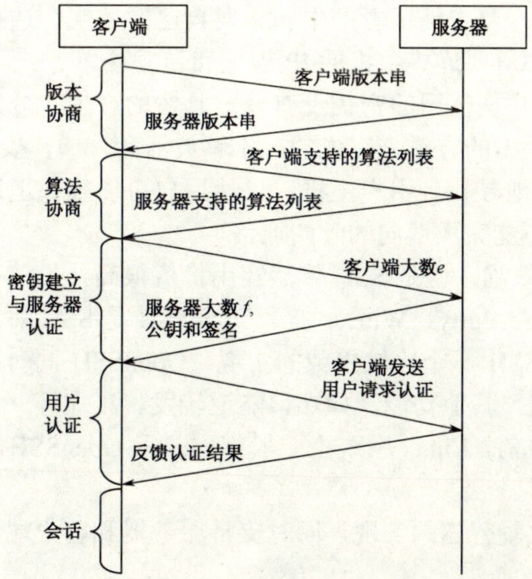

图 6.13　通信双方相互发送的数据包内容

注：根据 Diffie-Hellman 建立共享密钥原理，客户端和服务器分别计算共享密钥 SK。客户端计算：SK=DH(pe, *f*)（pe 是与 *e* 对应的私密大数）。

服务器计算：SK=DH(pf, *e*)（pf 是与 *f* 对应的私密大数），双方计算出的共享密钥是一致的。

会话密钥由共享密钥派生出来。Diffie-Hellman 的有效性在于计算离散对数的难度，而对于大数，计算出离散对数几乎不可能，所以第三方几乎不可能知道共享密钥。

6.3.4 SSH 协议存在的问题

SSH 是实现网络安全的非常轻型的工具，不占用客户机及服务器的大量资源。它便于用户理解（至少在简单应用水平上是这样的），灵活且功能强大，集各种功能及易于使用等特点于一身。但也应注意 SSH 仅是系统安全的一部分，并且 SSH 也有其不足，存在一些潜在安全问题，在实际应用中应该注意。

① 主机欺骗危险：允许客户第一次连接一台主机（服务器）时就可以直接接受其主机密钥而不检查该密钥是否真正属于该主机。

② 依赖于主机系统的安全：对主机系统的安全性没有任何提高，一旦主机系统被入侵或控制，SSH 将无法保证传输安全。

③ 基于下层的可靠传输：SSH 建立在假设可靠的传输之上（如 TCP），无法避免 Wire Cutter 式的 DoS 攻击；用户认证协议要求下面的 SSH 传输层提供数据加密和完整性校验保护。

④ 没有消除隐含信道问题：填充域、SSH_MSG_IGNORE 消息等都可以被利用来传递隐含消息，无法防止夹带非法的数据进出敏感区域。

⑤ 调试消息可能泄露敏感信息：调试消息也许会泄露大量的主机敏感信息。

⑥ 安全与管理的矛盾：端口转发可能使入侵者绕过边界安全防护，例如防火墙。因为信道是加密的，不能看到其中的数据，所以很难做出反应。

⑦ 用户非完全透明：要求使用者产生和分发自己的密钥、选择合适的客户端软件，修改相应配置，以及事先知道要连接主机的 IP 地址和转发端口等。

⑧ 密钥管理：对用户认证用的密钥没有规定具体的产生、分发和废除等操作，大多数的实现也都是采取人为手工的方式来完成的，不够灵活和方便，安全性也不够。

⑨ 服务器不能较快地寻找到用户主机：虽然用户可以很快地连接到服务器，但服务器不能很快地找到用户，不能完成双向的呼叫通信。

虽然 SSH 有一定的缺陷，但是 SSH 依然实用价值很高，目前存在的 SSH 实现主要有：OpenSSH、Tectia、Cisco、Putty、Winscp 等。OpenSSH 是 SSH 协议的免费开源实现，它的实现比较全面，是目前 SSH 一个比较权威的实现。OpenSSH 同时支持服务器和客户机，支持 Stelnet、SFTP 等应用。其他功能，如端口隧道转发、压缩等，都已经实现，只需要进行相应的配置即可使用。目前，Linux 系统上一般都安装了 OpenSSH，且 sshd 守护进程都默认开启。

Tectia 是一种使用比较普遍的实现，同时支持服务器和客户端，支持 Stelnet 和 SFTP 两种应用。

Cisco 也在它的网络设备中集成了 SSH 功能，但是只支持 Stelnet 应用，且早期版本上只实现了对 SSH1.5 的支持。

Putty 是网络上一款比较流行的 SSH 软件，目前只支持 Stelnet 客户端，兼容 SSH1.5 和 SSH2.0。

6.4 SFTP

文件传输是计算机网络非常重要的一个应用，几乎所有网络协议体系中都定义了其应用层上的文件传输协议。而 FTP（File Transport Protocol，文件传输协议）广泛用于网络中共享资源，实现文件的交换传输以及网站的远程发布管理。尽管 FTP 提供了用户验证、访问控制列表等安全保证措施网络安全，但 FTP 使用明文传输数据的特点决定了账号、密码等信息的不安全性。

SFTP（Secure File Transport Protocol，安全文件传输协议），是 SSH 协议的扩展应用。它利用 SSH 提供的安全通道来实现文件的加密传输，可以有效地防止文件在传输过程中被人非法地窃取或篡改。与传统的 FTP 协议相比较，因为在服务器和客户端之间的数据是经过加密之后在网络中传递的，所以具有高度可靠的安全性。

SFTP 使用 sshd 后台进程提供文件安全传输服务（默认端口号是 22），SFTP 没有自己的守护进程，因而从 SFTP 的运行方式上来说，SFTP 类似于客户端程序而不是服务器程序。

习 题 6

1．PGP 包括哪些密码单元？并且提供哪些安全上的服务？
2．Base64 编码变换具有什么特点？
3．Base64 编码变换是一种加密形式，没有密钥。但如果对手知道某种加密文本的替代算法，试分析这种算法对抗密码分析的能力如何？
4．PGP 如何使用信任关系？
5．PGP 为什么需要分段和重组？
6．图 6.6 中公钥环中的每项都有一个所有者信任域可以指明其所有者的信任度，它为什么不够用？所有者是被信任的，而且这也是该所有者的公钥，为什么还不能被 PGP 足够信任使用这个公钥？
7．MIME 是什么？S/MIME 是什么？
8．S/MIME 电子邮件格式是怎样的？
9．S/MIME 提供哪些功能？
10．SSH 协议主要有哪几层？它在安全性上主要提供哪些方面的服务？
11．SSH 最小的数据包长度是多少？数据包格式在安全传输层上传输的所有数据包的格式是怎样的？
12．假设 SSH 的消息编号是 98，这属于什么层面的协议？具有什么作用？
13．SSH 协议是建立在什么协议的基础上的？它的通信流程是怎样的？
14．SSH 的两个版本在会话密钥产生和公钥认证过程上有什么不同？

15．什么是伪服务器欺骗？SSH 是怎样防止类似这样的安全隐患的？

16．SSH 协议存在哪些安全问题？如果你是 SSH 的研究者，你会怎样针对这些问题进行改进？

17．FTP 和 SFTP 有哪些区别？

参考文献

[1] 宋玉璞，周爱霞，肖汉. E-mail 安全协议 PGP. 计算机科学，2008(35):46-48.

[2] 郑丽娟，刘莉，马新娜. 邮件加密软件 PGP 的安全技术研究与应用. 河北省科学院学报，2005(12)，22(4):7-10.

[3] 傅德胜，吴宜谦，顾桃峰. PGP 信任模型及改进. 信息技术，2011(2):34-36.

[4] 刘海龙，张其善，吴今培. PGP 中的信任问题及解决办法. 北京航空航天大学学报，2003(3)，29(3):278-282.

[5] William Stallings. Cryptography and Network Security:Principles and Practices, Third Edition. 北京：电子工业出版社，2004:335-338.

[6] 罗东俊. 基于 PGP 信任模型的 Web 服务统一身份认证研究. 长春工程学院学报（自然科学版），2005，6(4):44-48.

[7] [RFC4251] T Ylonen，T Kivinen，T J Rinne，et al. The Secure Shell（SSH）Protocol Architecture，January 2006.

[8] 张杰，戴英侠．SSH 协议的发展与应用研究．计算机工程. 2002(10):13-15.

[9] 林利．SSH 协议安全性分析及改进．电脑与信息技术. 2010(4):25-28.